文革史料叢刊第三輯

第三冊

李正中　輯編

只有不漠視、不迴避這段歷史，中國才有希望，中華民族才有希望！忘記歷史意味著背叛！

——摘自「文革史料叢刊·前言」

蘭臺出版社

巴金先生说在文革
受尽火与血磨炼
的人是不会沉默的

八十又五叟 李正中

著名中國古瓷與歷史學家、教育家。
李正中　簡介

祖籍山東省諸城市，民國十九年（1930）出生於吉林省長春市。
北平中國大學史學系肄業，畢業於華北大學（今中國人民大學）。
歷任：天津教師進修學院教務處長兼歷史系主任（今天津師範大學）。
天津大學冶金分校教務處長兼圖書館長、教授。
天津社會科學院中國文化研究中心主任、研究員。
現任：天津文史研究館館員。
天津市漢語言文學培訓測試中心專家學術委員會主任。
香港世界華文文學家協會首席顧問。
（天津理工大學經濟與文化研究所供稿）
為加強海內外學術交流，應邀赴日本、韓國、香港、臺灣進行講學，
其作品入圍德國法蘭克福國際書展和美國ABA國際書展。

文革五十周年祭

百萬紅衛兵打砸搶燒殺橫掃五千年中華文史精華　可惜

中國知識分子慘遭蹂躪委曲求全寧死不屈有氣節　可敬

國家主席劉少奇無法可護窩窩囊囊死無葬身之地　可歎

內鬥中毛澤東技高一籌讓親密戰友林彪墜地身亡　可悲

2016年李正中於5.16敬祭

前言：忘記歷史意味著背叛

文學巨匠巴金說：

應該把那一切醜惡的、陰暗的、殘酷的、可怕的、血淋淋的東西集中起來，展覽出來，毫不掩飾，讓大家看得清清楚楚，牢牢記住。不能允許再發生那樣的事。不再把我們當牛，首先我們要相信自己不是牛，是人，是一個能夠用自己腦子思考的人！

那些魔法都是從文字遊戲開始的。我們好好地想一想、看一看，那些變化，那些過程，那些謊言，那些騙局，那些血淋淋的慘劇，那些傷心斷腸的悲劇，那些勾心鬥角的醜劇，那些殘酷無情的鬥爭……為了那一切的文字遊戲！……為了那可怕的十年，我們也應該對中華民族子孫後代有一個交代。

要大家牢記那十年中間自己的和別人的一言一行，並不是讓人忘記過去的恩仇。這只是提醒我們要記住自己的責任，對那個給幾代人帶來大災難的「文革」應該負的責任，無論是受害者，或者害人者，無論是上一輩或是下一代，不管有沒有為「文革」舉過手點過頭，無論是造反派、走資派，或者逍遙派，無論是鳳或者是牛馬，讓大家都到這裡來照照鏡子，看看自己為「文革」做過什麼，或者為反對「文革」做過什麼。不這樣，我們怎麼償還對子孫後代欠下的那一筆債，那筆非還不可的債啊！

（摘自巴金《隨想錄》第五冊《無題集・紀念》）

我高舉雙手讚賞、支持前輩巴老的呼籲。這不是一個人的呼籲，而是一個民族對其歷史的反思。一個忘記自己悲慘歷史和命運的民族，就是一個沒有靈魂的民族，沒有希望的民族，沒有前途的民族。中華民族要真正重新崛起於世界之林，實現中華夢，首先必須根除這種漠視和回避自己民族災難的病根，因為那不意味著它的強大，而恰恰意味著軟弱和自欺。這就是我不計後果，一定要搜集、編輯和出版這部書的原因。我想，待巴老呼籲的「文革紀念館」真正建立起來的那一天，我們才可以無愧地向全世界宣告：中華民族真正走上了復興之路……。

當本書即將付梓時刻，使我想到蘭臺出版社出版該書的風險，使我內心感動、感激和感謝！同時也向高雅婷責任編輯對殘缺不全的文革報紙給以精心整理、校對，付出辛勤的勞累致以衷心得感謝！

感謝忘年交、學友南開大學博導張培鋒教授為拙書寫「序言」，這是一篇學者的呼喚、是正義的伸張，作為一個早以欲哭無淚的老者，為之動容，不覺潸然淚下：「一夜思量千年事，人生知己有一人」足矣！

李正中於古月齋

2014年6月1日文革48周年紀念

序言：中國歷史界的大幸，也是國家、民族之大幸

張培鋒

李正中先生積三十年之功，編集整理的《文革史料叢刊》即將出版，囑我為序。我生於1963年，在文革後期（1971-1976），我還在讀小學，那時，對世事懵懵懂懂，對於「文革」並不瞭解多少，因此我也並非為此書寫序的合適人選。但李先生堅持讓我寫序，我就從與先生交往以及對他的瞭解談起吧。

看到李先生所作「前言」中引述巴金老人的那段話，我頓時回想起當年我們一起購買巴老那套《隨想錄》時的情景。1985年我大學畢業後，分配到天津大學冶金分校文史教研室擔任教學工作，李正中先生當時是教務處長兼教研室主任，我在他的直接領導下工作。記得是工作後的第三年即1987年，天津舉辦過一次大型的圖書展銷會（當時這樣的展銷會很少），李正中先生帶領我們教研室的全體老師前往購書。在書展上，李正中先生一眼看到剛剛出版的《隨想錄》一書，他立刻買了一套，並向我們鄭重推薦：「好好讀一讀巴老這套書，這是對「文革」的控訴和懺悔。」我於是便也買了一套，並認真讀了其中大部分文章。說實話，巴老這套書確實是我對「文革」認識的一次啟蒙，這才對自己剛剛度過的那一個時代有了比較深切的瞭解，所以這件事我一直記憶猶新。我記得在那之後，李正中先生在教研室的活動中，不斷提到他特別讚賞巴金老人提出的建立「文革紀念館」的倡議，並說，如果這個紀念館真的能夠建立，他願意捐出一批文物。他說：「如果不徹底否定「文革」，中國就沒有希望！」我這才知道，從那時起，他就留意收集有關「文革」的文獻。算起來，到現在又三十年過去了，李先生對於「文革」那段歷史「鍾情」不改，現在終於將其裒輯付梓，我想，這是中國歷史界的大幸，也是國家、民族之大幸！

前兩年，我有幸讀到李正中先生的回憶錄，對他在「文革」中的遭遇有了更為真切的瞭解。「文革」不僅僅是中國知識分子的受難史，更是整個民族、人民的災難史。正如李先生在「前言」中所說，忘記這段歷史就意味著背叛。李先生是歷史學家，他的話絕非僅僅出於個人感受，而是站在歷史的高度，表現出一個中國知識分子的真正良心。

就我個人而言，雖然「文革」對我這一代人的波及遠遠不及李先生那一代人，但自從我對「文革」有了新的認識後，對那段歷史也有所反思。結合我個人現在從事的中國傳統文化教學與研究來看，我覺得「文革」最大的災難在於：它對中華優秀傳統文化做出了一次「史無前例」的摧毀（當時稱之為「破四舊，立新風」，當時究竟是如何做的，我想李先生這套書中一定有非常真實的史料證明），從根本上造成人心

的扭曲和敗壞，並由此敗壞了全社會的道德和風氣。「文革」中那層出不窮的事例，無不是對善良人性的摧殘，對人性中那些最邪惡部分的激發。而歷史與現在、與未來是緊緊聯繫在一起的，當代中國社會種種社會問題、人心的問題，其實都可以從「文革」那裡找到根源。比如中國大陸出現的大量的假冒偽劣、坑蒙拐騙、貪汙腐化等現象，很多人責怪說這是市場經濟造成的，但我認為，其根源並不在當下，而可以追溯到四十年前的那場「革命」。而時下一些所謂「左派」們，或別有用心，或昧了良心，仍然在用「文革」那套思維方式，不斷地掩飾和粉飾那個時代，甚至將其稱為中國歷史上最文明、最理想的時代。我現在在高校教學中接觸到的那些八十年代、九十年代後出生的年輕人，他們對於「文革」或者絲毫不瞭解，或者瞭解的是一些經過掩飾和粉飾的假歷史，因而他們對於那個時代的總體認識是模糊甚至是錯誤的。我想，這正是從巴金老人到李正中先生，不斷呼籲不要忘記「文革」那段歷史的深刻含義所在。不要忘記「文革」，既是對歷史負責，更是對未來負責啊！

記得我在上小學的時候，整天不上課，拿著毛筆——我現在感到奇怪，其實就連毛筆不也是我們老祖宗的發明創造嗎？「文革」怎麼就沒把它「革」掉呢？——寫「大字報」，批判「孔老二」，其實不過是從報紙上照抄一些段落而已，我的《論語》啟蒙竟然是在那樣一種可笑的背景下完成的。但是，僅僅過去三十多年，孔子仍然是我們全民族共尊的至聖先師，「文革」中那些「風流人物」們今朝又何在呢？所以我認為，歷史是最公正、最無情的，是不容歪曲，也無法掩飾的，試圖對歷史進行歪曲和掩飾其實是最愚蠢的事。李正中先生將這些「文革」時期的真實史料拿出來，讓那些並沒有經歷過那個時代的人們真正認識和體會一下那場「革命」的真實過程，看一看那所謂「革命」、「理想」造成了怎樣嚴重的後果，這就是最好的歷史、最真實的歷史，這也就是巴老所說的「文革紀念館」的一個重要組成部分啊！我非常讚成李正中先生在「前言」中所說的，只有不漠視、不回避這段歷史，中國才有希望，中華民族才有希望！

是為序。

中華民族最黑暗的年代「文革」48周年紀念於天津聆鍾室

〔注〕張培鋒：現任南開大學文學院教授博士班導師

古月齋叢書5　文革史料叢刊　第三輯

动态

红代会 北京商学院
《红反军》 编辑部
第126期
内部参政 1967.3.23

最高指示

一切反动派都是纸老虎，看起来，反动派的样子是可怕的，但是实际上并没有什么了不起的力量。

毛主席最新指示

无产阶级专政要一点压迫有好处，我们不能因为有人要打击，就动个人感情，我们要动阶级感情。

* * * *

关于反华问题

毛泽东

（1960.3.22）

附件请同志们一看。这是驻巴基斯坦大使馆的一个材料。所谓反华究竟是一些什么人？有多少人呢？不过是一些西方国家的帝国主义分子，其他一些国家的反动派和半反动派，国际共产主义运动中的修正主义分子和半修正主义分子，以上三类人，估计只占全人类的百分之几，例如说百分之五吧！最多不超过百分之十。就是说，一百个人中有十个人反对我们，全世界二十七亿人中，不过只有二亿七千万人反对我们，而有二十四亿三千万是拥护我们的，或者是不反华的，或者是暂时被人欺骗而对我们表示怀疑的。还有一种情况，如同一九四九年以前在中国发生的情况一样，国民党制造谣言，说共产党人杀人放火，共产共妻，多数人不相信，一部分人表示怀疑，等到何时共产党大台，共产党使人们认为最有纪律最有道德，最合适合人民愿望的路线和政策，而国民党是一个最坏的党。在六亿五千万人中，真正反共的，最多不超过百分之十，即是说不过六千五百万人而已。而五亿八千五百万人则是拥护我们的，或者是虽对怀疑的。巴基斯坦的情况，就是这样一种情况，印度的情况也是如此，真正反华的，不过一小撮人。在新德里展览的各国农业馆，在一片大反华空气中展出，到中国馆参观的人民群众达三十五百万人之多，超过任何国家的农业馆。我劝同志们对西方国家的帝国主义分子，其他国家的反动分子半反动分子要有分析。第一，他们人数少；第二，他们反华，损伤不了我们一根毫毛；第三，他们反华可以激发我们全党全民团结起来，树雄心壮志，一定要在经济上和文化上赶上和超过西方最发达的国家；第四，他们势必搬起石头打到他们自己脚上，即是说，在百分之九十以上的善良人面前，暴露了他们自己的丑恶面目。所以他们反华，对于我们来说是好事，不是坏事，证明了我们是真正的马克思列宁主义者，证明了我们的工作做得还不错。对他们来说是坏事，不是好事，是他们的不祥之兆。蒋介石一反共，他就倒霉了。一九四九年全力大进攻只有三年半，他就被人民打垮了，这件事是人人明白的。现在的外国人反华，不过空口骂我们几句，并没有动手打。假如他们要打我们的话，他们一定逃不脱蒋介石、希特勒、东条英机的结局。

请同志们想一想，假如上面占百分之一左右的坏人半坏人，他们不是反华，而是拥华、拳华，歌颂我们，给我们说好话，那将置我们于何地呢？我们岂不成了背叛马列主义、背叛人民的修正主义分子吗？还有一层，各国坏人、半坏人反华，不是每天都反，而是间歇性的有题可借。例如西藏问题和中印边界问题，他们就反一阵。这个问题也不可永远借用来反华，因为他们无理，百分之九十以上的人不相信他们的话，到头来下去，他们越来越站不住脚。美国和我们的仇恨结得太深，它也不是天天大反其华，也有间歇性，并且因也是因为无理，他天天大反，群众感觉讨厌，市场缩小，只好收场，过一个时期又有新问题可借，再来煽动反华。不但现在有较小的间歇性，而且将来会有较大的间歇性，看我们工作做得怎样。例如说，我们全党全民真正团结一致，我们十一级生产项目的总产量和每人口平均的产量，接近和超过他们了，这种较大的间歇性就会到来，那是说，它会迫使美国人向我们建交，并且平等地做生意，否则他们就会陷于孤立。我们有苏联先例可以鉴借，在过去几十年中，凡是反苏的都没有好结果。反苏最凶的莫过于希特勒，这主要是第二次大战时期，希特勒的疯狂进攻，结果也灭亡。因此，我们同志们应当重新研究这个材料，想一想我们的任务，想一想我们的工作，想通这个大反华问题的性质和意义，作足充分的精神准备，准备着世界上有百分之一左右的人长期地但是间歇地反对我们，所谓长期，至少要打算十年，甚至会有至廿世纪的后四十年。如果给我们四十年时间的话，那时候全世界情况将会起大变化，百分之一的坏人或半坏人的多数或大多数很有可能被他们自己的人民所推翻，而我们则很有可能平均每人有一吨钢，平均每人有二千斤或三千斤粮食和饲料，多数人有大学的程度，那时人们的政治觉悟水平和理论水平将提到比现在高得多，全个社会很有可能在那个时候就过渡到共产主义社会。

总之，一切问题的中心，都在于我们自己的团结和自己的工作都要做得好。

对一小撮坏人必须专政

李先念同志八月十一日接见北京钢校、粮校、中学红代会十一区县委员会代表的讲话（摘录）

你们代表提了四条，我们同意这样做，你们的要求是正当的，怎么实现。第一条：杀人凶手应依法惩办。第二条：钢校的凶杀集团要取缔。第三条：保证革命师生、革命小将的安全。第四条：抚恤烈士家属。这都是合理的，人家把丈夫儿子都失去了，我们应当保证革命派的安全，这是很显然的，我们同意这样做，也应该有这个责任。

我看见了几次武斗，是非常残忍的，挑起武斗的人十分可恶，没有人性。钢校、钢校红成武斗我都去过，打在小将的头上，疼在我的心上。小将们，你们给我的五时间，我们协同公安局马上处理，抓人不要太多，把主要头头逮捕法办。但对广大受蒙蔽的群众，我们还要一起做工作。

关于破案，你们提的这几个人，我们侦察清楚以后，立即逮捕。我们需要用血的事实教育群众文攻武卫，动员群众就能制止武斗，对一小撮坏人必须专政。

红人大通讯　第一七五期
1967.8.12
内部参考，谨勿外传
首都红代会
人大三红通讯组

八月二日地院东方红负责人、革委会常委田春林向关锋同志汇报了地院情况，关锋同志作了重要指示。下面是八月二日关锋同志在人大会堂同田春林的谈话纪录。

田春林：关锋同志，我是地院东方红战士，我叫田春林，我向您汇报一下我们学校的情况。我院前段对朱成昭进行了批判斗争，但阻力很大，阻力主要来自朱成昭及其追随者和他的影响。他从苏州被揪回来以后还和刘成立新东方红公社分裂东方红，被同志们斗了一顿。

关锋：你们怎么连朱成昭都斗不了了！朱成昭问题不是孤立的，他背后还有人，你们要追出来让他们亮相。

田春林：有人说目前大方向是大批判，再批判朱成昭是偏离大方向的。

关锋：在你们学校批判朱成昭就是大方向，不违背大方向，和大方向是一致的。

田春林：朱成昭的影响在革委会中都有反映，参加新东方红公社的人就有革委会常委。

关锋：批判朱成昭阻力恐怕就在你们革委会，解决的办法就是发动群众。

田春林：听说您最近去东北要带两个人去？

关锋：如果实在找不到，两个一个也行。但是有一条，必须和朱成昭划清界线，在朱成昭问题上斗争坚决，认识清楚，否则不要！

田春林：革委会讨论时，杨雨忠要求和您一起去，您认识杨雨忠吗？

关锋：我认识他。怎么杨雨忠还在革委会里？去东北不行，坚决不要！他现在还有多少群众？

田春林：大概有一些，就是上次整风形成的一部分同志。
朱成昭对地院的反动在全国学生中是没有先例的，他比谭力夫、李洪山有过之而无不及，他现在扬言要联合全国保皇派和反动势力搞垮、搞臭东方红。

关锋：那很好嘛，是大好事嘛！

田春林：大宾同志、聂继华同志都出去了，目前工作由李贵主持。

关锋：王大宾病怎么样？

田春林：比较严重，神经不好……您认识李贵吗？是个很好的革命领导干部。

关锋：我认为，第一次去就知道了，是一个很好的问题。
田希林：但我认为李贵同志怕乱，不敢大胆领导。
关锋：不要怕乱嘛！乱能乱出个头绪来。
田希林：目前我院两派有自己打内战，希望您接见我们一次。
关锋同志没有明确答复。

关锋同志这个讲话在地院传开后，震动很大，反朱派和保朱派都很激烈。朱派认为这个讲话是田希林捏造的，要求落实。而后来由两派派代表同关锋同志当面问题，打得很清。

革委会派地质系和水文系的朱兴、黄××两人同关锋同志去东北，说这两人已是朱成昭的同伙，反朱派坚决反对派这两个人去东北，认为这是革委会欺骗关锋同志。

5月10日宣读关锋同志的秘书穆欣带回的手迹信给田希林，除了关锋同志给田希林的一封信：

田希林同志：

听说你们那里因为地院革委会确定朱兴、黄××两同志陪同我去一趟的问题，有很大争论。我希望不要因为这个问题引起争论，也希望掌握斗争大方向。既然争论很大，这一次你们那里可以不去人。

希望你们紧紧掌握斗争大方向，正确处理人民内部矛盾，坚持在毛泽东思想基础上的团结，发展和巩固革命的大联合，斗批改，为彻底的一小撮走资本主义道路的当权派，搞好革命的大批判，同时把朱成昭彻底批臭。你们那里批判朱成昭和大方向是一致的。八月二日你问我我转告问题，我讲了几句话，大致如是这个意思。

关锋　5.7

坚决支持地院东方红战友批深批透朱成昭反动思潮！

人大三红永远和全市无产阶级革命派紧密团结在一起，战斗在一起，胜利在一起！

无产阶级革命派大联合万岁！

中共中央、国务院、中央军委、中央文革发出关于派国防军维护铁路交通的命令（摘要）

一九六七年八月十一日中共中央、国务院、中央军委、中央文革小组发出关于派国防军维护铁路交通的命令。命令说，为了更好贯彻执行伟大领袖毛主席提出的抓革命、促生产的方针，保证无产阶级文化大革命的顺利进行，促进工农业生产的发展，切实保证铁路运输的畅通，所以决定派出部分国防军部队担负护路任务。为了密切配合、共同完成维护铁路交通秩序，各站段的铁路公安人员，统归所在站段护路部队的指挥。铁道系统已实行全面军事管制，国防军担负护路任务后，对原铁路局、分局的军管会和站段的军管小组，要根据实际情况进行必要的调整和改组，以便更好地实施统一指挥和领导。命令要求担任护路任务的部队，必须高举毛泽东思想伟大红旗，活学活用毛主席著作，突出无产阶级政治，依靠广大革命群众，宣传党的方针、政策、命令、指示和规定，保证革命、生产双胜利。

命令说，铁路交通运输部门内的群众组织和革命职工与铁路、交通运输系统以外的群众组织之间一律不许互相攻击。铁路、交通运输部门内的群众组织除中央特许者外，暂不参加本单位以外的群众联合组织，但可参加本地区的联合的政治活动，如革命大批判。外地、外单位群众组织在铁路、交通运输部门内所设联络站必须撤出。

公告通知摘要

▲八月十八日中国人民解放军交通部军管会发了第一号公告。公告指出，交通部保卫局过去成为走资派推行资产阶级反动路线的重要工具，希望保卫局的革命同志坚决起来造反，早一天造反，就能早一天为人民立功。

▲八月十七日中共中央、国务院、中央军委、中央文革小组发布"关于毒菌毒物的安全保管和麻疯病等传染病医院不许串联的通知（中发(67)255号）。"通知强调："任何群众组织，不得以任何借口冲击上述各单位，严禁抢劫各种毒物、毒气、毒菌和放射物质以及带有活菌、活毒的实验动物。如有违反者，其首恶分子予以法办。"

▲八月十七日，中共中央、国务院发布"关于今年小学放暑假的通知，通知说：1.中央决定今年小学可以在八月份放暑假，十月开学，2.暑假期间，各校要很好地整顿教师的思想，组织教师参加大批判运动；并整修校舍，积极准备迎接新学年。

关于重庆问题中央文革办事组特急电

流水号 0533

重庆井备司令部保革派、反到底派并各群众组织：

据中央调查组反映，重庆市武斗情况严重，并希立即制止，希望两大派革命组织做到：

(一)立即停止对一切工厂、学校、机关、商店、街道和居民点的火力进攻和射击，请反到底、军工井岗山立即停止对空压厂的进攻，并撤除包围圈。(二)绝对不允许向解放军防备岗哨和军车射击。(三)双方立即达成停火协议，并且保证切实执行。

中央文革办事组 1967 8 23

周总理关于对外斗争的最新指示

今后如果搞示威游行，一定要做到"五不""一划"。"五不"——不打、不砸、不烧、不冲、不拦。"一划"——划地为界，以大使館门口为界。

伯达江青同志电话指示

22日深夜，陈伯达、江青等同志对冲英国代办处的革命群众电话指示如下："国际关系准则不可轻举妄动，按总理指示办事。"

中央首長8.23接見二外、北外、外办、外政、外交卩等代表讲话（摘要）

总理：你们说，他们砲打我，你们也认为一面炮打我（指冲外办）我紧跟毛主席，他们打也打不倒，我不紧跟毛主席，不打也倒。我首先问你们，外交卩的大权到底是受毛主席、党中央领导下的国务院管，还是你们管？（指北外造反团、外交卩联络站）请北外造反团首先回答！

北外造反团：我们是根据王力同志讲話……。

总理：（面向陈伯达）你看，又是王力同志的讲話，都想……。

总理：你们为什么不和我们商量？（指外交卩夺权）。各省革命委员会成立必须向中央报告，中央批不准就不能登报、不合法。在中央眼前一个月，为什么不向中央报告？我一向是支持你们的 安排你们三家批〔 〕。

附付总理：红旗造反团的头脑是否太热了，打了几个胜仗，你们自己认为的。

陈伯达：我看没有什么了不起。

总理：由你们（指北外造反团）授权报中央了嗎？

陈伯达：一级一级传吆！

外交卩联络站：我们正在写报告。

总理：外交大权断了四天，这个大权能断嗎？我给你们讲了多次，你们就是不听，还要不要国家荣誉？今天把英国代办处燒了（地質派干的）

陈伯达：谁让你们去的？

总理：你们提"打倒刘邓陈"中央的口号是"打倒刘邓陶"你们为什么换一个人？

北外造团：这是我们自己的看法。

总理：你们不能强加于中央吆！你们这个口号各领使館（我国駐各国領使館）不能接受。

北外造团：不能接受就是保守。

总理：你们的观点可以，但不能强加于中央，你们可以自由发电報（指给我国駐各国領使館）连中央也不打招呼，这样的电報要由付卩长簽字，送来我看，中央看，才能决定。你们打倒刘邓陈 你们自己能给一个人定性嗎？

外交卩联絡站：我们的作法有缺点。

总理：看这水平。

陈伯达：文化大革命干了 年了，我们搞的是无产阶级文化大革命，是由我们伟大领袖毛主席亲自领导的文化大革命，这是非常严肃的阶级斗争 不是儿戏 不是开玩笑，你们是对国家开玩笑，

〈下转第五版〉

〔接第四版〕给外国人造成的笑话事，你们在外交部的行动纯粹是开玩笑，从毛主席为首的党中央没有授权给外交部联络站，一个学校授权给外交部联络站，这简直是开玩笑！中断几天了？

群　众：四天了。

总　理：四天中断这是犯罪，我再不讲话就是对毛主席犯罪。

陈伯达：我讲的不要写，总理讲的可以写。

总　理：我是内部讲话，也不要写，批评你们的话我不愿意外往外写，我讲的话是好意，是帮助你们。

陈伯达：你们现在不是搞文化大革命，不是搞无产阶级的阶级斗争，你们一个学校都没有团结起来，你们还管一个七亿人口的外交？

总　理：你们多少人？

北外造团：一千三百多人。

陈伯达：这是一个渺小的人数。

总　理：你们一个学校，授权给外交部联络站，这是开玩笑。我们没有帮助好你们，你们连招呼也不打，说严重一点，就是目无中央。

谢付总理：头脑发热了要冷静一些，英国代办火烧了。

总　理：北外红旗造反团设立一个指挥部，代表中央，代表人民授权给外交部联络站，联络站接过去，向外发电报，说陈（毅），姬（鹏飞），乔（冠华）是什么性质。罗（贵波），韩（念龙），徐（一新）助理官多多天向他们报道，写检查，罗贵波三次外事活动都耽误了。四天把付部长，助理包围着，不让上班。今天火烧英国代办处，另一派冲外办，不能说哪一派是保守派。

群　众：（争论）

陈伯达：不要争论了，作个教训，不能这么办。今天听总理的命令。你们所发生的问题，总理一手处理，听总理命令。

总　理：大家有意见可以说。

群　众：（双方代表辩论）　　总理：不要吵了

陈伯达：总理很清楚了，不要吵了。从今天三点半起，由总理统一接管外交部工作　你们统统撤出外交部，外办！　群众：〔互相吵〕

陈伯达：大家不要吵了，听总理的，你们什么战斗队，我不清楚。统统听总理的命令。所有的封条，（指封外交部，外政的封条）完全无效，就中央才有权贴这个封条。所有这些封条，总理会很好处理，你们在那里不要纠缠了，总理全权处理，回到学校两派三派联合都不容易，还想管理国家外交大权，真是开玩笑！回到学校去，好好睡一觉，想一想，可否你们会感到很可笑。

谢付总理：这是一个梦。

陈伯达：这是一个黄粱美梦！（大笑）总理比我民主得多，陈伯达专政得多

群　众：陈伯达同志太谦虚了。

陈伯达：现在不要讨价还价，撤出外交部，回学校去

北外红旗：二外红卫兵：谈判都516兵团炮打总理的问题。

陈伯达：总理是我们国家的总理，就是中华人民共和国的总理，反对

总理是什么？　　群众：反革命！

总　理：大家不要这样讲了。

陈伯达：喊几个错误口号，贴几个错误大字报，这个不能算反革命，可以和他们说。

谢付总理：我们不同意这样做。

陈伯达：外交部的事情由总理全权处理！

总　理：我讲几句，北外红旗造反团搞指挥部，不然我就搞指挥不了。外交学院也要搬到外交部，你们代表最高权力机关授权给外交部联络站，这样不行。付部长有了什么向你们请示，我还得向你们请示，我就要向你们学习，如果陈伯达同志向中央文革小组请示，中央文革，小组同意，毛主席、党中央同意的话，我到你们那里去十天，做你们的随从人员，向你们学一点知识，如果主席同意的话，我跟你们步行回去。

另是没参加一个宴会，你们扣着，我们再次打电话，你们不放，监督权还是联络站，我的态度不变。外交部"三结合"的方案，不能由你们这样，中央不同意，外语学院不能干涉外交部（搞业务）你们要承认冲国家机要局这个错误。

外交部联络站：那是下边一个战斗队干的。

总　理：你们回去批评他们，中央机要局不能冲，中央有命令，中央机要局军管，毛主席是知道的，外交部冲机要局要承认错误，我有权提醒你们，机要局军管，一切规定是毛主席批的。

外交部联络站：是机要人员去的。

总　理：机要人员也不能冲，我本着同志讲，对外交部冲了机要局，我和中央文革也不好讲。

第二件事，一外二外，北外办，外政，这个外事机关是要大了，包括　处，外文局　权也大了，你们批判几个（方承志，王屏甘）可以，我同意，林彪我也同意，你们造反精神比我们强，你们可以派几个人去，看你们怎么办，我要把外办派回中南海，因为傅记不了办公，好多文稿都堆在那里，几个付主任不能搞，实际上是我帮搞外办嘛！

外办总部：一外、二外在外办砸东西。

总　理　今天做个模范，砸坏的东西要赔。一外红旗，二外红卫兵，就打坏几块玻璃。

总　理：好大的口气，几块玻璃也是国家财产，打坏的玻璃要赔。

一外红旗、二外红卫兵：一定要赔。（承认了自己的错误）

总　理：几个人炮打我，说是反革命，不能这样讲嘛！

群众　：炮打周总理就是反革命。

总　理：我不同意，实际上他们没有打倒嘛！

陈伯达：大家听总理的话，主张和他们小说，不要打架，炮打周总理是很错误很错误的。　总理：谁想在我和中央文革之间挑拨，一点空子也钻不了。群众：［双方争吵］总理：大家不要吵了，现在把人民文化代办处的事讲一下。解放军报（人人晚会）

总　理：今天这样的事，外交部联络站知道不知道？　开会外交部没去人。

外交部联络站：不知道，上午知道他们要不定决心大干【下接第七版】

总理联络员郭一平同志接見新疆紅二司等代表講話紀要

一.紅二司和全疆造反派应绝对相信党中央和毛主席。我们是支持你们的，"八野"联总红促会多次向我们发电话要我们代他们交材料，我们回答：你们的材料早由军区交上来了，根本用不着我们提。二、"野联总"发展下去不会有比四川产业军更好的下场。三.一定不怕牺牲，保持革命造反派的气节，英勇奋斗。四.有人散布"周总理给王恩茂定性"纯属造谣。五.在齐处理"一·二六""二·一二"事件根本没有错。六.你们的材料我们都交给总理、伯达、康生、江青等同志。七.你们强烈要求和曾处理过石河子事件的叶剑英辩论，要求他重新给你们造反派平反，我们一定尽力办到。八.大家一定要相信党，我们是支持你们的，如果不支持你们，新疆问题早就该表态了，大家要明白。

总理秘书孙映同志给江西军区新任政委程世清专電 ·8.21·

目前军分区、武装部不开展四大，军区要责成他们做两件事：一件要他们做工作，把保守派的枪收回来，分化出一批。第二，军区要研究一下交给他们任务，看哪些人有转变，要在做中考验他们。已经搞起四大的军分区，尽量做工作，说服劝阻他们。

〈接第六版〉 总理：下定决心，在国家大事上，不能不听最高指示嘛！你们不能控制局势，谁发起的会。

外交部联络站：群众自发的。

总理：又是自发的，这样说，我们就感到羞耻了。

北外造反团：我们根据今天报纸上我们政府的照会干的。

总理：你们要采取行动，采取行动要冲中央吗？你们能这样做吗？外交大权谁掌？这是无政府主义，社论多次反无政府主义，这下证明了，明天英国代办处向我们提抗议，我能说毛主席、政府采取的行动吗？我没有这个权，陈伯达同志有没有这个权？陈伯达：没有。

总理：谢富治同志有没有？　谢付总理：我没有，这是荒唐。

总理：你们联络站要作自我批评，你们大权旁落，你们没有一点威信。说实话我也没有威信，你们数掌，我心中有数，我这样支持你们(指联络站北造团)还不行，陈伯达、康生、江青同志批示，你们听不听。我们中国是无产阶级专政的社会主义国家，不是资本主义国家，我们是文明的国家，不能和他们那样。全国都看北京，以后活动北京市革命委员会负责一下，红代会负责组织，谢富治负责一下。

谢付总理：我称老几？谢富治称老几？

陈伯达：这是联动的话，不能说称老几？　总理：去年立反修路很重要，我和付崇碧同志都去了，工作做得很好。　群众：要纪念立反修路一周年。　谢付总理：不要搞了。　总理：要有一些准备，不要心血来潮，可能夏天快要到了，你们都是外语学院的，将来做外事工作，这次我们毫无准备，损失不可想。接越南使被学生抢走了，7.20事件后，风头不对，我和你们估计的不一样。估计不对，从北京到广州，从沈阳到××，都是这样，不过这是一个小波折，你们都年轻，犯了错误可以改，但你们周围有没有坏人？　群众：要广泛宣传总理对外事工作的指示。总理：大字报不能宣传，这样会给记者提供材料，如果你们都是一个中国公民，要维护国家主权，都不能写大字报。谢付总理：回到家，搞大批判，搞斗、批、改，散会了吧！（完）

红人大通讯
第一八六期
一九六七·八·廿四
内部参考 请勿外传
首都红代会
人大三红通讯组

周总理接见北外红旗、二外红卫兵代表讲话纪要

时间：八月二十三日
地点：人民大会堂南门小礼堂

（接见前总理亲切地和大家一一握手，让大家坐下。）

总理：你们到外办为什么要冲呢？没有必要嘛，静坐一下就解决问题了嘛，一月份我不说过了，不要冲了。他们冲了外交部，你们就要冲外办，你们不要学他们。外办肯定不要冲的，你们一冲就输理了。

（接着提到批陈问题）.

总理问：你们现在有多少单位？

答：有二十二个，不，二十四个。

总理：到底是多少个？　　答：二十四个。

总理：那你们有多少人？

答：实有战士人数七千人，不派同情我们的。

总理：他们开会你们不要去冲。

答：我们最听话。上次听了总理的话，我们就没冲。

总理：上次开大会六、一六就冲了。

答：他们是在主席台上的。他们冲是大水冲了龙王庙，一家不识一家人嘛！

总理：好吧！这事不必管他了，刚才那个叫什么？

答：张××（一贯炮打总理的混蛋——二外红卫兵注）

总理：你们不要打他，不要武斗。刚才他哭了，你们不要管他嘛，如果他一定要走到反面，拆中央的台，就会完的，事物发展总有一部分人要走向反面的，到时候自然要暴露。

钱家栋（总理秘书）这些你们不要讲了。

（总理又谈批陈问题，钱家栋同志说：你们的方案提开两次大会怕不成，开一次吧！）

总理：他们开一次，你们也开一次吧；你们的发言准备得怎样，有把握吗？

答：差不多了，我们已经第四次定稿，预演了。

总理：水平怎样，要有水平，不要象"攀险峰"在小会上的发言，不要象德国人写书那样，想写得深，又不详，什么都想讲，又都讲

代表：我们已向总理承认错误了，我们冲击一下，是想刺激刺激那里的文化大革命很够呛，冷冷清清，文化大革命一年了，还这样，有夭折的危险。

总理：（笑着说）他们有他们的问题，刺激一下可以，他们那里的造反派也还可以刺激的嘛！自从外交卩政治卩被砸后，就有一阵风 都砸了政治卩，他们都是卩队去的吧！他们干什么了，现在外政没有多干。

代表：反正他们没干好多。

总理：那不能怪他们，都是上面规定下来的么！好吧，那就这样定下来，二十七号下午一点半。

代表：在人民大会堂？

总理：在人民大会堂。

王××（总理联络员）：你们七千人吧，我们负责给你们印票，由你们发。

代表：一万，还有外单位呢？

钱　：外单位不要了吧！

代表：北航、清华还有许多兄弟单位早就向我们要票了。

总理：清华和北航是你们这边的？清华是他们的嘛！

代表：那是4 14，我们是团派。

总理：（笑了）噢，你们是蒯大富派了（这时总理又很有感慨地说）北航有很多好战士，那主席台上要有他们。还有那些？

代表：轻工红鹰、石油大庆、矿院东方红、人大三红……

总理：那你们和北航接近了？

北外：我们是天派，他们是地派。

总理：（不懂）怎么，天地派？

北外：北航是飞的，地质是地下的。

总理：（笑了）你们二外是我去年去的那一卩分？

代表：反张彦的。

总理：我知道了。

（这时总理很疲倦了，打了个阿欠说：）你们都是大学生，遵守纪律，要做模范，他们就不听这个。

二外代表：我们有一个请求，我们坚决要求把三反分子张彦的工作组撤出二外院，他们挑动群众斗群众，他们都是干卩，有的十几级干卩都自称群众，而把我们这些二年级学生当成坏头头打，还有的同学讲一批二帮。（总理笑了。）

总理：关于下面的问题和王文政谈吧！

（根据记录整理，未经总理审阅）

红代会北京第二外语学院红卫兵　67.
《前哨》编辑卩整理　8.23.

参改消息

毛主席最新指示

犯了错误的干部和群众组织的坏头头，要到群众中考验。一要承认错误；二要坚决改正，认真改正；三要得到群众的谅解，群众的眼睛是亮的，你是不是承认错误，是不是回到无产阶级革命路线上来，要通过群众来证明；四要给左派做工作，不要乘机报复，要帮助受蒙蔽的群众提高觉悟，使他们迅速回到无产阶级革命路线上来；五不允许坏人钻空子，破坏我们的社会秩序，如果坏人操纵工人罢了，威胁无产阶级专政，威胁革命领导，不怕，那有广大群众支持。

〔7月30日周总理等首长接见河南代表时传出〕

毛主席对温州的指示

毛主席在派6517部队去温州以后，于八日又增添6290部队。行前毛主席对温州问题作了如下指示：

行动要越快越好，工作不要太急，要做到家。

林彪付主席的指示

一九六七年八月三日下午，林付主席接见了杨得志同志，做了重要指示：

现在一种是内蒙、青海的形势，一种是像你们那样，认错早改。

要相信毛主席，坚决执行毛主席的革命路线。

要相信中央文革小组，中央文革小组是毛主席亲自领导的。毛主席对下面来的报告、电报，看得很仔细，对下面的情况了解的很清楚。红卫兵的报纸主席都亲自看。

对主席的指示，最好是思想上能理解，如不能够理解就照办。如果什么都理解了再办就迟了。我们最好是不错，有的错到底，你们未错到底，用你们的办法坚决改过来是对的。

我们的文化大革命是史无前例的。世界上只有毛主席才能发动这样的文化大革命，在这个大革命过程中有些乱，临时乱一下不要紧，打仗还不是要伤亡人的吗？只有在乱的当中，好人坏人才能暴露出来。

主席的政策是成功

（下转第二版）

周总理八月十三日在南京对温州的指示

一、中央军委已经对温州问题定了性质，是反革命武装暴乱。但其中有受蒙蔽的群众参加。

二、中央同意派飞机去散发传单，展开强大的政治攻势，并马上给温州运送粮食、医药等急需品。

三红通讯
第35期 1967.8.17.
人大三《三红通讯》编辑部

《武汉》▲目前武汉主要是群众发动工作好，社会形势好转较快，各革命组织已恢复或正在恢复，大批造反派战士都已回到武汉，据不完全统计，"钢工总"现有50万人。造反派已占领了街道上的宣传阵地。

▲九日谢付总理、王力同志接见武汉革命造反派时，王力同志说：武汉的右派势力还很大，所以你们要联合起来，要树立个榜样。主席这样关心武汉，你们一定要搞好，武汉的内部问题要很好地解决，就是对全国的最大的支持，不能打内战。联合好了就有枪，你们联合好了可进行军政训练，武装部要彻底改组。

▲革命小将也大批来到工厂帮助抓革命、促生产，汉阳纸厂、武钢正在恢复生产。

▲武钢九一三战士已武装起来，广大革命群众强烈要求武装起来，开展军训，武装自卫。

▲公安联司已将绑架王力同志的坏蛋逮捕起来，并准备审判。

▲百万雄师又搞了些小组织，搞暗杀，抢劫，威胁革命派，破坏武钢正铁，还抢了某武装部全部枪械。无产阶级革命派正高度警惕"百匪"进行反扑。

祖国各地

《温州》▲温州军分区温联总调近郊公社大批农民包围温州市，现军分区已将两个团的战备弹药交给温联总。

▲派往温州的省军区付司令员阮贤榜发表声明：1，温联总首先停火；2温联总要立即放出被抓的工总司同志；3不许温联总再进攻。

▲6517部队虽已到达温州，但温联总5日又有100个暴徒攻打邮电大楼，造反派死二人伤二人。

《哈尔滨》▲据转北大文革简讯报导：北师大井岗山对外作战部赴黑龙江调查，彻底支持"工造总"，"工人红造""军工红造"，他们说，黑龙江省革委会执行了资产阶级反动路线，潘复生、汪家道同志要正视其错误，尽快回到毛主席革命路线上来，赵去非是钻进省革委会里的赫鲁晓夫式人物，必须坚决打倒。目前支持的武汉钢二司、河南"二七"、吉林"长春公社"等都支持炮派。

《小消息》

在人大校园

▲新人大公社一小撮人在司钱之流操纵下，最近在空喊几句联合团结的同时，对我人大三红进行了最恶毒攻击。他们在文化革命广场的午台前贴出了一张"人大××履历表"，该表极尽造谣诬蔑之能事，用最坏的字眼咒骂三红，这是一张反革命的大字报，也是一个反革命进攻的信号，我三红战士必须予以最坚决的回击。

▲新闻系头号走资派反革命修正主义分子罗列早在三个月以前给新人大公社新闻分社写了一份名为认罪实为翻案的检讨书，我们的新生造反派把它视为珍宝，整整三个多月，一声不吭，还对我三红进行"保密"。昨天，三红新闻兵团采取了革命行动，抄了罗列的狗窝，对罗列企图否定历次政治运动，为右倾机会主义分子翻案的罪恶活动进行了坚决的斗争，最后又把罗列进行了游斗，大灭他的嚣张气焰，大长无产阶级革命派的志气。

联合严正声明

在京日本红卫兵
首都红代会北航红旗
人大三红

——痛斥宫本修正主义集团八月五日的反华声明

（本刊讯）八月16日在京日本红卫兵和红代会北航红旗、人大三红联合发出严正声明，痛斥宫本修正主义集团八月五日的反华声明。声明指出，日共驻华代表砂间一良和《赤旗报》记者绀野纯一在中国的活动，证明他们是日修宫本集团的忠实奴才和走狗。是道道地地的国际间谍。他们肆无忌惮地迫害在京日本左派，丧心病狂地诽谤诬蔑中国无产阶级文化大革命，恶毒攻击战无不胜的毛泽东思想和世界人民心中最红最红的红太阳毛主席。就在这两个坏蛋离开北京时，还狗胆包天地偷偷带走中国党内头号走资派的肖像，偷拍的文化大革命大字报的底片，以及准备回国后对日本在京革命派进行政治迫害的各种政治材料。是可忍，孰不可忍！

日修集团在所谓声明中，把中日两国红卫兵及在京日本左派对砂间、绀野之流的反革命罪行进行揭露和声讨的革命行动进行诬蔑，真是混帐透顶，可恨之极！老实告诉你们，如果你们这些老修贼心不死，一意孤行，英雄的中国红卫兵和日本无产阶级革命派，总有一天把你们揪出来，斗倒、斗垮、斗臭，挥起铁拳把你们砸个粉身碎骨，死无葬身之地。

坚决粉碎日修赤旗报对我进行的攻击和诬蔑

八月八日，日修赤旗报以头版通栏标题是"绝不允许这种卑鄙、野蛮的暴行"，副标题是："对砂间、绀野二同志的集体暴行事件是对日本共产党和日本人民的攻击"，"红卫兵和盲从分子数千人杀赴机场，高喊'打倒'口号，两天的监禁和迫害登峰造极"。在这篇报导中对我红卫兵的革命行为进行诬蔑和攻击，说我们对砂间和绀野的行动"是按照中国当局的指示计划组织的"，污蔑我们是暴徒。说什么"绀野同志在途中看到有一支数百名的中国"红卫兵"的队伍……在中国红卫兵队伍前头打着红旗，红旗上写的是「人大三红」。暴徒们在等着砂间同志到来……"对于日修《赤旗》报对我的攻击和诬蔑，我人大三红、北航和日本红卫兵一起发表了严正声明。

刘少狗排挤陈伯达同志

六四年中央决定编一本适合地方工作的《毛主席语录》，同时决定由高举毛泽东思想伟大红旗的我党杰出的理论家陈伯达同志负责编辑，可是刘少狗不同意，而责成他的小狗腿子××搞了一本与之抗衡的语录，并在一些地方大势发行，后来在许多同志的严词拒绝下，阴谋才被制止。

八·一八是红卫兵的节日

周总理同意八·一八搞一个检阅，将无产阶级文化大革命进行到底，并倡议八·一八作为红卫兵的节日，大中学校红卫兵已成立筹备处。

同志，现在你毛著学习得怎样？

丁国钰同志八月十一日讲话

革命形势起了变化，地位起了变化，学习主席著作亦起了变化，在资产阶级反动路线那时，对主席著作是一字一句学，现在当权了，有松懈的现象。看来，要把群众运动扎扎实实开展起来，还要深入发动群众，提高路线斗争的教育，提高把无产阶级文化大革命进行到底的教育。

是不是可以发动群众来总结大学主席著作的经验，表扬好的单位和个人，批评不好的现象。再一个问题，狠抓组织落实。要有一般号召，革委会的主席著作学习班子不健全的要健全，要常委、付主任、主任亲自抓，从院到系到班没有组织领导不行，容易流于形式，还要有制度上的保证。要有些要求，什么时间学什么，学多少，要有一点要求，革委要定期召开系、班级主席著作座谈会。

还有一点抓典型，以点带面，宣传典型加以培养，主要是群众自己来创造，这本身就是一个很大的推动。对学习不好的也是一种批评，讲用会、交流会、广播大会，各种形式进行宣传，造成看小说没有市场，造成学习毛著的浓厚空气，这一方面要向解放军学习，像林彪同志所提倡的活学活用、急用先学、立竿见影，要大造舆论，依靠群众，发动群众。困难确实有，有阻力，搞什么第二次大串连，好象北京的问题已解决了，是全国的问题了，刘邓陶都在北京，还要搞，学校搞好了对全国是最大的支持，毛主席在我们身边，要紧跟毛主席、中央文革，坚定不移地掌握斗争大方向。

[上接一版]式的。每一个步骤，都是主席亲自下的决心。对武汉、江西都是主席下的决心。再三声明，主席的政策是完全正确的。最聪明的是主席。我们这些人都是有错的，在文化大革命中也是如此。

我们要坚决跟靠下，跟上有点赶不上只好照办，糙直照毛主席的执行，你们随时要有报告，主席是有回答的，要坚决的跟两头，尤其跟上头更重要，局部要服从全局，你们早检讨早[illegible]过来是好的，[illegible]

坚决支持三军无产阶级革命派 打倒肖华、李曼村！

我人大三红与矿院东方红、轻工红鹰、体院毛泽东思想兵团一起发表严正声明。声明指出，三军无产阶级革命派是在两条路线斗争中杀出来的，他们在三军党委领导下紧跟毛主席、林付主席，在与彭、贺、罗等一小撮走资派斗争中，作出了极大的贡献，我们坚决支持他们的一切革命行动。

打倒肖华！

打倒李曼村！

1967.8.15. 第一次给左派发枪。见P.12 油印本

毛主席最新指示

我们一定不要脱离群众。不要脱离群众是一条，另一条就是不能脱离马列主义。

我们提倡青年人上台。有人说青年人没经验，上台就有经验了。过去也提倡培养无产阶级革命事业接班人，那是从形式上讲的，現在要落实到组织上。

国家机关改革最根本的一条就是联系群众，机构改革要适应联系群众，不要提倡官仔机构。

毛主席对公安工作的指示

公安机关是无产阶级手里的一把刀子，掌握得好，就能打击敌人，保卫人民，掌握不好，就容易伤害自己。这把刀子要是被坏人抓走了，那就更加危险。所以公安工作只能由党委领导，不能由业务部门垂直领导。

每人都有义务当中央文革的铁拳头

金敬迈同志八月二十一日讲话摘要

现在贴出要作“中央文革的铁拳头”的标语。我们要当相信中央文革，紧跟中央文革，做响当当的造反派。大专院校有些是干得不错的。中央直属的文艺系统的各单位，基本上实现了大联合，能在一起进行斗批了。在实际行动上你们是否是铁拳头？就看你们是否对毛主席无限热爱，紧跟毛主席的战略布署。要求认真讨论形势。每个人都有义务当铁拳头。清华两派都发通知，要求不离校，这是跟紧了。艺术院校担子重，大批判、斗批改，要靠我们活学活用毛著，通过实践血不说大批判和斗批改，艺术院校要走什么路，怎么走，事情还非常多。面对毛主席给我们的艰巨任务决不能掉以轻心、主席支持我们，踢开一切阻力，自己再不干，对得起谁？要求大家讨论形势，结合形势谈谈自己肩上的责任。

周总理给江西军区的专电

八月廿一日凌晨一点，总理秘书孙映给江西军区新任政委程世清专电，内容如下：

目前军分区、武装部不开展四大，军区要责成他们做两件事：一件要他们做工作，把保守派的枪收回来，会议出一批。第二，军区要研究一下交给他们任务，看哪些人有转变，要在做中考验他们。已经搞起四大的军分区，尽量做工作，说服动阻他们。（此件已报总理）

三红通讯

第41期 1967.8.24.

人大三红“三红通讯”编辑部

人大三红誓和日本无产阶级革命派团结在一起、战斗在一起、胜利在一起

日共著名左派人士西园寺公一，早稻田大学教授安田一太郎23日上午和我人大三红反修战团的战士作了亲切的交谈。首先安田一太郎和三红战士互送了纪念章，然后由安田一太郎向大家介绍日本的情况，特别介绍了日共修正主义集团如何堕落成为苏修的帮凶，鼓吹和平过渡、热衷于走议会道路的叛徒嘴脸。他谈到每当选举的时候，日共的基层组织就是忙于数一下到底有多少人投日共的票，为了一、二张沾满人民鲜血的选票，日共低声下气、甘愿替统治阶级做牛马。另外，安田一太郎还介绍了日本学生运动和农民运动的概况。

这个座谈会使我们更进一步了解了日本的革命斗争。正如在座谈会上大家一致指出的那样：虽然现在日共革命左派的力量还较薄弱，坚强的领导核心还没有形成，但是星星之火，可以燎原，只要按战无不胜毛泽东思想来指导日本的革命运动，日本人民的革命斗争一定能取得彻底的胜利。由于时间关系，座谈会未能进行完，西园寺公一和安田一太郎同志表示下一次找时间再继续向我们介绍。

西园寺公一和安田一太郎都是战斗在反修第一线的左派同志，是我们中国无产阶级革命派学习的好榜样，我三红反修战团一直和他们一起并肩战斗，结成了深厚的战斗友谊。我人大三红誓和日本无产阶级革命派团结在一起，战斗在一起，胜利在一起。

向三军无产阶级革命派学习

8月23日下午，海军直属机关红联总负责同志应我人大三红总部邀请，前来我校传经送宝。我人大三红总部核心组全体成员与海直红联总的同志们进行了亲切的交谈。海直红联总的同志们介绍了三军无产阶级革命派在文化大革命中英勇战斗的光辉事迹，介绍了海军内部两条路线的尖锐斗争，特别是介绍了三军无产阶级革命派在文化大革命中所取得的宝贵经验。我人大三红总部负责人代表全体三红战士表示：坚决向三军无产阶级革命派学习，坚决支持三军无产阶级革命派。人大三红坚决和三军无产阶级革命派团结在一起，战斗在一起，胜利在一起。

简讯

▲8月22日我人大三红代表大专院校红代会参加了北京军区的无产阶级革命派斗争反革命修正主义分子彭德怀大会。会上军区的无产阶级革命派揭发和批判了彭贼及其反党集团反对毛主席、反对毛泽东思想、反对林付主席的滔天罪行，反革命修正主义分子黄克诚、杨勇、谭政、张爱萍、苏振华、刘震、李志民被揪出来示众。

▲8月23日在人大校园内和地质学院，均出现了"把人大铁一号6.10黑会端出来示众"的造谣大字报，无中生有的给我人大三红和其他革命组织扣上一堆罪名，充分表现了"新生造反派"的造谣技能。更令人可笑的是根据这样一个捏造的事实，新人大公社在西单等地闹市，贴出了打击我人大三红的大标语。新人大公社在肖前之流操纵下，恶毒攻击我人大三红，罪责难逃。

最高★指示

没有一个人民的军队，便没有人民的一切。

三红 通讯 〔42〕 1967 8.26
中国人民大学三红通讯组编

无论如何不能把矛头指向解放军

解放军担负防线，你们能指挥得动吗？你们是解放军后备军，解放军后备的东西能备用？都用啦。解放军的东西你们那一派都不能抢，我十四日讲话是要增加你们的敌情观念，广州的事立刻就传到香港，你们肆无忌惮，漠然视之。……不论那一派都不能用电台。……为什么内部吵架的事叫香港知道呢？这是我呼吁的第一件事，不搞广播四。

第二无论如何不能把矛头指向解放军，七月廿日后提到抓军内一小撮，这是我们宣传机构搞错了的一句口号，伟大领袖毛主席批评了。

——摘自总理8.22接见广州两派代表讲话——

必须有自我批评精神，才有主动权

伯达同志：我建议要开展拥军活动，马上打电话开展拥军，不能夺解放军的枪。

福建是前线，要照顾前线，是爱国主义，要拥军不要夺枪，要武装革命群众，夺枪很危险，帮助了敌人，又互相残杀这是很危险，是反动组织要取缔。

不能武装保守派，应该武装革命派，武器给保守派很糟糕，枪马上收回来。双方要付出，不要自己屠杀自己，毫无保留地阻止农民进城，农民进城对革命派不利，对解放军也不利，认识农民进城的害处，如不认识将来要吃大亏。想到祖国前线蒋介石散传单，挑拨离间，两派不要上当。黄国璋同志，你们开了头（指组织老乡农民）开坏了。军分区、人武部接受了你们的遗产。要有自我批评的精神，才能解决问题。你现在没有发言权，必须有自我批评精神，才有主动权。

——摘自伯达8.21接见福建代表团讲话——

周总理接见广州代表提出紧急措施

一、各派组织立即停止夺取中国人民解放军的枪枝、弹药、物资装备、粮秣和车辆。

二、各派组织所持的武器、弹药、和车辆，立即封存，交给中国人民解放军。

三、停止一切武斗，禁止打、砸、抢、抓、抄。

四、立即释放一切被扣人员

（接第二版）更不能采取打倒、压垮的方针，建议你们冷静考虑我们的意见，并希望你们尽快纠正不符合这个方针的一切做法，你们可能一时不理解，我们相信你们将来会逐渐理解的。

[illegible]军委 1967.8.20

中央指示

(1)华北局书记处书记解学恭同志任天津第一书记。
(2)天津改为中央直辖市。
(3)洪先调吴德同志回吉林省委。
(4)杨成武接替贺龙任军委付主席
(5)王唯真任新华社代理社长。

"国际关系准则不可轻举妄动

总理关于对外斗争的最新指示

今后如果搞示威游行　一定要做到"五不""一划"。"五不"：不打　不砸　不烧　不冲　不拦。"一划"：划地为界　以大使馆门口为界。

二十二日深夜，陈伯达、江青等同志对冲英国代办处的革命群众电话指示如下：

按总理指示办事。"

最强烈的抗议　最严正的声明

——痛斥反革命右派分子朱成昭伙同新人大肖前之流泡制的所谓"六十黑会"的反革命阴谋

八月二十四日我人大三红总部发表声明　声明指出：

八月二十三日，在北京地质学院出现了一份所谓《把人大铁一号"六十"黑会端出来示众》的反动大字报。大字报的泡制者胡说什么，我人大三红和清华井冈山、北航红旗、《光明日报》革命造反总部以及新北大公社等七个组织，于六月十日在铁一号人民大学召开了一个所谓"攻击中央文革分裂中央文革的黑会"。这是反革命右派分子朱成昭之流伙同和唆使新人大公社总部一小撮人精心制造的一件骇人听闻的政治陷害事件。这是一个严重的反革命政治阴谋。为此，我人大三红总部向朱成昭之流和新人大公社总部提出最最强烈的抗议！并发表严正声明如下：

一所谓"六十黑会"是彻头彻尾的造谣　是极端险恶的政治陷害。我人大三红和北航红旗清华井冈山等组织，六月十日根本没有在铁一号开过会　也从来没有在铁一号开过串连会。

二所谓"六十黑会"的谎言并不是什么新鲜玩意儿。早在六月十五日，新人大公社的负责人唐玉琮就曾经当众造谣胡诌什么我三红参加了所谓"六十黑会"并说这个会是在新北大召开的。这个造谣者当场被我人大三红抓住，弄得狼狈不堪，抱头鼠窜两个月没敢吭一声。可是令人惊奇的是，一个早已彻底破了产的谎言现在又被朱成昭之流重新捡了起来，大作文章，而且自己打自己的嘴巴　又说什么这个会是在铁一号开的不是在新北大开的，真是矛盾百出荒唐已极！他们这样做，决不是偶然的。这是为了达到某种反动的政治目的而搞的卑劣的勾当。

三自从江青同志八月十日揭出警惕"黑手"问题以后　一小撮阶级敌人吓破了胆，他们慌了手脚，于是，便颠倒黑白混淆是非，千方百计把水搅浑企图转移视线，混水摸鱼。其中他们玩弄的一个重要的手法，就是制造谣言攻势，所谓的"六十黑会"就是这个谣言的一个典型。

四所谓"六十黑会"的谣言它的反动本质就是把他们的反动罪行用造谣的手法强加在革命造反派头上借以达到既陷害革命造反派，又恶毒攻击毛主席攻击林付主席攻击中央文革的一箭双雕的罪恶目的。用心何其毒也　我们无产阶级革命派必须挺身而出迎头痛击！

《一红通讯》1967.8 第三版

△8月23日，人民日报报导了北京市革委会在北师大召开大批判现场会的情况。晚上 中央人民广播台又广播了首都大专院校革命师生和红卫兵小将热烈响应市革委会号召 决心掀起大批判新高潮的消息。我人大三红战士连夜贴出了许多大标语。24日下午三红全体战士和附中井岗山全体战士联合召开掀起大批判高潮的誓师大会。会后三红各兵团立即行动起来 到大街、工厂等开辟专栏 同时，又派出了参观学习代表团到北师大，进一步向井冈山战友学习大批判大联合的经验。

△8月24日新人大"红色卫士"战斗队，公布了所谓"六十"黑会的材料 新人大广播台为此发了海报。与此同时新人大公社还在一些街道上贴出了所谓"六十黑会的材料。所谓"六十"黑会，是彻头彻尾的造谣，我人大三红与北航红旗等组织根本没有在铁一号开过会，这完全是地院朱成昭之流伙同新人大公社一小撮人精心制造的政治陷害事件。早在六月十五日新人大作战部负责人唐玉琮在其战士会上就造谣说人大三红参加了所谓"六十"黑会 我三红总部立即发表声明辟谣，并强烈抗议新人大总部对三红的政治陷害，要求造谣者站出来同我们辩论。唐玉琮作贼心虚 不敢辩论。时隔两月，为了干扰大批判，重新挑起和加剧派别斗争，打击陷害人大三红、北航红旗 清华井岗山等革命组织，他们又重新抛出这个造谣材料 为此，我三红总部发表最最强烈的抗议。

中央支持哈市炮轰派

周总理接見哈市炮轰派代表

21日晚21时50分至22日凌晨3时15分 周总理在人民大会堂接见了哈市炮轰派代表，参加接见的有戚本禹同志。

谈到于天放问题时 总理和戚本禹同志都很注意。黑大的同志汇报了于天放的情况 说明了于天放如何结合的，并且检讨了自己警惕性不高，调查研究不够 不 道于天放是叛徒。总理说 是嘛，你有错误缺点也应该进行自我批评嘛！同志们认为把于天放接为炮轰派的后台是个大阴谋时 总理和戚本禹同志都点头。

代表控诉在65事件后，潘 汪调动指挥大批工人 学生镇压革命群众。总理问 赵去非参加镇压了没有，同志们回答，他操纵"公检法"进行了镇压，总理和戚本禹同志都点头。

总理详细询问了69对军工进行反夺权情况 冲击和进驻军工的"支左"工人人数以及泄密情况。同志们汇报说，潘 汪造谣说中央支持对军工反夺权，并说总理表示好得很时 总理非常气愤 做着手势重复地说根本不知道这回事。同志们把捍联总关于"中央表态"和"特好消息"的传单给总理看时 总理气愤地连声说："根本不可能"。

在控诉潘、汪指使捍联总抓捕和毒打哈市炮轰派和首都红代会赴哈战士时，总理说潘、汪都在北京，你们把情况汇报上来，我立即对他们下命令。

在谈到鸡西问题时 总理和戚本禹同志特别关心。总理问辛世希在不在 同志们回答说在北京 总理说最近要单独接见一次

陈伯达同志给解放军报——《新革命造反突击队》最新指示

陈伯达同志八月廿四凌晨接见前去支持解放军报《新革命造反突击队》的三军无产阶级革命派代表时的讲话。

同志们：我代表中央文革小组向肖力、李无高、金锋三同志表示支持，他们三人签名的大字报，这是一张很好的大字报、解放军报社揭露了一个隐藏在我们党内的反革命修正主义分子赵易亚，这个黑帮的资产阶级政客到处投机取巧投机倒把，招摇撞骗，他的作风是很恶劣的，拉一派，打一派，主要是包庇那些很坏的人。他本来历史就是很可疑的他在研究院（马列主义）就做了很多坏事。以前我们把他当作小政客，我们没有很好理他。但他在马列学院组成一个见不得人的小集团。这些我是知道的，但是没有向党揭发这件事，我是很惭愧的。现在革命小将揭出了他的面目，把他揭露出来了。我们的几位革命小将，像肖力同志的风格比我高，他们做了我过去没做的事情，我觉得我应该向他们学习！希望大家紧紧地团结起来，在伟大的毛泽东思想的旗帜下紧紧地团结起来，办好我们的解放军报。解放军报是一个很重要的报纸，是宣传毛泽东思想的重要岗位。这个报纸办得好与不好，关系到我们党的荣誉，关系到解放军的荣誉，大家要关心，一定要把报纸办好！

现在已是十二点多了，因为大家要赶快去办报，所以我就不多讲了。希望你们在毛泽东思想伟大旗帜下，把解放军报办好！办好！办好！

高举毛泽东思想伟大红旗的解放军万岁！

我们伟大的领袖毛主席万岁！

光焰无际的毛泽东思想万岁！

祝同志们好，明天一定能够看到你们一个好的报纸。

你们继续必要搞大批判，清除反革命修正主义分子赵易亚的影响，这和办好报纸是不可分开的。

接着由解放军报社新革命造反突击队同志立即第一号决定："由肖力同志负责组成解放军报临时总编辑部。"陈伯达同志的批示："同意立即主持工作，保证明天出好报。陈伯达（签字）8.23、11时"第二号决定："遵照陈伯达同志指示，三军无产阶级革命派组成协作班子、全力支持临时编委会办好报纸。"陈伯达同志批示："这样做很好，是毛泽东思想的高风格"。

海军党委电话指示

南京海军学院革命造反总、军械学校红联总部和革联：

据我们所知，南京军区许世友同志虽然在文化大革命中犯有这样那样的缺点和错误，你们可以批判，但他与武汉陈再道比较有根本区别，因此，对许世友同志不能采取打倒的方针，同时，南京八二七组织是一个革命的组织，对他们不能采取"百万雄师"的办法，（转一版）

红红
通讯
·4?·
紅代会人大三紅通讯组编印 六七.八.廿六

毛主席指示

不在肯尼亚使馆门前示威游行。

中央指示：后发制人，尚有余地，不怕破裂，但也不采取破裂方针。

中央文革对三军的指示

——八月廿一日李冬文同志在海军传达

一、关于大方向：三军联合以后，做了很多的工作，威望很高，影响很大，成绩很大。革命决战阶段要紧紧掌握斗争大方向，决不能放松这个大方向，决不能搞武斗，坚决反对打、砸、抢、抓，大力宣传要文斗，不要武斗，三军要成为模范，要按主席的战略部署前进，在大批判中实现革命的大联合，搞好本单位的斗批改，武斗风一定要压住

现在大街上的大标语，大多是肖华的，超过了刘邓陶，要很快扭转，要大量揭发刘、邓、陶，要提高斗争水平，掌握策略，要做好样子，要三性统一。斗争当权派也要文斗，不能下跪、坐飞机等。有些人形左实右，甚至比造反派还左，今后要注意这点，要抓革命促生产，对协定要调查研究，不干涉地方，要节约闹革命。

二、总政的文化大革命没有搞好，走了弯路，要重新搞，当前主要搞四大。总政的主要负责人中央一保再保，还改不过来，越陷越深，要依靠总政的造反派，关起门来搞。三军支持总政的造反派，以卢朗安为核心的。当前总政的阵线还不清，要重新排队，肖华自己安排队，肖华自己安排总政查不够数。

三、要保卫毛主席，林副主席、中央文革。只有三个保，1.毛主席的英明领导，2.人民解放军，3.广大人民群众。不能把人民解放军搞乱。三支两军的任务主要靠人民解放军，为什么敢大胆地发动群众，主要是毛主席信任，有毛主席的英明领导，二是有人民解放军，如何正确对待人民解放军，这是个原则问题，解放军是毛主席亲手缔造的，林付主席直接领导的，一定要按中央首长的讲话去做，我们就是依靠三军的牌子使文化大革命走上正轨。以后只提党内一小撮走资派，不再提军内一小撮走资派，这样提是不对的，是错误的，现在是吴、邱、张、叶负责全军文革工作，要防止瞎做，在重大原则问题上要请示报告。

向师大革命战友学习！

八月廿四日，我人大三红总部派出代表团前往北师大井冈山总部学习革命大批判的经验，受到北师大革命战友的热情欢迎，师大井冈山总部有关负责人向我们介绍了大批判及有关情况，气氛热烈友好。

打回老家去 就地闹革命

八月廿日总理在「全国来京上访群众大会」讲话摘要

现在的形势是太好的。如何争取更大的彻底的胜利呢？这就需要本地方、本单位、本机关向当权派走资派进行斗争，并进行本单位的斗批改。你们大部分是上访的，你们提出的绝大部分问题是可以在本地解决的。有人说还要来一次大串联，这是错误的。革命靠自己，不能包办代替。我们号召，不要去全国串联！已出去的要回来！

同样的要求，你们回到本地去，就地闹革命！要掌握大方向，要矛头向上，并结合本单位的斗批改，这样重大的工作，必须由你们在场，都应该要你们参加。如果你们在北京，就放弃了这个重大的工作。现在来的大多数是职工，你们想想，抓革命促生产是毛主席、党中央的伟大号召，需要你们去执行。有些人留在本地抓革命促生产，你们却逍遥在北京，这不行。应该回去，一起进行斗批改。现在有七、八万人在北京，有什么可串的呢？林付主席说，要活学活用毛主席著作，在用字上狠下功夫，你们在北京怎么能在用字上下功夫呢？

主席说，要三相信三依靠。解放军担起了"三支""两军"的任务，由于缺乏经验，免不了有这样那样的错误。主席说，错误是难免的，只要认识错误、改正错误就好。文化大革命已经一年多了，应该提高水平了，要文斗，不要武斗。这样可以减少解放军的负担。现在来京的，一出去就抓人打人，这不好嘛！

我们军内有坏人，但绝少数。到处抓军内一小撮是不对的。不能破坏交通，维护交通是全国劳动人民的责任。

关锋同志给吉林工大、建大的电话指示

（八月十四日晨五时）

现在我受伯达和你们商量一下，部队已经公开承认错误，承认犯了方向路线错误。检查我这里已见了。我有两个建议。一个，部队已经检查了，表示支持你们，你们要高举拥军的大旗，这样有利。应当拥军，犯错误就改。你们应该拥军嘛！再一个，对红革会、二总部，你们风度要高一点。不管他们怎样对待你们，你们不要记仇，你们长春公社要站得高一点，高举革命批判大旗。听清了吗？（听清了）高举革命大联合旗帜，对无产阶级文化大革命有利。上次我提到不要走向自己的反面。你们受压抑时不易犯错误，不受压抑时容易犯错误，要注意。

你们是要注意点，要有革命派风度，同志们的态度，高举拥军的旗帜。改了就好了。

关键时刻要多研究，多讨论，多学主席著作。

你们要发动广大群众。单靠长春公社不行。要发动广大群众。

戚本禹同志

八月廿四日在全国来京上访群众大会上说：北京是无产阶级文化大革命的策源地，是革命中心，不是避风港。一个革命战士，长期离开战场去避难是不光采的。你们战场在哪里？在本单位。你们长期在北京是不光采的事。

毛主席说：提出以谁为核心，这很蠢

——8月17日晨总理、戚本禹接见湖南革命派代表讲话摘要

戚本禹同志说，主席说："提出以谁为核心，这很蠢。"核心要自然形成的，那个自己以自己为核心的，他最终成不了核心，要被历史所抛弃。能成核心，有出息的是那些埋头苦干，谦虚谨慎的人，而不是争核心的人。核心是自然形成的，而且经过长期的考验，你们要成为核心必须要工联承认，工联不承认，你就成不了核心。现在谁也不能成为核心，所以要联合。斗争有两种，对内不能动拳头、刀枪，越以你为核心越打架。中央提出的三个人，你们不能不信任，黎原同志不仅经过文化大革命的考验，而且经过长期战争的考验。不能再说章伯森狡猾。我很赞成你是左派，但在你们这些左派中我最相信黎原同志。你我还要看一看，凡说自己是坚定左派的都成不了左派。左派有变化的，有的向右，有的向极左，极左就向右靠拢了。章、华在湖南的干部中是比较好的，华有错误，但他愿意改，过去有功，能力较强，你对他不信任，你可以看看，他还没有登台，还没有表演，就打倒他，你让他表演表演嘛！看他是什么样的演员嘛！多数的老干部我们要保护，对干部要实行毛主席的政策，一看二帮。

中共中央文件

中发〔67〕242号

陕西省军区：

对西北光学仪器厂"2·10事件"，根据国务院调查材料和陕西省军区复查调查材料，中央认为是一个破坏事件，定为"严重的反革命事件"。把贾有、王法々等人定为现行反革命分子是错误的，应予以平反，对逮捕的贾有、王法々等人应予以教育释放。210事件严重地破坏了国家财产，造成巨大损失，各群众组织都应从中吸取教训，在2·10事件中犯了破坏国家财产错误的，应该承认错误，改正错误。陕西军区在处理2·10事件中是有错误的，但不是"资本主义反革命逆流"，现在平反是对的，不是"为打砸抢翻案"。陕西军区司令员黄经耀同志、21军军长胡炜同志是执行毛主席革命路线的好同志。各革命群众组织应相信他们，如对他们有意见应该实事求是的采取同志式的态度帮助他们。

此件可向群众组织宣读。

中共中央、国务院、中央军委、中央文革

一九六七年八月十日

中发〔67〕256号

中央批示：

吉林军区三〇〇九部队、七二二一部队并告沈阳军区和辽宁军区（以上请沈阳军区转）各大军区、省军区和各军：

中央认为你们给长春市广大群众的公开信是正确的，你们的检查是正确的、痛々快々的，不是吞々吐々的，扭々捏々的。检查错误改正错误一定能够得到广大革命群众的拥护和欢迎。

中央认为吉林应该开展拥军爱民活动，加强军民团结，长春公社、东方红公社的同志和红革会二总部的同志应正确处理人民内部矛盾，共同对敌，把斗争矛头对准党内一小撮走资本主义道路当权派，实现革命的大联合，注意抓革命促生产，把无产阶级文化大革命进行到底！

中共中央、国务院

中央军委、中央文革

一九六七年八月十七日

向支左的解放軍学习和致敬！

[illegible]点名称赞的支左卩队

北京：卫戍区卩队
武汉：空军
湖南：6900卩队
成都：7848卩队
浙江：7350、6409卩队
江西：6011卩队
开封：7249卩队
陕西：8133卩队、米脂县人武卩。
宁夏：8119、8047、8048、8050卩队
甘肃：8110、8149、8147卩队
江苏：赣榆6165卩队
安徽：安庆64[illegible]卩队
四川：自贡市人武卩
温州：6517、[illegible]299卩队

二 中央首长讲话中肯定过的支左卩队

山西：67军
武汉：8199、7255卩队
四川：7865卩队（广州调去）
上海：空四军
重庆：54军
徐州：7229卩队
鞍山：3174卩队
江西：6013卩队（山[illegible]调去）

陳伯达同志就《人民日报》刊登卫东队文章一事接見南开大学八一八代表

1967.8.19 晨5:00—5:30 人大会堂安徽厅休息室

陪同接見的还有《人民日报》負责人唐平铸[illegible]、南开八一八代表[illegible]。

陈伯达同志讲："《人民日报》登的卫东那篇文章没有经过调查研究，选错文章的时候也有嘛！你们都是红代会的，我对你们没有偏見。"

南开八一八代表向陈伯达同志如实汇报了学校情况，指出该校八一八战士、干卩、工人、教师和学生都遭受严重迫害，卫东队对干卩执行了一条資产阶级反动路线，他们的文章根本不符合实际情况……。

伯达同志十分关心地讲："卫东队压制[illegible]你们是不对的，不能解雇工人，不应该打八一八同学、干卩，他们压制你们是不对的，应该叫同志们安心工作。"伯达同志接着鼓励说："你们搞调查是很好的，你们要实事求是地把天津市的问题好々搞一搞。"

最后唐平铸同志代表《人民日报》检查说："卫东那篇文章，我们没有进行调查，可能不符合你们学校实际情况。因为現在有很多革命干卩没有站出来，卫东的《要大胆使用干卩》文章比较适时，所以发了。"接着说："你们可以随时找我，咱们可以谈々怎么办。"

全軍文革小組改組——肖华靠边站了

8月16日周总理、陈伯达、江青同志接見了三军党委負责同志时宣布：鑑于徐向前、肖华主持的全軍文革小组已经瘫痪，不能領导全軍无产阶级文化大革命，中央决定由吴法宪、邱会作、張秀川、叶群四人组成領导小组，領导全军无产阶级文化大革命，这是毛主席、林付主席、党中央对全军无产阶级革命派的亲切关怀。总政要关起门来乱一阵子，肖华不参加一切公开活动。中央負责同志还委托三军出面制止武斗，不要串联。

肖华这个伪君子、反对林付主席的坏蛋，终于靠边站了，这是三军无产阶级革命派英勇斗争的结果、是毛泽东思想的伟大胜利。

> 什么叫工作，工作就是斗争，那些地方有困难、有问题，需要我们去解决。我们是为着解决困难去工作、去斗争的。越是困难的地方越是要去，这才是好同志。

革战通讯 86
67.8.21.
财政部无产阶级革命战斗总部通讯组
今日共四版

周总理、李富春、李先念、戚本禹同志接见财贸、工交农林口各群众组织代表的讲话

67.8.21晨1:30—2:45于人大会堂

总理：同志们，因开别的会，来晚了。请富春同志讲。今天，工交、财贸、农林三个口参加，有关的学校也参加，人多。先请富春同志谈。

富春：计委、经委、建委、工交各部，总的来说，是工交口，工交口情况：自总理和戚本禹同志8月10日在煤炭部讲话后，工交口各部委都积极响应总理和戚本禹同志的号召，有的送了决心书、申请书、倡议书，愿意到厂矿去，这是很好的现象。煤炭总理、戚本禹同志的号召，对今后抓革命促生产、精简行政机构向工农学习，与工农结合，是个方向问题，这个问题，迟早要做。煤炭部为什么先做？因为目前煤炭生产下降比较多，这是一个非常问题，紧急情况。铁路、交通也急需下去，把铁路、交通、煤炭先抓住，再次抓冶金，建工、建材、再抓一机、八机、化工、一步一步抓下去。目前最紧急的是铁路、交通、煤炭，要先抓，情况好转了，再抓冶金。冶金有几个大企业，鞍钢、包钢、武钢、太钢，还有矿山，然后再是机械设备，建工、建材、一轻。目前首先铁道、交通要先学煤炭，先走一步，然后冶金、一轻、建材、建工、再次一机、八机、化工，逐步地下去。目前各部情况不同，抓革命、促生产情况也不同，各部附属单位的情况也不同，因此不能规定一律的办法，要各部门、各革命组织下去自己去协商。

第一个问题：如何健全抓革命促生产，特别是业务班子？革命由各革命组织去抓，工作业务班子可以有四种形式：㈠已经有业务班子的，如计委、经委，还有业务监督小组；㈡军管，在军管领导下，设立业务班子，部长行就部长抓，部长不行了可以有老干部同志的付部长抓，付部长不行了，可以有司局长抓，同时各革命组织协商参加业务班子。㈢现在还没有业务班子的，可以象煤炭部那样，派革代表搞革命委员会筹备小组，各派组织协商有人参加筹备小组，煤炭部情况各部门同志可以去了解一下，发展到将来革命大联合、三结合，建立革命委员会。㈣不需要革代表，业务班子未建立，瘫痪了，协商建立业务班子，部长能站出来的就站出来，不行就付部长，付部长不行就司局长，革命派的同志参加，建立业务班子。以上四种形式希工交各部同志回去协商，搞个比较坚强的业务班子，最好有两派，三派的协商搞个业务班子。计委、经委已经有了，加强也可以。

第二个问题，下去的问题。次序，目前首先下铁、交、煤，煤炭部昨天、今天已经走了。铁道下去多少，到哪里去？交通下去多少，到哪里去？我建议首先到港口去，港口工作很重要，这是个很大的问题。交通部各革命组织自己协商一下到哪去，两派可以各走各的，如你到秦皇岛，我到青岛，你到上海，我到湛江，各派去商量确定，其次冶金，下去多少人，到什么厂矿去，有色金属到哪里去，重点在什么地方？由冶金部各派自己协商，各派走各派的，不交叉。

今年农业是丰收年，增产工业品，要交换粮食。轻工、建材、化工、一机、八机，下去多少人，下到哪些厂矿，不作一一规定，由各部的各革命组织互相协商，各走各的。首先是交、铁、煤，其次冶金、一轻、建材、化工，再次一机、八机、建工，这样去。至于计委、建委、经委，你们怎么搞法，还是分化分区分省市或其他办法由你们自己协商解决。不能协商一致的，提出意见供我们考虑。

对于学校、煤炭部是特殊情况，矿院的同学下去的比较多，有两千多人。各部所属大专学校，现在限于66年毕业生下去，其余在校搞斗批改，继续搞革命。这是中央文革、北京市革委会的决定。愿意下去的下去，不愿意下去，愿意在学校搞斗批改，把学校文化大革命进行到底，也可以不下去。

总而言之，工交各部还是要向煤炭的方向走。业务小组四种方式都可以，步骤分三步走。目前最急的是煤、铁、交三个部，好转了再抓冶金、一轻、建材、化工，再次是建工、一机、八机。究竟下去多少人，去哪里，由各部各革命组织自己协商，交我们审查同意。不能一规格，因为各部情况不同，文化革命的进度不同，需要下去的情况也不同，所以要各部自己去协商，要有利于抓革命促生产。协商不一致，提出意见，这只是工交口下去的一个次序。把业务班子定下来，抓革命促生产定下来，具体化还要各部委、各组织参照煤炭协商解决，不能有统一口径。我只是讲个次序。业务班子也有不同形式，具体如何下去，去什么地方，你们自己定。有革领会的，通过革领会，有革代表的，同革代表协商，没有革代表的，可以与总理联络员协商，没有的，你们自己协商。方向是煤炭部的方向，我就讲这么个意见。

总理：同志们，今天总开个头，煤炭、铁路是两种形式，铁道部长吕正操，虽说是打倒了，但是也站出了一两个付部长，有一个业务监督小组，搞了四、五个月，后来有些变化，部外不断有影响，有外力冲击，不得已实行了革领制度。革领去的比较晚，革领不是监督，也既抓革命，又促生产，当然各派在业务时间外，可以争论，进行四大。业务监督小组搞了几个月，过去有成绩；因此革领后改为业务协助小组。最近又受到外面的影响，工代会二七工厂，还有别的单位，冲击革领会，这当然不允许。伯达、先念、谢富治同志，这些同志是中央常委、政治局委员、付总理、北京市革委会主任，一道去谈这个问题，总算解决了。冲击革领会纠正过来了。冲击革领会是不允许的。我们在红代会讲过，这半年来解放军支左任务很繁重，军队支左开始总不免出这样或那样一些缺点和错误，少数人的错误比较严重，个别人犯了罪，如青海的赵永夫，武汉的陈再道搞叛乱，内蒙的×××是个两面派。但解放军是无产阶级专政的支柱，是文化大革命的保卫者，我们是依靠的。但一个浪潮来，总有些付作用，军区、革领会总想去冲击。革领会也不能说一点缺点错误也没有，但冲击他们的工作总是不恰当的。铁道部还没有全解决，方才听说工代会二七工厂还是要去冲击，搞示威游行，喊口号，最后都要前去，这是不对的。要把群众引导到错误方面去的。文化大革命开展一年多了，群众发动起来了，主要是城市，抓革命促生产有很大成绩。

从第一阶段，两条路线的斗争，发展到第二阶段夺党内走资派的权的斗争，现在是决战阶段。条件不成熟，军管过渡，促进一下，目的还是要搞大联合、三结合。我们要支持军管，如果有人犯了错误，可以调查人员，不能冲击，不能叫军管不存在。还没有完成历史任务，应该支持。现在军管不仅工交口有，财贸口也有，国防工业是全部军管。我们总要找出新的过渡形式，不止军管会一种形式。如煤炭部，藏本为的同志和煤炭部的革命组织一接触，发现各派都有抓革命促生产的要求，因此首先从抓革命促生产入手，首先在这方面协商解决。现在铁道运输是大大下降，受地方群众运动的影响，现在是决战阶段，造反派、保守派争，有的都是造反派、左派之间的争夺，两种现象都有。一冲突就把铁路弄断，一派封走，压制另一派。有些重要的车站，不断出问题，从北京往南，有郑州、徐州、浙江的金华、南昌、萍乡、长沙、柳州、南宁、广州，西线如成都、重庆，都发生这样的问题。因此最近实行全面护路，分段有野战军，不由地方部队来实行军领，铁道系统，不管两派是造反派，是保守派，或者都是造反派，不允许在业务时间里争论，更不许武斗、停止、断路、动武器，不能夺军队的武器，铁道夺武器，不是夺了野战军的武器吗？刚布置下去，因此需要进一步夺取煤炭部的方式，铁道都有条管。有业务小组，上面不需要那么多人，可多抽人下去，一边劳动，一边作宣传，使铁道交通正常化。要说服铁路群众组织，不要和铁道系统以外的群众组织串连。地方群众组织也不要到铁道系统参加两派斗争，这样很不利。特别今天在座的，都是经济财政口子的，都懂得交通是大动脉，命脉一停，经济就停顿了。不仅物质生活受影响，而且精神生活也受影响，北京的报纸也送不出去了。有些地方，工业用煤、生活用煤都送不到，工业用电停止了，生活用电也停止了。有的地方来告急，这样还搞文化大革命？那是破坏文化大革命。我们要破旧的，立新的秩序。铁路革委后好一些，现在又受冲击了。铁路是国计民生的重要一环，是首先要解决的。我们号召，铁路交通部门向煤炭部方式下去，到各条线路上去，劝两派不要在业务时间斗，停车、破路、误点、殴打、夺枪，交通也要下去，首先要解决这个问题。煤炭是第一个问题，没有煤就没有动力，没有动力怎么能生产？没有煤怎么能照明？铁路本身，没有煤，火车也不能开。这个问题是摆在我们面前最紧迫的问题，首先解决铁路交通，同时解决煤炭。煤产量现在大大下降。煤炭部创造了一种新形式下去了。主席提议有军事代表参加的三结合，领导干部要各派都能同意的。煤炭部两派都是革命派，观点不一致，但大方向是一致的，成立了革委会的筹备小组，当然还要经过一段时间的再考验。特别是戚本禹同志有个创造。走资派打倒了，或者批判了，靠边站了，但还是有大量的人可以做工作，应该打击一小撮，解放一大片。为什么文化革命搞了一年多，两派还在斗？武斗很厉害，直到八月还在打。其实群众是不愿意打，是勤务员们要打。因此戚本禹同志让两派头头都要下去。勤务员要带头下去。两派都鼓掌了，说明大家都厌战了，只是头头感兴趣打。于是十日，我们就号召勤务员要能上能下，群众组织的代表要接受群众的考验，要经过实际斗争的锻炼，不能光说空话。当然下去也会有反复，并且规定两派不要在一起。中央共管68个矿，现在抓56个。一派到一个地方去，不吵架，自己的观点不要带下去，同时，要劝矿上两派合作。现在阜新、鸡西、鹤岗、大同、淮南等矿都闹得很厉害。同时动员矿院的也下去。树立了第二种典型。

现在我们觉得，工交口近一年文化大革命，这种条件逐步成熟。一年多来，造反派起来批评领导，从去年8月后两条路线的斗争，批判资产阶级反动路线的时间很长了，大家已有所认识。对少数坚持资产阶级反动路线和走资派，群众也已能辨别认识清楚了。现在各部的两派不一定都是保守派和造反派，往往都是造反派分化出来的。在工交口，应该说真正实现三结合的条件逐步成熟了。文化革命已经进入夺党内一小撮走资派的权，应该走向胜利阶段，建立三结合的革命委员会。当然也不能一下子都实现。重要的是要把领导推进一步。刚才富春同志提出四种形式，各部自己讨论一下，看能否成立。实行了军管的也可以考虑，是否成立有军代表参加的三结合。当前首先要推动革命派的大批判，批判刘邓陶，结合本部门的斗批改，实现本部门的大联合，组成革命委员会筹备小组。经过那么长时间的批判，总有些干部可以站出来的，部级干部能站出来的就站出来，站不出来的，司局长肯定有可以站出来的。联合的关键是两派能不能联合。联合又决定于开展对刘邓的大批判，结合本部门的斗批改。工交口结合斗争薄一波，薄一波是工交口最大的走资本主义道路的当权派。大批判可以推动大联合。联合有条件的就可以搞筹备小组。干部亮相，总有几个可以站出来的，铁道部就有一两个付部长站出来了。两派同意、军管会同意，就可以进入筹备小组。这不仅铁道部可以，其他部门也可以。如果可以联合，又有了亮相的干部，没有军事代表可以派军事代表。派军事代表不要军管会那样多人了，有几个人就可以了。没有实现军管的，可以采取象煤炭部的结合方式。第三种，不需要派军事代表，我们自己老、中、少有条件，可以三结合。高级、中级、下级都要，青年多些好，要占多数；领导要有些新鲜血液。中年、老年有经验，初步也可以搞这样的筹备小组，不一定都要派军事代表。目前的关键是各部的造反派，对过去即使有些保的，现在小了，愿意回到毛主席革命路线上来，掌握斗争大方向，一起认真开展大批判，应当欢迎，不能排斥在外，因为人家改了嘛。人民内部矛盾，就要用"团结—批评—团结"的公式来解决。这三种都不行，可以按照刚才富春同志讲的，业务领导小组和生产监督小组并存，这是不得已的过渡办法。要逐步推动，成立革委会的筹备小组。有了革命的干部和革命组织的代表，就可以推动建立筹备小组。工交口希望在第三季度（8月还有十天）能实现筹备小组，最好能象林业部那样，建立起革命委员会。现在建立的条件成熟了，不能再争吵下去了。内因是主要的，要靠主观努力。不要老是受外面的影响和军校的冲击，这对革命和生产都不利。革命要不断前进，不能停留在那些老问题上，不能停留在运动初期那样的水平。现不去破坏这些坏东西，你就休想建设。只有把这些东西破坏了，中国才有救，中国才能着手，否则不过是讲梦话而已。只有破坏旧的腐朽的东西，才能建设新的健全的东西。

革战通讯 87
67.8.23.
财政部无产阶级革命战斗总部通讯组
今日共二版

毛主席说：不管事的就改

康生同志转达说：主席讲了四件事，一是改组北京市委，照办了，二是改组中宣部，也照办了，三是取消文化革命五人小组，也照办了，四是部门 成科，没有办。

毛主席说：是呀，部长，部管事的可不改，称部长、司长、局长，不管事的就改，改成冶金科、化炭科。

《摘自1966年会见大区书记和中央文革讲话》

林付主席八月九日重要讲话《摘要》

毛主席在七届二中全会讲的问题，对社会主义革命有伟大意义，这是马克思主义伟大发展。但是我们很不理解，革命新的事，脑子里还是老的一套。我们党是无产阶级政党，但过去的领导班子，只有领导核心才是真正的马列主义的，除骨干外不少人都是资产阶级思想，资产阶级分子，所以犯错误，非改造不行，不改就会使我们走上资本主义道路，国家就会变颜色，个人就会变为走资本主义道路当权派。这场文化大革命实际上是通过文化大革命达到政治大革命，如果没有政治大革命就要成资本主义。文化大革命就是社会主义政治思想上的大革命，没有政治上、思想上的革命就不可能是社会主义社会。我们理论上、思想上还不知道是资本主义还是社会主义，对了错了还搞不清楚，只有好々学习主席理论才能搞清楚，只有把毛泽东思想搞通了，才能走到社会主义。今天在毛主席领导下要好々学习，好々改造世界观，不然就要犯错误，把主席思想领会通了，就是懂得了马列主义，才能不犯错误。

毛主席的英明战略布署

上海、北京、天津、东北是重点，上海、山东革命委员会成立，基本上控制了华东，内蒙华区已改组，由北京、山西、天津控制华北，利用黑龙江控制东北三省，切断走资派与苏美日修的联系。最近武汉、湖南又一个个解决了，广西由黄永胜同志领导，切断走资派与帝修反的联系。贵州革命委员会的成立，保证了西南，四川又派张国华，因此大西南已经摆脱了刘、邓、罗、彭、李、方的法西斯统治。兰州、陕西部队又切断了大西北走资派与保守派与别地勾结，新疆看来比较平静，但也有一场大规模武斗，王恩茂目前沉默，就是在反扑，青海造反派占上风，所以全国以北京、上海、武汉、成都、沈阳、广州、兰州为中心的文化大革命形势很好。

我们现在拿着笔杆子，但每人都要随时准备拿起枪杆子。

革战通讯　〔87〕　67.8.23　第二版

周总理关于政治部的重要指示

（67·8·21·）

七机部三院916把政治部砸了，七机部[redacted]请示周总理。周总理作了指示：七机部政治部和公检法不是一个系统，政治部是由毛主席亲手缔造的。如果要砸，要劝阻，劝阻无效由他们负责。要劝说新九一五的同志不要破。千万不要武斗。政治部的领导干部有缺点和错误可以批判。

（新九一五）

李富春同志关于"砸烂政治部"的指示

砸烂政治部的问题，要分清两种不同性质的矛盾，不要随便乱砸。如果政治部的主任和付主任是走资派，可以批斗，不要砸政治部。什么样的政治部都砸，怎么能说是革命行动呢？不是砸政治部就是革命行动。王力同志讲话，也不是叫砸政治部。如果是走资派就不能按人民内部矛盾处理。政治部是毛主席提出建立的，人员调的是解放军。

（一九六七年八月廿一日九时三十多分与建二部等接见会校对）

姚文元同志谈文攻武卫　89徐景贤传达

春桥和我共同表示同一明确态度，支持成立"文攻武卫"统一指挥部。具体组织要根据毛主席革命路线和按中央的方针政策进行，可以在已实现革命大联合的左派占优势的工厂单位试验，建议全市组织工人的武卫组织，可以先搞十万人左右。

组织武卫只能对付一小撮坏人，另一方面主要还是靠文攻。什么是文攻，文攻就是大批判。只有把大批判搞好，批深批透，肃清刘邓的流毒。从思想解决问题，搞大批判一个是开大会，开大会主要是造声势，一个写文章。……北京已经组织了一百人的班子在写重点文章，上海也组织一个一二百人的班子写重点文章。同时发动广大群众写文章。

总理联络员8月19日晚9:00给纺织红旗公社电话：

联络员：你们知道有些部砸政治部吗？　答：不知道。

联络员：富春同志最近有个指示，政治部不要随便砸，如果政治部主任是走资派，可以批斗。政治是毛主席提出来的，砸政治部不能称革命行动。

（根据清华井冈山动态）

北航召开"用枪杆子武装北航誓师大会"

【北航消息】十八日下午北航红旗全体战士雄纠纠气昂昂地在南操场举行"用枪杆子武装北航誓师大会"许多红旗战士意气风发，精神饱满地扛着刚刚发给他们的枪杆子参加誓师大会。北京卫戍区李钟奇付司令员等首长出席了大会。李付司令员向大会赠送林付主席最近的题词，并作了重要指示。这是毛主席林付主席对革命小将的极大关怀及支持。会上北航武装部队向全体革命派宣读北航武装部成立宣言，整个大会自始至终响彻着毛主席万岁！毛主席万万岁的欢呼声，充分表现了革命小将对我们伟大领袖毛主席的无限热爱、无限信仰无限崇拜的心情。红旗战士个个精神抖擞，他们决心用枪杆子保卫红色政权，揪出刘贼血战到底，誓死保卫毛主席 保卫中央文革！

最高指示

组织千々万々的民众，调动浩々荡々的革命军，是今天的革命向反革命进攻的需要。

世界上一切革命斗争都是为着夺取政权，巩固政权。而反革命的拼死同革命势力斗争，也完全是为着维持他们的政权。

※ ※ ※ ※ ※ ※ ※ ※ ※ ※

天津体育学院毛泽东思想红卫兵
关于退出天津大专院校红卫兵革命造反总部
严正声明

当前摆在天津市广大革命造反派面前的中心任务是革命造反派联合起来，彻底砸烂刘、邓反革命集团；夺市委一小撮走资本主义道路当权派的权。而夺权的关键在于无产阶级革命造反派的大联合。

大专院校红卫兵革命造反总部的成员天工"八二五"与天大"八一三"各搞一派，相互攻击，扭转了运动的大方向，严重的阻碍无产阶级革命造反派大联合，阻碍"三结合"和大夺权。

天津市大专院校红卫兵革命造反总部现在已不适应新的大联合大夺权的革命形势，也不能担负起实现天津市"三结合"夺走资本主义道路当权派权的历史使命。

天津市大专院校红卫兵革命造反总部成员天工"八二五"在省委问题上，犯过严重的保守错误。但是他们到现在还不能正确对待，深刻批判，认真检查。天工"八二五"在当前大联合大夺权的形势下，在一些地方与解放军发生冲突。并且在一些地方打着大专造反总部的旗号干自己的事。所有这些都是大专院校红卫兵革命造反总部不能与广大工农兵群众实现全面性革命造反派大联合的关键所在。

广大工农兵群众是当前大联合、大夺权的主力军，红卫兵和革命学生必须走上与工农兵相结合的正确道路。

鉴于以上原因，为了促进天津市无产阶级革命造反派的大联合、大夺权，天津体育学院毛泽东思想红卫兵郑重声明：从即日起退出天津市大专院校红卫兵革命造反总部。

为促进无产阶级革命造反派大联合，组成浩々荡々的无产阶级文化革命大军，彻底批判刘々邓々的资产阶级反动路线，夺市委一小撮走资本主义道路当权派的权贡献出一切力量。

我们坚决支持各兄弟院校革命造反红卫兵的革命行动，让我们在伟大的战无不胜的毛泽东思想光辉照耀下，团结起来，遵照我们伟大的领袖毛主席的教导：把无产阶级文化大革命进行到底。

向解放軍学习！向解放軍致敬！
无产阶级革命造反派大联合万岁！
无产阶级专政万岁！
战无不胜的毛泽东思想万岁！
我们心中最红最红的红太陽毛主席万岁！万々岁！

天津体育学院毛泽东思想红卫兵总指挥部

最高指示

共产党员对任何事情都要问一个为什么，都要经过自己头脑的周密思考，想一想它是否合乎实际，是否真有道理，绝对不应盲从，绝对不应提倡奴隶主义。

向全局公安干警同志们说明几个问题

最近，不少分局、派出所，交巡中队和基层劳改 劳教单位的干部同志找我们串连，提出几个问题 主要是：(一)关于解放军参加"接管"公安局问题；(二)关于首都三司发表声明支持"天津政法公社"的问题；(三)关于《天津日报》登载"天津政法公社"和"天大八一三"夺权消息的问题 (四)"天津政法公社"两次"揪"时露游了的问题；(五)关于造反队员"不上班"的问题。下面仅就这几个问题说明如下：

(一 关於所谓解放军参加"接管"的问题。

"天津政法公社"对中国人民解放军253军校红旗造反兵团参加"接管"公安局 如获至宝 大肆宣传"解放军支持我们"，闹得满城风雨。

中国人民解放军是不是真的支持他们呢？请看解放军253军校东方红革命造反纵队和该校红色造反兵团一月廿八日的声明，便能知晓。声明说："解放军253军校和地方院校一样，怎么能代表人民解放军呢？""253军校红旗造反兵团是一个铁杆保皇派，根本无权代表253军校接管公安局，更不能代表人民解放军接管公安局。"就是参加"接管"的253军校红旗造反兵团也表示："我们都是学员，并不代表解放军"，"我们对天津政法公社并不了解，参加接管是天津轻工业学校学生把我们叫去的。"

(二)关於所谓首都三司的"郑重声明"问题.

一月廿四日 首都三司政法公社赴天津市公安局调查组发表了"郑重声明"，对我革命造反总部横加指责，为万晓塘反党宗派集团的御用工具《天津政法公社》涂脂抹粉，颠倒是非，混淆黑白，作出错误的"调查"结论。

"天津政法公社"恬不知耻的把首都三司政法公社调查组的

郑重声明，改成"首都三司郑重声明"，出动了大批人马，广泛宣传，到处转抄，在群众中产生了一定影响。对此，我革命造反总部已于一月廿七日发表声明，予加驳斥。现在，再提几点：

第一，政法公社是首都三司领导下的一个组织，发表"郑重声明"的是政法公社来天津的一调查组，这个调查组绝不能代表首都三司。首都三司所属东方红公社的同志曾经指出："北京政法公社不能代表首都三司。他们在外边干错了，只能代表北京政法公社。""天津政法公社"之所以把它改为"首都三司郑重声明"，无非是抬高身价，招摇撞骗。

第二，北京政法公社调查组，充其量只不过在天津呆了五天，片面地听取了"天津政法公社"虚构的问题，没有进行深入细致的调查研究，就乱发议论，完全违背了伟大领袖毛主席关于调查研究的教导。

（三）关于《天津日报》刊登"接管"消息的问题。

一月廿六日，《天津日报》刊登了"天津政法公社"、"天大八一三"等"接管公安局后"给毛主席的致敬电"和"告天津市人民书"。这是他们妄图利用报纸的影响，使"接管"合法化的阴谋。

必须指出，《天津日报》所以登出了这个消息，是因为《天津日报》当时是在"天大八・一三"把持下干出来的，一月二十日他们"接管"后，当天曾给中央拍了电报，妄图让中央承认他们，但是，中央至今没有表示态度，广大革命群众也纷纷起来反对，于是他们慌了手脚，又想用登报手段对中央和广大群众施加压力。这是痴心妄想！

（四）关於"揪"張露遊行的问题。

"天津政法公社"两次"揪"叶露游行，实际是"苦肉计"。上车时"天津政法公社"的人对叶露百般喊叫"慢点，慢点"，并有专人搀扶。其实他们根本没有给叶露及其老头子万晓塘贴过一张揭发问题的大字报。这是假打真保的丑剧，以此换取"革命左派"的美名，迷惑群众。

（五）关於造反队员"不上班"的问题。

问题不是我们不上班，而是"天津政法公社"勾结"天大八一三""接管"公安局后，把我全体造反队员强行赶出机关，使我们失去了工作权利。当时我们许多同志流着眼泪被迫离开了工作岗位。而"天津政法公社"又反诬我们是"政治罢工"，更甚的是对我们实行残酷的白色恐怖，他们抓人、扣人、打人、斗人，把我们当成"反革命"，扬言对我们实行专政，上班必须写悔过书，强迫改变观点。

请同志们想想，他们这是什么性质的夺权？夺谁的权，要实行什么样的专政？大量事实表明，"天津政法公社"、"天大八一三"搞的这次夺权，是万晓塘、张淮三反党宗派集团策划的一

产阶级反夺权。他们正在疯狂地实行资产阶级专政。在这种
下，我们怎么能够上班呢？我们决不能和他们合二而一，搞
主义。绝不能够在他们的控制下，去为他们充当资产阶级专
的工具。我们认为，只有在无产阶级革命派大联合，把权夺过
来才能彻底解决工作问题。

是不是我全体造反队员都没有抓工作呢？不是的，事实上我
有一部份队员，在有条件的地方，始终在坚持工作。

以上几点，请同志们认真思考。至于"天津政法公社"的政
和所犯累累罪行，我们即将印发材料，并欢迎进行串连。

产阶级专政万岁！

无不胜的毛泽东思想万岁！

大的中国共产党万岁！

们最最敬爱的伟大领袖毛主席万岁！万岁！！万万岁！！！

天津市公安局无产阶级革命造反总部

一九六七年二月十日

《公安局"一_〇"夺权就是反革命政变》

《搬起石头打自己的脚》

《革命群众运动万岁》

《打倒无政府主义》

—— 一 一、二、四评

南开大学卫东《万山红遍》评论员文章：

《如何评价"一_〇"夺权》

河北大学

毛泽东思想"八一八"红卫兵

《胜似春光》评论員

一九六七 四 十七

最高指示

什么人站在革命人民方面，他就是革命派，什么人站在帝国主义封建主义官僚資本主义方面，他就是反革命派。什么人只是口头上站在革命人民方面而在行动上则另是一样，他就是一个口头革命派，如果不但在口头上而且在行动上也站在革命人民方面，他就是一个完全的革命派。

目　　录

公安局"政法公社"一·二〇夺权是反革命政变

——评南开大学卫东《万山红遍》評论文章《如何评价一·二〇夺权》

在天津市革命的"三结合"联合夺权的前夜，天大"八一三"南大"卫东"的一些人 提出了 个"为 二〇夺权平反"的问题，这是目前天津市出现的全盘否定既成革命"三结合"的逆流在无产阶级革命派内部的反映，是两条路线斗争的反复，是无政府主义思潮泛滥的产物。

从团结的愿望出发，以斗争求团结，在原则问题上决不退让，欢迎要革命的同志们回到无产阶级革命派的立场上来，这就是我们的态度。

南开大学卫东《万山红遍》评论员的文章《如何评价"120夺权"》中所提出的一系列论点都是错误的，我们和他们存在着原则的分歧。这些分歧是：从120夺权的历史事实出发(一)如何对待天津市委万张反革命修正主义集团及其反革命复仇军"天津市政法公社"的问题 而不是"万山红遍"評论提出的"如何对待革命的群众运动"的问题；(二)如何对待以天津"政法公社"120反革命政变为核心的120夺权问题 而不是《万山红遍》评论员提出的"如何对待新生事物"的问题；(三)如何正确地对待革命小将问题，而不是《万山红遍》评论员为了自己文过饰非而提出来的离开120夺权的历史事实的抽象的谈对待革命小将的问题。

对于这些原则分歧 我们将陆续发表评论，谈出自己的看法和"卫东"红卫兵《万山红遍》评论员商榷。本文仅从120夺权的历史事实出发 为卫东《万山红遍》评论员们提出 些思考问题和检查问题的线索。

"120"夺权的背景是反革命大乱。这一点中央首长和中央文革小组的领导同志在接见天津市代表时周总理和江青同志的讲话中讲得十分清楚了。

六六年十二月中下旬，天津市无产阶级革命派 批斗万 张反革命修正主义集团的干将樊青典；突破了万、张黑线、把炮打万张反革命修正主义集团推向了新阶段。接着，万张集团的主帅万晓塘自杀真相，付帅张淮三自首叛党的真相又大白于天下，正是乘胜追击发起全面总攻击的大好形势。

就在这时，万张集团的黑司令张淮三和死鬼万晓塘的臭婆娘张露 手武装了反革命复仇军"天津政法公社"蒙蔽了许多革命群众 抛出革命领导干部江枫同志 制造了严重的反革命事件——"江枫事件"，指挥"天津政法公社"和他们蒙蔽的革命群众，残酷迫害江枫同志，并且莫须有的把江枫同志及其他革命领导干部解学恭同志、胡昭衡同志捏合成"一条黑线"猛攻猛打。在天津实行白色恐怖，打击革命群众，特别是打击真正的革命左派和坚决与万张集团斗争的革命干

：　黑云压城城欲摧　无产阶级革命派斗争万张反革命修正主义集团，的大方向被扭转了　形势急转直下，反革命大乱天津城。就在这个时候八一三、卫东介入了天津市委问题，一开始就站到了万张反革命修正主义集团及其反革命别动队"天津政法公社"一边　受蒙蔽　参与了他们的一系列反革命活动，为残酷斗争革命领导干部江枫同志　斗争敢于站出来革命的胡昭衡同志；揪走党中央和毛主席刚刚派来的解学恭同志，软禁起来逼供，破坏劳二半"八一八"等革命造反组织批斗叛徒张淮三等等。

如果卫东《万山红遍》评论员，不健忘的话，可能还记得，某些卫东人士是如何通过反动组织"天津政法公社"与反革命修正主义分子张淮三挂上了钩，又将某些"八　三"人士拉入了那危险的阵线　可能还记得某些卫东　八　三人士如何与反动组织政法公社肉麻地互相吹捧，统　行动，这些事实的残迹至今在天津市的某些角落里还有大标语作证；可能还记得在市委大楼门前，卫东广播站和反动组织"政法公社"广播站如何四面夹攻，控制轮番叫骂河大"八一八"火炬战斗队广播台……这些过去的事情，我们不想多说，只希望这些能引起卫东《万山红遍》评论员们的回忆。

我们说："八　三""卫东"等组织一插手市委问题　他们的大方向就是完全错误的。他们口头上说　万张是死老虎　实际上他们非但不去触动万张的　根毫毛，反而与万张集团及其反动御林军"天津政法公社"同流合污　肆无忌惮地迫害江枫同志　胡昭衡同志　解学恭同志　打击真正的革命派。这样的大方向说　千、道万也是错误的。"八一三""卫东"等组织　几经整风，才承认了在公安局　二〇夺权中的部分错误　而始终没有承认这个时期内大方向的完全错误。更错误的是　目前　又有　些人妄图抹煞、掩盖这段大方向的错误　将仅仅承认了的　些错误完全推翻，提出打倒胡昭衡　内　二〇夺权平反等一系列问题，并且恶毒攻击解放军及李雪峰同志　甚至炮打中央文革　企图全盘否定天津市革命的"三结合"，否定1.20夺权以来天津市无产阶级革命派的大方向。他们的立场又回到六七年一月份，站到万张的立场上去了。这是我们十分痛心的。

伟大领袖毛主席在党的八届十中全会上说过　凡是要推翻一个政权　总要先造成舆论　总要先做意识形态方面的工作。革命的阶级是这样　反革命的阶级也是这样。

一二〇夺权在　阵反革命的大喊大叫过后　在　片反革命的大乱中发生了。

一二〇夺权的核心问题是公安局"政法公社""一二〇"反革命政变。这是从天津无产阶级革命派与万张反革命修正主义集团这　主要矛盾　这　最本质的问题出发　分析　二〇夺权全部事实而得出的结论。卫东《万山红遍》评论员们　把公安局　天津日报社　天津人民广播电台等处的夺权平列起来，是错误的，是庸人的观点　是欲盖弥彰掩饰主要矛盾的自欺欺人的谬论。

从天津运动当时的形势看"一二〇"夺权之前是一阵反革命大乱"一二〇"夺权本身是大乱的高峰；"　二〇"夺权之后，反革命的秩序取得了相对的稳定　反革命的气焰甚嚣尘上，革命派斗争万张反革命修正主义集团的大方向继续被扭转　无产阶级革命派继续受迫害、受打击　这是历史的铁证。

如果说"一二〇"夺权是什么"天津市的一月革命"，为什么会得出这种反革命的结果，卫东《万山红遍》评论员们，请你们深思。

为什么夺权之后会出现这种局面？这是"一 二〇"夺权的核心问题——公安局政法公社"一·二〇"反革命政变的反动性所决定的。

"一 二〇"夺权在天津日报社，天津人民广播电台，你们搞了二次夺权，你们夺的是谁的权？你们和反动组织政法公社一起夺权，夺权之后大登政法公社的黑文章，天天出现严重的反革命事件，像这样根本未触动万晓塘反革命修正主义集团顽固堡垒一分一毫的所谓夺权，与根本推翻反动统治最顽固堡垒的巴黎公社夺权和十月革命相提并论，又是多么荒唐，荒唐的可怜。而"一二〇"夺权的核心问题——公安局政法公社"一·二〇"反革命政变，则使万晓塘反革命修正主义集团的顽固堡垒重新喷出射向无产阶级革命派的黄蜂般的子弹。把这种夺权誉为"冲击万晓塘政权的一次大胆尝试"，又是多么可笑！笑断肠！

夺谁的权？这是夺权斗争的重大问题，这是方向问题。你们为什么不夺万晓塘反革命修正主义集团的权？你们为什么唯独不夺公安局二处狗特务的权？你们为什么夺公安局革命左派江枫同志为首的无产阶级革命派的权？又把公安局之大权拱手送给万晓的老婆、反革命修正主义分子狗特务？这样的夺权哪里有无产阶级革命派夺权的一点气味！

"谁是我们的敌人，谁是我们的朋友，这个问题是革命的首要问题。"卫东《万山红遍》评论员们，在你们评论"·二〇"夺权的时候，想到了这些没有？你们的立场站到了哪一边？警惕啊，千万不要忘记阶级和阶级斗争？

沿着什么路线夺权？上海的一月革命是像你们那样不实行无产阶级革命派大联合，而只凭 个山头、一个小集团就去夺权的吗？上海的" 月革命"是像你们那样与反动组织一起去搞反革命政变的吗？你们在其他地方 把本单位的革命群众全部赶出，并且非法殴打 绑架，而在公安局依靠反动组织政法公社。这又是上海"一月革命"的做法吗？你们的夺权路线完全错了，是资产阶级的夺权路线。

卫东《万山红遍》评论员，你们高度赞扬的"一 二〇"夺权，是方向路线性错误的夺权。

你们说，"一 二〇"夺权是 颗红色原子弹，震撼了天津各界，引起了"链锁反应"。各系统各企业各学校和机关的无产阶级革命派纷纷起来，向本单位走资本主义道路的当权派和坚持资产阶级反动路线的顽固分子夺权！错了！一月十九日夜就有许多单位的革命派进行了自下而上的夺权斗争，而且这些，你们完全被你们的私心掩饰了。如果说天津各界各单位的夺权当时取得

了很大成绩　那是因为有我们伟大领袖毛主席和中央文革的伟大号召，是因为上海一月革命风暴的影响。贪天之功，据为己功，你们的脸不发烧吗？真不知人间还有"羞耻"二字！

一·二〇夺權的影响是恶劣的。它不仅助长了万张及其反动御林军政法公社的反动气焰，天津市无产阶级专政机构全门瘫痪而且造成了革命造反派内部的混乱。造成长时间的三派分裂局面，乱己不乱敌人，敌人高兴了，无产阶级革命派起来批判了　然而你们却否定了这个批判潮流的主流　把群众性的批判说成是反革命逆流　说成是对你们的"迫害"，你们又是怎样对待革命群众？我们很不理解。

卫东《不山红旗》评论员们，我们要时々牢记毛主席的教导"凡是敌人反对的，我们就要拥护　凡是敌人拥护的我们就要反对。"从这里出发，我们就会对　　〇夺权作出正确的评价。

你们为公安局　　〇反革命政变翻案的主要论点是我们夺了权，"反动组织政法公社一度从革命派手中篡夺了公安局的权"，这是置公安局一二〇夺权于不顾，置你们的所做所为于不顾而编造出来的谎话！天津政法公社的反革命罪行　集中表现在公安局一二〇反革命政变上，你们说他们没有去夺权，这明々是为"政法公社"开脱罪责　为政法公社翻案　岂有此哉！夺权是要抄政变的，历史上哪有"坚决战斗在一起胜利在　起"的合二而一的组织之间篡权的先例？这些起码的历史知识你们是懂得的。

翻开一月廿六日天大八一三　南大卫东等一手控制的天津日报，一篇《告全市人民书》触目惊心（着重点为引者所加）

"……一月二十日凌晨　我天津市革命造反派发扬了大无畏的革命造反精神，举行了红色暴动，把天津市公安局的大权，从天津黑市委和反革命修正主义分子江枫一伙人的手中夺回到无产阶级革命派的手中。天津市公安局在红色风暴中新生了。……

"这样的公安局已经不是无产阶级专政的工具　而是资产阶级专政的工具！这样的公安局不夺权，行吗？不行　绝对不行！江枫之流不打倒行吗？不行　绝对不行！对于这颗埋在党中央、毛主席身边的定时炸弹　就是要坚决挖出来，彻底消灭之！

署名是天津政法公社等十五个组织。赖帐是不行的，认错是可以的，是应该的。

我们不想多说　还是请你们听听革命造反派组织公安局无产阶级造反总部战士们响当々的声音：

月廿日凌晨一点　八　三、卫东进入公安局大楼，是由《政法公社》的人领路，外面各路口堤立岗哨，是《政法公社》的警戒。在大楼内，由《政法公社》的人员带领查封各处、室。唯独没有封张露的二处。由《政法公社》的国根柱等人带领抓人；并到邢家卫同志家中把他抓来　把管印员抓住要大印……　等々。这些事如果没有《政法公社》，同学自己都办不了。

可以再举几件事实：

1 夺权指挥部有《政法公社》两名代表张贤华，相效中参加会议。

2 一月廿日上午X点夺权单位向中央发电报，是由《政法公社》起草　并一起署名。电报发出之后　在电报底稿上又把《政法公社》勾去。

3　当夜把造反总部人员集中扣压在225室，由《政法公社》张贤华代表夺权单位向大家宣布："现在已經夺权，你们全部出去。"

4　一月廿四午《政法公社》贴海报，宣布《政法公社》夺权了。

5，一月廿日公安大楼电话交换台两个值班员，一个是《政法公社》的，个是造反总部的，到一点左《政法公社》的电话员就自动向造反总部的同志宣布："我们《政法公社》接管了，你滚出去，当然他们的话还远没有说完，有了这些话，我们就不多议论了。

我们奉劝卫东《万山紅遍》评论员不要满足于片面的，别有用心人制造出来的谎言，去々实々地做　些深入实际的调查。

我们的結论是：公安局'政法公社'"一·二○"夺权是不折不扣的反革命政变，是万張反革命修正主义集团在无产阶級文化大革命中犯下的最大罪行。我们奉劝卫东《万山紅遍》评论员们能够离开万張反革命修正主义集团及其反动御林军天津政法公社的立场，回到无产阶級革命派大联合中来，回到革命"三結合"联合夺权的大方向上来。

无产阶級革命派大联合万岁！

革命的"三結合"联合夺权万岁！

河大"八　八"《胜似春光》評論員

一九六七年四月二十四日

搬起石头打自己的脚

再評南大卫東《万山紅遍》評論員文章《如何評价120夺权》

南开大学卫东《万山紅遍》在《如何评"120夺权"》的文章中说："怎样评价'120夺权'的问题，从根本上说来就是如何对待革命的群众运动，如何对待革命小将如何对待新生事物的大事大非的原则问题……"我们说："如何对待'120夺权'"从根本上来说，就是要不要站在无产阶級立场上，正确对待公安局反革命夺权的问题。"

㈠　立场未改

毛主席教导我們說："誰是我們的敌人？誰是我們的朋友，这个问题是革命的首要问题。"

如何评价"120夺权"，首先必须弄清万張反革命修正主义集团是刘　邓在天津的爪牙　是天津市四百万人民的死敌。在此前提下如何对待万張反革命修正主义集团早有布置的《政法公社》"120"反革命夺权"，就是要站在万張反革命修正主义集团的方面还是站在革命人民方面的阶级立场问题。这是大是大非的原则立场问题,在这 点上无产阶级革命派决不能模棱两可，采取调和，折衷的态度。

南大卫东《万山红遍》的文章却把阶级立场问题说成是“如何对待群众运动的态度”问题，是“如何对待新生事物”的问题。这是大错特错，极端荒谬的。对待《政法公社》“1.20”反革命夺权的问题如同对待一切反革命的进攻一样，决不是什么革命群众运动，更不是什么如何对待新生事物的问题。

南大卫东的某些人却把《政法公社》的“1.20”反革命夺权和伟大的巴黎公社起义相提并论。企图混淆阶级内容，欺骗群众，从马克思对待巴黎公社起义的态度去看待《政法公社》的“1.20”反革命夺权。他们根本不懂巴黎公社起义和《政法公社》“1.20”反革命夺权的性质根本不同。巴黎公社是无产阶级为求得自己的解放 第 次打碎资产阶级国家机器的尝试，她具有伟大的历史意义。而《政法公社》的“1.20”反革命夺权是在我们伟大领袖毛主席亲自发动和领导的无产阶级文化大革命中，在天津市一小撮反革命修正主义分子策划下的反革命政变。 个是在资本主义社会里无产阶级为求得解放打碎旧的国家机器的无产阶级革命运动，他第一次敲响了资本主义的丧钟，在人类历史上有伟大的意义；一个是在社会主义国家里，一小撮反革命修正主义分子在一个单位的反革命政变，它在人类历史上是多么渺小的可怜，暗淡无光，微不足道。两者退然不能相提并论，性质完全不同，怎么能置无产阶级的立场于不顾而采取同一态度去看待呢。南大卫东《万山红遍》一伙人根本不懂马列主义、毛泽东思想的立场和态度是什么。《政法公社》“1.20”反 革命夺权中，他们帮了《政法公社》的大忙，丧失了无产阶级立场，犯了错误，今天为“1.20”反革命夺权翻案，仍然站错了立场。他们把在“1.20”夺权问题上持正确 立场的广大革命群众比作“绝顶聪明的渔翁”，“可耻的政治投机商”“普列汉诺夫式的人物”，大骂特骂，这是对无产阶级革命派和广大人民的侮辱。这是绝对不允许的。特别需要指出的是卫东《万山红遍》的文章 无视中央首长周总理对“1.20”反革命夺权的讲话精神，大骂特骂。究竟你们是些什么人，站到了什么立场上去了？

对于《政法公社》“1.20”反革命夺权也好，还是万张反革命修正主义集团的任何进攻也好，“有来犯者，只要好打”。对于反动派的进攻没有什么“好得很”和“糟得很”的区别 赞美“1.20夺权”“好得很”“夺权胜利万岁！”明明是万张反革命之流拍张露的反革命理论，卫东《万山红遍》也为《政法公社》“1.20”反革命夺权“翻案”唱赞歌，只能说明他们仍然站在反动组织《政法公社》的立场上。你越是“满腔热情”，越说明你错上加错，大错特错，完全丧失了无产阶级立场。毛主席教导我们说：“什么人站在革命人民方面，他就是革命派，什么人站在帝国主义封建主义官僚资本主义方面，他就是反革命派。”希望卫东《万山红遍》的人快快回到正确立场上来，争做革命派，千万不要走得更远了！

(二) 拒不认错

南大卫东《万山红遍》的文章吹捧“1.20”反革命政变“像一颗红色的原子弹”，“为天津市的夺权打响了第一炮”，是天津的一月革命”。云云。这也可 能是因为他们参加了这次夺权的缘故吧！但未免有点“出风头”出过了头，忘记了无产阶级利益，“私”字严重竟站到反动的立场上去。

政法公社的“1.20夺权” 天津出现的是一片混乱，严重破坏了无产阶级专政公安业务人员和犯人的档案卡片抛在了街上。天大八·一三的×××批领，打人砸毁物资持刀行凶，卫东的×××人带队去冲监狱，按照万张反党集团的意图持枪批斗革命干部江枫同志，对革命的同志实行资产阶级专政，强迫造反总部的同志去上班，扣发他们的工资，甚至绑架。天津日报上天天出现严重的反革命事件，大行资产阶级专政。这一切一切，给天津市无产阶级文化大革命造成了严重的损失，引起广大人民的愤恨。这怎么能说是"像一颗红色的原子弹"呢？"1·20夺权"是地地道道的反革命政变，说它"为天津市的夺权打响了第一炮"，不如说它为天津市的反革命复辟打响第一枪。因为它不是像卫东《万山红遍》的評论所说的那样，是什么"天津市无产阶级革命派冲击万张政权的一次大胆尝试"，而是天津市万张集团全市性反革命政变的开始，"1·20夺权"夺的是以江枫同志为首的无产阶级革命派的权，是万张反党集团全部控制大权的尝试，万晓塘的臭老婆陈露，由处长代行公安局长的职权就是最好的一例！"1·20夺权的方向是大错特错，它是向无产阶级专政的一次进攻，谁要说它的大方向正确，他就不是无产阶级革命造反派而是资产阶级的应声虫。

"1·20夺权"是万张反党集团、政法公社的重大罪状之一。这笔账必须向万张反党集团彻底清算。南大卫东《万山红遍》的评论员却把万张反党集团早有布置的政法公社"1·20"反革命政变说成是革命的工人、革命的学生和一些革命的基层干部充当了先锋和主力军，并说他们是"领导这次革命的核心力量"。这样编造历史，只能为万张反革命修正主义集团，为反动组织"政法公社"开脱罪责，这是革命的工人、革命的学生和一些基层干部绝对不能答应的。企图把万张及政法公社的罪行分别由革命的同志来承担也是绝对办不到的！

参加"1·20夺权"的一切革命的同志，虽然帮了万张的忙，但正像周总理指出的那样是"受了骗"。他们应当吸收这一严重教训，认真总结自己的经验教训，承认错误与万张及"政法公社"划清界线，把脚跟移到无产阶级立场上来。他们能这样做，无产阶级革命派同志们决不会怪罪他们，而事实也正是这样。八一三在大专院校红代会当了组长，卫东当了付组长，这不就是最好的证明吗？

然而，卫东及八一三的某些人，借口革命小将在"游泳中学会游泳"，反唇相讥说过"孩子初学走路"，拒绝革命人民的热情批评，企图让大家吹捧他们，夸奖他们的一切行动，这是一个严重的态度问题，越是这样搞他们越会走到自己的反面。望八一三、卫东的某些人不要把你们几个人当做无产阶级革命小将的化身，沽名钓誉有错拒不承认，这样做只会给革命小将脸上抹黑，这是对毛主席红小兵的奇耻大辱。无产阶级文化大革命中的革命小将没有像你们这样的拒不认错"英雄"，也不要你们这样的"闯将"，望你们不要走到自己的反面。

（二）"私"心太盛

卫东《万山红遍》评论文章说人们"冷淡"了他们，"讥讽""指责"以至"打击"了他们。这种人他们只会考虑自己的得失名誉。他们根本没有考虑"1.20"反革命政变后给全市人民造下的危害。用"1.20夺权"后，对公安局良民部等革命造反派的无产阶级专政与全市革命人民对他们的批评帮助相比较，用万张反革命政变对社会主义事业的危害与八一三、卫东的"光荣"相比。那个更重要呢？在天津市四百万人民利益前面与八一三、卫东某些参与1.20夺权的一小撮面前，那个更应考虑呢？他们中的一小撮人"私"字当头，对革命利益不考虑而站在某个集团、某些人的名誉地位上去考虑问题，这种人根本不配是无产阶级革命派的战士，而是典型的个人主义者。为了某个小山头的利益一鸣惊人，他们竟去炮打康生同志，去打反动组织《政法公社》搞1.20反革命政变，这些是应引起某些人高度警惕的。然而至今他们置当前运动的大方向不顾，为了某些人的利益，而去为反革命政变平反，挑起无产阶级革命派内部的分歧，甚至可以拉队伍去围攻某个学校，乘人没有准备，强行要求马上辩论，大闹会场。这种人已经完全堕落到了无产阶级革命造反派的对面，根本不配是无产阶级革命造反派的战士。他们闹的是名誉、地位、出风头。我对了你吹捧我，捧得越高越好，我错了，你也得夸奖我。这种人错了也批评不得。别人都得听我的，搞联合以我为中心，为了"我"，中央首长的讲话我可以不听，中央的指示，他们也要对抗。这些人的私字当头，已经走上了极端危险的边沿。

周总理在四月十二日中央和中央文革负责同志接见天津市代表时讲"公安局的反革命夺权，你们是不知道吗？"总理讲："传淮三在公安局1.20《政法公社》夺权以前，实际上早有布置，万晓塘老婆也参加了。这一段，你们为什么不听？就是因为有人叫了你几个"小三"你就要翻这个案吗？未免水平太低　私心太大，大到对抗中央指示精神，违背全市四百万人民意志的程度去了。这是极端危险的，卫东的战士也好，还是八一三的某些战士也好，奉劝你们还是好好去学习毛主席著作，消消"私"心去吧！1.20反革命政变这个案是翻不过来的。四百万天津人民绝不答应。为了某个小集团的名誉，想要歪曲事实，给自己添上光荣的历史，吹捧你们参与的1.20夺权是"为天津市的夺权打响了第　炮"。"像　颗红色的原子弹""天津的一月革命"、"三结合夺权的前导"想让全市革命造反派为你们几个人"拍手叫好"，赞扬你们、吹捧你们，把你们一些人放在革命利益之上，这是一切革命者决不能同意的，尽管你们如何的歇斯底里大发作，这一点是不能强迫人家接受的。一切真正的革命同志也不会助长你们这一伙人的"私心"去泛滥和蔓延。你越是在人民面前出风头，争名誉、企图把自己打扮成"唯一的左派"，唯我独革，唯我独"左"，人民越不会买你的那一套，谁要那样做，也正好是助长了私心和个人主义，那是对人民的犯罪。

1.20夺权就是反革命政变，在这个问题上一切无产阶级革命派坚决不能丢弃立场。有些人企图在这里捞点什么也是痴心妄想，历史会给以他们应有的惩罚的！

"搬起石头打自己的脚，这是中国人形容某些蠢人的一句俗话。"可敬的先生们，你们为翻案而大吵大闹，必然自食其果。但愿你们别滑倒在"一·二○"夺权的铁案底下。

无产阶级专政万岁！

革命群众运动万岁！

——三评卫东《万山红遍》评论员文章《如何评价一二〇夺权》

如何对待革命群众运动，这是历史唯物主义与历史唯心主义矛盾的焦点。毛主席教导我们："人民，只有人民，才是创造世界历史的动力。"

在无产阶级文化大革命中，无产阶级革命派的夺权斗争"是由毛主席亲自号召和支持下的自下而上的群众运动。"

卫东《万山红遍》评论员把"一二〇"夺权称颂为"革命的群众运动"是十分荒谬的。

卫东《万山红遍》评论员们不懂得什么是人民群众。照你们的说法 参加 一二〇"夺权的天津政法公社、狗張露 張淮三之流都是人民群众。这不是混蛋逻辑 也是个糊涂蛋逻辑。卫东《万山红遍》评论员们还说："我们革命小将，正是因为摔了一跤，才真正认识到进行阶级分析 深入细致作社会调查的重要性"。这话倒是对的 因为那时候你们的屁股还坐在万、張 政法公社的立场上，还不懂什么是人民群众，什么是人民群众的立场，所以才搞了" 二〇" 夺权。

照你们的说法 天津市只有 、 三和八一三派是人民群众，其他四百余万人都不是人民群众。你不说我倒明白，你一说我倒糊涂了。八一三派由来已久。他们占据一个山头在红卫兵运动中，在河北省委、天津市委问题上搞了一系列分裂活动。他们是天津市无产阶级革命派中最大的分裂主义者 且不说他们如何制造分裂，置大专院校红卫兵造反总部于死地而后快 且不说保定大会战中他们如何拉保守派瓦解造反派，且不说他们如何在大专院校红代会内大搞宗派排斥"异己"，且不说他们在天津市拉保守派，大力发展"亲三派"，孤就"一二〇"夺权而论，那实在在是 个小小的八一三派山头主义发展的 个高峯。

夺万、張反革命修正主义集团的权，是天津市无产阶级革命派和四百万人民的大事情，只有实现全市性的无产阶级革命派大联合，革命的三结合才能胜利夺权。人民日报社论在"关键在于大联合"的醒目标题下写道："没有这种大联合，匆匆忙忙跑去夺权，那不是空话，便是妄动。"请问，你们在一二〇夺权中搞了些什么名堂？你们联合了谁？你们依靠了本单位的革命造反派没有？没有，完全没有。一二〇夺权恰恰是你们决策人物形"左"而实右的机会主义思潮的大暴露。

你们只提到了公安局、日报社，电台、市人委，你们提得还不够，你们忘记了当时你们吃了多少，你们鲸吞华北局，一揽河北有，独霸天津市，伸手各部门　左右各单位　独霸津大南大园，胃口可谓大矣！这不正是你们手伸得老长老长的"老造反"、"美德"吗？

你们的私心太重了。你们的私心把你们引上了自己的反面，这是我们和你们都应该记取的教训。目前，你们在无政府主义支配下又挑起了全面内战，你们又走上了那条老路。红旗杂志第三期社论中早就提出过这种警告"对于上述各种非无产阶级思想和行动，绝不能任其滋长，否则，就会被阶级敌人所利用。如果有人坚持这些错误思想和行动，发展下去，就可能从非对抗性的矛盾转化为对抗性的矛盾"。我们把这段话引来，对我们或许对你们都有用途。

二○夺权根本不是什么革命的群众运动，而是一个"私"字的产物，是一个小小的八一三派搞的一个小动作。

一○夺权后，八一三、卫东在天津市无产阶级革命派内部挑起了全面内战，天津市无产阶级革命派　北京十几所大专院校革命造反派赴津战士掀起了一个揭露万张集团及其反动御林军天津政法公社反革命政变　批判形左而实右的机会主义夺权路线的群众性批判高潮。这是　个广泛的革命群众运动。就是这个广泛的群众运动，大灭万张　政法公社的威风，大长无产阶级革命派的志气；就是这个广泛的革命群众运动，使无产阶级革命派内部由内战转入了所谓"三足鼎立"的不稳定平衡，进而打破这种不稳定平衡，走向无产阶级革命派大联合。是这些无产阶级革命派体现了斗争的大方向，而不是你们这些坚持错误的"老造反"。没有这个广泛的革命群众运动，八　三、卫东也不可能意识到自己的错误　也不可能进行开门整风，以至请罪。

而现在，某些八一三　卫东人士又从"我"字出发，把这个广泛的革命群众运动的主流和本质诬蔑为"反革命逆流"，卫东《万山红遍》评论员，也把它说成是"对革命小将的陷害"。这与一些人把主席曾高度赞扬的农民运动说成是"痞子运动"何其相似乃尔，

我们不禁要问，可爱的先生们　你们是如何对待革命运动的、万、张、政法公社蒙蔽你们是他们的罪行之一，揭露他们不可避免的要提你们的名　而且形左实右的夺权路线必须彻底批判。你们死死抓住革命小将们在这次揭露批判中讲的　些过头语言，把它扩大成"反革命逆流"，你们又是如何正确对待革命小将的？

你们犯了严重错误　滑到了危险边缘，又不许革命群众批评指出，别人挽救了你们，你们反而"以怨报德"，真琢磨不透你们！

更令人气愤的是，你们因此而将矛头指向解放军、指向革命的领导干部李雪峰同志、解学恭同志、胡昭衡同志，扬言"揪出陷害革命小将的罪魁祸首"。进而全盘否定天津市既成革命三结合。天下竟有这样不通情理的"革命小将"！那时候，解放军刚刚介入天津市无产阶级文化大革命，毛主席刚刚派李雪峰同志　解学恭同志来天津，胡昭衡同志还没有解放出来，他们被你们揪走的揪走，打倒的打倒。难道你们让他们压制这场广泛的革命群众运动，打击揭露万、张及政法公社　批判"形"左而实右的夺权路线的革命小将们，而去吹捧你们这些犯了严重错误的阿斗吗？

真正的无产阶级革命派是不願意跟着八一三派去犯错误的，他們从来就是本着毛主席的“懲前毖后　治病救人”的方针去帮助他們改正錯誤，在原则问题也绝不退让。他們永远不会作方向性路线上錯誤的哈巴狗！

“毛泽東思想指引下的人民革命是历史前进的火车头！”

革命群众运动万岁！革命小将們万岁！

战无不胜的毛澤東思想万岁！

湖大八一八

《胜似春光》评论员

67 4 25

打倒无政府主义

四评南大卫东《万山红遍》评论员文章
——《如何评价1.20夺权》

一、“一二〇”夺权是无政府主义思潮泛滥的必然产物

南大卫東《万山红遍》评论员們把“一二〇”夺权吹捧为“革命的新生事物。”我們說，“一二〇”夺权是資产阶级反动路线大反扑的必然产物　是无政府主义思潮泛滥的必然产物。資产阶级反动路线通过无政府主义起了很坏的作用。卫东《万山红遍》评论员們又站到資产阶級反动立场上去了，又站到无政府主义的立场上去了。

我們在《一评》中已经分析过，“一二〇”夺权的背景是反革命大乱。提到两条路线斗爭的纲上来，是資产阶级反动路线对无产阶级革命路线的全面大反扑。

天大八一三　南大卫东中的一小撮人，一介入天津市委问题，便一头扎在万张集团、狗腿子、天津政法公社的怀里，充当了資产阶级反动路线的工具，大方向完全错了。他們与万张、政法公社一起残酷斗争革命干部，无情打击无产阶级革命派，倒行无产阶级专政。这些，卫東《万山红遍》评论先生們自己很清楚。

資产阶級反动路线大反扑发展到顶峰，必然引出反革命政变，公安局“一二〇”反革命政变就应运而生了。

天大八一三　南大卫東中一小撮人的无政府主义由来已久。为了說明这个问题，我們不得不說出一些使你們不耐烦的话。但是我們希望你們能多听些反面意見。

天大的群众组织是以系为分野，而不是完全以造反和保守为分野。天大八一三是在“先斗后斗”的保守嘴乘與论中和一系列保守

活动中形成的。他们反苏修的反动路线的大方向基本正确，但对在有关大运动的问题上表现了很大动摇性，犯了投降主义错误。他们受过刘子厚的蒙蔽，在刘子厚制造的白色恐怖中贴了"刘子厚是坚定革命左派"的大标语。卫东的组织基础比较好，反臧伯平的大方向是正确的，但是保了立仰三、乔沙、阎荣鑫之流，这匪总理也说是有保有反。他们在社会上被称为"天津市最大的奴隶主义者"并得了一个很不光彩的绰号。八一三　卫东算人所周的打砸抢亦人皆知。八一三派是天津市无产阶级革命派中最大的分裂主义者。八一三　卫东在省委问题上是暧昧的，在市委问题上一开始大方向就错了，充当了万张的工具。

我们说这些的目的是要说明在八　三、卫东一些人中"私"字是经常冒头的。再者，在原则问题的斗争中，过多地为对方评功摆好也是不适当的，这　点八一三、卫东比我们作得好得多，想《万山红遍》评论员们也会理解我们。

这个"私"字在革命的紧要关头，必然要表现出来。在"　二〇夺权中以无政府主义表现出来就是鲜明的例证。

无政府主义是小资产阶级、流氓无产阶级的一种反动社会政治思想。是属于资产阶级世界观范畴的。

无政府主义者主张取消阶级的专政，必然要导致反对无产阶级专政，实现资产阶级专政。这　点，和八一三　卫东某些人认敌为友，以致在"一二〇"夺权中帮助敌人搞反革命政变　破坏无产阶级专政是满对口径的。

"怀疑一切，反对一切　打倒一切"是无政府主义典型口号之　在"一二〇"夺权前夕后夕，中央文革顾问康生同志，天津市委胡昭衡同志，解学恭同志，革命左派江枫同志都在八一三、卫东怀疑　反对，以至打倒之列。这与十月分津大园内曾围绕"怀疑一切"这个论题展开的一场争论，是有前因后果关系的。

北京日报四月十九日社论指出："闹无政府主义的人　否认无产阶级革命派大联合的重要性和必要性，长期纠缠于无产阶级革命派之间的一些非原则的分歧，混淆两类不同性质的矛盾，热衷于打内战，搞宗派主义、山头主义和分裂主义。"我们觉得这段话对八　三、卫东有很大的针对性。

八一三、卫东一直是内战内行。在天津市，他们曾挑起两次全市性的内战。一次是他们拉出八一三派，强行踢开大专院校造反总部，又搞了"一二〇"夺权之后；一次就是目前这场全面内战，由大专红代会内部扩大到全市。

他们在"一二〇"夺权中不实行无产阶级革命派大联合，而是凭借一个山头——八一三派和"亲三派"去夺权，不是在无产阶级领导下，而是象《万山红遍》评论员们所说的革命学生成了"领导这次革命的核心力量"，他们严重混淆了两类不同性质的矛盾。

“一二○”夺权前后，他们砲打康生同志，他们支持了许多反动组织，在他们一度控制下的天津日报上，天天发生严重的反革命事件，他们的手伸进了天津市、各部门、各单位，以及河北省、甚至中央局，没有些无政府主义的野心是作不到这些的，无政府主义发展到了顶峰。所以，参与反革命政变是有其必然性的。又因为他们那时是椎主不悟——政法公社那条线上，所以，参与反革命政变又有了可能性。这种必然性、可能性都来源于严重的无政府主义，所以我们说“一二○”夺权是无政府主义思潮泛滥的必然产物。

既是资产阶级反动路线大反扑的必然产物，又是无政府主义思潮泛滥的必然产物，卫东《万山红遍》评论的所谓“一二○夺权是革命的新生事物”这一论点就自断形秽了。

革命的新生事物，总是要经过一阵革命的大喊大叫才产生的。八一三、卫东一部份人在一二○夺权前为万张集团造了那么多的反动舆论，处于严重的无政府主义状态，怎么会突然蹦出一个“革命的新生事物”“一二○”夺权呢？既然是“革命的新生事物”，为什么在夺权后造成那种白色恐怖并且实行了资产阶级专政呢？为什么夺权后反革命分子张露安安稳稳坐在办公室里代行局长职权大批特批文件，而革命的阶级队伍却乱了起来呢？为什么夺权后几百万人嗤之以鼻甚至恼恨，至今还不买你们这个“革命新生事物”的账呢？算了吧，《万山红遍》评论先生！以公安局一二○反革命政变为核心的一二○夺权只能是资本主义复辟的尝试，只能是万张一度重新控制天津市的恶性循环而已，岂有它哉！

二、卫东《万山红遍》评论员文章是八一三、卫东挑动全面内战必然产物

目前，天津市出现了一股全面否定既成革命三结合的逆流，这股逆流的实质是无政府主义思潮大泛滥，这股逆流反映到无产阶级革命派内部来，恰好中了八一三、卫东某些无政府主义者的下怀，他们身在无产阶级革命派大联合之中，眼里却全然没有无产阶级革命派大联合，胡说什么“孤立到一定程度”“感到空前的孤立”，他们又动摇了，以致背离了斗争的大方向，挑起了全面内战，又一次犯了严重错误。

八一三卫东一部份人向何处去？这是个引人注目的议题。如果站在无产阶级革命派的立场上，其结果必然是牢牢掌握斗争的大方向；站在“私”字的立场上，必然引起无政府主义思潮的泛滥。八一三、卫东一部份人在辩论后取了后者，挑起了两次内战。

这次内战的发展分如下几个阶段：

1《四 五》事件。四月五日天津日报、河北日报分别刊载了有关河北大学的报导和河大八、一八的文章，基于较长时间各方面的舆论准备之后，四月五日晚八 三、卫东分别召开大会，恶毒攻击河大八 八，扬言揪后台，把矛头指向天津驻军和李雪峰同志。

2《四 一七》事件。八、一三卫东、轻院 纺院 臭名昭著的保爹兵——河大井冈山把解学恭同志揪到八 三广场逼供 恶毒攻击革命领导干部，恶毒攻击河大八、一八，为公安局 一〇反革命政变翻案。《四、 七》事件前前后后 某些人贴出打倒胡昭衡、打倒李雪峰的大标语，公然挑动内战。

3《四 二三》《四、二四》事件。四月廿三日广场大会发生争论，黑夜，八、一三 卫东、轻院红旗 纺院八、一八红旗三 四千人涌进河大，破口大骂，毫无辩论之意 企图挑起武斗，被河大八、一八以高姿态顶住。四月二十四日夜又卷土重来 长时间地猛烈冲击河大联合指挥部大会会场甚至窜到讲台上抢话筒更严重的是，他们武斗打伤河大八 一八战士多人 砸了许多东西。几十个单位两次会战河大，八、一三、卫东挑起了全市性的内战。

八、一三、卫东在他们制造的一系列事件中贯穿着这样一条线，就是天津驻军 革命领导干部，全市革命组织如何对待我八 一三，卫东的问题，贯穿着 个"私"字 贯穿着一个无政府主义。

全面内战已经不能制止了

卫东《万山红遍》评论文章《如何评价一 二〇夺权》的主题思想是为一、二〇夺权彻底平反，其核心问题在于为公安局一二〇反革命政变翻案。

八、一三 卫东打着为一、二〇夺权平反的标语牌走遍全市并且在公安局无产阶级造反总部，河大八、一八门口进行挑衅性的大示威。为公安局一 二〇反革命政变平反 是全面内战的导火线。实质上这是为反革命组织天津政法公社及狗张露之流翻案，否认八 一三、卫东在天津市委问题大方向错误，推翻周总理陈伯达 江青 张春桥等同志对天津运动的肯定，否认三个月来天津市无产阶级革命派大联合、革命三结合的大方向。这是无政府主义思潮泛滥的顶点。

卫东《万山红遍》评论这篇文章也就是在这种情况下这种思潮里出笼的，它集中了八 一三 卫东挑动内战的全部观点 它是八、一三 卫东挑动全面内战的必然产物。具有很大的典型性。

天大八、一三，南大卫东某些人把天津市即成革命三结合说成是"自上而下的资本主义复辟逆流"。卫东竟然成立了反复辟串联会。他们眼里哪里有中央首长，哪里有天津四百万人民！

他们恶毒攻击天津驻军 驻军首长及支左联络站。他们提出

炮打郑三生 谴责肖思明 并且把他们说成"肖姜党"把天津驻军首长诬蔑为"带枪的刘邓路线更危险"并用开着宣传车去实验叫骂"肖思明明里是人 暗中是鬼"。恶毒攻击解放军的大字报大标语贴满津大 南大园，什么"割带关系"呀 "欢送解放军离开我校"呀，"李部长缓行"，"欢送李部长"呀，"强迫我们请罪，闭门思过"呀，并且不遗余力地造谣生事、扬言揪出"陷害革命造反派的凶手"，"揪出欺骗中央文革和周总理的混蛋"贴出"解放军必须向天大八 三低头认罪"的大标语。

更令人发指的是，卫东总部张××乘总指挥于××去京之机，成立了卫东五支，专门搞解放军，干了调查他们本人及家属等一系列勾当。

中央首长对天津驻军的评价是很高的，江青同志说："天津驻军是最好的"他们全然不顾。他们的目的就是要搞垮天津市革命三结合的坚强柱石中国人民解放军。

我们的态度是坚决支持天津驻军 无论在任何风浪中都和他们战斗在一起，胜利在 起，和他们 道，为巩固扩大，既成天津市革命三结合而奋斗。

恶毒攻击解放军绝没有好下场！

八 一三 卫东某些人恶毒攻击革命三结合的核心和骨干——革命领导干部。他们把恶意攻击李、谢、胡的大标语大字报贴得满城风雨。

四月中旬，南大卫东成立"反复辟串联会"（四十九个战斗队）提出"坚决打倒李雪峰"，"李雪峰是河老八的后台"、"李雪峰陷害了八·一三 卫东"。

四月十六日晚，八 一三 卫东 纺院八一八红旗，轻院红旗在天大八 三召开大会，提出"狠炮猛轰胡昭衡"、"胡昭衡是天津实力派"、"胡昭衡是河老八的后台，陷害了八、一三 卫东"，会前会后贴了许多"打倒三反分子胡昭衡"之类的大标语。

四月十七日，卫东"反复辟串联会"开会，说"李雪峰欺骗了党中央"，"于泽光出卖了卫东"；八一三相应地提出："杨长俊出卖了八一三"。十七日晚，八一三、卫东 纺院八 八红旗 轻院红旗、河大井冈山保卫兵团召开串联会，把解学恭同志揪到会场当众逼供 高喊"解学恭罪该万死""解学恭树了河老八，陷害了八一三 卫东"。

四月十八日 八一三 一派"打倒李雪峰"一派打倒胡昭衡，一派是所谓"正统派"。高喊为"一二〇"夺权翻案。卫东主要搞李雪峰，八一三主要搞胡昭衡。

从这个小小时间表可以看出：

① 乱揪所谓"陷害八 三 卫东的罪魁祸首"，"私"字泛滥。

②、乱揪所谓"河老八的后台"。其实谁也没有树河大八一

八 它只是牢々掌握了斗争大方向 在天津市人民群众中有一定威信而已。

③“打倒李雪峰”是不足为怪的，因为天津有许多人高叫“打倒李雪峰”这些“老造反”们怕当保皇派。可是一些人打了一个多月尚未打倒 看来八 三 卫东失策了，就说“胡昭衡是实力派李雪峰是傀儡，于是就“打倒胡昭衡”，但是放了许多炮都是空的于是又揪解学恭。

④、无政府主义思潮逐步发展扩大 最后导致为一·二〇夺权彻底翻案，否定天津市无产阶级革命派几个月来的大方向。

对于革命领导干部，我们的态度是，坚决按毛泽东思想，按中央首长指示办事。

八一三、卫东极力在大专红代会内部制造分裂，使之有瘫痪的危险。在社会上拉一些保守派，专门拉已加入各代表大会的对立面 极力发展“第三派”，矛头对准无产阶级革命派大联合。

对红代会内部问题 对八 三、卫东如何欲置河大八一八、体院毛泽东思想红卫兵等组织于死地的问题 我们照顾八一三、卫东，依然保留。就我们本身来说，内战我们一天也不愿意打。我们不愿让阶级敌人钻空子。

我们只想说明一点：八 三、卫东承认一二〇夺权方向性路线性错误是我们联合的起码条件，但是很遗憾，他们从根本上破坏了这 点。

无政府主义进一步泛滥 使八 三 卫东中一小撮人走路砲打中央文革的老路，他们甚至写出了这样的大字报：

“为什么戚本禹同志派北航红旗抽查八一三有否一小撮，中央文革派北大文革抄八一三？据 北大文革说：中央文革有个关于八一三的指示，他们是根据这个指示抄八一三的。这个指示到底是什么？是谁的鬼？”

他们对总理讲话抵触很大，甚至喊叫“周总理受了骗”恶毒攻击周总理。

八一三、卫东的“老造反”们为喊“造反”冲上来了，无政府主义要“大闹天宫”。这种“造反”是一种严重丧失无产阶级阶级性的“造反”，是抽象的、反动的“造反”。

他们这一系列行动，大々助长了万张集团残余势力的气焰，大々助长了保守派，使社会上的全盘否定革命三结合的逆流更加嚣张，并且有迹象表明，他们正在合流。

归纳起来，八一三、卫东中的无政府主义有以下几种典型：

1 老子是“老造反”，要作出“新贡献”，所以老子愿怎么干就怎么干。“老子就是要翻案”。

2 谁服从无产阶级领导，谁就是“阿斗”，“总部是大阿斗，战士是小阿斗”，“阿斗就是要造反”。

3、怀疑 切、反对一切 打倒一切 “什么革命领导干部”统々“靠边站”，看我诸葛亮的。

4、什么无产阶级纪律，“碍了我的手脚”“都是框々，必须砸烂。”

5、“什么解放军，统々是带枪的刘邓”，“不轰倒它几个”，老子就不称“老造反”。

6、“你们称老几，统々是‘吴’字号的‘奴隶’，老子就是要抓你的小辫子。

7.老子就是“正确”，“始终没有错”，老子是“天津的造华井冈山”，老子是光荣的“孤立”。

8 老子要武斗，“有种的出来”，老子“拉着大队伍来的”，“就是要打你”。

9、老子的胆大，老子的手長，老子“人多”，哪里没老子都“不称敢”。

10、“我们就是心连心”，“什么红代会？”用得着，听我的，当了正付组长还嫌“没实权”；用不着，“滚出去，”“滚他妈的蛋”。

如此种々。

卫東《万山红遍》评论员们，这些典型的无政府主义是各色俱全的，否则就不会写出这种无政府主义的代表作。

三、八一三、卫東向何处去

文汇报二月廿四日社论指出：“无政府主义是 种典型的机会主义。打着无政府主义的旗号的人，他们今天可以全意这样 种错误的政治观点，明天为了适应他们这个小集团利益的需要，又可以同意另一种更错误的政治观点 出而反而，反复无常，到处进行投机。”列宁曾一针见血地指出：“无政府主义者的宇宙观只是翻了面的资产阶级宇宙观”，“无政府主义者如马克思主义者早已屡次解释过那样，虽然非常‘猛烈地’攻击资产阶级 但他们始终是站在资产阶级世界观的基础上的。”

无政府主义是资产阶级进行反夺权的得心应手的思想武器。

这些话，在一二○夺权中早已证明，今天又在继续被证明。

无政府主义就是 种极端个人主义、极端民主化。毛主席教导我们：“极端民主化的危险在于损伤以至完全破坏党的组织，削弱以至完全毁灭党的战斗力，使党担负不起斗争的责任，由此造成革命的失败。”

“八 三、卫東向何处去”？读了毛主席这几句话后，现在让我们回到这个主要课题上来。我们奉劝卫東《万山红遍》评论员们，正确地进行独立思考，千万不要再作给某些别有用心的人制造反动舆论的御用文人，千万不要再作反动的无政府主义的吹鼓手。

八 三、卫東正处在校内矛盾，同无产阶级革命派大联合的矛盾 全天津市革命三结合的矛盾全面爆发的危机之中，八一三卫東向何处去？向何处去？？ 向何处去？？？

顽固坚持无政府主义，只能得到它的祖师爷巴枯宁的下场。无产阶级革命派大联合内部的无政府主义泛滥，具有更大的危险性。目前，这种无政府主义泛滥远远超过了社会上那股逆流对无产阶级革命派大联合、革命三结合的冲击，发展下去，必将导致无产阶级革命派大联合与革命三结合的夭折，导致资本主义复辟。

北京日报四月十九日社论指出："闹无政府主义的人，对革命的三结合领导班子，不是热情支持积极帮助，而是抓住个别的缺点、错误，攻其一点，否定一切。这种行为，必然使无产阶级革命派的队伍成为一盘散沙，分散当前对于党内头号走资本主义道路当权派的斗争火力，转移斗争的主要目标，具有很大的危险性。"

归根到底，我们同无政府主义的分歧，是要不要把无产阶级文化大革命进行到底的分歧，是要不要无产阶级专政的分歧。许许多多革命造反组织，为避免内战作了最大限度的努力，以极大的姿态顶住了这股无政府主义思潮，坚定不移地站在无产阶级革命派立场上，站到天津市四百万人民一边。我们和八一三、卫東某些人的斗争是要大方向、还是要无政府主义的斗争，是两条路线的斗争。

我们希望卫东《万山红遍》评论员们以及其他八一三卫東战士回到"八一三、卫東向何处去？"这个重要课题上来，认清形势，辨明方向，否则就会走向自己的反面。

红卫兵战友们！我们的红司令毛主席在接见我们时，语重心长地说："你们要关心国家大事，要把无产阶级文化大革命进行到底！"

天大八一三 南大卫東的战士们，让我们共同深思，我们呼吁你们早日回到斗争党内头号走资本主义道路当权派及其爪牙万张反革命修正主义集团的大方向上来和我们共同战斗，一起去迎接天津新曙光！

红卫兵战友们！我们的红司令毛主席在接见我们时，还语重心长地说："这次运动规模很大，确实把群众发动起来了，对全国人民思想革命化有很大意义。"

天大八 三、南大卫東的战士们，让我们共同深思。我们呼吁你们和我们共同破私立公 早日消灭头脑中的无政府主义和其他非无产阶级思想，在这场触及人们灵魂的无产阶级文化大革命中，实现思想革命化，成为无产阶级革命可靠接班人，让战无不胜的、光焰无际的毛泽東思想永远照耀我们前进的大路！

打倒无政府主义！

无产阶级革命派大联合万岁！革命的三结合万岁！

我们伟大的导师、伟大的领袖、伟大的舵手，

我们心中最红最红的红太阳毛主席万岁！万岁！万万岁！！！

河大八一八《胜似春光》评论员

4.26.

北外紅旗

2

首都紅代会北京外国語学院紅旗战斗大队

《北外紅旗》編輯部

1967

你們要关心國家大事，要把無產階級文化大革命進行到底。

毛泽东

«北外紅旗» 第二期（外事专輯）

目　　录

毛主席对署名"奥地利《紅旗》派的同志"的来信的批示

退陈毅同志：这个批評文件寫得很好，値得一切駐外机关注意，來一个革命化，否則很危險。可以先从維也納做起。請酌定。

毛泽东

九月九日

附件一：

署名“奥地利《紅旗》派的同志”的来信

亲爱的同志們：

讀到关于“紅卫兵”支持你們偉大无产阶級文化大革命的英雄行为的报道，我們非常贊賞。以你們的偉大領袖毛澤东的智慧为基础的这一历史革命，对于我們这些致力于消滅資产阶級思想方式和資产阶級社会的人來說是一个鼓舞。但是我們認为因此更有必要提請你們注意，你們国内的革命斗爭同你們在維也納的商务代表的突出的資产阶級举止和資本主义生活方式是極不相称的。从他們的衣着來看，很难（即使不說是不可能的話）把他們同蔣介石的走狗區别开來。精致的白綢襯衫和高价的西服同先进工人阶級代表的身份是很不相称的。这些代表們不仅占有一輛、而且是二輛麥尔采得——奔馳牌汽車（这种汽車可以說是資本主义剝削者的标志），这难道眞有必要嗎？由于这--鮮明对比而引起了維也納人的竊竊私語和嘲諷，使我們听了很痛苦。这样的資产阶級行为不仅損害了我們的共同事业，而且对偉大的无产阶級文化革命也起了不好的作用。

我們尊敬地并且迫切地要求你們把这件事向有关当局报告并且立即采取措施加以糾正。致以同志的敬意。

奥地利《紅旗》派的同志

一九六六年八月三十日于維也納

附件二:

坦桑尼亚一群众来信(摘譯)

亲爱的同志:

……由于帝国主义者和白人殖民者的压制，在看到你們的成就和你們的著作以前，我們一些受过教育的非洲人一直是沉睡着。当前正在中国进行的文化革命是多么了不起，我們当中的一些人很希望跟你們分享創造歷史的光荣并在这里同样实行。

我們在这里街上遇見的中国青年看來生活很朴素，他們是当代中国青年的好榜样。他們告訴我們說，他們是在这里学習我們的語文和在其他方面援助坦桑尼亞的。我們是多么高兴地見到了中国年輕一代的优秀代表。

但是，几个星期以前，当我应邀参加中国大使舘的一次招待会时，我确实感到吃驚和沮丧，那里是豪華、浪費、奢侈，充分使人回想起腐朽的資本家的高水平生活。大部分食品是西方的，丰富、花錢的；那些中国菜也不象中国菜，是最花錢的那种，而不是普通的、卫生的、我們所希望的食品；飲料也是威士忌、白兰地、烈酒或进口的最昂貴的啤酒；甚至香烟也是美国的和其他外国的。最令人反感的是大使夫人，她穿戴着昂貴的衣服和裝飾，她追求文雅。我寄上她的兩張照片，它們將給你們一些概念。我們当地的妇女穿着簡單得多和便宜得多的衣服，但是很好也最适合这里的气候。

似乎这里的中国代表机构的整个調子是爱炫耀，每到一处都是乘坐嶄新的大型西德小轎車，坐滿了人，显示他們豪华和富有。据我看來，这是不符合文化革命的精神的。我們的一些人对这里是这样的不同而感到遺憾。

你的同志約納丹·穆彪

一九六六年八月二十九日

彻底揭露陈毅的丑恶嘴脸

·本刊編輯部·

“四海翻騰云水怒，五洲震蕩风雷激。要扫除一切害人虫，全无敌。”

在以毛主席为代表的无产阶级革命路綫的指引下，在无产阶级文化大革命的凱歌声中，我們外事系統的无产阶级革命派把陈毅揪出来了！并且将在广大的革命群众中对他的反党反社会主义反毛泽东思想的言行进行深刻、彻底的批判，这是无产阶级文化大革命的伟大胜利，是以毛主席为代表的无产阶级革命路綫的伟大胜利，是战无不胜的毛泽东思想的伟大胜利。

下面，让我們撕开陈毅这个“庬然大物”的画皮，看看他骨子里究竟是些什么貨色。

一、陈毅是鎮压外事系統無产階級文化大革命的罪魁禍首

我們伟大領袖毛主席亲自发动了这场史无前例的无产阶级文化大革命，革命的群众无不称快，拍手叫好。可是，陈毅，这个刘、邓司令部的忠实打手和得力干将，对这场伟大的革命群众运动却是惶恐万状，怕得要死。他说尽了坏話，干尽了坏事，血腥鎮压了外事系統的无产阶级文化大革命。运动一开始，他就伙同党内两个最大的走資本主义道路的当权派刘少奇、邓小平，精心地制定了一条資产阶级反动路綫。这一点，就連他自己也不得不供认：“制定反动路綫的材料，主要来自三条綫，一条是北京新市委，一条是团中央，还有一条是我們外事口。”“在刘、邓主持的汇报会上，李雪峰、胡克实和我最积极，汇报情况最多。”无怪乎，陈毅在貫彻和推行这条資产阶级反动路綫方面也可算是最自觉、最忠实、最卖力、最頑固的了。他向外事系統各单位派出了大量的“消防队”——十多个工作組。光外交部一个单位参加工作組的就有近三百人。陈毅唯恐工作組不能領受他的意旨，特地派了他的亲信去担任几个主要单位的工作組长。他的第一号打手，由他一手提拔起来的外交部付部长兼外交部政治部主任刘新权被派到北京外国语学院；他最可靠的老部下，彭眞死党，黑帮分子张彦（国务院外事办公室付主任）被派往北京第二外国语学院；甚至他的老婆张茜也亲自带領人馬到了外文印刷厂，大打出手。“消防队”还沒出动，他就密下了指示，即坚持“放”的方針，所謂“引蛇出洞”，“放了以后就抓”，“抓游魚，抓后台”。还揚言“五七年全国抓了四十万右派，我看今年要抓八十万。”就是在陈毅的亲自指揮下，外事系統有多少革命群众、

革命学生被打成“反党分子”、“游魚”、“假左派、眞右派”、“牛鬼蛇神”!?又有多少革命的干部被打成“黑帮”、“黑帮分子”、“黑帮走卒”、“黑帮爪牙”!?让我們看看外语学院这个側面吧!在陈毅的精心策划和布置下，由八十多人組成的刘新权反革命工作队，进行了长达二十八天、聞名全市的“扫障碍”，“抓游魚”，小小的外语学院一举就抓出了三、四十个“反党反社会主义”的“反革命分子”，“右派”及重点批判对象一百余人，在班上进行批判的近三百人。与此同时，又把大批好的、或比較好的干部打成“黑帮分子”、“黑帮爪牙”。于是，又抓出了一个五十人左右的“黑帮集团”。陈毅为了彻底地把一大批“敢”字当头的革命小将打下去，以保护一小撮走資本主义道路的当权派过关，不惜兴师动众，調来大批軍队和公安人員，包围了外语学院，崗哨密布，鉄門緊閉，探照灯光彻夜明亮，把一个社会主义的大学搞得象帝国主义的集中营一样。在这資产阶级的白色恐怖下，有多少好同志被逼得深夜写检查；有多少革命群众被剝夺了人身权利，遭到跟踪、盯梢；又有多少勇敢的闖将在工作队的大小会上被斗爭，……。毛主席说：“……**从中央到地方的某些領导同志……站在反动的資产阶級立場上，实行資产阶級专政，将无产級阶轟轟烈烈的文化大革命运动打下去，顚倒是非，混淆黑白，围剿革命派，压制不同意見，实行白色恐怖，自以为得意，長資产阶級的威风，灭无产阶級的志气，又何其毒也!**”毛主席说得何等好啊!陈毅就是这样一个鎮压群众运动的刽子手。

毛主席教导我們：“**凡是反动的东西，你不打，他就不倒。**”陈毅也不例外。在革命群众奋起毛泽东思想的千鈞棒和他进行了英勇的斗爭，使他的眞面目暴露无余的时候，他又假惺惺地装出一付“誠恳、慈善”的样子，在元月二十四日作了一个很不象样子的检查。但是，就在他检查后不到半月的时间，在无产阶级革命派联合起来，向党內走資本主义道路当权派夺权的关鍵时刻，陈毅不甘心于他的失敗，終于又跳出来了。他竭尽全力地在外事系統煽起了一股自上而下的資本主义反革命复辟逆流。他保护和纵容走資本主义道路的当权派，向无产阶级革命派反攻倒算，恶毒地攻击、謾罵革命造反派組织，給革命小将加上了各种莫須有的罪名，什么“发泄私憤”，“左得厉害”呀，什么“以势压人”，“太猖狂，决沒有好下场”呀，誣蔑他們是“典型的两面派”，“赫魯晓夫式的人物”等等。凡此种种，举不胜举。当无产阶级革命派要起来揭发、批判他的反动言行的时候，他就摆出一付“老革命”的样子，疯狂地叫囂，说什么“我革命革了四十几年，沒想到落到这种地步，我死了也不服气，我拼了老命也要斗爭。”为了鎮压革命派，甚至还说：“我准备慘遭不測”，“慘遭犧牲”，“准备人家把我整死”。眞是狂妄已极。陈毅，警告你，我們无产阶级革命派是用毛泽东思想武装起来的，是经过了阶级斗爭严峻考驗的，过去你把我們打成“反革命”、“游魚”、“假左派眞右派”，我們从未屈服过，現在，你又对我們百般地謾罵、恐吓、威胁，我們永远也不会屈服。“舍得一身剮，敢把皇帝拉下馬”。陈毅不向毛主席的无产阶级革命路綫投降，就叫他灭亡!

二、陈毅是反对毛主席、反对毛泽东思想的一員干將

陈毅在这次无产阶级文化大革命中，迫不及待地跳出来，极力地推行刘、邓資产阶级反动路綫，疯狂地反对以毛主席为代表的无产阶级革命路綫，是毫不奇怪的，因为他一貫地吹捧刘少奇，反对毛主席，反对毛泽东思想。这次运动只不过是他阶级本性的又一次自我暴露而已。过去，他紧跟刘少奇，就是出国訪問，这对难兄难弟也形影不离。为了迎得主子的欢心，陈毅经常在外国人面前吹捧刘少奇说："他（指刘少奇）就是我們的国王。"在他訪問××的途中，陈毅不厌其煩地向刘少奇献媚取宠说："刘主席訪問××国是高度的艺术性。"在我国駐××使館，又誇耀刘具有"无产阶级外交家的风度"，"是外交工作的典范。"可是，只要我們看看刘、陈两对夫妇出訪印尼的大毒草影片，就不难看出陈毅宣揚的是什么"风度"、什么"典范"——地地道道的腐朽透頂的資产阶级、修正主义的丑态。当中国的赫魯晓夫刘少奇的丑恶嘴脸已暴露在光天化日之下以后，陈毅还肉麻地吹捧刘少奇，说"刘主席的指示，我完全贊成。……刘少奇同志讲得很正确，在人民大会堂，……。少奇同志是我的先生。"为了販卖刘少奇的黑貨，陈毅不只一次的吹捧说："少奇同志的著作，发揮了馬列主义毛泽东思想。"并且号召大家好好学习刘少奇的著作，其用心何其毒也！为了死保刘少奇过关，他经常向群众宣传："刘少奇在四五年以前沒有反对毛主席，七大时，把刘少奇确定为毛主席的接班人，現在与刘少奇的矛盾是人民內部矛盾。"还威胁群众，拍桌子罵道："有人说彭眞的后台是刘少奇，这怎么能容忍？我是政治局委員，我要站起来讲話。"他的反动气焰是何等的嚣张。但曾几何时，你的主子刘少奇已经彻底完蛋了，陈毅，你这个刘氏忠实門徒也跑不了，溜不掉！

让我們看看陈毅对我們伟大領袖毛主席是什么态度吧！文化大革命一开始，陈毅就恶毒地攻击毛主席是"乾坤独断"，胡说什么"連毛主席在內，都是普通工作人員，都可以貼大字报。"极力地把矛头指向我們的伟大領袖毛主席。甚至放肆地煽动群众说："我也反对过毛主席，但他上台还重用我。反对过他的人不一定是反革命，拥护过他的人不一定是革命。""毛主席意見也可以反对，不要盲从。把意見讲出来最好，不要埋在心里，要各抒己見。……"眞是一派胡言，反动透頂！这不是明目张胆地替阶级敌人说話嗎？眞是地地道道的右派言論。陈毅还极力貶低毛泽东思想的絕对权威，反对学习毛主席著作的群众运动。他別有用心地说："我們经常对中国的民主人士讲，不要以为相信毛泽东思想就能解决一切問題了。"他自己也供认：他是不学毛主席著作的，原因是"沒有时间"，"确实沒有时间。"学习毛主席著作他沒有时间，但据外交部的同志揭发，他一到外交部去，就找人陪他下圍棋，并且一下就是几个小时。陈毅不仅自己不学毛选，还从不提倡学习毛泽东思想，別人学习主席著作，他也是明里暗里极力反对。有人給他写汇报，引用了主席语录，他却拿起資产阶级老爷們惯用的几条大棒，说什么

"这是框框，写了沒用，光浪費紙。"当主席向外事系統发布了"**一切駐外机关注意，来一个革命化，否則很危险**"的英明指示后，陈毅竟明目张胆地抵制和反对这一最高指示，恶毒地歪曲这一最高指示。按照陈毅的布置，外交部只是从礼宾、仪式等形式上"貫彻"，搞突击性的表面整[illegible]，幷且向各使舘发出通报，要求在五天內汇报"[illegible]革"的情况。从而抽掉了主席指示"**来一个革命化**"的实质內容。陈毅的大紅人姬××竟公然反对貫彻主席指示，斥責下面的工作人員说："你們只記得'**来一个革命化，否則很危险。**'你們記得不記得，还有一句話'**請酌定**'？主席不了解情况嘛！"姬××之流，竟如此狗胆包天，反对最高指示，是可忍，孰不可忍！？陈毅对外交人員学习主席著作，大搞思想革命化极端仇視，橫加指責，说什么："如果外交人員也象紅卫兵一样，头戴軍帽，身穿軍装，脖子上挂块毛主席语录牌，手持毛主席语录，那岂不象个牧师吗？"牧师中国人民見过，全世界受苦受难的人民都見过，他們头戴黑色帽子，身穿黑色长袍，脖子上挂个十字架，手里拿着圣经，念着麻醉人民的说教，干着文化侵略的勾当，他們是帝国主义伸向各个角落的魔爪。陈毅把中国人民解放軍的軍装比作牧师的肮脏透頂的长袍，把光芒四射的毛主席语录牌比作欺騙人民的十字架，把金光閃閃的毛主席语录比作毒如鴉片的圣经。陈毅，你眞是狂妄到了极点！我們决不容許你如此嚣张！毛主席是我們亿万革命人民心中永远不落的紅太阳，毛泽东思想是我們战无不胜的精神原子弹。誰要是反对毛主席，反对毛泽东思想，我們就和他拼到底！陈毅你不向毛主席低头认罪，我們就坚决打倒你！

三、陈毅是反对社会主义革命，攻击三面紅旗，鼓吹资本主义复辟的急先鋒

党內头号走資本主义道路的当权派刘少奇极力反对社会主义革命，日夜梦想在中国复辟資本主义。刚一解放，他就大肆鼓吹"阶级斗爭熄灭論"，胡说什么"現在国內敌人已经基本上被消灭"，"国內主要的阶级斗爭已经基本上結束了……"，"我国社会主义和資本主义誰胜誰負的問題現在已经解决了"等等，等等。陈毅，这个刘少奇的忠实信徒，几乎用和他的主子同样的语言说："地主，作为一个阶级，我們消灭了。""中国資产阶级已经过改造，資产阶级知識分子已经完全爭取到我們这边，帝国主义鉆不了这些空子。""十二年来已经消灭了資产阶级、地主和帝国主义复辟的基础。""中国已沒有阶级（了）。"等等。这些反动言論是与毛主席关于社会主义时期阶级和阶级斗爭的論述背道而馳的。直到毛主席关于阶级斗爭的英明論述引起全党极大重視以后，陈毅还在文化界的一次牛鬼蛇神的黑会上说："今天为反革命宣传，为反革命复辟来写作的作家是沒有的，这一点是有保证的。"明目张胆地包庇文艺界的反革命文人。

在我国遇到連續三年自然灾害的困难时期，陈毅又与国內外牛鬼蛇神相呼应，丧心病狂地反对三面紅旗，攻击社会主义制度，全盘否定我党解放以来的历次重大政治运动。

陈毅誣蔑轰轰烈烈的大跃进是"'一馬当先，万馬奔騰'害死人"，"在工农业方面，我們犯了錯誤"，"特别是大炼鋼鉄，大办水利中间有許多作法是违背科学的，早知如此，悔不当初听了这些科学家的話，也許我們少走弯路。"还说："（大跃进）逼得我們工业指标压低，农业指标也压低，从头做起。"他誣蔑工业大跃进是"工厂不冒烟，厂里沒机器，錢白花了。"誣蔑农业大跃进是"可以建成白薯共产主义"等等，等等。

陈毅还誹謗我国建設社会主义总路綫是"搞得快了一些"，"事实证明是錯誤的"等等。

正在这个时期，帝国主义、現代修正主义和各国反动派疯狂叫囂，妄图把我們搞垮，大肆汚蔑我們是"五个人穿一条裤子"，"許多人围着喝大鍋的清水湯"，陈毅也和这些混蛋們唱一个調子，恶毒攻击我們的社会主义制度。他说："中国的工人和农民沒有飯吃不政变才怪哩！""农民劳动一年，除了吃飯以外，买油盐的錢都沒有，要我去当，我才不干哩！我还是要当我的元帅！"陈毅竟然说出这种話来，可耻！实在是可耻！他还学着赫魯晓夫的"土豆燒牛肉"的腔調说："社会主义如果仍然是穿布衣，住草房，吃蔬菜，大城市尽蹬三輪車，这种社会主义制度是沒人拥护的。""社会主义是要……人人穿呢子衣服，綢子衣，住砖瓦房，玻璃窗，冬暖夏凉。"还说："大家都穿上呢子衣服，街上还有許多汽車，人家更相信我們的馬列主义了，現在人家来看我們的生活水平那样低，就不信服我們。"住口！陈毅，不許你誣蔑社会主义，歪曲馬列主义！难道社会主义就是"吃好，穿好，住好"吗？不！絕对不是！我們所需要的是无产阶级专政的社会主义，而你宣揚的是赫魯晓夫式的"社会主义"，是地地道道的資本主义。陈毅为什么如此地貶低社会主义呢？目的很明显，就在于美化資本主义，以至最后复辟資本主义。让我們听听他的自白吧：

一九六二年，他曾对一个資本主义国家的訪問团奴顏卑膝地说："看来，我們赶上你們的生活水平，恐怕（还要）四、五十年。"还有一次，陈毅吹捧某个資本主义国家说："中国按人口平均达到×国的水平，恐怕至少还要一百年，这是最快的了……。"更有甚者，他还肉麻地乞求外資，胡说什么："可以让外国資本来中国盖工厂、企业"，还美其名曰："收收外資来建設社会主义。"眞是混蛋透頂，一派洋奴相！十足的投降主义和卖国主义！陈毅完全站在帝、修、反的反动立場上来看我們的社会主义，在他看来，我們的社会主义是漆黑一团，簡直是岌岌可危了。告訴你陈毅，我們有战无不胜的毛泽东思想作武器，天塌下来擎得住，地陷下去塡得平！自然灾害和帝修反造成的特大困难不是被我們克服了吗？在困难的时刻，我們的毛泽东思想伟大紅旗不是举得更高了吗？我們的万吨水压机不是制造出来了吗？我們的石油不是已经自給自足了吗？我們的几次原子弹爆炸和导弹核試驗不是成功了吗？即使在最困难的时刻，我們不但沒有乞求外資的什么援助，我們还支援了很多被压迫民族和被压迫的国家。困难挡不住我們，咒駡駡不倒我們！帝修反誣蔑我們沒有好下场，陈毅，你如此肆无忌惮地誹謗我們也决不会有好下场！

一九六二年，在国内外牛鬼蛇神反华反共的大合唱中，陈毅也扮演了一个极不光彩的角色。他打着"党的領导人"，"首长"的招牌，用比"三家村"更恶毒、更露骨的语言，到处煽动牛鬼蛇神起来“出气”、“翻案”，全盘否定我党解放以来历次重大政治运动，为資本主义复辟作准备。在一次牛鬼蛇神聚集的黑会上，他宣称：“我們党領导的思想改造五大运动……发生了一些缺点和錯誤，有些地方出現了过火斗爭，搞得很多人感情很痛苦。政治工作者、党的工作者和作家之间关系很不正常。”然后公开煽动说：“在五大运动中间，我們有些同志受了委曲，挨了棍子，戴了帽子，作了不正确的結論，是不是我們要翻案？”他拍着肚皮，打保票说：“你們誰想翻案，找我来！”……党内一小撮走資本主义道路的当权派，集中地反映了資产阶级的要求。他們打着“紅旗”反紅旗，以“党政領导人”的面目出現，而替資产阶级说話，替資产阶级办事，他們利用所窃取的党和国家的权利，实行資产阶级专政。看看陈毅的这些反党反社会主义反毛泽东思想的言行，还不足以说明他是一个地地道道的、不折不扣的資产阶级代表人物吗？

四、陈毅是刘邓修正主义外交路綫的忠实执行者

陈毅，身居中共中央政治局委員，国务院付总理兼外交部长的要职，长期以来，抵制执行毛主席的无产阶级革命外交路綫，却利用职权，卖力推銷刘邓“三降一灭”的修正主义外交路綫的黑貨。

我們的对外政策总路綫是：在无产阶级国际主义的原則下，发展社会主义各国之间的友好互助合作关系；在五項原則的基础上，爭取和社会制度不同的国家和平共处，反对帝国主义的侵略政策和战爭政策；支援一切被压迫人民和被压迫民族的革命斗爭。

可是，陈毅，我們問你：

你为什么吹捧帝国主义的头子，对那些人民公敌百般贊揚？

你为什么美化苏共新領导，散布对苏修的幻想？说什么“赫魯晓夫下台是換湯又換葯。”说什么“苏共新領导只会比赫魯晓夫好些，而不会坏些。”

你为什么吹捧反动派，压制那些国家人民的革命斗爭？

多年来，陈毅一貫大肆宣揚“和平共处”。早在1956年9月中共八大的发言中，陈毅就叫嚷什么“中国愿意同一切国家和平共处。”说：“我們还必須努力改善和发展我們同西方国家的关系”。鼓吹什么“我們的和平共处政策幷不排斥任何国家。就是对于美国，我們也幷不除外。”

我們和美帝国主义能够和平共处吗？不能！絕对不能！毛主席教导我們：**“全世界人民团結起来，打败美国侵略者及其一切走狗！全世界人民要有勇气，敢于战斗，不怕困难，前赴后继，那末，全世界就一定是人民的。一切魔鬼統統都会被消灭。”**美帝国主义，这个世界人民的公敌，它今天正在屠杀越南人民，正侵占着我国的領土台湾，是我們不共戴天的仇敌，但是陈毅却要和它搞什么“和平共处”。这岂不是等于说美国霸占我們台湾是合法的吗？这岂不是等于说美帝已经不是世界人民的公敌了吗？这岂不是等于说我們可以不反美帝了吗？这不仅是对中国人民的背叛，而且是对世界革命人民的大背叛！

陈毅还是“和平竞賽”的鼓吹者，請看他的两首黑詩：

△ 近傾有火箭，命中及月球。技术大进步，剝削有哀愁。

你也有火箭，他也有火箭，我也有火箭，火箭不垄断。

你有原子弹，他有原子弹，我有原子弹，协議不放弹。

△ 你也守中立，我也守中立，他也守中立，侵略被孤立。

毛主席教导我們：**“我們说‘帝国主义是很凶恶的’，就是说它的本性是不能改变的，帝国主义分子决不肯放下屠刀，他們也决不能成佛，直至他們的灭亡。”**

照陈毅的看法，技术发展了，剝削阶级的日子就不好过了。

照陈毅的看法，技术发展了，就可以消灭战争了。

照陈毅的看法，大家不反美帝，美帝也就不会侵略你了。

那么，大家还是关起門来，各搞建設，发展技术，那就天下太平，沒有事了。

这是多么荒謬的逻輯！多么反动的理論！

一九六四年前后，曾经刮起了这么一股歪风，认为資产阶级专政的国家，在資产阶级代表人物的領导下，可以走社会主义的道路。刘、邓是这股歪风的制造者，而陈毅則是这股歪风的吹鼓手。

他在一九六四年出国訪問时，沿途作了一系列报告，大肆放毒，宣揚民族主义国家不需要无产阶级政党，不需要经过无产阶级革命，不需要无产阶级专政，就可以在現在的封建主义、資产阶级政治家領导下，和平长入社会主义。他鼓吹什么民族主义国家独立后“适当提高人民水平，逐漸走非資本主义道路，以后变成社会主义。”而且到处貼标签，公开承认某些亚非国家正在“走社会主义道路”或者“正在建設社会主义。”

毛主席教导我們：**“在阶級社会中，革命和革命战爭是不可避免的，舍此不能完成社会发展的飞跃，不能推翻反动的統治阶級，而使人民获得政权。”**陈毅避而不談革命和革命战爭，避而不談革命的根本問題是政权問題，却在那里大叫什么“社会主义的生产关系也能逐漸地在資本主义所有制上自发产生”，这不是明目张胆地和毛泽东思想唱反調吗？陈毅不把希望寄托在亚、非、拉革命人民身上，却对一个忠实代表地主、資产阶级利益的某某总統寄予了无限的希望，说什么“×××是民族主义国家中資产阶级左派，是亚非人民反帝反殖的伟大領袖。”“在国际共产主义运动中，帝国主义怕的是东方国家的共产主义；在亚非国家中，最怕×××……。”特别不能令人容忍的是，陈毅竟然向×××献媚说：“你是統帅，我是元帅，統帅下令，元帅就照办”。看，陈毅的投降主义到了何等地步！他究竟是什么貨色，执行的是哪个阶级的外交路綫，不是昭然若揭了吗？

五、陈毅是反革命修正主义文艺路綫的狂热吹鼓手

陈毅不仅是刘邓修正主义外交路綫的忠实执行者，而且是一个反革命修正主义文艺路綫的狂热的吹鼓手，他的黑手伸进了文学、艺术、戏剧、科研、新聞等各方面，经常津津乐道地自命为“文学家”、“詩人”的陈毅在这些領域里到处游说，大肆放毒，极

力鼓吹文艺自由化，取消党的領导，妄图削弱无产阶级专政，为資本主义复辟作准备。在臭名昭著的一九六二年《广州黑会》（广州歌剧話剧創作座談会）上，陈毅大放厥詞说："我劝有些党的工作的同志，做行政工作的同志，你的任务是作党的工作，你的任务是做行政工作，你不要去干涉科学家的内部事务，不要去干涉作家的創作，你可以提意見，只达到提意見为止。"还说："很多事情，看来是可以无为而治的。什么事情都去領导一番，反而領导坏了，有些不去領导，反而好一些。……有把握成功的就去領导，沒有把握就不去領导，就让有经驗的去搞，自己'坐享其成'。而我們許多人就是不懂这个道理。"陈毅，你是多么恶毒！你这不就是叫我們党交出領导权吗？"让有经驗的去搞"，这和右派分子的"外行不能領导內行"的反党言行有什么两样呢？好一个"无为而治"，"坐享其成"，说到底，就是要取消我們的无产阶级专政。告訴你，資产阶级的代言人陈毅，你这是白日作梦，办不到！一万个办不到！！

陈毅把作家，科学家，艺术家甚至一些反革命修正主义分子、牛鬼蛇神捧上了天，说什么："我們一些作家，郭老、沈雁冰同志、田汉同志、老舍同志、阳翰笙同志、曹禺同志、熊佛西……这是我們国家之宝。我們任何人（請注意，是"任何人"——作者注）都应該加以尊敬，怎么随便就讲我要'領导'你？毛头小孩子，乳臭未干，你懂得什么？"明眼人一看就知道，陈毅这里一方面把那些資产阶级知識分子捧得高于一切，凌駕于党之上，另一方面又含沙射影地罵我們党的領导干部，说他們"毛头小孩子，乳臭未干"，"懂得什么东西"，陈毅究竟站在哪个阶级的立场上，替誰说話，不是再清楚不过了吗？其用心之險恶，簡直到了无以复加的程度。陈毅极力抹煞文艺界的阶级斗爭，反对毛主席的政治是統帅的思想，反对文艺为无产阶级政治服务，鼓吹艺术第一、技术第一的資产阶级文艺路綫。他说："現在要多搞点艺术，因为政治情况和解放时大不相同了，反革命也鎮压得差不多了。"还说："不要把政治作为挡箭牌，現在絕大多数是为人民服务的，专門拿艺术对抗政治的人不会有，以后有也不怕。"这是典型的"阶级斗爭熄灭論"。陈毅还煞有介事地说："我們办工厂，很多地方就不如資产阶级啊！今天我要发表这个謬論。我們搞戏剧、电影，在管理上就不如資产阶级。你們学习資产阶级的成本核算，賺点錢給我們，把我們的負担减轻，我給你磕三个响头，我喊你'万岁'。"陈毅，你眞不知羞耻！你哪里还有一点共产党人的气味！你滿肚子就是錢，不！这不单单是几个銅板的問題，这是十足的阶级投降主义！陈毅，你跟刘今旱可謂紧矣！刘鬼不也讲过这样的話吗？"資本家現在的剝削，不但沒有罪，反而有功劳。……你們有本事多剝削，对国家、对人民都有利。"啊，陈毅原来是从他的主子那里領敎来的。陈毅还丧心病狂地攻击和誹謗毛主席提出的"突出政治"的方針。他说："解放初期，强調政治学习是完全必要的，今天有必要强調专业学习，培养大批专家……这是最大的任务。""不必每个人都搞政治，我們今天最缺乏的是各种专家。"还说："哪个学校学生专业学得好，就是哪个学校政治挂帅挂得好。""不要怕白专，其实眞正专了也不会白。"在一次文艺工作者学习毛主席的"**百花齐放，推陈出新**"的座談会上，陈毅极其恶毒地说："現在有人讲拔白旗，插紅旗，我看不管你是紅旗也好，白旗也好，只要你有业务就行。""只要业务好，就是最好的紅旗，"这和邓小平的"不管黑猫，白猫，能捉住老鼠就是好猫”的黑話不是如出一轍吗？在这里陈毅表面上摆出一付公正调和的样子，不管“紅旗”“白旗”只要“有业务就行”，但正如毛主席早就指出的“**政治是有阶級性的，你不是无产阶級的政治，就是資产阶級的政治，根本沒有什么超阶級的政治**。所以陈毅鼓吹的业务挂帅，不問政治，实际上就是提倡資产阶级政治，为資本主义复辟作舆論准备。更恶毒的是，为了抵消毛主席提出的“突出政治”在群众中的巨大影响，他还胡说什么：“厨师要政治干什么？他做政治給你吃！”甚至还说：“我要問你，政治多少錢一斤？你可以卖給我，我給你称嘛！”这是什么話！地地道道的黑話！陈毅，你如此肆无忌惮地攻击毛泽东思想，反对毛主席的无产阶级革命路綫，大搞資本主义复辟，只能说明你跟刘少奇、邓小平是一丘之貉。陈毅不投降，我們就堅决把你拉下馬，让你靠边站！

六、陈毅是一个老机会主义者

陈毅，这个外事系統的总头目和他的“先生”刘少奇一样，极端害怕革命群众对他的批判，为了保护他自己过关，竟耍出最后一着，拉大旗作虎皮，一再标榜什么他是“老革命”。好一个“老革命”！

难道竟有这样猖狂反对我們伟大領袖毛主席，反对伟大毛泽东思想的“老革命”？

难道竟有这样极力取消无产阶级专政，疯狂进行資本主义复辟活动的“老革命”？

如果你真是什么“老革命”，那么，請問：

你为什么要在第一次国內革命战爭失敗后，国民党統治阶级处于暫时稳定的时候，竟在一个关鍵战役的前夕，对抗毛主席的軍事路綫，采取盲动主义，分兵冒进，以致使根据地边界和湘南同遭失敗？

你为什么要在第三次“左”傾机会主义路綫統治中央时期，极力支持王明之流，反对以毛主席为代表的正确路綫，因而造成当时党內的严重危机，使辛苦地聚集起来的革命力量損失了百分之九十？

你为什么要在抗日战爭时期，与王明一鼻孔出气，在新四軍中执行一条彻头彻尾的右傾投降主义路綫，反对毛主席关于党在抗日民族統一战綫中“独立自主”的原則，胡说什么“我們还要根据国民政府的法令切实宣传和奉行，我們不能标新立異，”甚至要人們相信“国民政府、国軍的正确和蔣委員长身系国家安危的重要性”？

你为什么要在抗日战爭胜利以后，与党內最大的走資本主义道路的当权派刘少奇一唱一合，竭力鼓吹“和平民主新阶段”論，用以麻痺全国人民反美反蔣的斗志，胡说什么“用枪杆子解决中国問題的时期已经过去，用和平民主解决中国問題的时期已经开始”？

你为什么要在全国解放后和毛主席唱反調，大放“经济建設”烟幕，鼓吹“阶级斗爭熄灭論”，说什么“新的时代已经开始，此后的工作是伟大的经济建設，”甚至胡说：“我看，搞工厂，倒是要学資本家”，以至在你主管的上海，推行了一条向大地主、大資本家妥协投降的錯誤路綫？

你为什么要攻击社会主义制度，反对三面紅旗、五大运动，在主管文教几年期间，与毛主席文艺教育路綫分庭抗礼，让大量毒草充斥社会主义的舞台，网罗了大批的牛鬼蛇神，不折不扣地推行了一条資产阶级的文艺教育路綫？

你为什么要在外交工作中极力抵制毛主席的无产阶级革命外交路綫的貫彻，卖力地推行刘邓“三和一少”、“三降一灭”的修正主义外交路綫？

你为什么要在这次无产阶级文化大革命中伙同党內两个最大的走資本主义道路的当权派，提出和推行了一条彻头彻尾的資产阶级反动路綫？

答案只有一个：你根本就不是什么“老革命”！你是一个地地道道的老机会主义者，是一个不折不扣的“假革命”！

近幾年来，毛主席經常說，革命的誰胜誰負，要在一个很長的历史时期內才能解决。如果弄得不好，資本主义复辟将是随时可能的。毛主席又多次指出：要警惕出修正主义，特別是要警惕在中央出修正主义。为了保卫伟大領袖毛主席，保卫战无不胜的毛泽东思想，为了把外事系統的无产阶级文化大革命进行到底，为了确保我們的国家永不变色，稳步地过渡到共产主义，我們坚决和陈毅斗爭到底！把他反党反社会主义反毛泽东思想的言論批倒、批垮、批臭！不获全胜，决不收兵！

打倒刘、邓、陶！

陈毅不投降，就叫他灭亡！

誓把外事口无产阶级文化大革命进行到底！

以毛主席为代表的无产阶级革命路綫胜利万岁！

伟大的、战无不胜的毛泽东思想万岁！

我們心中最紅最紅的紅太阳毛主席万岁！万岁！！万万岁！！！

全世界革命人民的最大喜訊

经王力同志审批，我国将出版三十四种外文版《毛主席语录》即：英、法、西、葡、日、俄、德、越、印尼、緬甸、阿拉伯、波斯、斯瓦西里、泰、烏尔都、朝、印地、世界语、蒙、意、豪薩、阿尔巴尼亚、罗馬尼亚、芬兰、挪威、希腊、土耳其、泰米尔、捷、波、匈、保、尼泊尔和老撾。毛泽东思想的广泛传播是世界革命胜利的根本保证。

到目前为止，有一百五十多个国家和地区从中国定购毛主席著作。

一九六六年出版的毛主席著作在国外发行量等于一九五二年的一百倍，是解放以来最多的一年。世界人民无限热爱毛主席，无限热爱毛泽东思想。

把陈毅复辟資本主义的宣言書拿出来示众

陈毅《在广州黑会講話》摘編

115师"伏虎"战斗队

前　　言

陈毅是外事系統刘邓路綫的忠实执行者。多年来他反党反社会主义反毛泽东思想，罪行累累，罄竹难书，在鎮压外事系統无产阶级文化大革命方面，更是罪貫滿盈！对陈毅的一系列反动言論必須痛加駁斥，对他所犯下的罪行，必須彻底清算！

目前，举国上下，到处都在热烈地庆祝毛主席《在延安文艺座談会上的讲話》这一光輝著作发表25周年。无产阶级正以《讲話》为武器，对資产阶级代表人物及其十几年来所把持的文艺陣地，展开强有力的反击。値得指出的是，陈毅不仅在政治、軍事、外交等方面一向享有"声威"，在文艺上也是一位"老手"，向来有"党內文化人"、"文学家"、"詩人"之称。不过，戳穿它的画皮，这个所謂"党內文化人"的眞实面貌便暴露在光天化日之下了。所謂"党內文化人"，一方面是文艺黑綫的总后台刘少奇在文艺战綫上的一名得力打手，另一方面又是文艺界大大小小反革命修正主义分子的保护伞和代言人。

陈毅在文艺方面的反动言論連篇累牘，不計其数，这里我們仅就他在文艺界的一次讲話来揭露一下他反动的資产阶级世界观和丑恶灵魂。

一九六二年三月，在广州举行了一次歌剧、話剧、儿童剧創作座談会，在这次会議上，陈毅应反革命修正主义分子阳翰笙、齐燕銘、田汉等人的邀請，作了一个洋洋四万言的讲話，这篇讲話是一株彻头彻尾、彻里彻外的反党反社会主义反毛泽东思想的大毒草。在讲話中，陈毅恶毒攻击我們伟大領袖毛主席和战无不胜的毛泽东思想；极力排斥党对文艺的領导；恶毒攻击社会主义制度；百般吹捧和包庇文艺界一大批反革命修正主义分子，一再鼓动他們"出气"、"翻案"，向党进攻，煽动他們搞資本主义复辟；鼓吹"全民文艺"和資产阶级自由化；反对突出无产阶级政治，取消无产阶级文艺批評，为毒草泛滥大开綠灯；提倡个人奋斗，培养精神貴族和特权阶层……等等。他明目张胆、极其露骨地和到会的大大小小的牛鬼蛇神一唱一和，大肆放毒，眞是恶毒之极，反动透頂。

把陈毅反革命复辟的宣言书拿出来示众！

打倒陈毅！

下面，我們將陈毅讲話的全文按內容分类摘編一部分，和刘少奇的黑話（有些是反革命修正主义分子周揚等人的黑話）加以对照，并加上按语，此外还附录了当时广州会議簡要介紹，以便于大家进行批判。

一、惡毒攻击毛主席，反对毛澤东思想

陈　毅

我們因为毛主席个人的天才領导，革命得了胜利。毛主席也依靠党，毛主席不依靠党，他能够胜利吗？他过去在第一师范当个学生，他有什么？还不是一个普通学生？他沒有党，再有天才，也沒有用。

不能够希望太阳里面沒有黑斑，如果这样求全責备，我們就生活不下去，我們从旧社会跑来，投奔共产党，在共产党受到委曲，有苦说不出，如果想不通，那唯一的办法只好走到絕路——自杀，那有什么办法？

《毛泽东选集》自然会有人讀的，……我們有的同志却用强迫的方法叫人家讀，以后請同志們免动尊手，不要去强迫人家讀。

刘少奇

反对毛主席，只是反对个人。

（1962年在扩大的中央工作会議上的讲話）

馬克思、恩格斯、列宁、斯大林、毛主席都犯过許多錯誤。

（1963年在哲学社会科学部）

他們（按：指革命群众）以太阳来歌頌我們的事业，歌頌我們党和領袖……但是又有誰说过太阳毫无缺点呢？……大家都知道并且也都指出过，太阳本身还有黑点。

（陶鑄《太阳的光輝》）

不能把毛泽东的著作和讲話当成教条。……現在党內把毛泽东思想当成教条的大有人在。

（1964年給江渭淸的信）

按：我們敬爱的副統帅林彪同志说：“毛主席是我們党的最高領袖，誰反对他，全党共誅之。”又说：“毛泽东思想是全党全国人民統一行动的綱領，全世界誰也不能代替毛泽东思想。”毛主席是我們心中最紅最紅的紅太阳，毛泽东思想是我們的命根子。陈毅如此恶毒地攻击我們伟大領袖毛主席，反对毛泽东思想，是可忍，孰不可忍！

一切大大小小的資产阶级代表人物，都最仇恨我們最最敬爱的伟大領袖毛主席和光焰无际的毛泽东思想。陈毅和他的主子刘少奇及其同伙也毫不例外，对于这样一批資产阶级代表人物，我們就是要将他們彻底淸除！

二、取消党对科学事业，文学艺术的領导

陈　毅

我們党在科学技术上不要盲目的扶植一面，取消一面，否則是反馬克思主义

刘少奇

有許多事是要经过党外去領导的。千万不要发展到蛮干，你通过党內外的专家

的。我們自己处于反馬克思主义的地位，怎么能領导人？

我劝有些作党的工作的同志，行政工作的同志，你的任务是作党的工作，你的任务是作行政工作，你不要去干涉科学家的內部事务，不要去干涉作家的創作，你可以提意見，只达到提意見为止。

怎么随便就讲我要“領导”你呢？毛头小孩子，乳臭未干，你懂什么东西？……这太狂妄了。

什么事情都去領导一番，反而会領导坏了，有些不去領导，反而好一些。

我們党領导的思想改造的五大运动…有些地方出現了过火斗爭，搞得很多人感情很痛苦。政治工作者，党的工作者和作家之间的关系很不正常。……我們劝有些做党的工作的同志，做行政工作的同志在这方面要进行反省。……如果对立的形势現在不改变，那我們共产党就很蠢了。

在有些人的思想里有这样一种观点：“領导領导，領而导之”，領，就是領袖，我就是領袖，要来領导你，我是青紅帮老头子，收你为徒弟。”甚至于我就是改造者，你就是被改造者；我是胜利者，你是我的俘虏兵。你这样搞，知識分子就不理你那一套。……你要改造我，我就偏不接受你的改造，你要領导，我就偏不接受你的領导。

至于专业問題，最好不要干涉；一干涉就会把那个专业取消。

去領导，就是領导嘛！

（周揚，61.7.4.在长影党員艺术干部会議上的讲話）

党对于科学性质、艺术性质問題的討論，不应当依靠行政命令来实現自己的領导。

（八大政治报告）

眞正領导好一定要是內行……一定要科学家領导科学，美术家領导美术，音乐家領导音乐。

（周揚，57年5月13日在文学讲习所讲話）

党有沒有領导好，我看沒有領导好，一定要內行。……（同上）

那种动輒开会搞运动，搞斗爭，整人的作法，不以平等态度待人，确是問題，要糾正。……有些积极分子知識不多，只有一种本領就是斗人。

（1961年8月17日在教育学編写工作座談会上讲話）

不是艺术家不听党的。当然党对文艺也不要下命令，把牡丹花贬到洛阳，到洛阳也还是要开花的。

（周揚，1959年2月3日在剧协一次会議上讲話）

有的干涉（按：指党对毒草的批判）是粗暴的，或者干涉錯了的。

（1956.3.5与周揚、刘白羽談話）

今天，我要发这个“謬論”，我們搞戏剧、电影，在事业管理上就不如資产阶级！要蝕本，要国家的血本来貼你們，拿人民的血汗来貼你們。你們学习資产阶级成本核算，賺点錢給我們，把我們的負担减轻，我給你磕三个响头，喊你“万岁”！（笑声）

資方人員很多是富有管理经驗和技术知識的，他們了解消費者的具体需要，熟悉市场情况，善于精打細算，因此我們工作人員，除开向他們进行教育以外，还必須认眞地向他們学习，把他們的有益的经驗和知識当作一个社会遺产继承下来。

（八大政治报告）

按：毛主席教导我們说：**“领导我們事业的核心力量是中国共产党。”**又说**“中国共产党是全中国人民的領导核心，沒有这样一个核心，社会主义事业就不能胜利。”**

在我們无产阶级专政的社会主义国家里，难道有任何一項事业（文艺当然不例外）可以取消党的領导，不要党的領导吗？陈毅如此猖狂地反对党对文艺的領导，说什么要我們党不要干涉”，“一干涉就会把那个行业取消”，这眞是太狂妄了！而且他还学着刘少奇的腔調，恬不知耻地要我們向資产阶级学习，拜倒在資产阶级脚下，眞是反动透頂！

三、鼓吹阶級斗爭熄灭論，煽动牛鬼蛇神制造反革命輿論，实行資本主义复辟

陈　毅

今天为反革命宣传，为反革命复辟来写作的作家是沒有的，这一点是有保证的。

宣传反动复辟，这我們不許可，这个权我們不能給人家。我相信我們的作家，沒有哪个他願意这样做。有，作者无心之失，无心露出这个岔子，要原諒，不要辜負人，要准許人家改正。写文章写多了，手写滑了，一时疏忽，可以写出很坏的文章。过去批判《武訓传》，那是宣传資产阶级思想的。就是那些同志也不是有意識这样做，是个认識上的問題，不是有意地搞个电影跟我們唱对台戏。

在我們这个社会里，应該是人人都有积极性，人人都笑逐顏开，人人都是心情舒暢，人人都能够知无不言，言无不尽，人人都能够把他的这一点才力、智慧全部貢献出来。

刘少奇

現在国內敌人已经基本上被消灭了，……反革命也算基本上被消灭了。

（八大政治报告）

文艺界絕大多数人是认識問題，也有一些人是二心的，反党的，要进行批評，但不要象反右派那样。

（64.1.3.在文艺工作会議讲話）

要有老人的心腸，人总是有缺点的，……所以要用寬宏大量的精神，原諒他人，幷进一步去规劝他人，帮助他人。

（《态度問題》見《三整文献》）

对学术上的爭論，尤其要反对轻率和武断。……这一方針的貫彻和执行，有利于而不是不利于培养人民群众的敢说話的空气。

（邓小平）

按：看看陈毅以上的話和中国的赫魯晓夫刘少奇的話簡直同出一轍！

在党的八屆十中全会上，毛主席曾尖銳地指出："利用小說进行反党活动，是一大发明。凡是要推翻一个政权，总要先造成輿論，总要先做意識形态方面的工作。革命的阶級是这样，反革命的阶級也是这样。"毛主席还教导我們说："无产阶級和資产阶級之間在意識形态方面的阶級斗爭，还是長时期的，曲折的，有时甚至是很激烈的。无产阶級要按照自己的世界观改造世界，資产阶級也要按照自己的世界观改造世界。"而陈毅却极力鼓吹阶级斗争熄灭論，公然抹煞在意識形态領域里的阶级斗爭，抹煞資产阶级复辟和无产阶级反复辟的斗爭，抹煞两个阶级之间严重的夺权与反夺权斗爭，这是明目张胆地让資产阶级向无产阶级进攻，鼓动牛鬼蛇神为反革命复辟制造輿論。

更令人不能容忍的是陈毅公然对抗毛主席关于对电影《武訓传》的批判。明明是反动的文艺家抛出大毒草《武訓传》向我們无产阶级进攻，陈毅却千方百計地为他开脫罪責，胡说什么是"认識問題"，是"手写滑了"，是"无心之失"，并要我們无产阶级"原諒"他，这眞是强盗逻輯！

毛主席在批判《武訓传》的文章中写道："特别値得注意的，是一些号称学得了馬克思主义的共产党員，他們学会了社会发展史——历史唯物論，但是一遇到具体的历史事件，具体的历史人物（如象武訓），具体的反历史思想（如象电影《武訓傳》和其他关于武訓的著作），就丧失了批判的能力，有些人則竟至于这些反动思想投降。資产阶級的反动思想侵入了战斗的共产党，这难道不是事实碼？一些共产党員自称已經学得的馬克思主义，究竟跑到什么地方去了呢？"陈毅难道不正是这样的人吗？

四、为牛鬼蛇神喊冤叫屈，鼓动他們翻案，向党"出气"，向党进攻

陈　毅	刘少奇
我想現在的問題是大家都有气，今天要来出出气。……有些地方出現了过火斗爭，搞得很多人感情很痛苦。 今天我要趁你們在世給你們打气。	有什么气大家尽量出，有什么意見大家尽量提。現在肚子吃不飽，当然大家有气。 （62年对資产阶级知識分子讲話）
我們現在需要扶助这些科学家，使他們出一口气，松一口气。	"有些批判讲道理不够，不能服人"。"让被批判的人出来讲讲話，吐吐气。" （周揚1959.1.30在宣传工作座談会讲話）
有些应該翻案的翻案，有些結論应該改做的改做，有些不必談的也可以談，这些是次要問題，也不必一定要他到你面前承认个錯誤才心甘，要有雅量，你們大家	和彭德怀有相同观点的，只要不里通外国，就可以翻案。 （61年在扩大工作会議上讲話） 解放十二年，大家（按：指資产阶级

也要受得起委曲。

十三年做了許多工作（按：指那些文艺界反革命修正主义分子），沒有功劳也有苦劳。

我們有些党的領导机关和科学家之间，也和作家、导演、演員之间产生了矛盾，伤了感情，伤了和气。这是严重的內部矛盾。

刚来广州那几天，天气非常阴暗，这几天天气就很晴朗，但你不能指望天气一直这么晴朗下去，可能过几天寒潮又来了，又要阴暗几天，又要落雨，然后又晴朗，气象是这样，我想政治气象也是如此。

……我們从旧社会跑来投奔共产党，在共产党受到委曲，有苦说不出，如果想不通，那唯一的办法只好走到絕路——自杀。那有什么办法？所以要把这个問題想通，忍耐一下将来可以是非大白，党最后总会解决这些問題的。因此我們要对受委曲的同志提这些意見，你們要沉得住气，你們受表揚要沉得住气，受压抑，受委屈也要沉得住气。我們是一个新中国的人物，要鍛炼这种性格，胜利不驕傲，失敗不气餒，始終相信我們的事业能够逐步地冲破黑暗，克服困难最后大放光明。看了这次科学家，剧作家討論的紀录，有很多人讲話非常激动，我很同情这些同志，这些激动是应該的，今天让我們讲話了，我們就把它全部讲出来。

有一个网，我可以漏网求生，沒有个网，到处都是网，你那里能够生呐！是呀，无网之网，大网也，网死人啦！

知識分子）跟着党过来了，沒有功劳也有苦劳，也做了些工作嘛！

（陶鑄：1961年）

党內不重視与党外人士合作，清一色观点是不正确的，要批判，右派批評我們不都是錯的，如批評我們“宗派主义”，说我們沒有友情、溫暖，不和人家談話，錯了也不讲，客客气气，这是有的，要克服。

（57年12月13日对参加統战部长会議一部分人談話）

北风带来的严寒季节就要結束了，代之而起的将是和暖的东风，大地很快就要解冻了，……

（三家村黑話《今年的春节》，《北京晚报》1962. 2. 4）

春风吹梦，湖波送暖，唯我先知！

（邓拓，1662. 3. 《黑天鵝》）

作家本身也应有积极态度，起来斗争。斗争就可能吃点亏，不要怕受打击。各地的天气早晚都要晴的，阴霾是暫时状态，我們要一起动手，扫除阴霾。

（齐燕銘：1962. 3月）

我們有些同志一脸的“秋风萧瑟”，那怎么能百花齐放，百家爭鳴呢？我看萧杀之气太甚了，……我們总希望我們不要刮秋风了，多刮一点溫暖的春风吧！秋风一来，树叶尽落，还有什么百花齐放呢？

（陶鑄：1962. 3. ）

“要在思想上摆脫教条主义，在組织上摆脫行政方法”，“就是要反对思想上的垄断。”

（周揚，56. 12月在文学期刊編輯会議上讲話）

按：請同志們留神，仔細讀讀陈毅以上的黑話，还有什么比这更恶毒、更反动的吗？他不惜傾全身之力为大大小小的牛鬼蛇神鳴冤叫屈，撑腰打气，明目张胆地一再鼓动他們向党“出气”，大搞翻案，还要我們党对他們要有“雅量”，多么丧心病狂！

《紅旗》杂志关于学习“五．一六通知”的評論員文章指出：“党內一小撮走資本主义道路的当权派，集中地代表了資产阶级的利益，集中地反映了資产阶级的要求。他們打着‘紅旗’反紅旗。他們以，党政領导人，的面目出現，而替資产阶级说話，替資产阶级办事。”同志們将陈毅的黑話分析一下，他难道不正是这样一个資产阶级在党內的代理人吗？

毛主席說：**“专政的第一个作用，就是压迫国家內部的反动阶級”，“不給他們发表言論的自由权利”，“只許他們規規矩矩，不許他們乱說乱动。如要乱說乱动，立即取締，予以制裁。”**我們就是要坚决执行毛主席的指示，陈毅鼓动牛鬼蛇神“出气”、大搞翻案的目的是永远办不到的！

五、反对文艺为工农兵服务，为无产阶級政治服务，极力鼓吹“全民文艺”

陈　毅

一般地我們写剧本，写小说，最好是写成熟或比較成熟的东西，那个不成熟的不要写。……办鋼鉄就要写个反映鋼鉄的戏，我历来反对这个作法。

有这么个故事，要人写个作品，写好了，这个说要加大跃进，作家便加大跃进，那个说要加大办鋼鉄，又加上大办鋼鉄，这个说要加大办水利，又搞了大办水利，結果一加，这个作品就根本取消了。我想幸喜这个作品取消了，沒有拿出来演，拿出来演，一定是新中国“最高”的水平（笑声），眞是荒唐滑稽嘛！

要写的东西很多，中国近百年的历史，几千年的历史都可以写，近四十年的革命实践也可以写，忙于专写一些不成熟

刘少奇

把文艺为政治服务理解得太簡单，强調配合中心，这是不好的，由于强調配合中心任务，有許多作品质量不好，从概念出发。有些戏被叫做“新聞戏”，“开水 ”，因为配合中心任务，把艺术质量降低了。

（周揚：61年7月15日在文艺工作座談会預备会上讲話）

中国資本主义的，我們叫新民主主义时代的音乐、小说、詩歌、 剧，在艺术水平上讲不如封建时期的高，現在写的小

的东西，糟踏精力，糟踏劳力，这不好。

解放以后，中国文学又是一个高峰。田汉同志的《关汉卿》就写得很好，郭老的《蔡文姬》就写得很好嘛！

毛主席的精神是一种兼收并蓄的精神，是个百花齐放的精神，古代的，现代的，中国的，外国的，西洋的，东洋的，所有长处，我們都加以吸收。……沒有偏到一面。

我們对文学艺术作品尺碼要寬。寓教育与娱乐之中，不是一本政治教科书，更不是一本政治論文，整风文件，经典著作，它就是一个文化娱乐嘛！……不是板起面孔在那儿说教。……。

現在儿童看小人书，这是可以的，但是小人书有个很坏的作用，净是些生硬的概念，使儿童脑筋簡单化，将来我們的儿童下一代，恐怕也难免犯粗暴之病。……儿童应該有很多幻想，很多美丽的故事，神話故事，很多童話故事。

群众怎么来构思呢？工人应該作工，农民应該耕田，商业部門的应該去搞商业，他跟这个作家去构思有个屁关系，莫名其妙，各搞各的嘛！

说，剧本也常常不如封建时期的好，所以演戏就演帝王将相、才子佳人。

（1964年9月接見××文化代表团时的讲話）

很多传統戏要演，不但要演，还要整理得更好。

（周揚：63年在全国文联扩大会議上讲話）

我們的方針是百花齐放，推陈出新，要推掉一些旧的，但不能免强，不要"硬生孩子"，百花齐放，允許并存。

（56.3.8.对文化部党組"指示"）

現在生活已经很紧了，不要看戏的时候也搞得那么紧张……要搞些轻松愉快的东西，可以搞喜剧影片，大搞滑稽影片。

（周揚，61年2月在上海电影局春节茶会上讲話）

工农群众是生产物质财富的，不能让他們生产精神产品。

（58年周揚对林默涵说）

按：毛主席教导我們說："在現在世界上，一切文化或文学艺术都是屬于一定的阶級，屬于一定的政治路綫的。为艺术的艺术，超阶級的艺术，和政治并行或互相独立的艺术，实际上是不存在的。"又說："我們的文学艺术都是为人民大众的，首先是为工农兵的，为工农兵而創作，为工农兵所利用的。"

而陈毅却极力反对文艺为无产阶级政治服务，为工农兵服务，拼命鼓吹反革命修正主义的"全民文艺"論。

《紅旗》杂志在紀念毛主席《讲話》发表二十五周年的社論中指出："反革命修正主义文艺路綫的中心口号，就是'全民文艺'論。""这个反动的'全民文艺'論，是根据党內最大走資本主义道路当权派的'阶级斗爭熄灭論'泡制出来的。它是为'全民党'，'全民国家'这条反革命修正主义路綫服务的。'全民文艺'就是使无产阶级文艺变成資产阶级文艺，为推翻无产阶级专政制造輿論。"陈毅拼命鼓吹反革命修正主义的"全民文艺"論，难道不正是这样的目的吗？

更可恨的是，陈毅还公然篡改毛主席的指示。偷梁换柱地抽掉"**兼收并蓄**"（毛主席说："**决不能无批判地兼收并蓄**"）和"**百花齐放**"的阶级內容，这是我們决不能容忍的！陈毅你反对毛主席的革命文艺路綫，鉄证如山，罪該万死！

六、頌揚、包庇文艺界的反革命修正主义分子，美化文艺界十几年來的罪惡现狀

陈 毅

什么都要打上阶级烙印，也不是那么簡单的。……至于文化界、作家，他們中间的大多数基本上是跟共产党的方向符合的。（**按**：陈指的是到会的头目和大大小小的牛鬼蛇神）

这些老作家（按：指、田汉、阳翰笙、、賀敬之、张光年等）已经是党員了，很早就跟我們一道工作，你也不尊重，那末你究竟尊重那一个？你就尊重你自己？

田汉同志、老舍同志、阳翰笙同志、曹禺同志、熊佛西……，这是我們的国家之宝，任何人都应該加以尊敬。

我不相信一个搞科学的人，一个搞文学写作的人，会这样极端的自私自利。还沒有这样的例子，也举不出这样一个人！哪有这样一个人？

田汉同志写的《十三陵水庫暢想曲》我覚的写的很好。若干年以后，演这个剧还是可以的。这是比較成熟的，比較有系統的，比較完整的。老舍同志的《女店員》也很成功，所以这个也可以写。……有这么个首长来指揮你，你不要听，你要頂得住，如果你挨整，你就说是我说的。

刘少奇

知識界已经改变了原来的面貌，組成了一支为社会主义服务的队伍。

（1956年《八大政治报告》）

建国已经十一年，工人阶级的文艺队伍，应該说已经形成了。

（1960年第三次文代会"指示"）

还是老演員的名声較大，白楊、赵丹、秦怡……这当然是我們的宝貴財富。

（周揚：1961年在全国故事片創作会議上讲話）

高级知識分子，跟我們党走，一不为名，二不为利。……

（陶 鑄）

你們是人民的科学家，社会主义的科学家，无产阶级的科学家，是革命的知識分子，应該取消資产阶级知識分子的帽子。今天我跟你們行脫帽礼。

絕大多数知識分子現在是属于人民的知識分子，应該从此脫下資产阶级知識分子的帽子。

（陶鑄1962.3.5在广州黑会上的讲話。）

按：这里，陈毅完全美化了十几年来文艺界反革命修正主义黑綫的罪恶事实，竭尽全力吹捧、頌揚和庇护文艺界的反革命修正主义分子，和刘少奇之流一唱一合。

毛主席在一九六四年六月对文艺工作的批示中一針見血地指示：**“这些协会和他們所掌握的刊物的大多数（据說有少数几个好的），十五年来，基本上（不是一切人）不执行党的政策，做官当老爷，不去接近工农兵，不去反映社会主义的革命和建設。最近几年，竟然跌到了修正主义的边緣。如不認眞改造，势必在将来的某一天，要变成象匈牙利裴多菲俱乐部那样的团体。”**毛主席的英明論断，給了陈毅一記响亮的耳光！难道陈毅不了解文艺界十几年来的状况吗？一向以“党內文化人”、“文学家”、“詩人”著称的陈老总，竟然会如此“不关心”吗？否！他不仅是文艺界的“热情关怀者”，还是一位“实践家”（有大作为证！）。他之所以如此大言不惭，不过是为了掩人耳目，继續維护文艺界的反革命修正主义黑綫，唆使閻王殿的将帅車馬們更疯狂地向我們无产阶级进攻。事实也正如此，陈毅讲話后，裴多菲俱乐部更加活跃起来，为資本主义复辟做輿論准备的炮弹更加密集了。这一笔帐，你陈毅是賴不掉的！

陈毅讲实话，值得敬佩：

七、反对突出无产阶級政治，提倡个人奋斗，培养精神貴族和特权阶层

陈　毅

党員作家和作家的行政事务太多，我看应該想办法减少。

单靠政治口号不行，光集体沒有用，你去比賽围棋，还不是两个人？

我要問你們：你們那个政治好多錢一斤？你可以卖給我，我給你称嘛！（笑声）

文学艺术、政治軍事、任何一个专門行业，都要有天才。个人的天才，个人的努力是基本，沒有个人的天才，个人的努力，再什么集体喊口号，鼓掌呀，沒有用的！梅兰芳还是靠他青少年的鍛炼，才成为一个京剧大师。

刘少奇

为了培养作家可以不让他們入党，不让他們参加政治活动……，苏联培养李森科就是这样做的。

（1960年与安子文的一次談話）

政治挂帅不挂在业务上，难道挂在空中！

（周揚，1961年文艺工作座談会）

人不能一天到晚搞政治。

（1961.8.1.在出版工作会議上的报告）

文学艺术和其他工作不同，需要特殊的天才。

（1956.3.5.与周揚、刘白羽的談話）

要让那些有天才的人专业化，让他們学习历史，学习文学……。

个人的勤学苦练，个人钻研不要反对，而要加以鼓励。搞科学，搞文学艺术，真正要有天才，如傻如痴，废寝忘食，百事不管，就搞这个东西。这个好嘛，不要那么些空头政治去打扰他，开什么宴会去拉他，我們要去发現这些人才。

不要去干涉創作，应帮助作家，給他們安排一个幽靜的环境……。

你們要安心学习，“两耳不聞窗外事，一心专讀聖賢书”，窗外事可以問一問，但不要因此不安心。

（1948.12.14. 对馬列学院第一期学員的讲話）

要让那些有天才的人专业化，給他們条件，为使他們成为一个大作家，打好基础。

（1948.12.14. 对馬列学院第一期学員的讲話）

我今天要替編者訴苦，作者还有稿費，編輯只有薪水，干不干，二斤半，又沒有名子，这方面要体諒一点。我过去当过編輯，編輯是个苦差事。

稿費条例应在作家中間做充分討論。应該重視編輯工作，对于編輯的待遇，各方面都要提高。

（1953.3.5　对周揚、刘白羽的談話）

文学艺术作品，……它就是一个文化娛乐嘛，看看电影，看看戏，大家很高兴，得到一点启发，得到一点启示，得到一点愉快。……

看了戏，能得到休息，使人高兴，就很好。

（1956.3.8. 对文化部党組的“指示”）

按：陈毅这些黑話，是他資产阶级世界观的又一次大暴露。毛主席教导我們说：**“政治工作是一切經济工作的生命綫。”**又说：**“要把坚定正确的政治方向放在第一位。……”**林副主席最近几年也一再指出：要**“念念不忘突出政治”**。而陈毅却如此明目张胆地反对突出无产阶级政治，对突出政治怨气冲天，和刘少奇一样，鼓吹資产阶级个人奋斗和所謂“天才治学”，宣揚一整套資产阶级名利思想，说穿了，就是适应反动阶级的需要，在文艺界培养一支修正主义队伍，为在我国培养精神貴族和特权阶层，从而实現反革命的“和平演变”。

八、抹杀无产阶級的文艺批評，鼓吹資产阶級文艺自由化

陈　毅

現在我們要問問他：什么人給你那样大的权，今天打击这个，明天打击那个？今天轻易做这个結論，明天做那个結論？对人家的劳动为什么这么不重視？非改不可？

刘少奇

現在对文艺的批評太多了，特别是口头批評和評头品足太多了。这一点应当引起注意。

（1956.3.8对文化部党組的“指示”）

可以找些人提些意見，作家有权利不接受，也有权利接受。就是它上演，不要去搞审查，能够出版就出版，它带点毛病沒有关系，我們的政权不致于給它搞垮吆！不要看的那么严重。这样子創作才能繁荣起来。

昨天我去拜訪胡乔木同志……胡乔木同志跟我说，最好不搞什么审查。

我們对于文学艺术作品，尺碼要寬。

听了以后（按：指群众对于文艺作品的批評）怎么样，改不改，願意不願意改，这个由作家来决定，不要用强制的办法。

《关汉卿》是一个很好的戏。但是如果把关汉卿的历史拿出来前前后后一研究，觉得哪里写得不够，哪里写得不好，这些意見都可以发表，但是要不要改，这由田汉同志作主。

作家的問題应該作家来解决。

我說現在我們有意識地让他們自由去去創作。

我們現在就拿一个剧院，让他們这些老作家去搞，一切由他做主，我們不要去干涉。我們去給他服务，要小米給他小米，要猪肉給他猪肉，要酱油醋給他酱油醋

关于戏剧批評，現在批評不很发展，还是要发展批評。批評要着重讲成績是主要的，……然后来批評缺点，先讲成績，才能够取得批評缺点的权利；不讲成績，指責缺点，沒有这个权利。

如果审查起来是很繁重的，牵涉到宪法上的規定的言論出版的自由。事前审查当然保险些，但先要审查批准，宪法里沒有这个規定……，出版以后，也沒有規定图书、杂志都要审查。

（59.9.13在人大常委会討論违法图书、杂志处理問題时的讲話。）

戏改不要大改，有害稍改无害不改

（56.3.8对文化部党組"指示"）

那些要修改，那些不要修改，这种行政領导干涉艺术創作的現象应設法制止。

（周揚：1956.4.19在剧协讲話）

作家写什么由他自己决定。

林默涵：1961年6月电影創作会議

要提倡自由討論和自由竞賽来推动科学和艺术的发展。（八大政治报告）

我看梁思成，他是个老的建筑专家，他有那么一套建筑的道理，他一輩子沒有得意过，是不是我們可以考虑，拿一笔錢，就由他去建，去修一群房子来看看。修得不好大家去批評，他自己也滿意。他修好了，我們大家就贊成么。为什么总是这样紙上談兵，批評人家这也不对那也不对，搞得人家不舒服。

（刘少奇，轉录自1962年3月陈毅»广州会議讲話»）

按：毛主席说：**"文艺界的主要斗爭方法之一，是文艺批評，文艺批評应該发展……。"**又说：**"我們应該进行文艺問題上的两条战綫斗爭。"**

陈毅也幷未否认文艺批評，他不也说吆，"現在批評不很发展，"，"要发展批評"。但是他所主张的文艺批評，决不是无产阶级的文艺批評，而是少数所謂"文艺批評家"对文艺批評的垄断。他把无产阶级的文艺批評说成是"打击"，说成是"对人家劳动"的"不重視"，足見他是替誰说話。他还胡说什么"批評着重讲成績是主要的……然后来批評缺点"。我們要质問陈毅：十几年来被旧中宣部、旧文化部所控制的文艺界专了我們的政，这对我們无产阶级来说难道有什么"成績是主要的"可讲吗？你叫嚷什么必須"先讲成績，才能够取得批評缺点的权利；不讲成績，指責缺点，沒有这个权利。"这岂不是要堵住我們的嘴吗？我們要問：难道只許反党反社会主义反毛泽东思想的毒草泛濫而不許无产阶级批判反击吗？老实說，办不到！

在反对无产阶级文艺批評的同时，陈毅还极力鼓吹文艺創作的資产阶级自由化。

毛主席說：**"在阶級社会里，有了剝削阶級剝削劳动人民的自由，就沒有劳动人民不受剝削的自由。"**又說：要**"禁止一切反革命分子利用言論自由去达到他們的反革命目的。"**我們就是要按照毛主席的指示，决不給資产阶级以言論自由。你陈毅拼命鼓吹文艺的資产阶级自由化，其結果只能削弱我們无产阶级专政，瓦解我們的社会主义经济基础，我們决不答应！

九、攻击社会主义制度，极力鼓吹写社会主义的所謂"悲剧"

陈　毅	刘少奇
我們有許多同志天天在那儿造悲剧，天天在那儿演悲剧。 我們为什么不能写悲剧呢？悲剧的效果比喜剧大，比喜剧好，看悲剧最沉痛。 什么东西都要搞个大团圓，搞一个胜利，不愿意写失败。万里长征是光荣的，万里长征就是一个最悲的失敗嘛！ 为什么我們的剧作家不能写悲剧呢？为什么英雄人物不能够有缺点？ 这对群众是个迷信，以为群众是最好的。群众里面也有資产阶级，也有流氓意識，有吊儿郎当。	你們不要怕眞实的反映这些东西，……你們不要怕反映黑暗的东西。……（1948年对华北記者团的談話） 也可以写大跃进的缺点。滿腔热情，碰了釘子，又改正过来。对大跃进的缺点可以批評，不是暴露。 （1964.1.3.在文艺工作会議上的讲話） 如果有人問："英雄人物应当怎么写？""只回答按照生活的眞实就行了。" （林默涵：1965年在华北話剧会演的报告）

按：这里，陈毅不仅对我們的社会主义制度，对革命群众进行了恶毒的攻击，而且

散布的是刘少奇、周揚之流"写眞实論"的反革命修正主义論調。

毛主席说："**你是資产阶級文艺家，你就不歌頌无产阶級而歌頌資产阶級；你是无产阶級文艺家，你就不歌頌資产阶級而歌頌无产阶級和劳动人民；二者必居其一。……对于人民，这个人类历史的創造者，为什么不应該歌頌呢？无产阶級，共产党，新民主主义，社会主义，为什么不应該歌頌呢？**"毛主席又說："**对于革命的文艺家，暴露的对象，只能是侵略者、剝削者、压迫者及其在人民中所遺留的恶劣影响，而不能是人民大众。**"

毛主席的論述是多么英明啊！而陈毅，却拚命鼓动牛鬼蛇神向我們社会主义制度进攻，一再揚言要让他們写社会主义社会的什么"悲剧"，写我們的什么"悲惨"、"失敗"，写人民群众的什么"迷信"、"流氓意識"、"吊儿郎当"等等，目的就是妄图把我們光明的社会主义制度写成漆黑一团，其用心何其毒也！陈毅如此对抗毛主席的指示，他完全站到資产阶级反革命立场上去了。

附錄：

"广州黑会"簡介

会議全称：广州歌剧、話剧、兒童剧創作座談会

时　間：一九六二年三月三日——二十六日

地　点：广州

当时形势：当時我国正処于暫時的困难時期，国內外阶級斗爭異常尖銳、激烈。国际上，苏共二十二大开过不久，以苏共領导为中心的現代修正主义集团伙同美帝国主义和各国反动派掀起了囂張一時的反华大合唱，陰謀趁我国暫時的困难顚复我們的社会主义制度和无產阶級專政；国內一批隱藏在党內的資產阶級代表人物，以及社会上的牛鬼蛇神，迎合国际反动派的需要，也向我們的社会主义制度和无產阶級專政发动了进攻。在整个文艺界，搞得烏烟瘴气，充滿了厚古薄今，崇洋非中，厚死薄生的一片惡濁空气，頌揚帝王將相、才子佳人、叛徒哲学、封建迷信、色情淫穢的剧目，紛紛登台，一批又一批反党反社会主义、反毛澤东思想的毒草相繼出籠。而在这其中，"三家村"密鑼緊鼓，是一个最頑固的反革命堡壘。資產阶級向无產阶級发动的这一系列进攻，都是在党內最大的走資本主义道路的当权派刘少奇一手指揮下进行的。与此同時，刘少奇正准备修改和抛出他的大毒草《修养》。所有这一切，都是資產阶級陰謀推翻我們的无產阶級專政，复辟資本主义的輿論准备，而"广州黑会"的召开，正是为了适應这种反革命复辟的需要。这是一次有組織、有計划、有准备的反革命大黑会！

廣洲会議的准备：

这个反革命大黑会很早就在着手籌备，由舊剧协和舊文化部負責。早在一九六一年七月，文艺界就在北京召开了"新僑黑会"，一批反革命修正主义分子聚集在一起，向党猖狂进攻。他們胡說什么党对文艺的批評"太粗暴"啦，什么文艺界受到了很大的"束縛"啦，等等。緊接着，文艺界反革命修正主义頭目周揚便抛出了一个徹頭徹尾的反革命修正主义綱領——《文艺十条》(后改为八条）。为了更加緊向无產阶級实行全面大反扑，于是便着手准备"广州黑会"。

这是一个方面。

广州黑会召开時，正値毛主席《在延安文艺座談会上的讲話》这篇光輝著作发表二十周年紀念日的前夕。黑会的召开，也是为了对抗毛主席的《讲話》，对抗毛主席的革命文艺路綫。广州黑会召开之前，先在北京举行了紫光閣会議，主要是汇報黑会的准备情況。参加会議的有文艺界的几个反革命修

正主义頭目，而听取汇報的就是陈毅。在听完汇報以后，陈毅也讲了話，这次讲話比在“广州黑会”的讲話更加恶毒，更加反动。

会議的情况：

一切准备就緒后，会議于一九六二年三月三日在广州开場了。参加会議的共二百多人，几乎全是文界的所謂“名流”、“权威”。一批主要的反革命修正主义分子如田漢、老舍、陽翰笙、熊佛西、陈白塵、李伯劍、賀敬之等都去了，当時受批判的能參加会議的也都參加了，如臭名昭著的海默、藍澄、岳野、木可夫之流。

会議进行中，牛鬼蛇神紛紛登台表演，如田漢在報告中，曾惡毒地攻擊社会主义制度，并提出了一个所謂二十个問題的备忘录。陽翰笙在報告中惡毒攻擊我們党，胡說什么我們党捆在作家身上“十条繩子”，比胡風的“五把刀子”还厲害。

在会議提供的讲壇上，牛鬼蛇神大搞“出气”，大搞“翻案”，頓足捶胸，又笑、又罵，張牙舞爪，一付付凶神惡煞的狰獰面目，如广州的趙寰就曾惡狠狠地說：“党號召鳴放，說了又挨整，这是陰謀，党說是陽謀，我就想，这是毛主席的圈套。我曾想，生在苏联就不会受这样的待遇。我要翻身，只有等毛主席百年之后，中国也來一次反毛主席的時候。”同志們听听，这是何等毒辣！何等陰險！又是何等的反动啊！

而陈毅就是在这样一个反革命大黑会上作了一个長達四万言的黑讲話。

在整个会議期間，他們住的是高級賓館，經常大吃大喝，游山玩水，看香港电影，前后共揮霍八万多元，眞是荒淫、糜爛，无所不为！

以上就是广州黑会的簡单情况。

這是一場什么性質的斗爭？

——王力同志的一張大字报（节錄）

（一九六六年六月九日）

反对王稼祥的“三和一少”的斗爭，是反对修正主义篡夺党的領导的斗爭，是反对資本主义复辟的斗爭。

一九六二年，正当国內外阶级敌人向党发动猖狂进攻的时候，王稼祥从逃避参加布加勒斯特会議开始生的病，突然好了，精力很充沛，采用各种阴謀手段，抛出了他的一整套的“三和一少”的反动的政治路綫。

他的所謂“检查失言失算”，就是要“糾偏”，就是反对党中央和毛主席对赫魯晓夫修正主义斗爭的路綫，就是打击坚持执行毛主席路綫的刘宁一等同志。

他的所謂“統一对外宣传口径”，就是要用他的修正主义的政治路綫，来代替党中央的馬克思列宁主义的政治路綫。

他的所謂“国际群众組织活动的方針”，又是一套修正主义的組织路綫。……

莫斯科裁軍会議，是王稼祥“三和一少”路綫的一个表演，立即遭到破产，引起左派不滿，赫魯晓夫要給发奖章。

这样一来，毛主席在王稼祥的修正主义路綫一冒头的时候，就捉住了，就严厉地进行批判，迅速地加以糾正。……

同王稼祥的斗爭，是两个阶级的斗爭，是两条道路的斗爭，是防止和反对政变的斗爭。……

在这个复辟和反复辟的斗爭中，在这个政变和反政变的斗爭中，究竟站在哪一边？是当資产阶级保皇派，还是当无产阶级革命派？这是最关重要的問題。

……我們必須在××部的一切部門彻底打倒王稼祥的阴魂，扫清王稼祥的影响，眞正成为毛主席的好战士。

戳穿陈毅“直爽”的画皮（短評）

多年来，一貫以“老总”、“元帅”自居的陈毅，頻頻出現在政治舞台上，四处讲演，八方游说，口若悬河，滔滔不絕，在社会上留有一种“幽默”“直爽”的印象。有人为之喝采，嘘唏不已，有人虽查悖謬于其中，却不以为然，一笑了之。但是，一切眞正的革命者，心明眼亮的毛主席的紅卫兵是騙不了的！

鬼画皮必須戳穿，遮羞布必須撕破。

毛主席说：**“在阶級社会中，每一个人都在一定的阶級地位中生活，各种思想无不打上阶級的烙印。”**

在两个阶级、两条道路、两条路綫的生死搏斗中，在触及每一个人灵魂的无产阶级文化大革命中，陈毅的“直爽”究竟是什么貨色呢？

明目张胆地攻击、誣蔑我們的伟大領袖毛主席，公然说什么“不能希望太阳里面沒有黑斑。”“毛主席也是普通老百姓，也可以貼大字报。”这就是陈毅的“直爽”！

丧心病狂地詆毁光焰无际的毛泽东思想，叫嚣“毛泽东思想就是个大框框。”指着工作汇报中引用的　　E席语录说：“这是框框，写了沒用，光浪費紙。”这就是陈毅的“直爽”！

戴墨鏡，着西服，头頂半阴半阳的法蓝西小帽，与美国反动头子哈里曼握手言欢，厚顏无耻地叫喊“赫魯晓夫万岁！”出卖革命原则，丢尽脸皮，损害伟大祖国的尊严。这就是陈毅的“直爽”！

在无产阶级文化大革命中到处放毒，黑話連篇，卖力地推行刘邓資产阶级反动路綫，凶神恶煞地宣称要“抓八十万右派”，残酷地鎮压了外事系統的无产阶级文化大革命。这就是陈毅的“直爽”！

当革命群众揪住彭眞反革命集团穷追猛打，直搗刘邓老巢时，陈毅悸怯于心，憤怒于色，“直爽”于言：“有人说彭眞的后台是刘少奇，这是不能容忍的！”

一月份做了检查，但余音未息，陈毅就翻脸不认賬，大肆反攻倒算，充当了二月資本主义复辟逆流的急先鋒，狂叫“我的检查是被迫的。”破口大罵造反派是“典型的两面派”，“不要太狂了，太狂了沒有好下场”，“我革命几十年，想不到落到这个地步，我死了也不服气，拼老命也要斗爭。”何等囂张！

这些就是陈毅的“直爽”！

毛主席说：**“資产阶級，小資产阶級，他們的思想意識是一定要反映出来的。一定要在政治問題和思想問題上，用各种办法頑强地表現他們自己。”**

各种各样的資产阶级代表人物，形形色色的反革命修正主义分子都有着丰富的阶级斗爭经驗。在无产阶级专政下，他們进行資本主义复辟反革命活动的一般特点是：打着“紅旗”反紅旗。戴着“革命”的假面具，用“直爽”的遮羞布掩盖反革命的丑恶面孔，这就是陈毅頑强表現他自己，向无产阶级进攻的一个特征。反革命分子不敢公开說的話，陈毅敢说；反革命分子不敢公开做的事，陈毅敢做；反革命分子一般不敢采用的手法，陈毅敢用——这就是他的所謂“直爽”！每当无产阶级与資产阶级斗爭激化的时刻，陈毅就从資产阶级反革命营垒里跳出来，“直爽”一番。

在当前两个阶级的夺权和反夺权、复辟和反复辟的激烈斗爭中，哪里会有超阶级的“直爽”！陈毅的所謂“直爽”，只不过是他向党、向毛主席进攻的“猖狂”，如此而已，岂有他哉！

当我們把陈毅的“直爽”的鬼蜮伎俩拿到光芒万丈的毛泽东思想的阳光下，使它在众目睽睽下原形毕露时，陈毅恐怕又要跳出来，歇斯底里地“直爽”一番吧。但是可以断言：这是狂犬吠紅日，螳臂挡飞車！

“尔曹身与名俱裂，不废江河万古流！”陈毅不投降，等待他的只有灭亡的命运！

紅旗　115师　紅缨枪

中国的赫鲁晓夫刘少奇推行“三降一灭”修正主义外交路线二十五例

編者按： 今年六月十四日是中共中央“关于国际共产主义运动总路綫的建議”发表四周年。

十七年来，尤其是近几年来，我国人民在毛泽东思想光輝照耀下，在毛主席革命外交路綫的指引下，同帝国主义、现代修正主义和各国反动派进行了针鋒相对的斗爭，取得了輝煌的胜利，对世界革命作出了巨大的貢献。

与此同时，中国的赫鲁晓夫刘少奇为了在我国全面地复辟資本主义，在全世界維持資本主义的統治，将他的黑手伸进了外事口。他在外事工作中瘋狂地破坏和反对毛主席的革命外交路綫，大肆販卖“三降一灭”的修正主义外交路綫的黑貨，丧心病狂地破坏和鎮压世界人民的革命斗爭，犯下了不可饒恕的滔天罪行。为了彻底清算刘少奇在外事工作中的滔天罪行，彻底批判刘邓修正主义外交路綫，我們将刘少奇在外事工作中的黑貨，摘其最甚者二十五例，公布于众，以供批判。让我們以毛泽东思想为武器，对照中央六·一四“建議”中的基本观点，把刘少奇的反动言行批深、批透、批臭，彻底肃清其流毒，絶不允許刘少奇及其修正主义路綫継續危害世界革命运动。

△　就是在美国統治集团內部也出現了头脑比較清醒的人，逐漸认識到战爭政策未必对美国有利。（1963年）

△　（在越南問題上）看来，美国也不想积极扩大战爭，不过，已经打起来了，战爭有它自己的发展規律，不以人們的意志为轉移。（1965年）

△ 現在要西欧、北美的工人农民起来革命，他們不革，你有什么办法？而且他們拥护帝国主义，他們贊成殖民地，……剝削殖民地，工人可以得到一点好处。

（与某外宾談話）

△ 美国是很难对付的。（1965年）

△ 美国是有强大力量的，是世界上最强大的国家。（1965年）

△ 你們要是打敗了，美国跑到我們边境上来，我們的人力物力损失会更大。

（与某外宾談話）

△ 蒙哥馬利说："一旦爆发战爭，世界的財富就会消灭。"刘少奇欣然贊同："是的。"（1961年）

△ "在国外，当外交人員遭到敌人綁架，生命受到威胁时，如对方要签字，可以签字，只要返回使舘报告，发表声明予以否认，就不算叛国行为。"

（对駐外人員談話）

△ 和平共处政策，不排斥任何国家，对于美国，我們也同様具有同他和平共处的願望。我們的門是对于一切人敞开的。（1961年）

△ 我們尊重一切国家的政府，一切国家的人民，一切国家的領袖。（1963年）

△ 中国人民经常说，苏联的今天，就是我們的明天。（1960年）

△ （赫魯晓夫是）杰出的馬列主义者。……他提出的和平过渡、和平竞賽、和平共处是对馬列主义的新发展。（苏共二十大后）

△ 今年二月举行的苏联共产党的第二十次代表大会是具有世界意义的重大政治事件。（1960年）

△ 在1960年赫魯晓夫采取了一系列恶化中苏关系的步驟后，刘少奇还跑到苏联，献媚說："（中苏关系是）世界上最良好的国家关系。"

△ 在苏联全面走上資本主义复辟道路后，刘少奇还大肆吹嘘："苏联社会主义建設的成功"，胡说什么："（苏联）正在胜利地实現着全面开展共产主义建設的宏伟的七年計划。"

△ 苏联到底是个什么样的国家，你就很难下結論。苏联共产党到底是个什么性质，現在也很难下結論。（1965年）

△（苏美）在基本問題上联合起来是不可能的。（1963年）

△ 苏联同美帝国主义的矛盾是不可調和的。（1963年）

△ 我們希望世界其他国家不要妨碍我們，如果在互利的条件下援助我們，那就更好。我們就是这个目标；我們别无其他目标。至于外国是否搞社会主义、共产主义，那是他們的事，我們不干涉人家的內政。（1961年）

△ 我們自顾不暇，哪能去惹美帝国主义？哪能去惹苏联修正主义？哪能去支持世界人民的革命斗爭呢？（在暂时困难时期的談話）

△ 我們国家还要建設，現在我們需要錢，支援多了不行。（1966年）

△ 我們的支持有很多是讲了一些空話。（按：刘少奇狗胆包天，竟敢把矛头指向我們最最敬爱的伟大領袖毛主席，眞是罪該万死。）

△ 不是一切国家、一切地方都可以进行武装斗爭。（1949年）

△ 直到1963年刘少奇还一再宣称，被压迫民族只有“在条件成熟的时候”，才能“把革命战爭当作反对帝国主义侵略和压迫，爭取自己独立和解放的手段。”

△ 刘少奇甚至向某些正在开展武装斗爭的共产党領导人建議，放棄武装斗爭，去参加資产阶级政府，并胡说什么这样做可以“积累管理政权的经驗。”

紅旗“云水怒”縱队

外 事 簡 訊

（67年4月——5月）

▲ 鉴于陈毅于一月二十四日检查以后，又搞反攻倒算，拒不向毛主席的革命路綫投降，企图負隅頑抗，外事系統所属单位和一些高等院校的无产阶级革命派于四月初成立了《炮轰陈毅，解放外事口联絡委員会》（后改名为“外事系統无产阶级革命派联絡委員会”）。参加单位有：中央外事政治部革命造反委員会、国务院外事办公室紅旗战斗队、外交部革命造反总部、国际貿易促进委員会紅旗造反团、对外文委“井崗山”、对外经委“紅联站”、首都紅代会北京外国语学院紅旗战斗大队、紅代会北京第二外国语学院紅卫兵等二十几个单位。“联委会”成立以来，召开了若干次大会，批判刘邓“三降一灭”修正主义外交路綫及陈毅的反毛泽东思想言行，現正积极响应中央文革号召，准备开展一系列活动，深入、彻底地批判刘邓修正主义外交路綫。

▲ 五月九日是我們伟大領袖毛主席的“九.九”指示发表八周月紀念日。为了紀念这一伟大的日子，“外事系統无产阶級革命派联絡委員会”于五月九日在外专局友誼宾舘“东方紅”剧场举行了紀念大会。

▲ 为了彻底肃清刘氏黑《修养》在国际共产主义运动中的流毒，在京工作的外国同志左派組织“毛泽东思想白求恩——延安造反团”、“国际燎原战斗队”及我首都紅代会北外紅旗等革命組织联合发起召开了“世界无产阶級革命派批判《修养》大会”。大会于五月一日在北外举行。

▲ 五月十五日，敬爱的周总理接見了北外紅旗、二外紅卫兵的代表，同他們进行了亲切的談話，并对批陈問題作了重要指示。

▲ 五月二十五日，紅代会北外紅旗召开了“紀念毛主席《讲話》发表二十五周

年，彻底批判陈毅的反革命修正主义文艺路綫大会”。会上，把曾参加过广州黑会的周揚黑帮干将齐燕銘揪来示众。大会自始至終充滿着战斗的火葯味。应邀参加会的有十几个兄弟单位的革命組织代表。

▲ 中共中央一九六六年五月十六日《通知》、《伟大的历史文件》等重要文件发表后，外事系統无产阶级革命派立即掀起了一个学习、宣传、执行这几个文件的高潮。不少单位的革命群众馬上組织集会游行，张貼标语。許多革命組织发出通知，号召全体战士认眞学习《通知》等几个重要文件。近日来，他們滿怀高度的政治热情，认眞学习和討論。他們还自編自演許多文艺节目到街头，到农村人民公社去宣传。目前，我外事系統无产阶級革命派正在継續深入学习这几个重要文件，并根据其精神制定自己的行动計划。

▲ 一九六七年五月十八日凌晨__时許，周总理接見了对外经委紅色造反联絡站的代表，同他們进行了亲切的談話。周总理答应了紅联站全体战士坚决不让方毅出国的革命要求。最后总理鼓励代表們说，你們取得了伟大胜利！这是对紅联站全体战士的巨大支持和鼓舞，这是他們用毛泽东思想进行英勇斗爭的結果。

▲ 对外文委二十二个革命組织共三百多名战士，在大批判运动中，在各基层单位基本上实行大联合之后，已于五月十六日全部加入〈井崗山革命造反联絡站〉，初步实現了文委无产阶级革命派按行政部門的大联合。

▲ 五月二十六日下午貿促会紅旗造反团召开斗爭南汉宸、王友兰大会，与会者憤怒控訴了这两个反革命修正主义分子的滔天罪行。

編后記

《北外紅旗》第二期和大家見面了，

根据許多同志的要求，我們在这期刊登了毛主席对署名〔奥地利《紅旗派》的同志〕的来信的批示（即九·九指示）。这是一个具有伟大的历史意义的文件，是外事系統文化大革命的最高指导方針。《北外紅旗》的全部工作都是为了貫彻、执行、宣传和捍卫伟大的《九·九指示》，将外事系統的无产阶级文化大革命进行到底，把外事系統办成一个紅彤彤的毛泽东思想的大学校。

即将出版的第三期将深入地批判刘邓推行“三降一灭”修正主义外交路綫，鎮压和破坏世界革命的滔天罪行。欢迎广大紅旗战士和外事系統革命派踊跃投稿，和我們加强联系，并肩作战，夺取新胜利。

由于我們水平很低，毫无经验，本刊缺点錯誤在所难免，希望大家批評、指导，以便改进工作。

北外紅旗

第二期

通訊地址：北京外国语学院15号信箱
轉《北外紅旗》編輯部
电話号碼：89.1931轉170

1967年6月15日出版

文化革命通讯

12

1967.5

要闻：图文並茂

把剧美术界黑司令华君武 P.19

伟大的导师　伟大的领袖
伟大的统帅　伟大的舵手
毛主席万岁！万岁！万万岁！

林彪　一九六七.五一节

最　高　指　示

学制要縮短，教育要革命，資产阶級知識分子統治我們学校的現象，再也不能继續下去了。

改革旧的教育制度，改革旧的教学方針和方法，是这場无产阶級文化大革命的一个极其重要的任务。

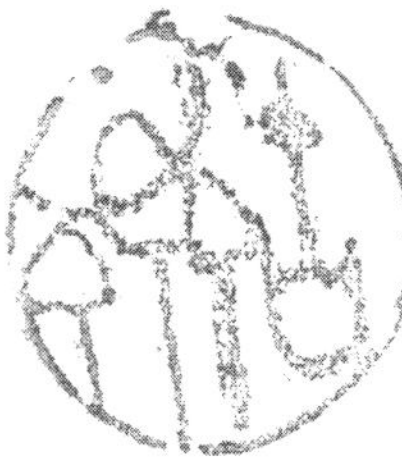

閻王殿的試驗田

——北京景山学校調查报告

新北大 0263《爭流》战斗队

北京景山学校是一所“全国聞名”的十年制試驗学校，是旧中宣部一手培育的一块刘、邓修正主义教育路綫的試驗田。

这个学校(現)有学生二千人，教师二百人，系原北京九十一中和东官房小学合并而成。中宣部黑閻王陆定一亲題校名，反革命修正主义分子賀龙、林楓、楊尙昆对它非常“关心”，而由黑帮分子、旧中宣部秘书长、部党委书記童大林直接主持日常工作，黑帮分子、旧中宣部教育处处长方玄初(卽写大毒草《人的一生应当怎样渡过》的敢峰)任校长兼党支部副书記，于1960年3月开張“試驗”。

六年来，景山学校大搞“經驗介紹”、“观摩教学”、办展覽、发表文章，大放其毒，儼然是教改的“模范”、“榜样”、“典型”，成为刘、邓黑司令部在中学教育陣地上的頑固堡垒。現在，让我們揭开这个“典型”的所謂“教改”的面具，来看看它瘋狂反对毛澤东思想，推行修正主义教育路綫，复古崇洋，打击迫害工农子弟、革命教师，为刘、邓黑司令部精心培养修正主义“苗子”的眞实面目吧！

恶毒地汚蔑我們偉大的領袖毛主席，瘋狂反对毛澤东思想

六年来長期把持景山学校的党內走資本主义道路的当权派童大林，一貫打着紅旗反紅旗，恶毒地汚蔑我們偉大領袖毛主席。

一九六二年，童大林竟然对革命师生提倡学习“三家半”的作品。他胡說什么：“目前現代文学写得好的，只有‘三家半’，朱自淸一家，魯迅一家，毛主席一家，赵树理还未定型，算半家。”他还对語文教师讲：“××說过，老舍、赵树理是活着的語言大师。”“朱自淸是資产阶級，但是文章写得好，就是要讲。”

看！他們竟敢把我們的偉大領袖、世界人民的导师毛主席和朱自淸这样的資产阶級文人及赵树理这样的反动作家相提并論，借以貶低我們偉大領袖毛主席，用心何其毒也！

不仅如此，更令人气憤的是，他們还从这点出发，編了一本什么《儿童学現代文》全书有五

十余篇文章，可是其中資产阶級作家朱自清、巴金、茅盾等人写的作品就占三十余篇。魯迅先生文章九篇，而毛主席的文章却只选了八篇，八篇中还有二篇是节选。这些黑帮分子竟把老三篇之一《愚公移山》削得只剩下老愚公移山的那段故事。眞是狗胆包天！他們叫教师讀八本书，第一讀《紅楼梦》，第二《魯迅全集》，而第三才是讀《毛澤东选集》。

自从林彪同志号召全党全軍全国人民学习毛主席著作以来，景山学校开始出現了一个高潮。一九六五年正当不少教师运用毛澤东思想指导教学时，童大林这些走資本主义道路的当权派揮舞大棒大加指責說："把語录带进課堂是簡单化、庸俗化、形式主义。"他們在一九六五年八月校党支部的《关于"四个第一"——五年所进行的一系列的思想斗爭》这个黑文件中写道：

"我們一直不同意在学生中专門組織学习毛主席著作小組。

我們及时糾正了某些教师从外校搬来的毛主席語录堂堂进課堂的簡单化作法，以及把毛主席著作在教学中牵强附会生搬硬套的現象。

我們也沒有去統計师生学习毛主席著作的篇数、次数、写心得、笔記等形式主义的作法。

我們堅决不在学生中树立标兵，不搞什么先进班集体……。

在教师中我們也一直认为，学习主席著作应該以自学为主，討論为輔……，而这一类的集体活动，都必須注意实效，次数要少，'无話即散'，不要走形式。"眞是猖狂之极。

一九六四年，一些师生自己組成了毛著学习小組，但在黑帮們的大棒下被强迫解散了。

林副統帅要我們活学活用毛主席著作，鼓励我們"天天讀"，而童大林却說："这是对工农兵說的，对知識分子应該是'潜移默化'。还說什么学习毛主席著作要"死学活用"、"天天学的意思是經常学习，眞的天天学是走过場。"看，他們竟敢如此猖狂地反对我們心中最紅最紅的紅太阳毛主席，反对林副統帅，眞是罪大恶极，罪該万死！

以童大林为首的景山学校走資本主义道路的当权派这样明目張胆地反对革命师生学习毛主席著作，其目的就在于解除大家的思想武装，使之服服貼貼地为推行資本主义、修正主义教育路綫服务。

推行修正主义的教育路綫

毛主席教导我們："我們的教育方針，应該使受教育者在德育、智育、体育几个方面都得到发展，成为有社会主义覚悟的有文化的劳动者。"

可是把持着景山学校的中宣部童大林之流，秉承其主子黑閻王陆定一的意旨，提出了一条与主席思想相对抗的教育方針和一整套反革命措施。

童大林經常宣称："我們的毕业生决不能成为董加耕这样的人"。提出要培养所謂"头脑聪明"、"复杂"、"懂得辯証法"和"掌握斗爭策略"的人，甚至公然叫嚣："培养不出馬克思来，培养出个希特勒来也不錯嘛！"眞是反动透頂！还惟恐嘍罗們不領会他們培养修正主义接班人的意图，进一步鼓吹說："我們的学校要出县委书記、宣傳部长、妇联主任、中央委員、总理、領袖等政治家、軍事家。"甚至更露骨地吹噓："景山学校要培养出一批'有名'的人物来，一种是掌握印把子的，一种是掌握枪杆子的，还有一种是搞文艺、搞科学的，掌握笔杆子。"看，他們复辟資本主义，准备篡党篡軍篡政的罪恶阴謀不是昭然若揭了嗎！狼子野心，何其毒也！

为了实現这个总的罪恶目的，他們搞出了一整套控制教师学生的鬼办法，提出了一系列的黑口号。

提出什么"学校教育主要是傳授人类所积累起来的知識"，对抗教育为无产阶級政治服务；

提出"中小学生参加劳动应該是义务劳动,象澆花、种菜、飼养等。""中小学生向工农兵学习,与三大革命运动相結合,則无此必要。"等等荒謬絕論的口号,对抗教育与生产劳动提結合。

規定:"天天消灭一个錯别字,天天写一段日記,天天背点书,天天写一篇大字。"用以抵制解放軍学习毛著的好經驗——"天天讀"。

針对中国人民解放軍的四个第一,他們提出所謂"四个一点",卽"政治突出一点,辯証法多一点,知識丰富一点,身体长好一点",从根本上否定了在学校突出政治。

規定五个过硬:"保密过得硬、作文过得硬、理化过得硬、数学习題过得硬、外語会話过得硬。"根本不提活学活用毛主席著作过得硬。

更加胡說八道的是把这种种黑口号归納为:"一个理想,两种学制,三类学生,四面八方,过五关,斬六将,水淹七軍,突破缺口,八仙过海,九九归一。"

(**按**:一个理想卽上天,入地,不出修正主义。

两种学制卽十年与十一年制。

三类学生,卽在学生划分为上、中、下三等。上等是他們精心选拔的修正主义苗子,下等是他們要攆走的工农子弟。

四面八方指的政治思想工作。四面是:共产党、共青团、少先队、儿童团,群众組織如工会、班主任、教职員。八方为:发展組織、严格組織生活、时事形势教育、重大的政治事件和思想問題宣傳教育、全校师生的表揚鼓励……

过五关指語文而言,要过大小五关,大五关是識字、作文、文言文、写字、普通話。小五关指的是背誦、格式、錯别字、标点、双音节。

斬六将指数学課而言,卽斬不懂、不独立完成、不合格式、不准确、不整洁、不熟练六将。

水淹七軍是对外語課的七項要求,突破一个缺口是張口能說外語。

八仙过海是其它各門功課,各显其能。

九九归一,卽一切为了一个理想。不消說自然就是要培养修正主义接班人了。)

値得注意的是,黑帮分子陆定一之流,把景山学校作为一个典型来向全国吹捧,他們的教改方針是什么呢?名曰四个适当:"适当的縮短年限、适当的提高程度、适当的控制学时、适当的增加劳动。"——典型的改良主义綱領,他們就是用这种改良主义作为擋箭牌,拼命地抵制毛主席的一系列教改指示。无数的事实表明,他們的教改是越改越右,越改越洋,越改越修。

"复古""崇洋"毒害青年

毛主席教导我們:"文学艺术中对于古人和外国人的毫无批判的硬搬和模仿,乃是最沒有出息的最害人的文学教条主义和艺术教条主义。"

景山学校的最大特点之一是打着教改的旗号而行修正主义教育試驗之实。所謂語文、外語、数学进行改革,只不过是从封建故紙堆里拾些破烂,或者仰承帝国主义鼻息,把一些洋、旧貨硬塞进学生的脑子里去罢了。

童大林之流一向主張"先入为主","小时候記忆力最强,学的东西一輩子也忘不了",我們就来看一看他們"先入"了些什么东西吧。

在語文教材中,古文占了很大的比重,三、四年級的小学生,要讀《文言文选》(其中包括:《三字經》、《四字文》、《幼学(选)》、《儿童学詩》(其中包括:《夜思》、《出塞》等一百余首古詩)。《儿童学文言文选》(其中包括:《爱蓮說》、《五柳先生傳》、《孟子(选)》等二十二篇),六——七年級的学生要讀《古文观止》、《現代文》(朱自清的《荷塘月色》、《桨声灯影中的秦淮河》、《匆匆》等,还有夏衍的《野草》、老舍的《駱駝样子》、赵树理的也有几篇,魯迅先生文章六篇,最后有几篇主席著作)。

景山学校教改的重要一环是加强作文、写字,另外为了所謂的“使学生在初中过古文关”,大学特学古文。

主席教导我們,对中国古代文化遺产要批判地继承。而童大林却借口“学生太小,用不着批判”,要教师无批判地、“咬文嚼字”地讲,学生无批判地、“滚瓜烂熟”地背。还經常請魏建功、王力(北大中文系反动教授)、俞平伯等封建臭文人登台讲課,大肆放毒。童大林竟然还說:“《三国演义》、《东周列国志》、《西游記》是启发智慧的书”,“要从文天祥、岳飞、諸葛亮、屈原、祖冲之、伽利略、达尔文身上学习共产主义道德品质”,这眞是天下奇談!为了更好地“复古”,还請了教过私塾的老先生教大家唱古文。上課时先生在台上搖头幌脑地念,学生在台下搖头幌脑地唱,一进教室,仿佛倒退了几十年,有个学生在外校表演,唱《滕王閣序》竟然还得了奖。校內文言文比賽得胜者也有优胜奖——綫装书《庄子》。

文言文課,名曰学习,实则受毒,潜移默化,消磨了学生的革命意志。有的学生讀了《苏秦以連橫說秦》这类宣揚个人奋斗、荣华富貴的文章后,成天想着成名成家出人头地。有的則变得灰色頹廢,感叹:“韶光易逝,青春难再”,“学不成名岂丈夫”,“劝君更飲一杯酒,西出阳关无故人”,精神无限空虛。讀了《赤壁賦》后,有的同学夜游公园时咏起“明月”之詩,歌起“窈窕”之章。讀了《滕王閣序》、《三国演义》之后,老师、同学称兄道弟,飲茶作詩,讲“士为知己者死”,完全是一套腐朽的封建意識。讀了《陈情表》有的同学說:“如果毕业分配时派我到外地,我就要写一个《新陈情表》,說明我祖母有病,要尽孝心,組織上也不能不照顾我……。”这些例子足以說明这种所謂“加强古文”的語文教学起了什么作用。

另一项教改內容为加强外語,大搞崇洋与西化,老师給每个同学起个外国名字,叫什么“湯姆”、“杰克”,“丽达”……这純粹是奴化教育。另外还不加批判地学外文原版教材,看原版电影,唱洋歌,演洋戏,有的原文书上有大罵中国、大罵斯大林的反动話,也让学生讀,眞是恶毒之极。

外語晚会是最突出的一例。旧中宣部的老爷們不惜花費国家的資金,租用道具,化装,許多大小閻王不但亲自光临,还請来各国“外宾”。于是新中国的青年,变成了十七、八世紀的外国王公貴族、綠林好汉,而童大林之流还以外国人的称贊而感到无比的光荣,眞是恬不知耻!外語晚会上演出的尽是《灰姑娘》、《小紅帽》之类的戏,給同学們灌輸了不少資产阶級思想。有个同学說:“一开始,我也不习惯,思想感情和戏里的角色对不上,可是排练次数越多,讀这方面課文越多,也就慢慢地习惯了,思想感情离无产阶級也越远了,后来甚至对那些資产阶級王子、公主产生了极大的兴趣,覚得他們的語言富有艺术性、戏剧性,相反地,竟覚得工人、农民粗了,沒有艺术性。一天到晚情緒消沉,阶級观点十分模糊,不論哪个阶級的人,只要“慘”就予以极大的同情,精神上十分空虛……。”另一个参加《州长的厨房》演出的一个同学在作文中写道:“我为我們的演出成功而驕傲,我为我搶到更多的肉骨头而感到驕傲。”还有的同学事后在路上走时还带表情地背台詞,旁若无人,为当一个“綠林好汉”式的强盜而自豪。

由以上一些事实可以看出,景山学校打着教改的幌子,大搞崇洋与复古,实际上是在毒害青年,培养資产阶級的接班人。

毛主席說:“各种艺术形式——戏剧、曲艺、音乐、美术、舞蹈、电影、詩和文学等等,問題不少,人数很多,社会主义改造在許多部門中,至今收效甚微。許多部門至今还是“死人”統治着。

……許多共产党人热心提倡封建主义和資本主义的艺术，却不热心提倡社会主义的艺术，岂非咄咄怪事。”

陆定一及旧中宣部的大、小閻王，配合他們的主子——党內最大的走資本主义道路的当权派刘少奇、邓小平，十几年来大力吹捧洋人、古人、死人，恶毒攻击毛澤东思想，而景山学校与此不正是同出一轍嗎？

精心培养修正主义苗子

为了出“天才”、“大人物”，景山学校的一小撮走資本主义道路的当权派，通过招生、分班、竞賽、重点培养……，精心地挑选和培养他們所看中的“天才”和“苗子”。

一、招　生

为了保証以后能出“天才”，景山学校对招生工作是十分重視的。他們的招生标准是“聪明”“伶俐”“能歌善午”“外貌美观”。一九六二年招生时，报名者共有 1300 余人，为了挑出“尖子”，竟别出心裁地对六岁多的孩子进行“科举式”的选拔，实行突然襲击，而且要連过初試、复試两关，还要經过反复挑选，最后才选中一百二十人，其中連一个工农子弟也沒有。六三年又采取幼儿园保送与学校审查相結合的办法，从送来的“尖子”里再挑“尖子”，从十一个单位送来的三百五十八人中，录取了一百零九人。其中除了两个是工人出身外，其他全是作家、演員、編輯、工程师、医生、教师出身及干部子弟。

二、分　班

景山学校的一小撮党內走資本主义道路的当权派为了培养資产阶級的接班人，采取了“年年考試，岁岁分班”的办法。他們打着“試驗需要”的幌子，以“人总是要分化的”为借口，每年都要将語文、外語、数学的“尖子”集中挑选，另組新班，称其为“試驗班”，視为“宝貝”。他們把“試驗班”捧上了天，观摩教学、表揚授奖、接待外宾、参加政治活动、做試驗……他們都有优先权。同时，还对“尖子們”給予种种照顾，加以特殊培养。

例如：两班同时入学的学生，經过分班后，試驗班有六个教师教三門功課，而普通班则一个教师三門課程。試驗班搞观摩教学，接待外宾时，普通班要为他們清扫教室、楼道、厕所。并且在观摩教学时怕普通班吵鬧有碍教学，衣服破烂有碍美观，把他們赶到操場上去上体育課。

景山学校为了培养各方面的“尖子”，在高中三个年級中精挑細选，选中了四、五十人，組成了政治、外語、化学三个所謂“大学班”，这三个班是地道的修正主义的温床，他們在各方面都享有优厚的待遇，他們有大批的輔导教师，有舒适的学习环境，他們可以少参加劳动，有充足的时間钻书堆。另外，童大林之流为了出名，竟然还从高二学生中选了三十个“高材生”組成了“高考班”，集中訓练，調动六、七个老师大搞突击，准备高考。結果考中了十七个，童大林之流便欣喜若狂，大吹天才教育試驗的成功。

三、竞　賽

景山学校的党內走資本主义道路的当权派为了选拔“苗子”，还大搞各种各样的竞賽，大力鼓吹名利思想，大搞物质刺激。在学生中經常举行的有百題賽、作文比賽、背誦比賽、书法比賽、数学竞賽、口語比賽等等。他們还不惜工本地設立各种奖，什么“紅杏奖”、“青兰奖”、“百花奖”……。为了搞物质刺激，童大林等还企图将国家給工农同学的助学金取消，改为奖学金，但因有人反对，才沒有实行。为了收买高材生，童大林甚至还說：“誰要写一篇好文章，我奖他一块糖也好！”呸！这是什么話，簡直无耻透頂！

四、重点培养

景山学校为了培养資产阶級的“尖子”、“苗子”，除了搞尖子班，搞竞賽之外，还搞什么重点培养。例如所謂的“数学五虎将”就是一个典型的例子，通过数学竞賽，选出了所謂的五虎将，为了使他們在学术上尽快有所造就，特別派一个教师专門輔导这五个学生，他們的教材极杂，中学的、大学的統統塞来，連这些才子也吃不消，暗暗叫苦。六三年暑假，为了培养“尖子”，还专門在頤和园附近举办数学夏令营，外語夏令营，半天攻讀，半天游山玩水，眞是悠哉游哉！

童大林之流，就是利用这种种恶毒的手段，毒害腐蝕了大批的青少年，把他們拉入了修正主义的泥坑。

打击迫害工农子女

童大林之流搞了各种各样的“尖子班”、“試驗班”，吹捧得天花乱墜。但是人們却不知道，在这許多試驗班的背后，还有所謂“普通班”，是由剩下的“蹩脚貨”組成的。普通班，对于那帮修正主义老爷来說，是包袱，是家丑，是不可外揚的。实际上，这正是他們搞修正主义教育路綫的牺牲品，是他們滔天罪行的鉄証。

現在的景山学校是由原东官房小学与九十一中合并而成的。以前那两个学校是面向工农大众的，其中有不少同学是出身于劳动人民家庭的。这些工农子弟在童大林之流眼里，是笨的，不值得培养的，更不是他們培养成精神貴族的材料。所以他們絞尽脑汁，一心把工农子女赶出景山学校而后快。

六(5)、六(6)两个班是最典型的例子，这两个班名义上是普通班，而实际上是地地道道的“收容队”。这两个班共六十八人，絕大数是工农子女。五年来，这两个班先后收容了三十一个班的学生。他們大多数是留級生，还有的是因为成績不好而从試驗班中淘汰出来的，更离奇的是，竟然还有因为成績不好而从低年級跳上来的，其目的是将他們尽快地赶出校門。他們的年龄从十一岁到十七岁，文化程度从一年級到六年級。因此，老师根本无法讲課，讲深了小同学不懂，讲淺了大同学不听。就是这样稀里糊涂拖着走。校內外的一些政治活动都不让他們参加，因为他們穿得“破烂”，“脏”。每当外宾来景山学校参观时，就派老师去把这群“家丑”关在教室里，一个也不許出去。連全校师生参加的六五年“七一”营火晚会，也不許他們参加，拒之于校門之外，理由是怕他們有碍观瞻。

在学习条件上，这两个班也是极差的。这两个班只有两个教师，一个老师教数学，一个老师教語文，只准学两門功課。而試驗班则大不相同，例如法語教材試驗班，二十六人，光是数学这一門課，就是两个教师；另外有五个数学“尖子”，派了一名教师专門輔导。試驗班上外語課时，还要分成小班，几个老师同时教。几个人就可以占有一个教室，而六(5)、六(6)这两个班的同学在去年毕业复习时，学校竟把他們分別安置在两个厕所里，这是对工农子女的极大侮辱和虐待！这是瘋狂的阶級报复！由于这种种歧視，所以这些同学的学业进步极慢，有的上了十年的小学，还沒有毕业；有的讀了好几年，到毕业时，連“走”、“起”、“跑”、“跳”这几个字的含义也不清楚。是他們天生的笨嗎？不！根本不是！他們的这种現状完全是童大林之流一手造成的，是資产阶級专政的鉄証!

控制教师的几种手段

景山学校党內走資本主义道路的当权派,非常清楚地知道,为了办好他們的修正主义"試驗田",把学生培养成修正主义的接班人,沒有一批忠实为他們卖命的教师队伍是不行的。

他們所用的手段首先是"骗"。景山学校是直接受閻王殿旧中宣部控制的。貪天之功,居为己有。他們就自命为代表党,以党中央和毛主席的名义发号施令。这很迷惑了一部份教师,眞以为他們代表党。广大革命教师尤其是青年教师对革命事业是負責的,是怀着一顆把自己毕生精力献給人民教育事业的紅心而来到景山学校的。正是利用了他們这一点,童大林之流驅使教师为他們卖命。他們歪曲了毛主席的正确路綫,偸偸地大量地販卖刘氏黑貨。

第二招是"压"。对于这些复古崇洋的黑貨,如果有某些教师执行不力,他們就会在会上駡你"态度曖昧"、"阳奉阴違",是"教书匠"、"雇来革命的",是"梁启超和孙中山";駡給他們提意見的教师是"长舌妇"、"潑妇駡街";駡外語教师是"梁上君子"、"井底青蛙"、"套中人"。常以整风为名整这些教师,杀鸡儆猴。

再则用黑修养来腐蝕革命教师的灵魂。每次整风,不是学毛选,而是学《論修养》、《論党內斗爭》,要教师們"做党的馴服工具",要"忍受委屈",心甘情愿地任他們摆布。在这样的精神奴役下,老师对他們的修正主义路綫有怀疑时,首先不是反抗,而是去檢查自己对"党"的政策有沒有眞正理解,是否有"私心杂念。"

第四是"名利引誘,大树标兵。"凡是受蒙蔽而忠实为他們服务的就被表揚为"服从党的需要",发展为党、团員。以"調动教师的积极性"为名大搞物质刺激,主張建立教师的評奖制度,設立"奖励基金"。还鼓吹資产阶級名利主义,說什么:"以后中小学也会有教授学銜,你們可以根据这个目标,去考虑自己的計划,看多少年之后才能达到教授的水平。"他們經常鼓励教师要"有所建树",成为"紅色朱自淸"、"小学教授"、"教育专家",說什么当好一个"革命教师"将来可以当"教育部长"。对外語教师說:"把书教好了以后可以让你們出国。"他們就是这样露骨地鼓吹成名成家思想,把大家硬往泥坑里拉。

还有一招就是"考",每年对教师进行考試。要語文教师每天写一篇大字,每周一篇作文。成績好的就表揚,树为标兵,成績不好的就会被大加奚落,字写得不好的甚至被駡:"将来写了情书都沒人看。"老师为了不至于考試不及格,就拚命鉆业务,負担极重,就連假期里也不得不大看古书、洋书,根本沒有认眞学习毛主席著作的时間。

如果这些"招"都不行,最后就"赶"。凡是不服服貼貼听話的、业务不"过硬"的就被打击、排斥以至于赶走,六年中,被赶走的教师多达四十余个。

所以,景山学校的教师在童大林之流的資产阶級专政統治下只剩下两条路:一是修,二是走。順他們意旨的越养越修,进行反抗的就被攆走。

結 束 語

通过以上調查材料,初步揭示了景山学校这个閻王殿培育的"試驗田"的眞象。中宣部陆定一、童大林之流,在"教改"的美丽旗帜下干的是何等肮脏、不可告人的勾当!

在无产阶級文化大革命的熊熊烈火中,旧中宣部彻底垮台了,党內最大的走資本主义道路的当权派刘少奇、邓小平被揪出来了。景山学校的革命师生憤怒揭发、控訴了旧中宣部童大林、方玄初之流的罪行，向党內一小撮走資本主义道路的当权派发起总攻击。

彻底摧毁修正主义教育制度！

打倒刘少奇！打倒邓小平！

打倒閻王，解放小鬼！

毛主席万岁！万万岁！

从景山学校看刘邓教育路綫

解放十七年来，我国教育战綫上两个阶級、两条道路、两条路綫的斗爭一直是尖銳、复杂、激烈的。党內最大的走資本主义道路的当权派刘少奇、邓小平为了在中国复辟資本主义、培养修正主义接班人，他們伙同旧中宣部閻王陆定一，頑固地推行資产阶級教育路綫，和毛主席的教育思想、教育路綫、教育方針相对抗。他們利用我国从清朝末年科举制演变而来的封建主义教育制度，再杂以苏联修正主义教育制度、欧美帝国主义教育制度，构成他們的刘邓資产阶級教育路綫。以这条資产阶級教育路綫为綱，他們找了許多大、中、小学作为"試驗田"，树立了一个又一个的"样板"。北京景山学校就是其中之一。《北京景山学校調查报告》給我們介紹了这是一个什么"样板"！在这块"試驗田"里种出了什么貨色！

在刘少奇——陆定一——童大林黑綫专政下，景山学校从教育方針、教育制度到教学方針、教学方法、教学內容、学制、学时……都貫彻了一整套修正主义黑貨。

刘邓的教育是为資产阶級服务的。刘邓資产阶級反动教育路綫的核心就是反毛澤东思想。他們根本不允許把毛主席語录带进課堂，已編进教科书的毛主席著作是作为文学作品来欣賞，而不是当做最高指示来学习。学习毛主席著作被他們恶毒誣蔑为"簡单化"、"庸俗化"、"形而上学"。相反，充斥着他們課堂的是党內最大的走資本主义道路的当权派刘少奇鼓吹的"孔孟之道"，課后閱讀的是腐朽的現代修正主义作品，政治思想教育是升官发財、成名成家…… 。

刘邓的教育是培养精神貴族的：所以刘邓資产阶級教育路綫最大的特点是教育与生产劳动相分离，教育脫离三大革命，造就修正主义接班人；所以他們必然排斥工农子女，耍尽一切花招；什么"初試"、"复試"、"跳級"、"提前毕业"……把劳动人民子女推出校門；而被他們相中的"天才"、"尖子"、"苗子"則編入什么"大学班"、"高专班"，关怀备至，以便培养成专家、教授、"县委书記"、"妇联主任"、"中央委員"……培养出一批"四体不勤、五谷不分"的"人材"，一批特殊阶层的精神貴族、一支修正主义的干部队伍。

刘邓資产阶級教育路綫是封建主义、帝国主义、修正主义教育制度的大杂燴。因此，它的教学方針、教学方法必然是陈腐的、机械的、唯心的。他們的教育法不是启发式，而是注入式、塡鴨式，他們不是誘导学生去独立思考，而是"先入为主"。因为只有这样，他們才能把学生培养成机器一样的"馴服工具"，服服貼貼地为修正主义效劳。

刘邓資产阶級教育路綫是反毛澤东思想的。它的教学內容必然是反动的。以文言而言，他們的教材从隋唐封建文人、墨客的詩文章句到現代資产阶級作家的"杰作"、"佳品"，从十八世紀的欧美文学作品到現代修正主义的最新著作，封、資、修的东西面面俱到，应有尽有。

在刘邓資产阶級教育路綫毒害下，类似景山学校这样的"試驗田"里不知长出了多少毒菌、修苗！不知"培养"出多少蠢才廢料！

从景山学校調查报告可以看出，刘邓推行的是一条資产阶級教育路綫。尤其值得注意的是，象景山学校这样的“試驗田”，打着的是“教改”的大旗，而刘邓資产阶級教育路綫推行的“教改”方向，是朝着“标准化”的修正主义道路发展的。一旦这样的教育制度“試驗”成功，向全国推广的便是标准的修正主义教育制度。“凡是要推翻一个政权，总要先造成輿論，总要先做意識形态方面的工作。革命的阶級是这样，反革命的阶級也是这样。”刘邓在教育这个意識形态的重要領域里拼命推行反革命修正主义教育路綫，其罪恶目的就是从教育制度上打破一个缺口，对下一代实行“和平演变”，为推翻我們的革命政权，在我国复辟資本主义打下社会基础。然后通过“宫廷政变”在一个早上猛扑过来，将革命扼死，使中国回到黑暗世界。

毛主席說：“**改革旧的教育制度，改革旧的教学方針和方法，是这場无产阶級文化大革命的一个极其重要的任务。在这場文化大革命中，必須彻底改变資产阶級知識分子統治我們学校的現象。**”

教育革命的根本任务就是要彻底砸烂刘邓資产阶級教育路綫，巩固毛主席的无产阶級教育路綫。“只有破坏旧的腐朽的东西，才能建設新的健全的东西。”只有大破才能大立，在这場天翻地复的大革命中，要把旧教育制度、旧教学方針、旧教学方法、內容、教材、学制一扫而光，要建立起嶄新的无产阶級教育制度。

教育革命敲响了刘邓資产阶級教育路綫的丧钟，让教育革命的暴风雨来得更狂烈些吧！

看，刘少奇伸向北京人艺的魔爪

刘少奇这个党内最大的走資本主义道路的当权派、中国的赫魯曉夫，他的魔爪不仅伸向党里、政府里、軍队里，同时也伸向了文艺界，直接伸向北京人民艺术剧院。

北京人艺是一个臭名昭著，罪行累累的剧院。十九年来上演了大量的毒草，滿台牛鬼蛇神、洋奴、死人、帝王将相、才子佳人……不知毒害了多少青年，腐蝕了多少工人、农民。十几年来走的是一条彻头彻尾的資本主义道路，为資产阶級服务，为地富反坏右服务，为資本主义复辟鳴鑼开道。这一切的罪魁禍首就是刘少奇。

北京人艺的前身是华北大学文工二团和华北人民文工团。两个文工团都是在解放北京的时候，随解放軍，打着腰鼓、扭着秧歌入城的。当时的文工团按照毛主席的教导：“**使文艺很好地成为整个革命机器的一个組成部分，作为团結人民、教育人民、打击敌人、消灭敌人的有力的武器。**”深入工厂、学校、街道，宣傳毛澤东思想，宣傳党的政策，同时也介紹了解放区的革命文艺。文工团員和工人、学生、劳动群众建立了深厚的感情。

可是刘少奇这个党内头号走資本主义道路的当权派，极端仇視这样革命化、战斗化、为工农兵服务的文工团，1951 年他对反革命修正主义分子周揚作了一个砍掉文工团的“指示”。他說：“文工团就会扭扭秧歌，打打腰鼓，这样下去是害了他們。文工团要整編，人員要大大削減，建立正式的剧团。……大部分让他們轉业，……不要这样混下去了。”这是一个十分恶毒的，要把文艺团体完全資产阶級化的綱領性的黑“指示”。由于刘少奇的这个罪恶“指示”，在全国有多少具有革命的战斗傳統的文工团被砍伐了！大批坚持毛主席文艺方針的文艺工作干部被刘少奇之流誣蔑为“万金油干部，沒有专长，文化又低”等等，而被“整編”掉了。他們在“建立正式剧团”的口号下，把一些沒有改造的資产阶級、小資产阶級“艺术家”、“名演員”和一些地富反坏右分子拉到文艺队伍里来了，吸收了大批美国回来的、香港回来的、上海的、重庆的“大演員”、“大艺术家”、“演剧队之王”等等。他們来了之后，就是“老师”，就是“圣人”，就成了“榜样”。反革命修正主义分子李伯釗給北京人民艺术剧院“請”来了反动的、臭透了的“权威”焦菊隐，让他做了第一付院长兼总导演。他以中国的史坦尼斯拉夫斯基自居，把旧党委书記、黑帮分子赵起揚比做丹欽科，要建立莫斯科艺术剧院式的“剧場艺术”。焦菊隐拿《演員自我修养》訓练演員，“自我出发”，胡說什么可以从国民党大兵身上体驗紅軍战士，练习打太极拳就可以体驗到老革命干部，眞是荒謬絕倫。就这样，剧院的阶級关系完全顚倒过来了，这就为党內走資本主义道路的当权派在文艺界搞資本主义复辟奠定了阶級基础。

1953年我国开始了第一个五年計划，社会主义的三大改造提出了，可是刘少奇这个党內的資产阶級代理人說：“现在資本家情緒很不安，……所有的資产阶級，資本家牵进来了，在这个紧要关头，如果我們不加紧宣傳，不說清楚的話，或者我們自己也犯錯誤，共产党在政策上犯錯誤，再加上反革命分子一鼓动，就可能发生大問題。”为了配合以刘少奇为代表的資产阶級反对社会主义改造，北京人艺搬出了美化資产阶級，歌頌“人性論”，主張阶級調和的剧目《雷雨》。这是全国开放所謂“五四”以来“优秀剧目”的第一出。党內走資本主义道路的当权派和反动的学术“权威”很懂得，搬出《雷雨》来不是一件普通的事，这是一場阶級斗爭，是在話剧午台上向社会主义挑战的第一次尝試。为了让《雷雨》出籠以后站得住，他們嘔心瀝血，竭尽全力排练了八个月。反革命修正主义分子夏淳担任导演，反动“权威”总导演焦菊隐全力协助，旧党委书記、黑帮分子赵起揚給予“組織保証”。为了演得“象”，导演率領演員和工作人員到北洋軍閥和許多社会上渣滓們的家里去“体驗生活”，管老寄生虫叫“老太爷”，和一群吸血鬼打得火热。排练場上，更是一片污浊空气，他們費了九牛二虎之力，《雷雨》上演了。尽管他們勾結社会上的牛鬼蛇神，在《戏剧报》上写文章吹捧，广大工农兵还是反对它，一位战斗英雄看了以后說：“一个好人都沒有，搞阶級調和。”《戏剧报》也收到了許多批評文章，但是他們扣压着不予发表，并搬来了反革命修正主义的祖师爷刘少奇。刘少奇看完《雷雨》以后，說：“深刻！很深刻！”刘少奇的五个大字，把資本主义、现代修正主义和三十年代的剧目在全国泛濫的閘門打开了，于是大量毒草上市，大演“名”、“洋”、“古”，社会主义的午台，完全被“死人”、“洋人”統治了。刘少奇的“五字眞言”，眞是混蛋透頂！从此，北京人艺变成毒害人民，制造資本主义輿論准备的大本营。一位工人同志来信說：他們工厂里有三个工人是“北京人艺迷”，他們不去上“政治讲座”的課而到人艺来等《雷雨》的退票，后来这三个工人中，有两个犯了罪，一个思想落后，品质敗坏。刘少奇所說的到底是什么“深刻”？《雷雨》剧中的周朴园，是一个双手沾滿工人鮮血的資本家，可是作者却站在資产阶級的立場上，用阶級調和，“人性論”的观点，渲染他的“閉門思过”，这也正是刘少奇的“吾日三省吾身”的“修养”术。拚命地美化这資产阶級的一家，用尽一切离奇的戏剧安排，让工人家的子女去“爱”資产阶級、丑化工人形象，这与刘少奇所說的：“你們报紙只說工人如何好，一点坏处都沒有？資本家如何坏，一点好处都沒有？”“資本家的知識比我們多，比工人知道得多。”“要向他們学习”要与資本家“合作”，要“团結”，眞有“异曲同工”之妙呀！怪不得刘少奇这样欣賞《雷雨》。早在1941年，刘少奇以前的妻子王前，要讀毛主席的《新民主主义論》，可是刘少奇却叫他背誦曹禺的《雷雨》，这正是刘少奇的“深刻”之处，这也正戳穿了刘少奇“修养”的奥妙。善于“修养”的刘少奇就是周朴园，是大騙子，伪君子。《修养》是不折不扣的欺人之談。

自从刘少奇批准把《雷雨》放出来之后，十几年来，北京人艺所上演的剧目都是紧密配合反革命逆流的。为了反抗对資本主义工商业的社会主义改造，上演了《雷雨》；为了抵制反右派斗爭，当文联大楼开着斗爭右派分子吳祖光的大会时，近在咫尺的首都剧場却演他为蔣家王朝招魂写的《风雪夜归人》；为了抵制学雷鋒和全国人民大学解放軍，63 年上演了丑化八路軍的大毒草《李国瑞》；为了与《海瑞罢官》、《李慧娘》相配合，1963 年，又 第二次重排了反革命修正主义分子田汉的反党反社会主义的《关汉卿》……这样的例子不胜枚举。"十几年来文艺界存在着一条与毛澤东思想相对抗的反党反社会主义的黑綫，这条黑綫就是資产阶級的文艺思想，現代修正主义的文艺思想和所謂的三十年代的文艺的結合"。这句話，可以全面地概括了北京人艺的面貌。

一九六二年九月，偉大的領袖毛主席，在党的八届十中全会上，集中地提出了阶級斗爭的問題，并且具体地讲到："**利用小說进行反党活动，是一大发明，凡是要推翻一个政权，总要先造成輿論，总要先做意識形态方面的工作。革命的阶級是这样，反革命的阶級也是这样。**"

一九六三年十二月，又进一步地向文艺界指出："**各种艺术形式——戏剧、曲艺、音乐、美术、舞蹈、电影、詩和文学等等，問題不少，人数很多，社会主义改造在許多部門中，至今收效甚微。許多部門至今还是"死人"統治着。許多共产党人热心提倡封建主义和資本主义的艺术，却不热心提倡社会主义的艺术，岂非咄咄怪事。**"

毛主席英明的讲話和批示，一針見血地击中了反革命修正主义文艺路綫的总后台刘少奇和邓小平的要害。他們頓时慌了手脚，急急忙忙在一九六四年一月三日，盗用党中央的名义召开了文艺座談会。刘少奇在会上說，文艺界的反革命修正主义路綫，不过是个"认識問題"，起因于认識上的"不清楚"，和工作上的"抓不紧"，今后只要大力"扶植""肯定"新东西就可解决了。他闭口不談对毒草的批判和反击，一下子就把所謂"立"，卽創作問題当成了主要問題，吹噓"先立后破"这是別有用心的大阴謀。

就在文艺座談会开过以后不几天，我院旧院长曹禺到反党集团的头目楊尙昆家里吃飯，刘少奇在飯桌上关于如何"立"，如何創作現代戏的問題，进行了具体的指点。他既不談深入工农兵，又不談思想改造，单单指責起文艺工作者怕犯錯誤，不敢写現实的阶級斗爭，不敢写錯誤的現象。什么"不敢写現实斗爭"，"不敢写錯誤的現象"，这是明明在煽动文艺工作者不要怕，放手去攻击党，攻击社会主义！眞是狗胆包天！

总后台发了話，人艺旧党委赶快响应，一九六四年演出的工业戏《矿山兄弟》就是本着刘少奇的"敢写現实斗爭"，"敢写錯誤的現象"的黑指示搞出来的。这个戏敢写的是对总路綫、大跃进的恶毒攻击；敢写的是資产阶級猖狂地向无产阶級进行的"現实斗爭"。这个戏里的大跃进被描繪只顾数量，不管质量，違背客观規律的蛮干，这与刘少奇所說的：大跃进时間是"发瘋"的时候，是"跃退"，三面紅旗可以让人家"怀疑几年"等等黑話如出一轍。

一九六五年創作的"四清"戏《斗爭沒有結束》更是"創造性地"执行了刘少奇关于"敢写現实斗爭"、"敢写錯誤現象"的黑指示，是一支抵制"二十三条"为刘少奇的"后十条"翻案，把矛头直指我們偉大領袖毛主席的大毒箭。

有人說，这帮資产阶級老爷們，在一九六四年以后，为了应付局面收了。不对，他們根本沒有收，而是以攻为守，打着現代戏的旗号，大搞資产阶級的顚复活动。我們剧院演出的現代戏，正是充当了彭罗陆楊反党集团在文化思想战綫上向无产阶級进攻的"敢死队"，直接为他們反革命政变的罪恶目的服务。

十几年来，在毛主席的領导下，在毛澤东思想的照耀下，我院革命群众不止一次地向刘邓的反革命修正主义文艺路綫进行过針鋒相对的斗爭。几乎每年年終总結时，总有人提出剧院是否执行了毛主席的文艺路綫这样一个严肃的問題。一九五四年，在“《紅楼梦》研究”批判运动中，革命群众，特别是青年同志，就向吹捧資产阶級“权威”，压制新生力量的赵起揚开了火，也向反动的資产阶級“权威”焦菊隐开了火，但是遭到了旧市委的反革命修正主义分子的瘋狂鎮压。給响应毛主席号召起来造反的青年团員們扣上了“与党爭夺領导权”、“反党”的大帽子。他們为了培养一批眞正听人摆布的活机器，就搬出刘少奇的黑《修养》来腐蝕人，他們灌輸刘少奇的“所有一切附有条件的服从，都是不对的，应該是无条件的絕对服从。”刘少奇叫嚷“做党的馴服工具”，他們就說：“人人头上都应当有个紧箍咒”。一句話，就是告訴人們反对他就是“反党”、“反革命”。就这样，这本黑《修养》和这套刘邓的“組織原則”，长期以来成了我院反革命修正主义分子的护身符，只要你提一点尖銳的意見，稍稍碰一碰这条黑綫，馬上党支部就叫你学《修养》，整頓思想。我院旧党委是很懂得反革命的两手策略的，在使用“大棒”的同时，也使用了“葫蘿卜”。在一九五六年制定的剧院“十二年規划”中，又以全国第一流导演，第一流演員，第一流舞台美术設計，第一流技师等等为釣餌，使得不少同志走上了修正主义道路。一些演員在左手拿着刘少奇的黑《修养》的同时，右手又拿起了史坦尼斯拉夫斯基的《演員自我修养》。“两本《修养》一肩挑，三名三高是目标”，一个是政治上的鴉片，一个是艺术上的鴉片，它們每时每刻都在毒害着你，一个是“发展个性”，一个是“自我出发”，使你的資产阶級世界观根本无法得到改造，相反，越陷越深，越养越修。旧党委，就是靠着这两本《修养》来組織他的阶級力量，为資本主义复辟服务的。

毛主席亲自发动領导的无产阶級文化大革命，敲响了一切反革命修正主义分子的丧钟。經过十个月的艰苦奋战，全国的广大革命群众，同心协力，終于把党內头号的走資本主义道路的当权派刘少奇揪出来了！这是毛澤东思想的偉大胜利，这是毛主席革命路綫的胜利！

我們决心和无产阶級革命派战友們联合起来，共同战斗，彻底斗倒，斗垮，斗臭以刘邓为首的一小撮反革命修正主义分子，彻底摧毁刘邓反革命修正主义文艺路綫！

让毛澤东思想的偉大紅旗，在我国新生的紅彤彤的无产阶級的革命文艺陣地上高高飄揚，永远飄揚！

北京人艺毛澤东思想紅卫兵、宣傳队、紅旗紅卫兵战斗队

一九六七，四，十八。

斬断刘少奇伸向出版陣地的黑手

首都出版系統革命造反委員会

我們首都出版系統的无产阶級革命派和其他所有的无产阶級革命派一样，怀着对党內最大的走資本主义道路的当权派的滿腔仇恨、来控訴討伐党內最大的走資本主义道路的当权派，直搗刘邓黑司令部，彻底批判、清算他們在出版系統犯下的滔天罪行！

我們心中最紅最紅的紅太阳，我們偉大的領袖毛主席教导我們說：“**凡是要推翻一个政权，总要先造成輿論，总要先做意識形态方面的工作。革命的阶級是这样，反革命的阶級也是这样。**”刘少奇，这个中国的赫魯曉夫，党內头号走資本主义道路的当权派，为了达到他篡党、篡軍、篡政、在中国复辟資本主义的目的，建国十七年来利用他所窃踞的党和国家的重要領导职务，在党、政、軍、工、农、商、学各界，在文学、史学、哲学、政治經济学、教育学、新聞学等各个領域，扶植和保护了彭罗陆楊反革命修正主义集团，以及周揚、夏衍、田汉等一小撮党內走資本主义道路的当权派和一小撮資产阶級反动学术"权威"。把他們的黑手伸向了出版陣地，散布大量的修正主义毒素，干尽了反党、反社会主义、反毛澤东思想的罪恶勾当。

1959 年到 1962 年，我們国家遭受到暫时的經济困难，帝国主义、現代修正主义、各国反动派演出了囂張一时的反华大合唱。国內的阶級敌人也趁机掀起一陣又一陣的黑浪，刮起一股又一股的妖风。就在阶級敌人向我們猖狂进攻的这个时刻，钻进党內的資产阶級最大代理人刘少奇、邓小平以为时机已到，資本主义复辟条件已經成熟，在对內、对外政策上提出了所謂"三和一少"、"三自一包"等等复辟資本主义的措施。刘少奇！这个中国修正主义的总头子，还赤膊上陣，在党的八屆十中全会前夕，把他精心策划"修改"了好几年的大毒草《論修养》，作为資本主义反革命复辟的宣言书在 1962 年 8 月份重新抛了出来。黑主子一声令下，嘍罗、爪牙們一陣細吹細打，这个黑《修养》立即在紅旗杂志，人民日报上发表，流毒全国。刘少奇安置在旧中宣部、旧文化部的一小撮嘍罗爪牙們，竭尽全力，下令在全国各地大量印成大 32 开、小 32 开、64 开各种开本，不仅用汉文印，还用五种少数民族文字印，甚至还印了盲文版，这棵大毒草还被翻譯成了七种外国文字，发行到九十一个国家和地区。这本罪大恶极的《修养》，流傳之广，流毒之深，到了无以复加的程度。

这样还不够，刘少奇这个在中国搞資本主义复辟的总后台，他勾結党內另一个最大的走資本主义道路的当权派邓小平并伙同反革命修正主义分子安子文、赵汉共同密謀策划了一本由刘少奇亲自审閱，邓小平起名的书，即《怎样做一个好党員》。并在 1963 年的中央組織工作会議紀要上，規定此书要作为一般党員整风学习中党的基本知識教科书。这本书在編印过程中，刘少奇曾具体指示說："党員課本要通俗一点，不要摘引毛主席的話，就当課本的話說。"这簡直是胡說八道。我們說，毛主席的书我們最爱讀，毛主席的話我們最爱听，毛主席的声音最容易記在心。就是这样一本恶毒攻击毛主席，攻击大跃进，攻击三面紅旗，为右傾机会主义翻案，大肆向基层党員干部販卖刘氏黑修养的黑貨，从 63 年2 月出版到 63 年夏天短短几个月之間就在党內发行了一千二百四十三万四千五百册，几乎党員人手一册。

令人万分憤慨的是在国家經济暫时困难时期，在紙張十分珍貴的情况下，不把这些紙張去印制我国人民和世界革命人民心中日夜盼望的宝书《毛澤东选集》，却大量印刷刘少奇的这本修正主义的黑《修养》。仅 62 年 9 月再版到年底，这样短短的四个月在全国就印了四百七十三万七千册，而六二年全年，我們最敬爱的領袖毛主席的宝书——《毛澤东选集》一至三卷只印了五万八千部，第四卷一本也沒有出，而且只供出口之用，国內連一本也沒有发行！

一九六三年至一九六四年正当学习毛主席著作的群众运动蓬勃开展，广大群众和革命干部迫切需要大量的毛主席著作的时候，他們接連起草了《关于一些政治书籍的出版权限和控制办法的規定》等文件，瘋狂地抵制和反对毛主席著作的出版。他們的"王法"无理規定：

1. 毛主席著作只能"由人民出版社和中央一級其他出版社出版"，"各地出版社不得出版"。

2. "凡要出版毛澤东著作的选本，必須报告中央。非經中央批准，不得印行"；这里說的要經中央批准，实际上是經中宣部批准。如有的单位曾經請示編印"选本"，到中宣部就給压下来了，从未轉报中央。

3. "凡要公开出版毛澤东著作专題摘录，必須送中央宣傳部审查批准"，"各省、市、自治区的出版社。一律不得公开出版”。

4．不准中央各部門和各地出版毛主席著作的单行本。只能“向人民出版社訂购，或者向人民出版社租用紙型”。

5．只准中央各部門和各地“印制单篇活頁”，但“一律不准在市場上出售。”刘氏黑《修养》的印行却不受任何限制：63 年 11 月份閻王陆定一和旧文化部夏衍等一小撮混蛋曾向全国发出黑指示：《修养》的印数和发行方式均由当地省委决定，各地自行排印和确定印数，可內部发行。这样各地一切限制都取消了，各地按組織系統布置下去，要印多少就印多少了，印数比公开发行大了不知多少倍。許多厂矿、机关、学校都是人手一册，作为“修身养性”的必讀之书，这本刘氏黑《修养》流毒之广，到底印了多少已經无法統計了。

仅就 62 年 9 月再版到 66 年 7 月公开发行量来統計，全国至少印了一千八百四十万册，而同一时期革命人民日夜盼望的宝书——《毛澤东选集》却只印了四百四十一万九千套。建国十七年来这本刘氏黑《修养》，总印数竟高达两千另五十四万一千册，而我們最最敬爱的偉大領袖毛主席的著作《毛澤东选集》竟只印了一千一百四十二万五千套。

此外，早在一九五五年九月，党内头号走資本主义道路的当权派刘少奇在第一届人大常委会第二十一次会議上討論“图书杂志审查处理暫行条例”的会議上就下黑指示：“如果审查起来是很繁重的問題，牵涉到宪法上規定的言論、出版的自由。事前审查当然保險一些，但先要审查批准，宪法里沒有这个規定，国家也沒有这个法令……出版以后，也沒有規定图书杂志都要审查。”

就在黑司令刘少奇打起这个抹煞阶級斗爭、鼓吹資产阶級自由化、放弃党对出版工作領导的黑色保护伞下，那些帝王将相、才子佳人，洋的、土的、死的、古的、修味十足的、毒的、发霉的毒草到处丛生，自由泛濫。仅在妖风四起的 1962 年，象孔子、孟子的两部所謂“經典”著作“論語”和“孟子”的譯注，就印了九次，发行了十六万四千一百册。加上《东周列国志》、《聊斋志异》、《封神演义》、《春》、《秋》、《家》、《苦斗》以及吳晗、邓拓、夏衍、翦伯贊、廖沫沙等等混蛋的反动黑貨，共印了二百多万部。而三年困难时期《毛澤东选集》的总印数才只有七十九万部，只占一九六一年一年里古书和毒草印数的三分之一。再就 1962 年用紙量来比較一下，上述古书和毒草用紙达七千五百多吨，《毛澤东选集》用紙却只有七十二吨，还不到古书和毒草用紙的百分之一。

刘少奇及他的嘍罗、爪牙們的狼子野心，資本主义复辟的罪恶阴謀不是昭然若揭了嗎?!无产阶級革命派的战友們，革命的同志們，对于他們犯下的滔天罪行，我們能够容忍嗎?!不能!他們这种极端恶劣的勾当，是可忍，孰不可忍!刘少奇这个中国的赫魯曉夫，及其他的大大小小的爪牙嘍罗們，不仅这样干，而且还满口恶毒的咒言，他們誣蔑毛主席著作出版发行过多会造成“积压浪費”；出版毛主席著作过多会“浪費紙張”，讀者买得多是“定价太低”，他們还汚蔑毛主席著作出多了“要上旧书摊”，閻王陆定一甚至咬牙切齿地攻击：“毛主席著作出多了要亡国”，“打起仗来，汉奸里头就有学习毛著的积极分子。”呸!你們这一小撮害怕眞理阳光的猫头鷹!告訴你們，我們工农兵、革命干部、革命知識分子最爱讀毛主席的书，最听毛主席的話，毛主席是我們心中永远不落的紅太阳，毛主席的話句句是眞理，一句頂一万句，毛澤东思想是革命人民的命根子。

我們出版系統曾收到数以万計的信箋，这些信箋来自长城內外、大江南北、边疆寨地、深山密林、天山哨卡、海防前綫，每一封信都充满着对毛主席的无限热爱、无限信仰、无限忠誠、无限崇拜。每一封信都寄来了对毛主席宝书的渴望。

一个煤矿工人来信說:“我們煤矿工人沒有毛主席著作,就象矿井里沒有空气·…,几年来我想尽了办法也沒有买到一套渴望的《毛澤东选集》,我眞有些想法,为什么我們工农兵,貧下中农这样渴望看到毛主席的更多书,可就是不大量发行,一些不必要的杂志、小說少发些不行嗎?咱們国家并不缺紙啊!”

一位少数民族的边防战士来信說:“我是守卫在祖国边疆的战士,我眞正体会到干革命沒有毛澤东思想就象有翅不会飞的鳥……我渴望你們給我买一套毛主席著作。”

一位貧下中农从深山里打柴卖来的錢,省吃儉用,日夜盼望用它买到一部革命的宝书——《毛澤东选集》。他跑遍了新华书店好几次都买不到,他把錢寄到人民出版社来,这一次滿以为他的革命要求定能如愿以偿,殊不知,被黑帮控制下的人民出版社,他的这一愿望怎么能够实现呢?結果不仅买不到毛选,反而退款时被扣去一角錢的邮費!

一位华侨同学来信說:“党把我这个过去在国外給資本家当丫头的孩子培养成人民的大学生,沒有党,沒有毛主席那会有今天?我不听毛主席的話听誰的話?我要讀毛主席的书!我十一年前就为了买“毛选”跑遍了整个城市,我过去曾經想过:托人到国外买。后来怕国外的人說:“中国人在中国买不到毛选”,为了維护祖国的尊严,我沒有这样做,可是十一年后的今天,我还是沒买到“毛选。”

湖南一个学生来信說:“三年来,我先后托了廿十一个人到了五个省为了是想买到一套《毛澤东选集》,但是始終买不到……心想书店里摆那許多烏七八糟的书,为什么偏偏不印毛主席著作?我一定要揪出这个罪魁禍首!”今天,在毛澤东思想的阳光照耀下,这个罪魁禍首被无产阶級革命派揪出来了!他,就是中国的赫魯曉夫刘少奇!就是旧中宣部該死的閻王陆定一、周揚,旧文化部夏衍等一小撮反革命修正主义分子,仅以上这些事实,就足以看出,刘少奇是个地地道道地赫魯曉夫式的个人野心家,是顆埋藏在中南海的定时炸彈,是中国党內最大的走資本主义道路的当权派,是反革命修正主义文艺路綫的总根子;足以看出,旧中宣部、旧文化部这些被反革命修正主义分子盘居的帝王将相衙門,长期以来是如何不遺余力地,大批地向国內外,兜銷反革命修正主义总头目刘少奇的黑“修养”,为毒草大批出籠大打方便之門;是如何瘋狂地抵制和破坏毛澤东思想的傳播,他們对党对人民犯下的滔天罪行,必須彻底批判,彻底清算!刘少奇伸向出版陣地的黑手必須彻底斬斷!

刘少奇和他的地主家庭

反革命修正主义分子刘少奇出生于湖南省宁乡县花明楼一个地主的家庭。他的祖父拥有一百二十多亩土地,他的父亲游手好閑、不务正业,依靠佃租剝削为生。刘少奇在家中排行最小,有两个姐姐,三个哥哥。大哥号墨欽,二哥号云庭,三哥号作恒。翻开刘少奇的家史,充滿了霉臭与血腥的气味,这是一部血債累累的罪恶史。貧下中农的血汗喂肥了刘家这一群寄生虫,刘少奇就是吮吸着劳动人民的血汗长大的。

对于这样一个万恶的地主家庭,刘少奇絲毫沒有一点憎恨的感覚,反而是恋恋不舍,难忘养育之恩。他时常提起他的地主兄长怎样資助他去俄留洋,也时常回亿起当少爷时候的生活。刘少奇的父亲对他特别疼爱,临終前还特别嘱咐三个大崽說:“少奇最小,要让他多讀点书。”刘少奇果然沒有辜負他的地主父母的一番教养,讀完育才中学后,用他二哥当連长的証件考上了讲武堂，以后又出国留洋，最后終于钻入革命队伍，窃踞要职，当上国家主席，还偕同臭女人王光美衣錦还乡。刘氏門庭为之光宗耀祖，这使早已死去的狗爹狗媽、大哥二哥在九泉之下也要笑容可掬，使那些尚未死去的三亲六戚欢喜若狂，凭着刘少奇当靠山，继續为虎作伥。

請看，刘少奇是怎样包庇他的地主家庭的：

刘作恒是刘少奇的三哥，一个血債累累的恶霸地主，十恶不赦的現行反革命。就是这个刘作恒，解放前曾利用封建权威和金錢誘惑，霸占楊家一位貧农妇女，使其丈夫楊××投塘自杀，逼得这位貧农妇女携儿带女外出逃生。事后又于1938年与妇女王××通奸，恰逢其夫陶××外归，刘当場将陶毒打一頓，陶被毒打后，冤怒交加，自溢而死。土改时，在刘作恒的再次逼迫下，王氏又投塘自杀了。1965年在长沙时，刘作恒已經70多岁了，但兽性未改，他的老婆刚死，又要强討一个姓沈的，这个老婆婆气憤已极，走投无路，也投井自尽了。就这样，刘作恒一共害死了四条人命！

解放前，刘作恒有水田40亩，房屋15間，地一亩，利用高利盘剝的手段榨取劳动人民的血汗。下面就是他家雇工的情况：

一九四六年：雇长工一个，零工268个。

一九四七年：雇长工一个，零工262个。

一九四八年：雇长工一个，零工226个。

不但这样，刘作恒还管公堂兼伪职，曾任公堂經理、学校董事长、伪保长、积谷仓长、矿山經理等，利用职权进行貪污，搜括民財，养肥自己。如任董事长时，凭借职权，将老子鋪、白鴿岭、鵝公冲等处大片森林，砍伐出卖，損公肥私。又如，1945年任仓长时，与大恶霸黄竟成私开各仓出谷40担，以每担16元的高价出售，牟取暴利600多元。又如关圣庙募捐，刘一次貪污光洋三百块。刘作恒就是这样一个大肆搜刮民財、杀人不見血的恶霸地主。

对于这样一个罪大恶极的反革命分子，刘少奇百般包庇纵容。土改时期，刘少奇无視党紀国法，事先为刘作恒通风报信，定調子，划为富农。当地的貧下中农万分气憤，复查时根据群众的意見划为地主。然而刘作恒极不老实，公开反对群众，敌視人民政府，耀武揚威地大放厥詞說：“老弟是革命領袖，把老兄划为地主不应該。”并威胁貧下中农說：“划我地主不要紧，沒收东西不甘心，我到北京打一轉，回来要提几个人。”（意思是要拿几个人的脑袋）看！这个家伙对貧下中农何等仇視！反动气焰何等囂張！这是为什么？因为有刘少奇当靠山。

1949年，刘作恒这个双手沾满人民鮮血的恶霸地主，不但未受国法制裁，相反逍遥法外，凭着刘少奇的金字招牌，跑到北京。当时作为国家副主席的刘少奇，热情地款待了这位狗兄，为了显示同胞兄弟之情，还合影留念，送他皮袍、长袍、补品等东西，让他继續享受豪华的生活。

1952年，刘作恒为了逃避农村群众对他的监督管制，再次跑到北京。刘少奇再一次接待了这位胞兄。为了掩盖事实，平息当地群众对刘作恒的怒火，刘少奇以了解“解放后故居情况”为名，指派四位农民去北京，并写信花明乡政府，其信的主要內容是：（1）刘作恒父子解放前不参加劳动划为地主是正确的。（2）刘作恒等不要来北京。（3）刘作恒必須在家服从乡政府的領导，老老实实生产改造，不然的話，要受到国家法律制裁。老老实实改造，五年后通过一定手續可以改变其地主成份。在这里，刘少奇耍了一个大阴謀，他让刘作恒“老老实实生产改造”是假，“五年后通过一定的手續改变其地主成分”才是他的最終目的。当刘作恒从北京回家时，刘少奇还不放心，特意写信叮囑王首道說：“刘作恒从北京回家，路过长沙，請你招待数日，他即行回家。据他説乡下征粮有一些过重的，交不起，这恐不完全是地主的叫嚣，有加以考虑之必要。”刘少奇究竟站在什么阶級立場上，这不是很清楚了嗎？

刘作恒两次北京之行，虽未捞到一官半职，但他当官的心情越来越迫切。他两次写信給程潜，沒有回信。又写信給当时的湖北省委第一书記邓子恢。刘作恒結識了这些“要員”，拉好关系，終于在1953年当上了湖南省人民革命軍事委員会参事室联合办公室秘书之职。于是，这个血債累累的地主恶霸分子又一跃而上，窃据了廿級的秘书，年年升級，年年升薪，每月白拿人民六十五元的血汗錢，又达到了他重新騎在劳动人民头上作威作福的罪恶目的。

刘少奇利用淫威，包庇纵容反革命分子刘作恒，使花明楼区的党員干部和广大群众十分不滿，他們专題討論了这个問題，一方面写稿追問湖南日报，一方面写信到刘少奇那里，质問刘少奇。但是，刘少奇出于反动的地主阶級的本质，不但不对自己的行为稍加檢点，反而更加明目張胆地庇护他的地主亲戚。

刘少奇对他的两个姐姐家也是关怀备至。解放前后，刘少奇无視党紀国法，把减租退押和一系列方針政策事先写信告訴地主姐姐。刘少奇的姐姐仗着自己的弟弟是国家副主席这块金字招牌，气焰十分嚣張，大駡农会是“小子会”，駡退押队为“棍子队”，抗拒退押和土改分田。甚至解放以后仍然雇工剝削，对貧下中农极端仇視。

刘少奇的六姐夫張澤南，祖宗三代都是游手好閑的吸血虫。張家霸占民田二十六亩，房屋十二間，长期雇长工、看牛童工、月工、零工，曾任长沙荣灣鎮杂税局官吏和地方伪保长，大肆搜刮民財，民憤极大。六姐是一个作恶多端的地主婆。可是刘少奇对这家人眞是体貼入微。1960年，地主分子六姐有病，刘少奇聞訊后急急忙忙寄去100元治病。地主分子六姐夫死时，刘少奇立即寄去60元人民币作为舅子中的人情。特别在1961年3月，刘少奇打着国家主席的金字招牌，以“調查人民公社問題”为名，来到他的老巢——花明楼炭子冲，和王光美一道带了四十多个人，特地拜訪了地主分子六姐。姐弟两人悲喜交集，密談了两个小时，并送了糖食果类等食品“慰劳”。为了表示与地主分子六姐亲密无間，特意相伴合影，唯恐自己照顾不周，层层嘱咐照顾其姐。此后，社、区、县、省以至中央各級一些討好主子的奴才，經常不断地来拜訪刘的六姐。在国家經济困难时期，刘的六姐以高級知識分子待遇照顾。62年起，以軍属优待，每年口粮就有五百斤，逢年过节还送礼物。64年、社教运动以后，刘少奇特意派公安部副部长徐子荣、省委徐启文、宁乡公安局长崔茂珍来看望受群众监督的地主分子六姐，公安部徐子荣对刘的六姐説：“刘主席要我到湖南来看你老身体好不好？”刘的六姐説：“身体不好，身体有一边麻木。”不久，省委副书記徐启文用小包車把她接去长沙治疗，住在省委招待所33天之久。病愈后不但不要一分錢、一粒粮，反而敬送了四套新衣服，一床新棉被、一条新棉褲及糖果肉食等高級物品，用小包車送回家。66年3月，省委聞刘的六姐眼痛，又特意用小包車接去长沙省委招待所，共治疗70天之久，又不要一文錢、一粒粮，用小包車送回家。湖南省委內一小撮走資本主义道路的当权派的这一切所作所为，都是禀承了刘少奇的意图的。

刘少奇的七姐夫魯瑞林，也是任过七年鉄路“巡官”，当过祠堂总管，长期雇工剝削的反动家伙。刘少奇这个野心勃勃的反动家伙，为了后继有人，从49年起就把七姐夫妻接到北京，并将其侄儿侄女以私人的关系安插到国家党、政、軍机关工作。

刘少奇还念念不忘他的已經死去的地主父母，61年回巢时，还与王光美到其父母坟上拜坟，以示自己不愧为父母的孝子。

以上的事实足以証明刘少奇是一个地地道道的地主阶級的孝子賢孙，是地、富、反、坏、右

的后台老板，是彻头彻尾的反革命修正主义分子的总头目。

打倒刘少奇！

〈本文系本刊資料組根据湖南革命造反派提供資料整理〉

（附件一）　湖南省委統一战綫工作部給宁乡县委会的一封信

宁乡县委負責同志：

据反映，少奇同志的哥哥：刘作洪有土地二十五亩，除五亩出租外，其余的均系自已耕种，家庭有十个人，每年只雇短工三个月。土改划为富农，而于去年土改复查改为地主，并没收其一部分財产，連少奇同志送給他的皮袍子和其他一些衣服也被没收了。在政治上与对待一般地主没有区别：經常派工，我們认为这是不对的，希你县即派人調查了解，如阶級划錯了，必須立即改正其阶級成份，并适当补偿其損失。請你們于最近將处理情形告訴我們为荷！

此致

敬礼

中共湖南省委会統一战綫工作部（公章）一九五三年四月十六日

（附件二）　委宁乡县委会对省委統一战綫工作部“关于宁乡三区区委汇报調查地主刘作恒的具体情况”的汇报：

省委統一战綫工作部：

刘作恒地主成份，据三区区委会調查报告，其具体情况轉报你們，希批示。

中共宁乡县委（公章）

一九五三年六月十五日

回报調查地主刘作恒的具体情况：

刘作恒住三区花明乡（原南塘乡），五二年元月，該乡进行复查，經呈請批准划为地主。

（一）該户全家九口人，有水田四十亩，房屋十五間、土一亩、依靠剥削为主，每天餐魚餐肉。

（二）剥削方面：雇佣剥削，該地主刘作恒与其子刘敦候能劳动而不劳动，一游手好閑，經常雇請长工、月工、零工，解放前三年雇工情况如后下：

一九四六年雇长工肖甲爷（住黄龙乡），另雇零工二百六十八个。

一九四七年雇长工姜春之，另雇零工二百六十二个。

一九四八年雇长工姜春之，另雇零工二百二十六个。

該地主除雇长工外，如刘十九老官，肖林春、刘正南、刘德舟、刘志明、刘昆山等人为經常在該地主家作零工、月工者。

（三）管公堂及兼任伪职。該地主曾任公堂經理、学校董事长、伪保长、积谷仓长、矿山經理等伪职务，从中进行貪污剥削。如任董事长时，凭借职权，将老子鋪、白鴿岭、鵝山冲等处大批森林，大肆砍伐，出卖肥私。又于一九四五年任仓长时，与大恶霸黄竟武私开积谷仓，出谷四十担，以每担十六元的高价出卖而肥私（后經群众反对，即以每担十二元貼补三十担了事），又如关胜庙募捐，該地主一次貪污光洋三百块（康迪臣等証实）。

（四）罪恶行为。該地主一貫依仗其封建权威和金錢利誘，奸汚妇女，造成血債。如一九三八年与妇女陶六娘通奸时，恰逢亲夫陶六爷外归，該地主不見机逃跑，反将陶六爷毒打一頓，陶因被打，羞怒交加，自縊而死（后陶六爷侄儿陶先武斗争时登台哭訴）。其他压迫妨碍等不法行为，不胜其数，斗争时苦主合有二十一个。刘划地主后，没收計田三十亩、屋七間、山土一块、耕牛一条、谷五担（留下三担谷）和器具一部分。

三区区委办公室（公章）

一九五三年四月二十六日

（附件三）　刘作恒給湖南省委金明的一封信

金副主席：

一、我家历系一个农家，經过六代了，并没有失过业，一直到解放还作田四十亩，土改中，群众划我家为富农，少奇胞弟的信，亦説是富农，去年划为地主。在历史讲起来，我純系作田为业，关于团党訓派都没有参加过，不管公堂，只出租田五亩，欠积谷八百担左右，并且被人剥削，究竟是不是符合政策？把我家农具什物、猪牛、仓谷、衣服、被帳等件，并少奇送給我的皮袍（去冬腊月退还）、长袍、绳子衣、补品和前冬田里种的麦子一概没收去了。

二、长兄号墨欽，次兄号云庭，我号作恒，九弟号偉黄（即少奇），我的父亲死的时候，九弟只十一岁。云庭兄他是辛亥革命的尉官，家里作田一百亩，全家靠我与长兄劳动。家中紧縮开支，送少奇讀长书，帮助他去俄流洋，民国十四年，他在长沙被贼恒忽捉去扣押四十多天。我和哥哥舍命帮助他，才保出来。他的长子保华，生活四个月，拿国家带养，到十四岁送至陕西，他也没有写信給我。

三、我家共有八个人，群众留下的三套烂被帳，几身旧衣服，每人給的三担六斗谷田，食不能飯，衣不能暖，家里生活全靠我和儿敦候父子二人，不足維持。去年写信給少奇弟，他也没有回信，現在正值春耕，夏荒即到。我妻年六十，病不能医。我儿敦候，患痢几月，医治不愈，失去劳动力，不能生产。这种情况，我实在过不下去，只好請求救济，用特函达，你老不知以为何如！

此致

崇高敬礼！

刘作恒謹上

一九五三年四月九日

长沙通訊　处楚湘街 40 号

打倒美术界的黑司令华君武

紅　小　鬼

反革命修正主义分子华君武，是刘邓安插在美术界的一个黑司令。长期以来，他窃据了中国美术家协会党組副书記、秘书长及人大代表等重要职务，把持美术界，干尽了反党反社会主义反毛澤东思想的罪恶勾当。华君武是个什么东西？看他的过去就可以知道他的現在。

华君武是江苏无錫人，1915 年生。从他拿起画笔的时候起，他就是一个不折不扣的資产阶級右派画家。1933—1936 年，华君武在上海的《时代漫画》上发表了不少宣揚資产阶級腐朽生活、低級趣味和汉奸腔調的坏作品，例如：《露西小姐的曲綫生活》，《露西小姐周济穷人的犧牲》，《性的过剩》等。1938 年混进革命队伍。到延安后，画了許多黑漫画对革命圣地进行恶毒的咒駡和攻击。1942 年伙同蔡若虹、張諤举办諷刺延安革命生活的画展，专門暴露所謂"延安的黑暗面"，配合丁玲、王实味向党进攻。解放以后，华君武的反动本性不但絲毫未变，反而变本加厉了。57 年反右期間，华君武支持工艺美术学院的右派分子郑可，祕大年，并为之出謀划策。三年困难时期，华君武和"三家村"黑帮合作，在美术界开設了一个"三家村"分号，射出一支支的毒箭。文化革命初期，华君武又搞假批判，眞包庇，还企图利用职权压制革命。华君武所犯下反党反社会主义反毛澤东思想的罪行，眞是罄竹难书。但是，由于党内最大的走資本主义道路的当权派刘少奇、邓小平的包庇纵容，华君武的反革命罪行一直未得到彻底的清算。

无产阶級文化大革命一声春雷，革命群众起来造反了！在偉大領袖毛主席的領导下，揪出了党內最大的走資本主义道路的当权派刘少奇、邓小平。在他們庇护下的一小撮牛鬼蛇神，都暴露于光天化日之下。美术界的黑司令华君武无处可藏身，是把他的丑恶咀臉揪出来示众，彻底清算他所犯下的滔天罪行的时候了。

一、恶毒攻击我們心中最紅最紅的紅太阳毛主席

毛主席是我們偉大的領袖，是全世界革命人民心中最紅的紅太阳。如何对待毛主席和毛澤东思想，是区别革命或反革命、眞革命或假革命的重要标志。一切革命人民，对毛主席无限热爱，无限信仰，无限崇拜；一切反动派，对毛主席总是恨得要死，怕得要命。自然，反革命修正主义分子华君武也毫不例外。

附图 1

华君武画了大量的漫画，恶毒地攻击以毛主席为首的党中央的英明領导。革命人民称頌毛主席是偉大的舵手，华君武却在《只顾掌舵，不顾看风》的漫画里，諷刺一个舵手不会看风使帆，使航船停止不前。实际上是在汚蔑毛主席不会領导。他的漫画《不对头》和《該休息了》，影射毛主席的領导“不对头”，应該“下台休息”；企图让党內走資本主义道路的当权派上台，把社会主义的中国引向資本主义的复辟。和“三家村”黑店大掌柜邓拓的黑文章“健忘症”“偉大的空話”如出一轍！更有甚者，华君武在他的漫画《毛厕里的石头——又臭又硬》里，居心叵测地将“茅厕”的“茅”写为“毛”，这是因为一时的疏忽大意嗎？完全不是。华君武是有所指的，他的矛头就是指向我們最敬爱的領袖毛主席。（見附图１）

华君武害怕革命群众掌握毛澤东思想，声嘶力竭地反对学习毛主席著作。他的黑画《保險走路法》、《春蚕象贊》，汚蔑学习毛主席著作是“踏着别人的足迹走路”，“人云亦云”，“作茧自縛”。他在《新編跳皮筋歌》一画上附詩：“写文章，干又癟，算算字数七千一，八千六，九千七，加上引句一万一。”明目張胆地反对写文章引用毛主席語录。华君武还歪曲活学活用毛主席著作的群众运动，漫画《第四頁上就睡着了》，画了四卷“毛选”，一个人躺在第四頁上睡大觉，而毛选第四頁正好是毛主席的第一篇光輝著作“中国社会各阶級的分析”！！看，华君武何等猖狂，眞是罪大恶极，罪該万死。（見附图２）

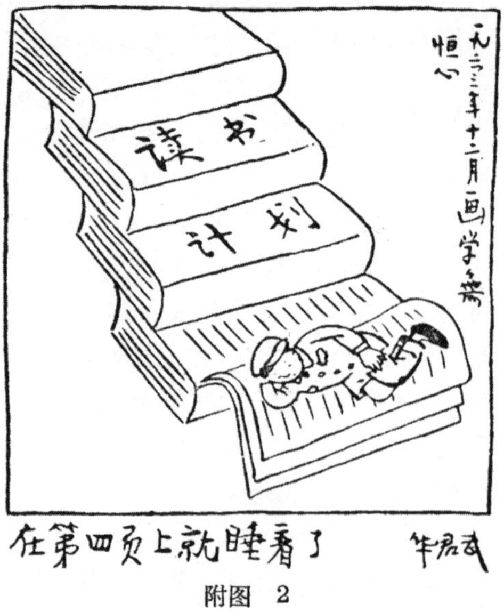

附图 2

毛主席教导我們：“一个人，一个党……了”，华君武这样恶毒地攻击毛主席，处心积虑地反对毛澤东思想，正說明了他的反动本性。狂犬吠日，絲毫也不能有損太阳的光輝。革命人民更加热爱毛主席，

更加憎恨反对毛主席的如华君武之流的小丑。

精彩漫画

二、公开对抗毛主席的文艺路綫

毛主席教导我們說:“一切文化或文学艺术都是属于一定的阶級,属于一定的政治路綫的。为艺术的艺术,超阶級的艺术,和政治并行或互相独立的艺术,实际上是不存在的。”美术作为一种艺术形式,自然也不能例外,不为无产阶級的政治服务,就必然为資产阶級的政治服务。

(附图 3)

可是,长期以来美术界在华君武等人的控制下,古人、洋人、帝王将相、才子佳人、花鳥魚虫成为美术作品的主要內容。齐白石、林风眠,傅抱石等資产阶級“权威”画家的作品被捧到天上,視为楷模。对西方抽象派艺术也大加贊尝,高价收购。而对些眞正来自工农兵的描繪現实生活的好作品,他們却置之不理,打入冷宮。华君武之流究竟爱什么恨什么,不是很明显了嗎?

毛主席教导我們:“現实生活是文学艺术創作的源泉,一切文学艺术家都必須深入生活,深入工农兵。”华君武却和毛主席大唱反調,宣揚“到处有生活”,“题材无主次論”,不組織画家到工厂农村劳动鍛炼,却以旅行写生为名,鼓励画家“自由創作”和游山玩水,香山看紅叶,故宮看古董。他认为在今天的社会主义制度下,沒有創作的自由。在«热心过度»一画里,諷刺党的領导管的太寬。更明显的是一篇題为«科学分工»的黑画:一个人在吹笛,一个人在按眼,意思是創作沒有自由,有人在定調子。从而来攻击毛主席提出的“政治标准第一”的党的文艺方針。(見附图 3)

一九六一年一月
甲：她为什么用喊口号的姿势唱歌？
乙：这是完全符合歌词内容的。
华君武

(附图 4)

华君武画了大量的漫画,全面地否定歪曲毛主席的文艺思想。«看花記»把“百花齐放”的方針說成是“一花独放”;«化民族»把文艺創作的民族化大众化說成是“化民族”;«分不清索性剪掉»把批判地继承文化遺产說成是快刀剪乱发,对文化遺产的全盘否定;«杜甫檢討»宣揚翦伯贊的反动的历史主义;«何不下楼合作»为吳晗的反动历史剧开脫;«她为什么用喊口号的姿势唱歌»汚蔑社会主义的文艺都是些“标語口号”。(見附图 4)

由此我們可以清楚地看出,这些年来华君武在美术界执行的不是毛主席的文艺路綫,而是資产阶級的反动路綫,他的漫画是服务于資产阶級政治的,是射向社会主义的毒箭。

三、配合“三家村”向党进攻

华君武和“三家村”黑帮分子不仅是老相識,而且是老搭当。他們經常在一起配詩作画,一大跃进就是吹牛皮，历史已有定论。

唱一和，向党进攻，61 年 1 月，“三家村”黑帮“破門而出”，抛出了《海瑞罢官》、《燕山夜話》、《三家村扎記》等大毒草。华君武也在同一时間，正式在光明日报开辟专栏，誓以“每礼拜一張”的决心，大画黑画。59 年至 64 年共画 200 余幅，其中大量的黑画集中在 61 年至 62 年，与“三家村”的黑話配合紧密腔調一致。不信，我們就稍加对比：

邓拓攻击党的領导“自作聪明，看不起群众”。华君武汚蔑党的領导“有我发言，无你讲話，作茧自縛，只剩孤家”。

邓拓汚蔑大跃进是“吹牛皮”，“說大話”，在事实面前“碰得头破血流”。华君武攻击大跃进是“瞎吹”，“沒有根据的发言，沒有根据的文章，沒有根据的报告”。汚蔑我們“信口开河”，“断綫风筝”，“头上碰起疙瘩”。（見附图 5）

邓拓大駡我們不爱护劳动力。华君武則駡我們搞“无效劳动”，象“鉄杆磨成針”似的浪費劳动力。

邓拓反对无产阶級专政，狂妄地叫嚷要党下台“休息”。华君武也向我們党发出“該休息了”的反动叫嚣。

吳晗、翦伯贊誹謗我們用毛澤东思想研究历史是“反动历史主义”。华君武誹謗我們要“杜甫檢討”，給“孔夫子戴干部帽”。

断線风筝

（附图 5）

“三家村”的后台老板彭眞在《前綫》发刊詞里胡說我們党是“凭灵机一动的本能办事”，“違背客观規律，任意乱干。”华君武也跟着胡說我們党是“夸大主观能动作用”，向“公牛挤奶”，叫“公鸡孵蛋”。

彭眞在《前綫》发刊詞里恶毒地嘴咒我們党“象风筝氫气球一样，随风波蕩”，“跟着空气办事”。华君武也跟着嘴咒我們党是“信口开河”、“空洞的气体”和“断綫的风筝”。

够了，不用再一一罗列，华君武和“三家村”四家店”黑帮究竟是什么关系不是昭然若揭了嗎？难怪邓拓在《燕山夜話》里大肆吹捧华君武：“华君武同志的內部諷刺画充滿着善意的規劝……我很喜欢他的漫画。”也难怪在文化革命初期，华君武死保邓拓，搞假批判眞包庇。他們指是刘、邓这个黑店里的伙計，臭味相同，利宫一致。

四、招降納叛，結党营私

党內走資本主义道路的当权派和形形色色的牛鬼蛇神，他們懂得，要复辟資本主义，除了要制造輿論准备之外，还要作組織准备。所以他們到处招降納叛，培植党羽。在美术界，华君武就是一个收罗牛鬼蛇神的黑司令。

請看，在华君武的把持之下，美协都是些什么人在当道：

王朝聞，旧美协党組成員，书記处书記，《美术》杂志主編。就是这个所謂的“文艺理論家”，瘋狂地反对毛澤东思想，宣揚三十年代的文艺，鼓吹修正主义的人性論，鬼剧坏电影的热烈吹捧者。

叶淺予，旧美协付主席，《美术》杂志編委，中央美术学院国画系主任，資产阶級臭权威。这个反动的洋奴走狗，对社会主义怀着刻骨的仇恨，曾作《冰糕詩》发泄对現实的不满。

郁风，旧美协书記处书記，展覽部主任。这个出身官僚家庭的資产阶級小姐，經常开画展，宣揚封建迷信，用資产阶級的生活情趣，頹廢享乐的思想来腐蝕青年。

艾中信，旧美协理事，党委委員，《美术》杂志編委，中央美术学院油画系主任。华君武黑漫画的积极吹捧者。

另外还有"反动权威"李若禪、吳作人、美协黑帮的走卒何溶、李寸松等。

就是这些人，使社会主义的美协变成了修正主义的裴多菲式的俱乐部。他們利用职权，控制美协会員的发展。美协共有会員 1116 名，工农兵只有 46 人，占 4.1% 。112 名理事中工农兵只有 5 人，也只占 4 1 %。 可是一些地、富、反、坏、右却被大量地吸收为美协会員。例如右派分子江熒，思想一貫反动，現仍在劳改，也公然被吸收为会員。 63 年发現一个"青年画家"刘文西，从西安請到北京，专为他举行观摩会，出画册， 大捧特捧，吸收为会員。而刘文西的父亲是个恶霸地主，被鎮压，其母还保存着血衣，准备"报仇"。夏衍的老婆画画幷不好，夏衍給华君武打个电話就入会了。

旧美协是个黑窩，华君武就是黑司令。

打倒反革命修正主义分子华君武！

美术界是属于无产阶級革命造反派的，美术必須为无产阶級政治服务。

建国十七年以来文化战綫上两条路綫斗爭大事記（續完）

本刊編輯部

一九六五年

一九六五年，在刘少奇、邓小平主持的一次政治局会議上，周揚汇报文艺界的情况，吹嘘文艺界整风后的"新气象"。刘少奇、邓小平肯定了周揚的发言，邓小平公然叫囔說："文艺上主要是好的。批評应当以鼓励为主。"

一月　江青同志在上海市委关于几部影片上映問題的請示报告上批示，不要为坏影片遮丑，坏影片上映前不要修改。周揚違背江青同志的意見，說他已同彭眞、罗瑞卿商量过，都同意对坏影片作些修改再上映，周揚幷直接把他們的錯誤意見告上海。結果，《不夜城》、《舞台姐妹》、《阿詩瑪》等毒草上映前都作了修改、美化。

二月　周揚、林默涵召开报刊文艺評論会議，以貫徹"二十三条"为名，大反文艺批評的簡单化"，提出糾"左"的問題。包庇陈翔鶴的反党历史小說《陶渊明写<挽歌>》和《广陵散》，不准談小說影射現实的問題。林默涵蔑視工农兵参加文艺批判、斥責《文艺报》的同志："你們說工农兵評論有偉大意义，难道比原子彈爆炸还偉大？"

三月　由罗瑞卿提名，經刘少奇、邓小平批准，刘、邓黑司令部的得力干将肖望东、調到文化部任副部长。肖望东念念不忘主子对他的賞識和栽培，奔走于彭眞、刘志堅、陆定一之間，領取黑指示。

三月三日　在刘邓黑司令部主持下，泡制了一个会議紀要，在这个紀要里，邓小平攻击六四年以来学术文艺战綫上批判資产阶級学术权威的革命，是搞“过火”了，妨碍了“創作的繁荣”，要求赶紧“刹車”，规定重重“王法”：今后对全国著名人物点名批判，必須报中央批准。他們这个刹車通令，果然收到了效果。在这以后，报刊上的批判大部停下来了，对于田汉、夏衍，这些早已决定公开批判的人物，連假批判也不搞了。接着，党內外刮起了一股对一九六四年批判运动的翻案风，攻击批判是“爆破組”、“文海战术”、“以空論对空論”……。这股黑风一直刮到一九六五年姚文元同志批判“海瑞罢官”文章发表以前。

五月　所謂文化部新党委成立。党委成員包括有肖望东、石西民、林默涵、刘白羽、赵辛初、顏金生、徐光霄、徐平羽、李琦等。肖望东任书記，石西民任副书記，黑閻王陆定一是太上书記。

肖望东、十分欣賞和吹捧周巍峙、李伯釗(楊尚昆老婆)等右派分子。准备把周巍峙提拔为副部长，把李伯釗提升为院长，并已上报陆定一。

七月　以肖望东为首的“新党委”向彭眞汇报并請示工作任务。从此以后，所謂新文化部的工作完全納入黑司令的反党黑綫軌道之內。

江青同志在二月間对电影体制作了重要指示，并要文化部认眞解剖一个麻雀、肖望东却把它扣压到七月才批交电影局“研究”；在調查过程中，赵辛初明目張胆地篡改和歪曲江青同志指示，并置若罔聞不了了之。

九月　毛主席早就覺察到吳晗的問題，是資产阶級代表人物向党向社会主义猖狂进攻的問題。中央工作会議期間，毛主席在中央常委会議上，从阶級斗爭的观点出发，問彭眞，吳晗是不是可以批判？彭眞迴避問題的实质，只回答說，吳晗有些問題可以批判。

九月二十三日　在文化部召集的文化厅局长会議上，彭眞多次指名攻击毛主席。他反对毛主席的文艺革命路綫，把政治、思想、文化战綫上尖銳的阶級斗爭說成是思想认識問題，大肆宣揚“在眞理面前人人平等”的修正主义謬論，还用“錯誤言論，人人有份”的口号来打击左派，包庇資产阶級右派。陆定一在会上大反斯大林。借反对个人迷信，恶毒攻击毛主席。周揚吹嘘所謂整风的成績。

十月　江青同志亲自指导的交响乐团改革成果《交响乐〈沙家浜〉》开始演出。肖望东等人却置若罔聞。他胡說演革命現代戏，好似抹烟鼻子一样，有人說好，有人說不喜欢。

江青同志对电影摄影工作会議作了一系列重要指示，肖望东、赵辛初、刘白羽根本未做傳达，更未加实施。

十一月　秉承刘少奇、邓小平、彭眞的意旨，陆定一周揚、肖望东等人召开全国青年业余文学創作积极分子大会，一方面出版青年作者文学丛刊，一方面在报刊上大肆进行宣傳，制造文艺界的“繁荣景象”。从根本上否定了毛主席对文艺界的尖銳批評。

十一月十日　在毛主席号召之下，姚文元同志的文章《評新編历史剧〈海瑞罢官〉》发表，吹响了无产阶級文化大革命的号角。

十一月十一日——二十八日　彭眞等一小撮反革命修正主义分子視姚文为洪水猛兽，怕的要死，恨的要命。下令禁止北京各报刊轉載姚文。

十一月二十八日　在周总理的督促下，彭眞等才被迫在人民大会堂西大厅开会，討論北京报紙轉載姚文元文章的問題。彭眞問邓拓,“吳晗現在怎样?”邓拓說:“吳晗很紧張, 因为他知道这次批判有来头。”彭眞大声說:“什么来头不来头,不用管,只看眞理如何, 眞理面前人人平等。”狂妄露骨地反对毛主席。

在此前后,刘少奇、邓小平、陈云竟任命彭眞为中央文化革命五人小組組长,組織了康生同志,陆定一、吳冷西、周揚为五人小組成員, 排挤康生同志, 有計划、有組織地保护《三家村》过关。

十一月二十九日——十二月二日 《解放軍报》、《人民日报》、《北京日报》、《光明日报》陆續轉載姚文。《人民日报》将姚文放在《学术研究》栏。編者按語按照彭眞的意見, 只把这个問題作为学术問題来討論,并且强調“旣允許批評的自由,也容許反批評的自由”。按語的最后一段, 引用毛主席的話, 指出对那些有毒素的反馬克思主义的东西, 要进行斗爭, 这是周总理加的。

十二月八日 《紅旗》发表戚本禹同志題为《为革命而研究历史》的文章,批判翦伯贊、吳晗为代表的反动历史观。

十二月十二日 《前綫》、《北京日报》突然以显著地位, 醒目标題发表題为《从〈海瑞罢官〉談到“道德继承論”》企图用“小罵大帮助”的手段, 把对吳晗的批判, 从尖銳的政治問題拉到“純学术”的問題上去。著者向阳生,就是反党老手邓拓。这篇文章是在彭眞亲自指导下写的,最后由彭眞亲自修改,定稿。

周揚、林默涵等人不甘落后,指使文艺界抛出学术討論文章。林默涵在一次文化部会議上把吳晗的問題說成是“历史观点”, “道德观点” 的錯誤, 說:“海瑞罢官” 是两个方面的集中表現。

十二月二十一日 毛主席找陈伯达、艾思奇、关鋒等同志讲話指出:**戚本禹的文章很好,我看了三遍,缺点是沒有点名。姚文元的文章也很好,点了名,对戏剧界、史学界、哲学界震动很大,缺点是沒有击中要害。要害問題是“罢官”。嘉靖罢了海瑞的官,一九五九年我們罢了彭德怀的官。彭德怀也是“海瑞”。庐山会議是討論工作的,原来打算开半个月,会議快結束了, 彭德怀跳了出来。他說:你們在延安罵了我四十天的娘,我罵你們二十天娘还不行! 他就是要罵娘的。**

十二月二十二日 毛主席找彭眞、康生、楊成武等人談話, 又讲了前一天同陈伯达等同志的意見。提出要害問題是“罢官”,我們庐山会議罢了彭德怀的官。彭眞立即辯解說,我們經过調查,沒有发現吳晗同彭德怀有什么組織联系,掩盖吳晗反党反社会主义的政治問題。

十二月二十三日 彭眞要求单独同毛主席談話。談話后彭眞故意造謠, 說毛主席贊成他們的所謂“放”的方針,还造謠說,吳晗問題要两个月以后做政治結論。又說, 两个月以后再談政治問題。

十二月二十七日 《北京日报》发表了吳晗在彭眞授意下写的《关于〈海瑞罢官〉的自我批評》。这是一篇假檢討,眞进攻的文章。然而弄巧成拙,反而暴露出自己的要害問題。

吳晗的假檢討发表以后,邓小平对万里說:“吳晗就那么多問題,批判批判,就可以了。” 公然包庇吳晗。

冬,肖望东、赵辛初根据彭眞的黑指示,制造假相,拍摄了《北京农业大跃进》紀录片, 对抗毛主席树立的紅旗大寨,欺騙人民,为旧北京市委树碑立傳,歌功頌德。

一九六六年

一月　肖望东違抗康生同志的指示，經刘少奇同意，在彭眞的具体指示下，制定了“文化部党委关于当前文化工作中若干問題向党中央汇报提綱”，由肖望东直接向彭眞的五人小組“汇报通过”，做为中央文件批轉全国。这个提綱抹杀阶級斗爭，否定文化革命，貫穿彭眞“先立后破”的謬論，实际是周揚反动“文艺八条”的变种。

一月十三日至十七日　关鋒和戚本禹的两篇批判吳晗《海瑞罢官》要害問題的文章写成。这两篇文章都送給了中宣部，一直被他們扣压着。

二月二日　江青同志受林彪同志的委托，就部队文艺工作的若干問題，在上海开始进行座談。

二月三日　彭眞召集五人小組扩大会議。在会上发了七个攻击左派，包庇右派的材料。彭眞要对左派进行整风，不要当“学閥”。他还說，已查明吳晗同彭德怀沒有关系，因此不要提庐山会議。他还要爪牙刘仁、郑天翔証明，邓拓是拥护三面紅旗的，长期以来是堅定的。康生同志在会上与彭眞展开了針鋒相对的斗爭，他根据毛主席的指示指出，同吳晗的斗爭，是两个阶級，两条道路的斗爭，要分淸阶級界限；要保护关鋒等左派同志，要依靠他們組織我們的学术批判队伍，要把斗爭的鋒芒对准吳晗，要揭露吳晗的政治問題，要害問題，要联系庐山会議的阶級背景来談。康生同志批評許立群不收集吳晗的材料，专門收集左派的材料。

会后，彭眞要許立群和姚溱起草“汇报提綱”。

二月初　在彭眞的具体指揮下，由閻王殿的許立群，姚溱泡制了一个彻头彻尾反毛澤东思想的所謂“五人小組汇报提綱”，阴謀打击左派，扼杀无产阶級文化大革命。刘少奇是这个大阴謀的总根子。这个“二月提綱”在泡制过程中是在刘少奇家里討論通过的，后来又是在他的直接支持下，盜用中央名义，发到全党，流毒全国。

在这期間，刘少奇竭力庇护自己爪牙，妄想把无产阶級文化大革命納入純学术批判的軌道。他說：“写文章要愼重，要有水平，要写出高明的东西，这是打笔墨官司，不要辱罵。”

二月八日　彭眞向毛主席汇报。在汇报过程中，毛主席的意見同彭眞完全是对立的。毛主席当面問了彭眞两次，吳晗是不是反党反社会主义，而彭眞事后故意歪曲，說毛主席认为吳晗不是反党反社会主义。彭眞否定解放以后毛主席亲自領导的各次对資产阶級意識形态的批判，他认为，这些批判都是虎头蛇尾，沒有結論，他說这次要做政治結論。毛主席明确地反对和批駁了这种意見，指出对資产阶級意識形态的斗爭，是长期的阶級斗爭，絕不是匆促做一个政治結論，就可以完結的。当彭眞說到，要用“整风”的方法整左派的时候，**毛主席立刻加以駁斥，說这样的問題，三年以后再說**。当許立群攻击关鋒的杂文时，毛主席明确地頂了回去說，**写点杂文有什么关系，何明（即关鋒）的文章我早就看过，还不錯**。

二月十三日　彭眞指定胡绳和張春桥談話。胡绳說，不能讲吳晗反党反社会主义，不能联系庐山会議，并且硬說是毛主席的意見。企图以此压抑上海革命的同志。

二月底　中国人民大学去告陆定一的状，刘少奇还批示說：“陆定一是一个很好的同志。”

在刘少奇的庇护下，**彭眞、罗瑞卿、陆定一、楊尙昆等策划兵变**。但是他們的这个阴謀，早被我們英明偉大的領袖毛主席及其亲密战友林彪同志識破，未能得逞。

三月　陆定一在南方和彭眞南呼北应，合謀制造大混战，他到江西、安徽要大搞学术批判，愈多愈好。

三月十七日——二十日 毛主席在政治局常委扩大会上，专門就学术批判問題讲了話。讲話中指出，我們在解放以后，对知識分子实行包下来的政策，有利也有弊。現在学术界和教育界是資产阶級知識分子掌握实权。社会主义革命越深入，他們就越抵抗，就越暴露他們的反党反社会主义的面目。吳晗和翦伯贊等人是共产党員，也反共，实际上是国民党。現在許多地方对于这个問題认識很差，学术批判还沒有开展起来。各地都要注意学校、报紙、刊物、出版社掌握在什么人手里，要对資产阶級的学术权威进行切实的批判。我們要培养自己的青年的学术权威。不要怕年青人犯"王法"，不要扣压他們的稿件。中宣部不要成为农村工作部（注：中央农村工作部六二年被解散）。

三月二十五日 《紅旗》发表戚本禹，林杰、閻长貴等同志文章，題为《翦伯贊的历史观点应当批判》。

三月二十八——三十日 毛主席同康生同志談了两次話，然后又同康生、江青、張春桥等同志談了一次話，批評所謂"五人小組汇报提綱"混淆阶級界限，不分是非。指出这个提綱是錯誤的。毛主席說，一九六二年十中全会作出了进行阶級斗爭的决議，为什么吳晗写了那么許多反动文章，中宣部都不要打招呼，而发表姚文元的文章却偏偏要跟中宣部打招呼呢？难道中央的决議不算数嗎？毛主席指出，扣压左派稿件，包庇反共知識分子的人是"大学閥"。中宣部是閻王殿。要"打倒閻王，解放小鬼！"毛主席說，我历来主張，凡中央机关作坏事，我就号召地方造反，向中央进攻。各地要多出孙悟空，大鬧天宮。去年九月会議，我問各地同志，中央出了修正主义，你們怎么办？很可能出，这是最危險的。毛主席要求支持左派，建立队伍，进行文化大革命；批評彭眞，中宣部和北京市委包庇坏人，压制左派，不准革命；如果再包庇坏人，中宣部要解散，北京市委要解散，"五人小組"要解散。

三月三十日 中央軍委批准《林彪同志委托江青同志召开的部队文艺工作座談会紀要》，并报中央和毛主席审批。

四月二日 《光明日报》和《人民日报》同时发表了戚本禹的文章，題为是《海瑞駡皇帝，和〈海瑞罢官〉的反动实质》，这篇文章被彭眞及其爪牙扣压了两个半月之久。

春，文化部討論确定文艺界的所謂标兵，沒有一个是《紅灯記》、《沙家浜》、《智取威虎山》、《奇襲白虎团》和芭蕾午《紅色娘子軍》、交响乐《沙家浜》等代表三年来社会主义文艺样板。

以刘少奇出国訪問为題材拍摄的影片共八部。五部是在周揚、夏衍、陆荒媒等窃踞中宣部、文化部領导崗位时期摄制的，三部是在肖望东統治文化部时期摄制的。这三部影片是刘少奇一九六六年出国訪問印度尼西亚等，是經过刘少奇、邓小平、肖望东先后审查通过的。影片通过后，印制了大量拷貝，作为重点节目，在国內普遍上映，流毒极广。

四月五日 彭眞召集十几个人开会，他在会上說：他在合作化，工商业改造，农村工厂四清、国际反修方面，都不是落后分子，唯独在学术方面是落后分子，他說，这是因为上学迟，知道的情况少。他还說，他的严重錯誤在于"放"想再放出几个吳晗来，結果是幻想。他还提出要取消"清規戒律"，不要受任何束縛，燒着誰就是誰。又說，吳晗的問題已經差不多了，到定案的时候了。

《紅旗》杂志发表关鋒、林杰的文章，題为《〈海瑞駡皇帝〉和〈海瑞罢官〉，是反党反社会主义的两株大毒草》这篇文章也被彭眞及其爪牙扣压两个半月之久。

四月七日 彭眞将《紀要》的草稿送交肖望东。林默涵立刻偸抄下来，在专业創作会議上作报告，全面地剽窃了《紀要》的內容，并作了严重歪曲，为所謂的三十年代文艺路綫辯护。

毛主席关于一批坏电影必須批判的指示已經下达一年八个月之久了，在江青同志一再督促下，林默涵不得不匆忙搞出批判七部电影的报告，但对《抓壮丁》、《紅日》这样的大毒草却不列入。肖望东等人，对批判毒草电影采取消极抵制的态度，表示："文艺評論是不是我們来抓？"对此按兵不动不加过問。

四月九日——十二日　在书記处会議上，康生同志傳达了毛主席的指示。然后、彭眞作了几句形式主义的表态，夸耀他过去，現在和将来都不会反对毛主席，实际上却继續頑固地抗拒毛主席的批評，康生同志系統地批評了彭眞在这次学术批判中所犯的一系列严重錯誤。陈伯达同志从民主革命和社会主义革命的問題上，从政治路綫方面批評了彭眞的一系列严重錯誤。最后周总理指出，彭眞的錯誤路綫，是同毛主席的思想对立的，是反对毛主席的。

这次会議决定，起草一个通知，彻底批判"五人小組汇报提綱"的錯誤，并撤消这个提綱；成立文化革命起草小組，报毛主席和政治局常委批准。

四月十日　中央批发了江青同志的《座談紀要》。这个紀要高举毛澤东思想偉大紅旗，解决了社会主义时期文化革命的許多重要問題，不仅有极大的現实意义，而且有深远的历史意义。

四月十日到十五日　彭眞連續召集旧北京市委常委开会匆匆忙忙地要所属各級党組織进行所謂对吳晗、邓拓、廖沫沙的批判，用假积极来掩护他們包庇坏人的錯誤。

四月十六日　在彭眞的直接指揮下，北京市委在《北京日报》上，以三个版的篇幅，发表了吳晗、邓拓、廖沫沙三个人的材料，并且加了編者按。这个毫无自我批評，別有用心的按語，內容和分寸，都是彭眞具体规定的，并且由他最后定稿，下令在十六日見报的。

中央人民广播电台和新华总社广播了这个按語。当晚新华总社通知撤消。

四月十八日　《解放軍报》发表社論：《高举毛澤东思想偉大紅旗、积极参加社会主义文化大革命》。社論指出："一个社会主义文化大革命的群众运动正在兴起"。

五月四日　中央召开政治局扩大会議，討論彭眞、陆定一、罗瑞卿、楊尙昆的錯誤問題。""四家店"彻底破产。

《解放軍报》发表社論：《千万不要忘記阶級斗爭》。

五月九日　《解放軍报》发表高炬的文章：《向反党反社会主义的黑綫开火。》

《光明日报》何明(卽关鋒)的文章：《擦亮眼睛，辨别眞伪》。

《解放軍报》和《光明日报》同时发表一批材料《邓拓的(燕山夜話)是反党反社会主义的黑綫》。

五月十日　《解放日报》和《文汇报》同时发表姚文元同志的文章：《評"三家村"》。

五月十一日　发表戚本禹同志的文章：《評<前綫><北京日报>的資产阶級立場》。

五月十四日　《人民日报》发表林杰同志的文章：《揭破邓拓反党反社会主义的眞面目》。

全国掀起批判"三家村""四家店"反党反社会主义滔天罪行的群众运动。

五月十六日　中央政治局扩大会議通过中共中央《通知》。《通知》指出：**混进党里、政府里、軍队里和各文艺界的資产阶級代表人物，是一批反革命的修正主义分子，一旦时机成熟，他們就会要夺取政权，由无产阶級专政变为資产阶級专政。这些人物，有些已被我們識破了，有些则还沒有被識破，有些正在受到我們的信用，被培养为我們的接班人，例如赫魯曉夫那样的人物，他們現在正睡在我們的身旁，各級党委必須充分注意这一点。**

五月二十五日　北京大学聶元梓等七同志貼出全国第一張馬列主义大字报《宋碩、陆平、彭佩云在文化革命中究竟干些什么？》刘少奇、邓小平指使李雪峰立卽到北大去大讲"內外有别”“要有党紀国法”。对支持这張大字报的康生同志施加压力，向毛主席严密封鎖消息，企图将这張革命的大字报扼杀于搖籃之中。

六月一日 毛主席知道情况后，打电話給康生同志，**立即广播并刊登聶元梓等七同志的大字报**。无产阶級文化大革命的烈火在全国燃燒起来了。

六月初 文化革命的风暴，猛烈冲击着刘邓黑司令部。刘少奇、邓小平为了挽救即将崩潰的局面，趁毛主席不在北京之际，違抗毛主席不要匆匆忙忙派工作組的指示，急如星火地一連几道圣旨，調兵遣将，派出大批工作組，充当“消防队”。

刘少奇一手策划制定所謂“中央八条”，把“內外有別”注意泄密”“坚守崗位”等八条枷鎖套在革命群众脖子上。

刘少奇指示：“要斗也可以，但要有材料，要有布置。”“要采取第二号人物起义。”企图庇护和收罗漏网的嘍罗。

六月十八日 北京大学革命师生自覺起来斗黑帮，大快人心，而工作队張承先却把革命群众打成反革命，制造白色恐怖。刘少奇、邓小平立即命令总結“經驗”刊登，向全国推广，并加了所謂“中央指示”，說什么“别处发生类似情况也照此办理。”

六月十九日 刘少奇派王光美去清华活动，以后王光美正式插手清华运动，把以蒯大富为代表的清华八百多名师生打成“反革命”，“假左派，眞右派”。

六月 中宣部，文化部工作把黑帮分子集中起来搞“訓练学习”，进行所謂的互相揭发批判。因此文艺界出現群情激憤，要斗爭黑帮，却找不到黑帮的稀奇古怪現象。当革命群众将反革命修正主义分子林默涵从“集訓班”揪回中宣部斗爭时，林默涵还夾了大皮包，輕松地走进会場。一进門，才发現气氛不对，赶快回头把皮包放到小汽車里去。

十月三日 《紅旗》杂志发表“周揚顚倒历史的一支暗箭”，“‘国防文学’是王明右傾机会主义路綫的口号”等文章。把文艺界牛鬼蛇神的祖师爷，罪恶累累的黑帮头子周揚揪了出来。

刘少奇急如星火地派人打电話安慰周揚，要他在外地好好“养病”。并专門派人去周揚那里“撫慰”，說什么：“不要紧張”“先养病”等等。中宣部革命群众要斗爭周揚，但在刘少奇庇护之下，一直迟迟揪不回来。

七月上旬 刘少奇指示中宣部派工作队到外地搞文化大革命，陶鑄坚决执行，立即抽調干部，組織三个工作队，准备到中南、西南、华东等地去鎮压革命。

七月十四日 陶鑄宣布所謂“新中宣部”成立，張平化、雍文濤和旧中宣部的張际春为副部长，将張子意和張盘石另行調动分配工作，包庇过关。会上还将文化教育部門执行資产阶級反动路綫和推行修正主义的肖望东、何偉、錢信忠、荣高棠、丁莱夫等代表人物拉上主席台，并加封他們的官。

七月二十二日 毛主席暢游长江后回到北京。他指出运动犯了方向路綫的錯誤，并派中央文革小組陈伯达、康生、江青等同志到北大进行調查。

七月二十五、二十六日 中央文革連續在北大召开万人大会，揭发批判以張承先为首的工作組执行的一整套資产阶級反动路綫，在毛主席支持下，赶走了以張承先为首的工作組。

陈伯达根据毛主席指示，号召搬掉絆脚石，自己鬧革命。

八月一日——十二日 具有偉大历史意义的八届十一中全会在毛主席的亲自主持下，于北京召开。它宣告了毛主席无产阶級革命路綫的胜利，刘邓資产阶級反动路綫的破产。刘少奇、邓小平彻底暴露了。

八月二日　中国最大的資产阶級保皇派陶鑄跳了出来，死保刘少奇、邓小平，說什么刘、邓“确实是老革命遇到新問題，小平同志算是老革命了，我是中革命，不算老，也是碰到新問題了。”

八月五日　毛主席写了“炮打司令部——我的一張大字报”，指出：“全国第一張馬列主义的大字报和人民日报評論員的評論，写得何等好啊！請同志們重讀一遍这張大字报和这个評論。可是在五十多天里，从中央到地方的某些領导同志，却反其道而行之，站在反动的資产阶級立場上，实行資产阶級专政，将无产阶級轰轰烈烈的文化大革命运动打下去，顚倒是非，混淆黑白，圍剿革命群众，压制不同意見，实行白色恐怖，自以为得意，长資产阶級威风，灭无产阶級的志气，又何其毒也！联系到一九六二年的右傾和一九六四年形“左”而实右的錯誤傾向，岂不是可以令人深省的嗎？”

毛主席的这張大字报尖銳、彻底地揭露了刘少奇、邓小平的丑恶嘴臉。全国人民追根究源奋起向刘邓黑司令部猛烈开火。

八月十八日　毛主席首次接見来京百万紅卫兵小将。在毛主席的亲切关怀和支持下，紅卫兵走向街头，以极强烈的革命造反精神，大破資产阶級、封建主义、修正主义四旧，其势如暴风驟雨，洗滌几千年以来的污泥浊垢。一切旧文化、旧风俗、旧习惯、旧势力遭到毁灭性的打击。

八月以后　肖望东、赵辛初在陶鑄的支持下，在摄制毛主席接見百万革命师生的几部影片中，瘋狂对抗中央文革对影片拍摄工作的指示，使用各种卑鄙手段，竭力突出刘邓。

十月一日　林彪同志在国庆典礼上讲話，指出：“在无产阶級文化革命中，以毛主席为代表的无产阶級革命路綫同資产阶級反动路綫的斗爭还在继續。”

《紅旗》杂志第十三期发表社論：《在毛澤东思想的大道上前进》。

一个群众性的彻底批判刘、邓資产阶級反动路綫的新高潮掀起。刘少奇的爪牙：薄一波，李井泉，刘瀾濤，相继被揪出。

十月初　陶鑄指使熊复，由新华社伪造了两張照片，一張是毛主席和刘少奇、宋庆龄在天安門上的合影；另一張是将康生身边的陈毅的头部换上邓小平的脑袋。力图借毛主席的偉大光輝給資产阶級反动路綫代表人物刘少奇、邓小平鍍金。

十月十九日　偉大的革命先驅魯迅先生逝世三十周年紀念日！但是陶鑄却对抗毛主席的指示，瞞着中央文革小組，泡制了这样一个計划：召开只有150人的座談会（連个紀念会的名称也沒有），冷冷淸淸，不象样子。企图以此縮小毛主席重新肯定魯迅的重大政治意义，对抗以毛主席为首的无产阶級革命路綫。幸亏中央文革小組及时发現了这个阴謀，中止了这个“座談会”。

十月三十日　首都革命群众隆重举行七万余人的紀念文化战綫偉大旗手魯迅的大会，周恩来、陈伯达、陈毅等同志出席了大会，陈伯达同志和姚文元同志讲話，号召我們发揚魯迅先生痛打落水狗的革命战斗精神，把无产阶級文化大革命进行到底。

毛澤东同志的偉大战友魯迅精神永垂不朽！

十二月十七日　自11月来社会上刮起一股黑风，攻击中央文革，攻击毛主席和林彪同志。这股黑风来自刘邓黑司令部。

周总理、陈伯达、江青等同志召开全国在京革命造反派向資产阶級反动路綫猛烈开火大会，堅决击退这股黑风。

十二月下旬　文艺界战士响应江青同志的战斗号召，将周揚揪回斗爭。反党分子阳翰笙、田汉也遭到彻底批判、斗爭。

一九六七年

一月初 全国人民集中炮火，向刘邓黑司令部发动总攻击。刘少奇、邓小平的得力干将陶鑄、賀龙被揪出来。

一月九日 上海工人造反总司部等32个革命組織发出《緊急通告》。提出堅决击退資产阶級反动路綫的新反扑，夺走資本主义道路当权派的权。这个《通告》得到毛主席的有力支持。

一月中旬 文化部革命派联合起来，夺了旧文化部的权，对反革命修正主义分子肖望东、赵辛初、李琦、刘白羽等人展开大揭，大批，大斗。

二月 中南海的革命造反战士狠斗了罪恶极大的刘少奇和他的臭婆娘王光美。刘少奇狼狽不堪，丑态百出。

无数的革命的文工团小分队出現在全国各城市的街头，出現在工厂和农村，他們以战斗的热情的生动的文艺节目，宣傳毛澤东思想，宣傳毛主席的无产阶級革命路綫，大造革命声势，大长革命派威风，深受广大工农兵群众的热烈欢迎。被刘少奇扼杀和压抑了十多年的革命的文工团，在毛澤东思想的滋潤下，象雨后春笋一般的涌現出来了！

四月一日 戚本禹同志文章《爱国主义还是卖国主义》发表。它的发表，宣判了党內最大的走資本主义道路当权派刘少奇、邓小平的死刑，宣判了刘、邓黑司令部的彻底完蛋！

四月二十日 具有人类历史偉大意义的北京市革命委員会誕生。它标志着无产阶級文化大革命取得了新的偉大胜利，并将取得最后的胜利！

小資料 北影1964年至1970年剧本选題計划

（**按**：这里公布的是刘少奇、邓小平反革命修正主义黑司令部把持的旧北影1964年至1970年的电影剧本选題計划。这个計划集中地包罗了帝王将相、才子佳人、封建迷信的修正主义毒草一百多部，其中有的已經完成电影剧本的創作和拍摄前的准备工作，如白蛇傳、詹天佑、阿里木斯之歌等。有的甚至已經开始拍摄。从这里可以使我們不寒而慄地看到反革命修正主义集团是企图利用电影陣地制造多么巨大規模的資产阶級复辟的輿論准备呀！无产阶級文化大革命，粉碎了反革命修正主义集团的美梦。这个恶毒，肮脏的反革命計划永远实現不了。让我們記下这一笔反革命修正主义罪証，让这个罪恶的"計划"和刘、邓黑司令一块見鬼去吧！）

末代皇帝、济公傳、鳥語花香、火燒紅蓮寺、望夫云、謝瑤环、海俠、紅楼梦、白蛇傳、最美丽的画廊、燕子李三、水滸傳、为奴隶的母亲、无情的情人、紅軍之花、雷雨、大校日記、大匠之門、瞎子阿丙、游故宮、自行車、詹天佑、茁壮的小树、阿里木斯之歌、朱占标的故事、工人之子、孔雀公主、李天保吊孝、花打朝、軍事地图、啼笑姻緣、陈三两爬堂、相声世家、李慧娘、夫妻桥、不怕鬼的故事、钟馗嫁妹、卖油郎独占花魁女、大破天門陣、思凡、玲瓏女、日出、武松、桃花扇、聊斋、智取生辰綱、心防、騎士的荣誉、紅梅閣、十三妹、李秀成、武則天、茶館、駱駝祥子、升官图、大老楊、小老头、秋瑾、媽媽、司机与警察、机場放歌、司机与姑娘、全家福、染血的哈达、兴业图、三人行、郑成功、柳毅傳书、敦煌的故事、一張黃色唱片、女审判員、同甘共苦、白雪、东海人魚、牛郎織女、南王馮云山、原野、社长的女儿、打金枝、伤逝、徐霞客、金色的海螺、游俠列傳、孔雀东南飞、黃道婆、廖靜秋、杜甫、华陀、万古忠义、破洪州、辛弃疾、岳飞、长生殿、相思树、望娘滩、毒箭木、长恨歌、項羽等等。

目　录

地址：北京大学哲学楼　　　定价一角

电話：282471×723

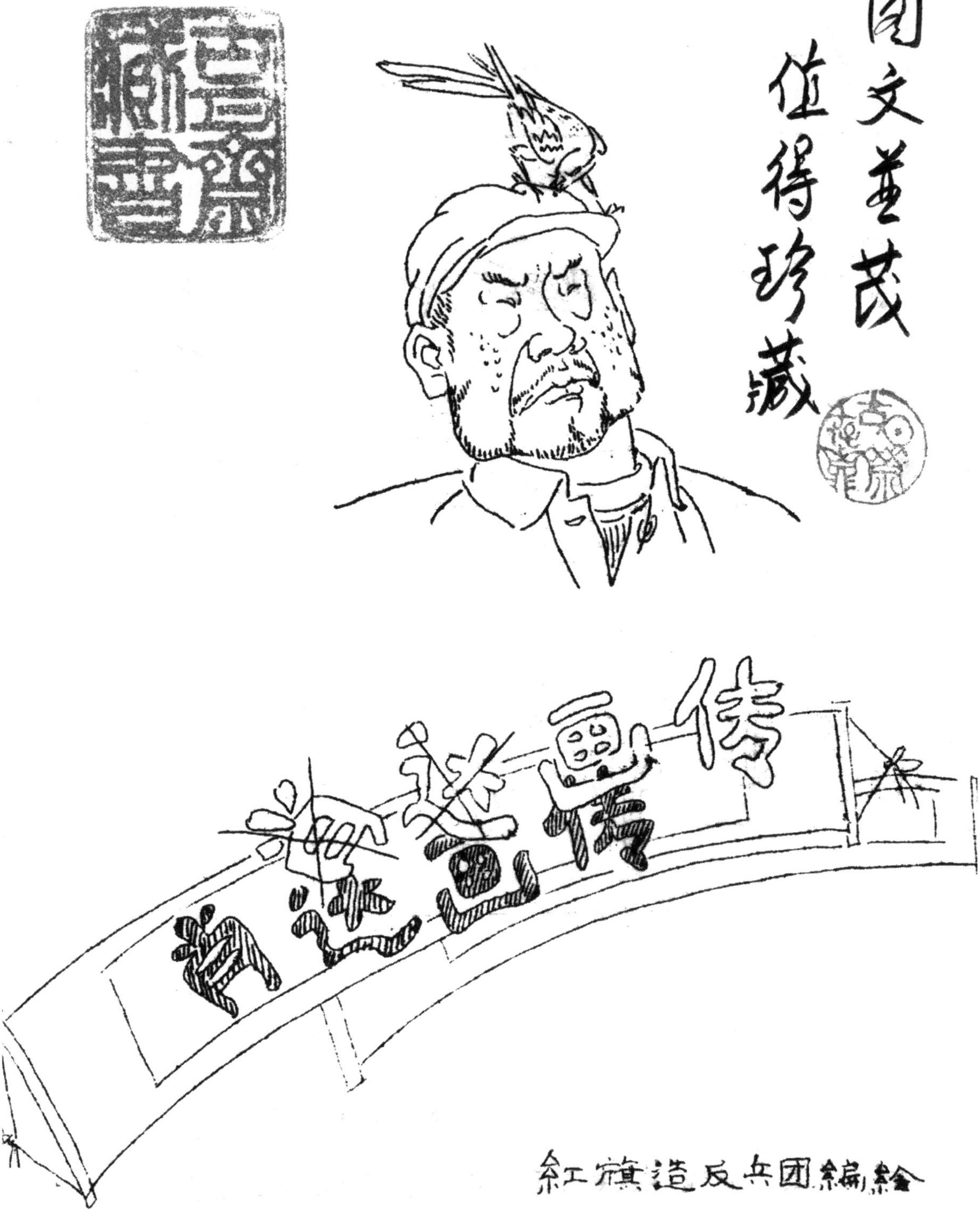
図文並茂
值得珍藏
紅旗造反兵団編繪

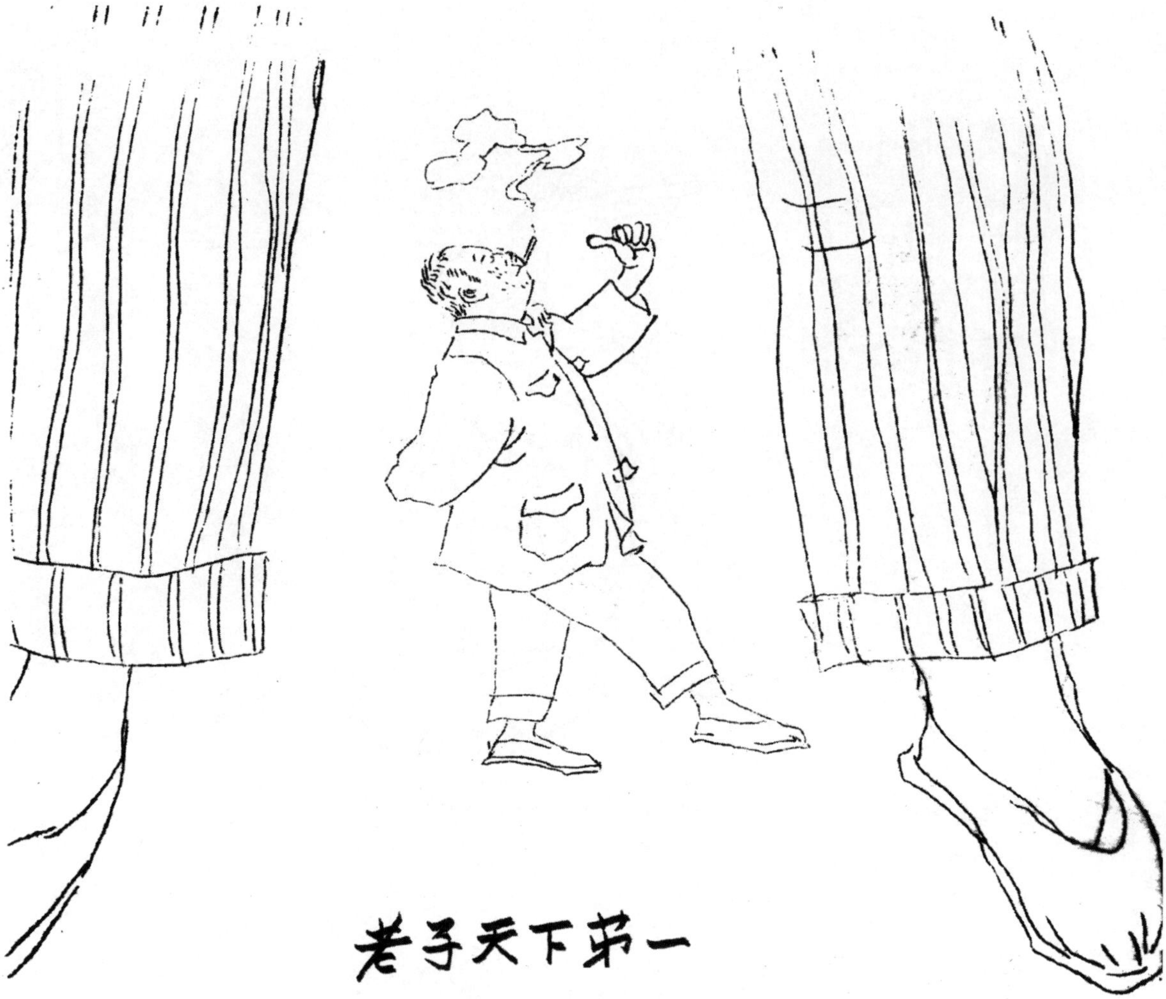

老子天下第一

肖达总嫌官小、对誰也不服气、

他目中无人 老子天下第一 他誰也看不起

其实誰也看不起他

在肖达看来、凭他的資格、凭他的能力 連个厅长、书記也当不上 实在太不公平。

真是个十足的"官儿迷"

魚厂长—无组织无纪律

肖达一向吊儿郎当、不干正事、一闹情绪就是好几年。他最喜欢在门洞里面泡上一壶茶水、一边吹凉风、一边看"红旗"、又喜欢玩鱼、所以从那时起便有了很别致的绰号、叫做"鱼厂长""红旗厂长"。

貪污受賄

肖达接受大批賄賂 为定县某生产隊盗購鼓风机、

吹风机、缝纫机 电线、变压器等項重要物資

价值约达 一万4千多元

所有盗購物資、均由肖达利用职权、私开炼铁厂

支票（肖自60年調炼铁厂工作）所非法盗購

自60年到61年仅仅一年的时间肯达接受贿赂计有：

红萝卜二麻袋　山芋二麻袋　粉条20斤　红糖布票无数

白萝卜二麻袋　白菜三麻袋　鱼肉九十斤

当时市场供应每人只有半斤白菜、但肯达家的白菜经常用車拉

自60年到61年仅仅一年的时间肯达多吃多佔、白拿白用计有：

烟卷十盒　各种鱼酒五十斤　四红柿四五十斤　白菜大葱茄子各八十斤

猪鸭鸡肉若干

这一时期计走后门：　以标不计其数、搪瓷盆十一个

肥皂30条　雨鞋一双　绳子20把　线60把　胶工作服20套　雨衣二件　—

与小业主勾结

为了贪财方便 肖达竟不惜与一名小业主出身的採購員勾结在一起 卑鄙的向他行使贿赂 以利走私。

肯达来到阿印以后，仍然使出了"顶牛"的绝技。满复穿马路、到处骂丁、光吃不做睡懒觉

一天召开组织工作会议，他坚决不参加，原因是过去曾欠他一个礼拜天，必须今天补上。

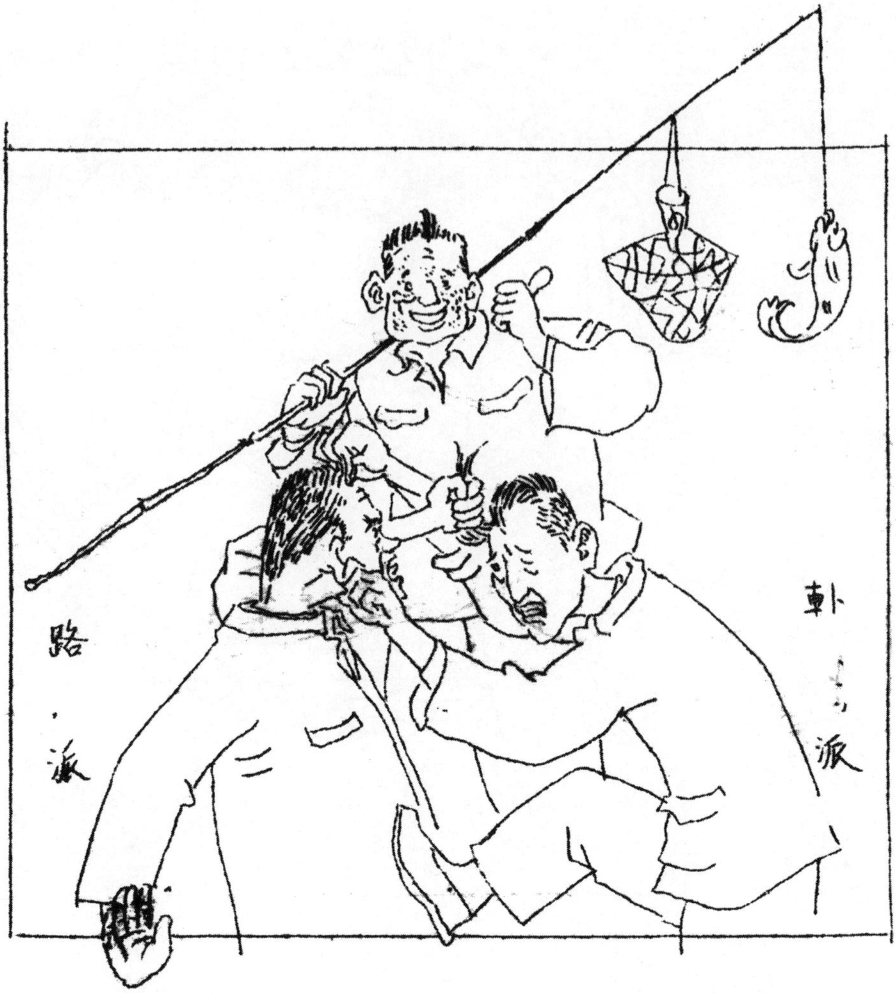

在四清以前旧党委的严重宗派斗争里面、肖达袖手看哈哈、待价而沽 从中渔利。

（袖手旁观党内派系斗争）

我们的蓄水池几年以来三令五申，禁止游泳扑鱼，但身为组织部长的肖达充耳不闻。他振振有词："妈了个X的，有鱼不钓干啥使？"於是终日手持鱼竿，腰横鱼网，专心从事自己的扑捞事业。

他恬不知耻的吹嘘："我们那个水池子里，谁也不敢钓鱼，就是我敢，想钓多少，就钓多少！"

他在办公时间专门织补鱼网，常利用工作时间，织成一张渔网拿到市场去出卖，回来却埋怨说："我连工代料全贴上，根本不赚钱！"

他不管上班、下班，想玩就玩，想睡便睡，甚至在办公室里大白天脱个光腿，酣然入梦，到点上班，也不起床。他长年躺倒，不干工作，形同走肉，却厚颜无耻的宣扬："我有职无权，受排挤！"

在伟大的四清运动中，肖达的一系列丑恶行为受到了彻底揭发批判。为了给他以改过自新的机会，肖达被派去杨柳屯参加农村社会主义教育运动。临走前还想捞一把，要求说："杨柳屯太冷，需要补助我一件棉大衣"，同时把一套已经很用为时的公家铺盖代走了。看来部长搞四清就是不同寻常。

在四清岗位上，肖达代表了他的一套工作作风。他侵占社员利益，违犯群众纪律，散布极端反动的人生哲学："不怕吃的好，不怕休息好，不怕玩的好！"甚至有意识的躲避社员的监视，破坏集体纪律，到生产队的养鱼池里去打鱼。

乱搞糟了 缩小了、所以才乱了、所以才派来工作队。
国内外一切牛鬼蛇神大肆污蔑三面红旗 他说：「拟抑青这地方本来不乱 因为人民公
早在五九年肯达便曾因为严重的右倾思想受到了批判、此时更变本加厉 配合

肖达反对突出政治 反对学习毛主席著作 竟狂妄的嚷叫："是听毛主席的还是听我的！"

"搞好工作政治也突出了"

"完不成任务要挨批评 不学毛主席著作没有关系！"

在政治学习时间 他想打麻就打麻 在毛主席著作讲用会上向来听不得人发言 为了骗取学习毛著积极分子的美名 竟然向党施加压力 以辞职相要挟

鉴于肖达生四清前线的系列 反对三面红旗、抵毁毛主席著作 违犯纪律 追求享受、以及为了猎取个人名位、不惜採取恶劣手段对抗组织的丑恶罪行、他已经成了四清前线的可耻逃兵、党的了出的叛徒、肖达生受到了应有的声讨以后、被撤消党内外一切职务、[illegible][illegible]回天津、赖在印染公司不走。

在印染公司，肖达除了每天看报睡觉以外，别无是事，跑遍省市要解此局，妄想借批判反动路线的机会为自己"平反"

印染公司革命群众奋起千钧棒，狠狠的敲了这位"风云人物"一记闷棍，再次把他轰回国印。

於是肖达网罗大批四清下台干部，以及大量出身反动、一贯坚持反动立场、犯有严重贪污盗窃罪行的四清重点人、和四不清分子，把他们美化成"被迫害革命群众"，居然擎起"革命"的旗帜，造起"反"来。

时之间 那些在四清运动中被斗争 被触动过的人物"红得发紫" 肯达一樣为他们大搞平反 鼓动他们向着四清当中的积极分子和广大党团员革命群众 猖狂反扑、他们鼓动一切历史上受过处分心怀不满的分子 进行反攻倒算、以达到邀买人心、把水搅浑 进行资本主义复辟的目的。

李肖达採用种种卑鄙手段，蒙蔽群众，拉起队伍以后，自以为实力已足，於是大吹大擂、跑到天津郊区四清工作总团 给他"平反" 企图赖掉其一贯反党的罪行。但在全体革命同志的声讨之下、肖达及其"喽啰"的美梦、完全破灭，只好夹起尾巴、溜回厂来。

在肖逸一手策划下，为四清下台干部胡日林鸣冤的翻案大会开场了！

他们把这个自觉家派集团的头目，粉饰成"被打击、排挤、侮辱、冷淡、诽谤、孤立的坚强者"。并且企图把胡日林的翻案发言做一次专门出版。

他们描绘当时的情景说："胡日林同志的讲话，不时被群众们热烈的掌声所打断，革命同志们的鼓励、信任，感动的胡日林同志在大会上自始至终泪流满面。"

请问肖逸一撮，究竟哪一个革命群众，曾对下台干部胡日林"信任鼓励"到如此地步？除了你们这一撮与胡日林同病相怜的"同志"以外，有谁可以把胡日林感动成这个样子呢？

你们对胡日林如此肉麻的吹捧，不是过于露骨的暴露了你们的"造反"[illegible]了吗？

真是不知天下有羞耻之事！

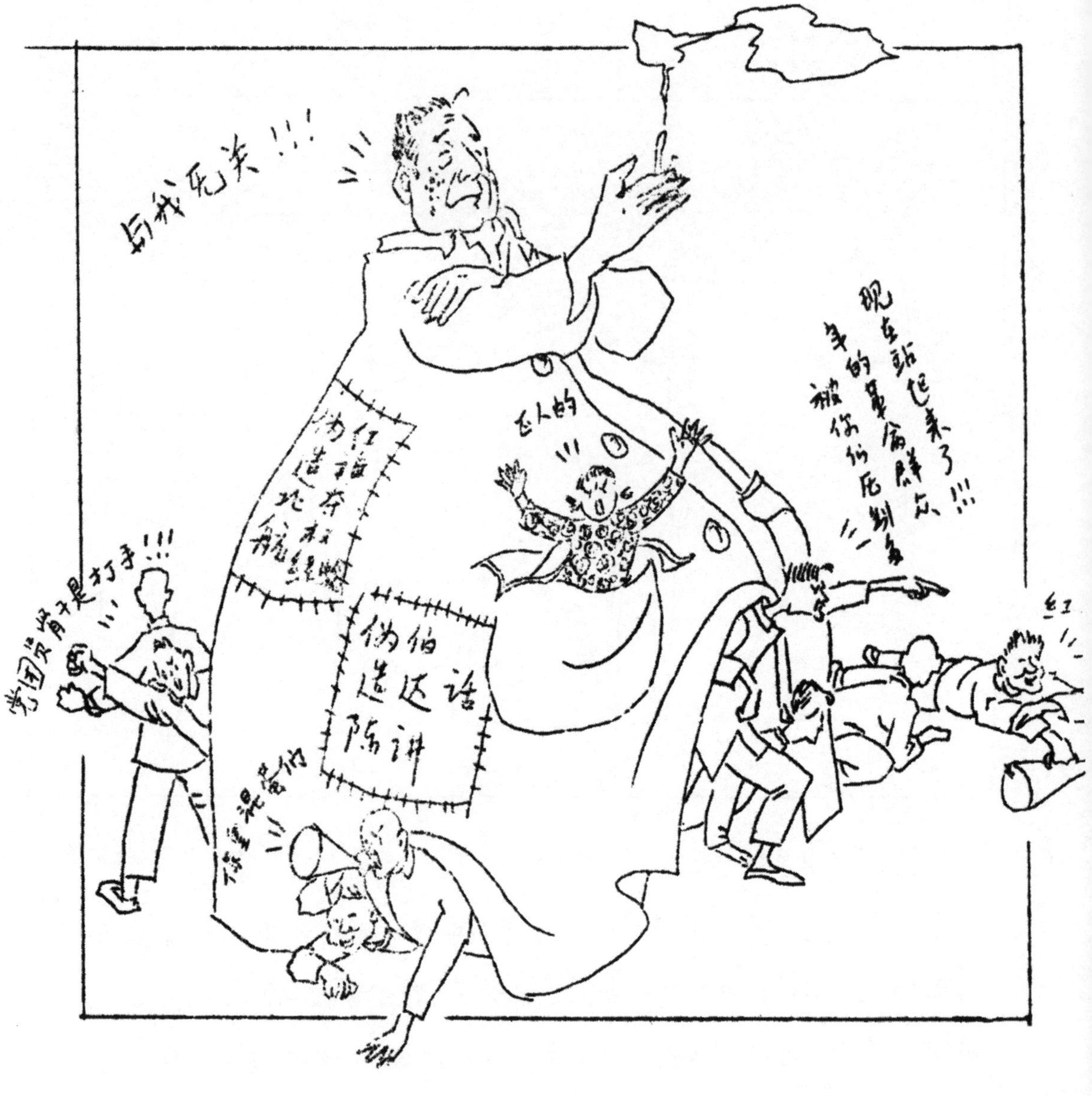

为了达到反党反社会主义反毛泽东思想的罪恶目的，肖达雇佣大批打手，向广大革命职工和党团员积极分子疯狂进攻，甚至不惜把犯有反革命纵火罪行的坏蛋李才法拉出场来，以壮声威。当他们的可耻目的再也无法掩饰的时候，肖达一伙玩弄阴谋，移花接木，把一些臭气太大、人人检举的坏蛋，暂时转送出去，保存起来，以备东山再起。

至于肖达一伙"检举信、保将帅"逃避罪责的任何企图，全是不能得逞的。

現在肖达一撮的丑恶嘴脸，已在全体革命职工的面前暴露无遗，好比老鼠过街，人人喊打、但是他们仍在安阴谋，放暗箭，甚至偷天换日，把大杨的问题翻案，破坏四清成果的罪名，强加在他人头上。但是用毛泽东思想武装起来的革命群众，能够识破一切魍魉鬼魅。

肖达一撮是跑不了的！[illegible]全体革命群众，不会永远被你们蒙蔽，不会永远做你们的挡箭牌、不会永远为你们提供避难所！

让我们高举无产阶级革命的旗帜，彻底粉碎一切走资本主义道路的当权派和一切
牛鬼蛇神
掀起的资本主义
复辟的逆流、
坚决打垮肖达一
搞的猖狂反扑、
揪出肖达！
踢开绊脚石！
为实现我广东
无产阶级革
命派大联合而
奋斗！
圖文並茂
值得一讀
胡乔 题

战地通讯

来自3527厂的最新消息

〔第五期〕　　一九六七年七月十七日出版

市委机关“联委”《紅哨兵》军工《燎原》编印

△十五日，三五二七厂造反总部翻印了国营天津无线电厂惹为民等二同志十四日　上访中共中央办公厅、国务院秘书厅联合接待站的谈话纪要。接待员是天津组的陆万林同志。现摘录于下：

“3527”厂是援外第二厂，主要是援越。这个厂在七月六日、七日被砸毁了　损失几十万元，你们想々砸这个工厂的这些人是干什么的？是什么矛盾？人民建设这个工厂容易吗？现在有人把工厂砸了这是一种阶级报复。在这么大的民主，这么大的风浪中，各个阶级无不打上阶级的烙印，都要登台表演，有的正在表演　有的还没表演究越表演越暴露的清楚。”

“3527”厂砸了，几个月恢复不了　多少万元的损失，多么痛心。现在有些暴徒逍遥法外，将来一定要处理，便宜不了他，跑不了他。”

这些人早晚要受到惩罚，国家几十万元财产，三下两下就砸完了，没有坏人能干得出来吗？”　“当然　绝大多数是受蒙蔽的，只有少数是坏分子，应该早一点觉悟过来，千万不要上当。”

△据3527厂造反总部生活组同志介绍，在市革命委员会筹备领导小组的亲切关怀下，由财政局　房管局等五个局的造反派的大力支援下，厂内单身宿舍的工人生活得到妥善安排。截至十七日，已收到支援物资，计有：棉被275条，生活补助款三千多元，铺蒂若干，布票若干，旧自行车十辆。另外，房管局造反派已为该厂拨出一幢单身职工宿舍，正在加紧修缮，估计下周可搬进居住。

△文化宫　音乐学院造反派为宣传陈伯达同志关于3527厂的指示，并表示对该厂工人的支援，准备筹办歌颂3527厂工人抗暴护厂的专场演出。

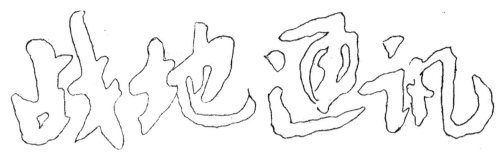

△近日来，街头上出现河大井岗山、工矿造总等散发的传单、大字报，说什么3527厂上访中央的七个同志在京被捕。十七日，3527厂造反总部负责人对《战地通讯》记者说："所谓七人被捕一事，纯属造谣。前几天，我造反总部曾派出一个赴京汇报小组向我们的直接上级机关汇报"七六、七七"事件经过。汇报后，全部人员立即返津。

"事实真相是，工矿造总的七个人在京前后被拘留。一次是工矿造总等一小撮暴徒在北京某浴池手持匕首，杀气腾腾当即四人被捕，一人逃掉。一次是工矿造总一小撮暴徒在京津公路上抢劫我厂的一辆吉普车，由三名暴徒驾车驶往北京。当日，三名暴徒在京被捕。"

△前来参观破坏3527厂现场展览的人，十分踊跃，从本月十日开始展览 截至十七日 共有二十多万人，平均每天二万五千多人。

△今天参观的人多而有秩序，几处放"留言簿"的地方，都挤满了人，争先恐后地表述自己参观的感想。

有的写道："此现场完全是法西斯暴徒有计划地进行的一场阶级报复 是夺权前夕的垂死挣扎，他们的原形更加暴露了，他们哪里是搞文化大革命，他们是在搞破坏。一切反革命势力必然会失败，他们搞大破坏 大抢劫、大武斗、大造谣，只能说明他们的末日的到来。"

还有的写道："通过参观，我们上了一堂生动的阶级教育课 上了一次活生生的毛主席革命路线的教育课 是进一步捍卫"六·六"通令的课堂。伯达同志的指示非常英明。要求好好保留现场，当作反面教员。"

△十五日 工矿造总的四男一女在展览现场进行捣乱活动。他们竟乘机破坏现场，把暴徒们搓揉的成品整平，并当众造谣说"破坏现场是假的"等等，当场遭到观众痛斥。

△十六日 工矿造总的两个人携带照相机混入参观队伍，鬼鬼祟祟地照拍现场，被观众发现。3527厂造反总部的同志责令他们当场交出胶卷。为避免他寻找借口，当场送给他们一卷胶卷。

△反动势力是不甘心失败的，个别跳梁小丑在参观留言簿上偷涂上颠倒是非，混淆黑白的几句话，遭到广大参观者的唾弃。有的坏蛋，以参观为名，行捣乱之实，故意刁难讲解员。让他们继续表演吧！看他们横行到几时！

反修錦綸廠 红色造反团 通讯兵 翻印 67.7.20

最高指示

世界上一切革命斗争都是为着夺取政权，巩固政权。而反革命的拼死同革命势力斗争，也完全是为着维持他们的政权。

3527厂事件由何而来？

——河大井冈山　工矿造总等一小撮决策人制造反革命破坏案完全是蓄谋已久的！

天津市工代会军工系统委员会
3527厂革命造反总部

无产阶级革命派战友们，河大井冈山等一小撮暴徒在我厂进行反革命破坏案的经过，我们已经在《严惩制造大破坏、大抢劫、大武斗反革命事件的暴徒》一文中，作了介绍。现在，我们继续揭发他们是怎样蓄谋已久地制造这一事件。

七月六日、七日发生在我厂的反革命破坏事件，决不是偶然的、孤立的政治事件，而是"反复辟联络站"一小撮决策人精心策划的，是近一个时期，他们连续制造的一系列事件的总暴发。

远的不说，自从我市军工系统大联合委员会召开第一届代表会议以后，"反复辟联络站"（以下简称"反复辟"）即把矛头对准我军工系统革命派，连续制造了八次破坏、绑架、武斗事件。下面，我们把这八次事件按先后顺序，向同志们介绍一下。

第一次事件　破坏军工系统革命派第一次代表会议

今年五月，我军工系统各厂革命组织，开始筹备本系统革命派第一届代表会议，这是我市第一个按系统召开的代表会议。

"反复辟"的决策人听到消息后，专门作了研究，扬言决不能让这个代表会开成，否则，全市按系统的代表会议都召开了，"改组"、"砸烂"五代会的计划就实现不了。因此，他们采取了"孙悟空钻进肚皮"的战术，破坏这次代表会议。

事情经过是这样，军工系统有个组织，叫做十八所"革联"，它是"反复辟"的一个主要成员。为了钻进这次代表会议，十八所"革联"曾发表声明，表示退出"反复辟"并表示支持五代会。当时我们本着求大同存小异，尽力促进大联合的精神，决定让十八所"革联"参加军工系统大联合并出席代表会议。

不料，就在六月九日会议胜利进行的第二天，十八所"革联"一小撮决策人假借向大会致贺词的机会，公然不顾大会主席团的再三制止和全体到会代表的坚决反对，使用了极其拙劣的欺骗手段，在致词中间突然拿出事先早已准备好的另一书面材料，强行散布与大会宗旨相违背的所谓"反复辟"的观点，这是严重的背信弃义行为，是无耻的挑衅行为，也是破坏军工系统大联合的罪恶行为。面对着他们

第五次事件 阻挠宣传毛泽东思想 再一次挑起武斗事件

六月二十四日，軍工系統大联合各厂的革命组织互相串连，决定利用下班业余时间，到和平路宣传毛泽东思想，张贴大字报、大标语。行动之前，写好了："打倒刘邓陶""坚决模范地执行"六六"通令！""天津驻軍就是好！""五代会就是好！""打倒无政府主义"等大标语。当晚十时半，各厂共二百多人，在东北角集合，首先集体宣读毛主席语录。这时，"反复辟"设在东北角的一个据点，开始以单响"雷子"作暗号，每隔一两分钟放一个。十一时，宣传队顺着东马路向和平路方向前进，这时"反复辟"的高音喇叭大喊："保卫兵向南移动，作好准备！"宣传队到达四面钟时，一场野蛮的挑衅又开始了。在这里"反复辟"的一些人把宣传队截住，把随同前来的605所的汽車轮胎扎破。这时，工农学野战兵团开来三辆摩托三轮，在宣传队伍中横冲直撞，站在三轮上的人，挥动长剑进行威吓。宣传队为避免武斗，退到人行道上，又退至小胡同内，而一小撮暴徒得寸进尺，竟把墨水泼洒在宣传队员身上，向胡同里扔砖头，打伤不少人。

宣传毛泽东思想又有何罪？"反复辟"决策人为了扼杀革命的大联合，竟狗胆包天地进行骚扰、破坏、围打宣传队员，真是到了不择手段，无法无天的地步。

第六次事件 冲击609軍需工厂 再一次挑起武斗。

六月三十日上午十一时，一辆宣传車来到609厂，自称是軍工系統大联合派来的，进厂后，宣传車到处游行，高喊"彻底砸烂五代会！""打倒李雪峰，气死保李兵！"当即遭到该厂春雷兵团战士质问，宣传車上的人不得不承认是工矿企业造总派来的，并承认了错误，随后退出厂外。半小时以后，工矿造总先后调来五、六百人，包围609厂，挑起武斗。3527厂造反总部闻讯，派来一些战士前来支援。工矿造总一小撮暴徒行凶以后，陆续撤走。

第七次事件：捣毁汽車 冲击队伍，又一次下毒手。

七月四日，軍工系統大联合与五代会其他革命组织，举行游行，捍卫天·六《通令》，抗议配件三厂革委会围攻公安局軍管会殴打解放軍战士的暴行。队伍行进到和平路时，"反复辟"的一小撮暴徒，看到軍工大联合队伍，一拥而上，冲乱队伍、大打出手。同时，把随同游行的扩音車、大卡車捣毁，再一次向軍工大联合下毒手。

第八次事件 七月六日到七日，工矿造总的头头李勇、"反复辟"头头郭明，亲到现场指挥，围攻三十小时，冲进3527厂，大肆破坏机器设备，抢走技术资料及产品，捣毁工人宿舍，抢劫工人财物、绑架、刑讯工人，制造了一场空前的反革命破坏案。

同志们，战友们！以上列举的事实，就是自从軍工系統酝酿代表会议召开以来的一个月之间"反复辟"对军工大联合进行破坏的大事记。

"冰冻三尺，非一日之寒"。河大井冈山、工矿造总、工农学野战兵团制造的3527厂事件，是他们经过长期准备、"逐步升级的必然结果，是他们蓄谋已久，不断进行挑衅的集中大暴露。上述的大事记，完全可以证明这一点。"反复辟"一小撮决策人是绝对抵赖不了的。

在小撮暴徒血洗3527厂之前，"反复辟"就传出了这样一个反动口号："血洗3527厂，踏平军工口，扫掉解学恭的试验田"！近一个月来，"反复辟"一小撮人就是以这个口号为行动纲领，进行阴谋活动。这个口号，赤裸裸地暴露了他们的反动面目和政治野心。

天津市当前两个阶级、两条道路两条路线的斗争焦点，就是无产阶级革命派向万张反党集团进行夺权，万张反党集团进行反夺权。围绕3527厂事件而展开的一场惊心动魄的斗争，实质就是万张反党集团实行复辟与全市革命人民反复辟的斗争。大事记和"反复辟"决策人提出的反动口号，有力地证明，他们的行动可以归纳成一句话"三个步骤，一个目的"。第一步，血洗3527厂，向军工大联合施加压力，第二步，扫垮全市第一个按系统召开代表会议的军工大联合，向全市造反派施加压力；第三步，把矛头指向天津夺权筹备领导小组和天津驻军，扫垮不断加强和扩大的革命大联合、革命"三结合"。一个目的，就是通过以上三步，打乱中央对天津市文化大革命的部署，向全市无产阶级革命派实行反夺权。

事实胜于雄辩，谣言不攻自破。最近以来，河大井冈山，工矿造总一小撮决策人，颠倒黑白，大肆造谣，妄想把他们制造的3527厂事件，说成是一般的武斗，妄想掩盖这一事件的政治性质。告诉你们吧！这是白日作梦，妄想！过去，你们的阴谋不能得逞，现在和今后，永远不能得逞，我们坚决掌握斗争大方向，造万张反党集团的反，造定了！夺他们的权，夺定了！专他们的政，专定了！

"一唱雄鸡天下白"。在战无不胜的毛泽东思想的光辉照耀下，胜利永远属于无产阶级革命派！

彻底埋葬万张反革命修正主义集团！

无产阶级专政万岁！

无产阶级文化大革命万岁！

毛主席的革命路线胜利万岁！

伟大的中国人民解放军万岁！

伟大的毛泽东思想万岁！

我们心中最红最红的红太阳伟大的领袖毛主席万岁！万岁！万万岁！

市委机关《联委》 军工《燎原》革命造反队翻印

反修锦纶厂红色造反团 再翻印　7.21

河大井岗山破坏六六通令
血洗三五二七厂罪责难逃！

这是河大井岗山内部的人，七月十日贴出的大字报，摘录如下，供参考。

一、"七、六"事件的导火线

七月六日上午十点半左右，三五二七厂造反总部的五、六名战士，在六里台附近张贴"拥护天津驻军和反对无政府主义"的大标语，遭到五十五中马列红卫兵一些人的谩骂，三五二七厂贴大标语的工人要求与五十五中马列同学辩论，五十五中马列根本不打算辩论，仍站在一旁高声骂街。此时，河大井冈山蒲东生骑着摩托车到这里停了下来。他不经调查研究，下车伊始就哇哇啦啦的乱发议论，偏向五十五中马列指责三五二七厂造反总部。三五二七厂的同志们当面质询蒲东生的单位从何，要求就此事进行辩论。这时，五十五中马列又来了不少人围着三五二七厂的工人大骂，猖狂已极。蒲东生一看有这么多人作为后盾，立即答应进行辩论。三五二七厂造反总部的工人见此情形，为了避免发生武斗，主动撤出回厂。五十五中马列在蒲东生率领下，不依不饶骂着追赶，一直冲进了三五二七厂。蒲东生也推着摩托车进了三五二七厂。三五二七厂工人不得不耐心继续与之辩论。与此同时，五十五中马列的一部分同学，飞跑至河大井冈山总部报告了情况。不一会河大井冈山校内的大喇叭就响了起来，声称三五二七厂造反抢了他们的摩托车，打了他们的战士，并随即率领一部分人奔赴三五二七厂。到了三五二七厂不问事实真象，就肆意谩骂，借谈判要人要东西之名，行入厂肇事之事。三五二七厂造反总部去两名代表，准备把事实经过向井冈山作一介绍，而井冈山这 小撮人不容分说，抓住这两名代表押回河北大学，一路拳打脚踢。至此，三五二七厂当然不能让井冈山的蒲东生和摩托车回去。一场骇人听闻的大型武斗就这样发生了。

二、工矿企业造反总部煽风点火，火上加油：

工矿企业造反总部和铁牛，卫东彪的一些决策人物，就住在井冈山总勤部，他们当即进行策划密谋，调兵遣将，扬言要端三五二七厂。

下午三点左右，工矿企业造反总部的宣传车（喇叭也拆）载了一车打手，手持棍棒，车上装着砖头石块，以宣传六 六《通令》制止武斗为名，开进了三五二七厂。进门后，一边破口大骂，一边砖石纷纷，棍棒乱午，干了起来。三五二七厂被迫自卫，奋起还击，双方彼此都有伤亡。这时宣传六 六《通令》的四名军代表，被工矿企业造反总部绑架上汽车，拉回了河大井冈山。

三五二七厂武斗事件发生后，井冈山总部的一小撮混蛋，勾结工矿企业造总，天地铁牛，卫东彪、工农学荣复转退红卫军等组织的头头们，组成了联合作战指挥部，以河大井冈山总部作为武斗基地，调动了大批工人，并軍和机动三轮車。截止六日晚上八点为止，据不完全统計，参加的單位就有：

1.天拖鉄牛，工东彪；
2.工矿企业造反总部
3.捍卫毛泽东思想野战兵团；
4.工农学荣复转退红卫軍。
5.工农学野战兵团
6 商红联，
7.二商联委
8 三建联委
9 六建联委战斗兵团；
10 利生体育用品厂×××
11 三中井冈山
12 五十五中马列
13.五十二中井冈山，
14 十九中红旗，
15.一〇五中×××
16.鞍山道中学×××。

三、破坏国家消防工具 封锁交通，毒打消防队员

七月六日下午七点五十分，工矿企业造反总部伏虎队的七十多名暴徒，在一小撮坏分子的操纵下，提着各种凶器，跑步到了三五二七厂。先是以机动三轮为前导，掩护伏虎队往厂里冲，但未能得逞，继之是站在墙外边往里砍石块、砖头。砖、石砍完之后，就把三五二七厂的围墙拆毁，用砖往里攻，进而拆了院内一间小房，並倒上汽油，放火烧着了。这时，有人给消防队打了火警电话，消防队接到电话后，于晚八点二十分左右，出动七部消防車开赴三五二七火场。不料車行至河大门口，井冈山把守大门的中文系同学，在一分团团長孫高贵、历史系助教陈×贤和一个"鉄牛"人员的指揮下，手持棍棒鼓噪而出，企图堵截消防車。由於消防車行速太快，未能得逞。但这伙暴徒並不甘心，在孫高贵的率领下，把馬路旁边存放的洋灰管道（直径一米多）推了四个，封锁了卫津路。同时，把鞍山道，六里台天大桥头的马路也封锁了。至此，十六路、八路、二十三路公共汽車被迫停駛。

七辆消防車（其中一辆指揮車）虽然闯过了河大井冈山门口，但一路上暴徒们不断地拦截、袭击。车到天津大学门口时，暴徒们站成人墙，堵截消防車通过。消防車除两辆顺鞍山道开走外（当时鞍山道尚未封锁），其余五辆被迫停下。这伙暴徒用随身所带的改锥、剋丝钳子、刀子把车上的机器进行拆毁，拆不掉的就砸坏，连警报器和指揮車上的电台拆走、砸毁。消防队员一个个被缴械进行绑架，押到河北大学井冈山的白公馆——生物大楼进行残无人道的毒打逼供。

这时，井冈山一小撮混蛋为了逃脱罪责让他们的广播公开造谣，高喊："公安造总参与武斗，动用消車镇压群众运动，决没有好下场……"。

天津反修錦綸廠紅色造反團通訊兵翻印

1967.7.23

四、骇人听闻的法西斯暴行

被抓来的三五二七厂造反总司战士和消防战士，一路上被拳打脚踢不算，还有两道鬼门关。六里台桥上站立着两行彪形大汗（多是从井冈山挑出来的，也有铁杆工矿企业造总的）大门内从铁门排到外语楼的通道，直到下面住处，生物大楼进门处到二楼大厅，直到审讯室 都排列着两行光膀绕毛的打手。他们手持棍棒、铁锹，门闩子，铁火筷子，条叉子，三角皮带，钢丝鞭，沾上水的绳子等凶器，当被抓者被拖到六里台桥头时，就高喊："谁也不要打，我们执行六六通令 要文斗，不许武斗"这是一种打人的信号，桥两边的大门两边的彪形大汉，闻声蜂拥而上，拳头 耳光，竹板，木棍铁棍，三角皮带，钢丝鞭子就象雨点般劈头盖脑而来，被打者的哭嚎声惨不忍闻。接着就把打者拖到外语楼内井冈山接待站里（元老为材料信息科办公室）那里有他们脱下上衣，蒙住眼睛。然后再推搡到生物楼二楼审讯，走到生物楼门口和楼梯旁，还要进行一番毒打。到审讯室后，又进行残酷的逼供，三五二七厂的战士多是已经受了伤了。到审讯室后，打手们扯掉他们伤口上的纱布，用沾满血污的纱布堵上嘴，然后用三角皮带，橡皮钢鞭 海绵鞭子，（一种白色的長六十公分有木把）进行毒打 审问，让供出公安局军管会，工代会、河东区，公安造总是怎样操纵他们挑起武斗的，都有哪些单位参加了这场武斗给了三五二七厂什么支援，不说就打，打昏过去以后，抬到厕所用水冲洗，然后拉回来 继续逼供，如还不说，就把靠椅套在脖子上站在一旁，直到承认，[illegible]为止，当打了井冈山的战士，井冈山对三五二七厂的战士暑水管饭，没打没骂，这才放下架子，但仍不释放。

对消防战士就更加凶毒了，一进门口押送者就高喊："这是公安造总的，他们打了我们的人，但我们不要打他"这也是一种打人信号，两边的打手，就是边打边高喊："打的就是公安造总的，打死几个没啥"到审讯室后 让供出幕后策划人，是谁指使他们以救火为名行镇压之实的，打昏用凉水喷醒继续打。

从武斗开始到七日上午，在井冈山关押的人员就有一百八十多名。

五、大肆破坏，抢劫国家和私人财产

被抓来者的私人财务，如，钱、书包，粮票 手表等物被抢的现在尚无统计，就知道大量的讲有。

1、小轿车一辆，车玻璃、灯均被砸坏，现仍放在回民食堂门口。

2 拉化学药品的大卡车六辆，分停在球场和生物大楼前。

3、救火车一辆，车上的救火设备，如斧子、大锤，水龙，木梯掠夺也都没有了，现停在生物楼前排球场。

4、在三五二七厂抢回大批的化学药品和硫酸 等，手雷之类。

六 统一谣言口径，大造社会舆论

九日上午十一点半，井冈山吹紧急集合号，召集全体人员到礼堂开会，会议主持者说："三五二七厂挑起的这场武斗事件，我们在全市造反派的支援下，取得了初步胜利，之所以是初步胜利，就是说这场事件还没有完，天津四面方人民还不了解事实真象，工人们帮助我们取得了第一步的胜利，这后一步的工作，就落在我们井冈山人的肩上了，今晚天大学校，大标语要上了"。接着，分四线三条进行了全面造谣，他首先说，武斗是由三五二七厂一小撮人无理闯进井冈山的教村来，毒打战士蔺朱生和工矿企业已传单上的人员所引起的，接着说三五二七厂动用的武器有大口炮，捷克式轻机枪，冲锋枪，步枪，手榴弹，手雷，雷管，此外有各种铁木棍棒，匕首，皮鞭，三角带，钢丝鞭，扬棒刀，砖头，石块，硫酸等，为之说明，井冈山战士被逼回教村，反复念了几个数字，要战士牢记，即井冈山战士（不包括外单位支援人员他们自己另行统计。）被打得有生命危险的四人，重伤者一百八十人轻伤者五百一十人，被打但不算伤的一千六百余人。

这纯粹是造谣，因为从武斗开始到结束，始终没有听到上述武器的响声。再说三五二七厂已被他们端了，但未见缴获任何武器。

井冈山一小撮决策人所说的受伤数字也全是满口胡言，井冈山一共有多少人（约一千人），是斯踩不了河北大学的革命群众的在武斗中擦破皮的，扭伤西时挤破皮的，不能说没有，但可以说重伤的一个也没有，更不要说重伤二百八十人，有生命危险的四人了。

附：校内不见的刘力里，七日下午手持木棍在井冈山接待站门口露面了，这次武斗事件是否和他有关，值得深思。

河大井冈山"揭阴谋"战斗队　1967.7.10

文修部统厂　红色造反团　翻印　7.24.

天津市反复辟
謠言集

第二集

（7月初——8月初）

河大八·一八

六中队《飞虎》团宣传部

编者按

近来，天津城内，谣言蜂起，耸人听闻，离奇得登峰造极，可以算是反复辟的英雄好汉们的得意之作。编者不厌其谣言之臭，花了一点功夫蒐集成册，以饗读者

请革命的同志们仔细思考一下，反复辟们到底居心何在？他们是什么货色？他们在文化大革命中到底干了些什么？今后想干什么？只因我《飞虎团》人手太少，但这集子的蒐编明天早晨结束，然而反复辟们自酿的谣言却在纷々出笼，而且越来越离奇越荒唐，不过靠造谣过日子的反复辟的寿命不会比兔子再长了。

六中队《飞虎》团宣传部

1967.8.12

第一章

关于三五二七厂破坏案的谣传

“三五二七厂自己挑起武斗，证明人是中国人民解放军。3203部队XX分队 李爱国。”（查无此人）

河北大学井岗山等组织 67 7

“陈伯达7月8日的讲话中的两个家伙，指的刘政。”

河大井岗山

67 7

“3527厂武斗当晚（即7月6日）刘政坐汽车偷偷由小门开进3527厂，命其200多人上北京告状，并给经费1000元。”

南开中学井岗山报第4期报导

“据五代会常委透露：七六，七七，大血案中刘政给中央军委去数次电报，要求派军队到3527厂 中央军委没同意。

南开中学井岗山报第4期报导

“中央首长非常关心这件事（指3527厂事件）最近中央派来一个调查团，其中有中央文革三人，中央军委三人 还有天津驻军支左联络站三人。他们调查了一段之后，有了分歧意见。中央军委、中央文革的观点一致。一看天津支左有问题，结果人家单独调查去了。看来中央对天津驻军有怀疑。

工矿企业造反总部李勇

7月19日下午

第二章

有关天津66军的谣传

“天津夺权领导七人小组是反革命修正主义集团 现在63军、64军包围了六十六军 。”

在市体委机关革命造反队形势座谈会上三配件厂负责人董XX的讲话

7.20.

"66军借四大为名，全军已要撤出天津整风学习，检查前段支左所犯的错误，北京驻军将代替天津驻军。"

天津电车厂红讯兵《特快消息》

67 7.21

"在66军的一次会议上，万晓塘谈刘政年青的将军。苏谦益、万晓塘、马瑞华对刘政在天钢四清的评价是 刘政政策水平高，四清工作有成绩，可以担当更重要的工作，当即由66军参谋长才是拔为66军副军长。

南开中学井冈山小报第三期报导

"周总理批评了66军，六十六军已准备向全市革命造反派检查，本月23日至26日全部撤出天津。天津驻军头头支左联络站主任刘政被中央停职反省。总理严厉批评了刘政，因为刘政不支左。"

天津电车厂红讯兵《特快消息》

67 7.21

第二章

有关军管会和刘政同志的谣传

"刘政目前正策划以河老八为首的保守组织，挑起一场大型武斗，然后嫁祸于造反派，再指派公安造总大逮捕，以镇压革命造反派。

一商红联转抄《动态》

7.12.

"公安局接到刘政的指示，放出一批刑事犯，扰乱社会治安，然后借镇压地、富、反、坏之名，陷害革命造反派。"

工农学二商系统总部《参考消息》

7.12

"据公安局内部透露，军管会现已逮捕3000余人。"

工矿企业造反总部《参考消息》

"昨日（8月5日）4点中國人民解放军海陆空军事院校在北京揪斗了刘政。主要是天津支左问题。

反修錦纶厂红卫兵指挥下

8.5

第四章

有关周总理、陈伯达同志、康生同志、谢富治同志的谣传。

"周总理已派陆海空三军代表团来津，深入第一线调查天津形势，三军代表对天工八·二五及天津反复辟联络站表了态，承认是革命左派组织。"

小教造反委员会等组织

67.7.8.

解学恭对抗中央指示罪责难逃

周总理七月九日对天津有四点指示，被谢学恭扣压。这四点指示是：1、天津不易过早夺权，否则夺了权中央也不承认，2、天津五代会必须解散，然后在自下而上的大联合，重新召开五代会，3、天津夺权筹备小组要解散，然后由五代会常委推选，4、大联合"三结合"要按《红旗》第五期社论精神办事。"

河大井岗山等组织

67 7.11.

最新消息

"周总理确实来津，对天津支左做了四点指示：①天津支左犯了错误，必须检查，②五代会大方向是正确的，③五代会保守组织多造反的少，④五代会内外组织应在一起通过四大解决。"

一商红联

7 16

"今天上午我們最敬爱的周总理来天津，支持我们造反派。"

反复辟联络站设在和平路上的广播台

於7月16日晚重复广播此谣言

动　　态

"周总理、康生、谢富治已来天津视察工作，昨天还在人民商场检阅了一百三十五万无产阶级革命派大联合筹委会大会的游行队伍。"

工矿总部

67 7 17

第五章

其他方面谣传.

"经过几个月的努力天津反复辟联络站已经解决了与陈伯达、康生直接汇报工作的问题。现在不经任何手续，可随时向陈伯达汇报。"

七月十三晚天工、、二五召集全体会议上

胡XX的讲话

"陈伯达同志的秘书来津，传达了三点指示

①注意万晓塘与刘政的关系，②张冶金后台，③李树夫应参加三结合。

一商红联　　红旗公社《快报》

7.14

"最近李雪峰到了内蒙古，一屁股坐在三司一边，三司人问他，为什么要站在三司一边？他说：一是中央有指示、二是接受了在天津的教训。"

工交企业联络站

7 14

"毛主席说了，李雪峰你到天津去，看々你到底和万张反革命修正主义集团有什么关系。"

三配件厂革委会董广发

67.7.19.

"振奋人心的好消息：

今日下午一时四十分至三时卅分，北京4800部队已进驻天津。据不完全统计，共二百六十辆大卡车。"

橡胶系统工矿指挥部

67.7.23

可靠特快特好消息.

I 河老八内部造反了，造反者说：我们不当実兵。

II.流窜河老八的彭冶金一小撮头々被驱逐出校。

III.河老八门户开放，造反派可以随便参观，河老八的凶器以及其他防御工事。

四 八月八日大联合筹委会在中心广场开会。

冶系革委红卫钢绳厂联合指挥下宣传下

67.8.7.

文革谣言何其多？
时至今日谎言说。

今日出现社会种々
陋习，均可从文革中
找採源。

小记

反复辟们不听中央指示，一意孤行，走向自取灭亡的途径，他们感到日子实在不好过了，就靠造谣来维持其苟延残喘的生活。可惜谣言寿命太短，仅々几日，历史见证打了他们响亮耳光。

革命的同志们，谣言终久不能成为事实，谣言能骗人一千，但不能骗人一千次，在复杂的阶级斗争中，我们要提高革命警惕，用毛泽东思想去衡量一切，切勿上当。

反复辟的谣言专业，因此我们的工作不停，再蒐再叙。

童谣一首

反复辟，三胖宝，造谣、诽谤、捞稻草，专门打、砸、抢、抄、抓，兔子尾巴长不了。

你们要关心国家大事，把无产阶级文化大革命进行到底！

毛泽东

首長講話 专辑

参考消息

天津市四十二中 硬骨头红卫兵 毛泽东思想战斗队 合办

九六七年十月十三日

共七版

·内部刊物·
·注意保存·

周总理十月五日谈外交部运动

（接见外宾前的讲话）

总理　毛主席的指示（指对外交业务的指示）你们传达了没有？

翻译·还没有传达，记录整理好了，送回去了。

总理　从毛主席的指示中得到启发吗？

众：很大的启发。

先生：王大宾说陈毅是　派，这话讲得也对。

总理：这话也对，陈毅他心里想的什么东西都摘出来了。

保从新：联络站（　站内打个队组）要开批判王力的大会。

总理：批判王力的会不要开了，但是批判八月份运动的错误是可以的。四天之内向中央夺权就是不对嘛。四天之内中央失去对外交部的控制。联络站要作自我批评，不要都推到外因上去。（保从新出去给联络站打电话）

翻译、王力的讲话有很大的作用，王力说是毛主席要他过问外交部的。联络站把它当作最高指示了。

总理　（笑了笑）

先念、王力的问题，中央会解决。

（保从新打完电话进来）

总理　（向保从新）你怎么讲的？

保从新：不要开这个会。

总理：（生气）你怎么能这样讲呢？批判八月份运动的错误可以嘛，批判了可以认识嘛！不批判

（下转第二版）

一九六七年十月十三日　《参考消息》　第二版

黄文欢同志十月五日在地质学院的报告
（越南党政代表团付团长）

亲爱的同志们：

我们越南民主共和国党政代表团很高兴有机会来参加中华人民共和国建国十八周年大庆，（鼓掌）在访问期间我们更清楚地看到了十八年来在中国共产党的领导下，在毛泽东思想照耀下取得了很大很大的成绩（鼓掌）特别是你们的文化大革命已经取得了具有决定性的胜利。我们坚信你们一定会取得彻底的胜利。（鼓掌）你们的胜利就是我们的胜利，（鼓掌）可能大家想听一听越南的情况，我就先谈一谈越南的情况。（热烈鼓掌）

关于越南的情况，你们很密切地注视着，一直是很关心，你们平常听广播，看报纸很关心，可能比我了解还要多。现在讲几个大的方面：首先谈谈，正在打击美国强盗的越南南方的情况，现在在越南南方有47万美军，加上他们的仆从国军队，再加上伪军共有一百多万，一百一十万，南方人口共有一千四百万，这样就是越南人十几个对付一个敌人，但是我们打得很好。（呼口号，热烈鼓掌）

现在可以这样说，在南方的战场上越南人民的武装力量是完全占了主动地位，不管哪个战场上，我们想打就打，想退就退，敌人完全是被动的。我们不但在大城市以外打得很好，而且还在大城市比如说在西贡市也打得很好，我们的部队可以就呆在大城市，钻到那里去，我们部队到西贡去不能象你们这样穿戴了，现在在越南南方，美国有47万，但是我们南方的人民有这样的决心，不管他派50万、60万、70万、80万，100万，我们也要坚决打败他们，南方的情况是不是就讲到这里，好不好？（众：好！）

现在谈北方的情况

北方的情况你们最关心的是美国飞机每天轰炸，我们就谈谈与美国飞机斗争的情况。

美国飞机到越南北方轰炸扫射当然会给我们造成一定程度的损失，但是我们不怕，从他们派送飞机来北方轰炸从来到今天早上的消息，我们已经打落他们2365架（呼口号），但是，不是说打掉了二千多架他们就害怕了，不来了。他们还是来，我们还是打。

在越南北方我们是这样决定的：我们要同他们打，打落越多越好，这是第一点。但是另一方面，他们到北方轰炸，即使所有的军事方面，文化方面，政治方面，工业方面，同样都被他炸坏了，我们也不怕，我们也要跟他们打！就是河内河防都把他们炸了，炸得没有一间房子了，我们还是继续战斗，继续跟他们打！现在我们把胡主席去年七月十七日的号召书看作是我们的斗争方针。打五年，十年，二十年，直到取得彻底的胜利！我们具有这样的决心，我们能这样打呢？我们有，我们能够！我们现在进行持久战需要二点；第一点是粮食，第二是武器，有粮食吃得饱，有充分的武器，（下转第五版）

（上接第　版）　总理谈外交部运动

流毒怎能肃清呢？外交部极"左"思想不得了。

总理：（对姚从新）你这样做，联络站就要拿我的话压他们，（指姚从新给部党委打电话）开会批判八月份的运动错误可以，不要点王力的名。

一九六七年十月十三日　《参考消息》　第三版

张春桥同志九月二十八日在空军某部祝捷庆功大会上的讲话

同志们

我跟余立金同志刚才到上海，从飞机场赶到飞场来了。我们刚才到，同志们就向毛主席的身体健康。最近，我们跟毛主席　起到各地视察，是随行的。一路上我们看到毛主席的身体非常健康，精力充沛，每天工作时间很长，接见很多人，处理各种问题，精神非常好。我们感到毛主席身体这样健康，是我们的幸福，也是全国、全世界人民的幸福。（口号）这是首先要向大家报告的。

今天的大会是打下U-2飞机的祝捷庆功大会。九月八日和杨成武在一道，听到打下U-2飞机的消息，以后向毛主席详细汇报了情况，毛主席听了很高兴，特别有一点　　点是参战的是新部队，刚进入阵地不久的，另　点是全部装备都是国产的。这　点毛主席特别高兴。参战的同志们：不仅中央军委发嘉奖令，毛主席也知道了，而且很高兴。希望同志们继续保持旺盛的斗志，还是用国产的装备，U-2型这两天又出来了，再下它　架　一架！（口号）

第三，讲一下全国文化大革命形势，大家都非常关心全国文化大革命的情况，对全国形势，毛主席在视察中作了深入调查。毛主席说"现在全国形势是非常好的，特别是七、八、九这三个多月，全国的文化大革命有了很大的发展。"

现在全国已经建立了革命委员会的有七个省市　上海、北京、山东、黑龙江、山西、贵州、青海。建立筹备小组、军管会，或犯了错误，有问题但基本解决的有八个、内蒙、四川、河南、湖南、湖北、江西、浙江、甘肃，有可能在最近的　个时期，新年以前，就是十、十一、十二，三个月还可以再解决十个省市。北面五个　东三省——辽宁、吉林、黑龙江，黑龙江成立了革委会，但出现了反复，也称　个　另外是河北、天津，南方五个、江苏、安徽、福建、广东、广西。最近在批判中的十一个单位。有些单位的问题已经基本上解决了，象安徽、江苏的刚谈，东北三省的也到了北京。

昨天夜里十　点以后代表参加了两帮人谈话，跟东三省、跟江苏，现在谈话比以前容易多了，刚来的时候当着中央首长的面，拍桌子吵架，真是"势不两立"现在能谈得起来了。现在看，到年底，可以十个或者多　些。全国廿几个省市，七个，八个，再十个，就剩下几个了，有云南、西藏、新疆、宁夏、陕西等。

如果工作做得好，按毛主席的指示办事，春节大致可以解决问题了。解决问题有个规律，哪个地方最乱，乱透了，就解决得好，解决得彻底，如江西省委、省人委都烂了，乱透了，好人，坏人分清了，当然坏人是少数。乱透了就好了。这次视察江西就很稳定。

这次运动，群众发动的很深入，全国没有一次运动发动得那么深入，现在出现一家人分几派的情况，在工厂辩论，回家还辩论。从前谈家家庭　谈生活，现在谈政治，关心国家大事，无产阶级文化大革命对全国人民的思想革命化有很大作用，广大群众的思想觉悟大大提高了　步。今年的工农业生产也很好，农业可能是解放以来最好的　年。（下转第四版）

这 点奇怪了吗？省市委瘫痪了，生产很好，说明机关可以精简，很多人呆着不干事。当然机关还是要的，不是不要领导

第四，与部队有关的问题，对部队政治思想教育问题，毛主席对这点很关心。人民解放军十八年来取得了伟大的成绩，特别是林彪同志主持军委以来。从文化大革命中情况来看，不少同志对文化大革命很不理解， 部分军区、一部分军分区，人武部，在文化大革命中犯了不少错误，甚至是严重的，怎么办？部队有 个最大的好处，就是听毛主席的话，知道错了就改，不改的只是极少数，与地方是不 样的。

但也说明必须对部队进行教育，要对军区、省军区、人武部同志开办训练班，加以训练，进行教育。对有一些犯了错误的同志必须帮助他们比较快地改正过来，当然训练班不止限于犯错误的同志，比较好的甚至很好的好同志也要去，包括地方上犯错误的同志。

毛主席还说："按科学对红卫兵也要办训练班。现在不少红卫兵也是当权派，工厂企业中不少不是原来的干部当权，大部分是新干部，这些同志革命干劲足，闯劲足，造反精神强是好的，但比较目符实际情况，水平还不高，还必须学习。

军队、地方干部都要学习，办各种训练班，每次时间不要长，不断总结经验。毛主席说 每次最长两个月。

对这件事毛主席很重视。毛主席最近接见湖北、湖南，河南的军事干部，也有一部分红卫兵， 些犯错误的干部觉得，犯了错误 改的太慢，毛主席的接见给了他们很大的鼓午，不少同志一夜睡不着，第二天还睡不着。

这次视察，毛主席 路上了解了不少队部的情况。现在不少地方当家的是部队，军队的责任特别大，要学习，要提高，中央要依照毛主席这个指示这个方针办。我们是否可以先办：训练班实际上将学习毛主席著作的运动提高到 个新的水平。

再一点 主席在视察中，反复讲一个问题，就是军队上下级关系问题。解放军一向官兵关系，军民关系都是很好的，这是部队的传统。部队里有三大民主，有正确处理内部关系的作风。从文化大革命中暴露出来的问题看，某些单位，某些方面受到破坏，有些领导干部比较严重地脱离了群众。

主席问：为什有些干部群众那样有气，气从那儿来的？

这里可能有两个原因，一个是有些干部执行了资产阶级反动路线，群众有气，起来反他，但犯了路线错误，改了就好了嘛'还有第二种，干部没有犯路线错误，群众也很有意见。这些干部官做大了，薪金高，房子好，出门坐小汽车，这也还可以嘛，但为什么要摆架子呢？见人就训，就骂，不跟人商量问题，不平等待人，这样就不行了。一年三百六十天，天天骂人，整人，一年，二年，人家有气，赶到文化大革命，可找到机会了，好好地整 下。

毛主席说，要教育我们的干部，好好注意这个问题，调整好上下关系。按照我们的传统办事。我们原来的三八作风，现在严肃，紧张有余，团结、活泼不足。这也是毛主席讲的。不知道你们××军有没有这样的情况。（答：一样的）一样的，那我们就按照主席指示改一改，免得有 年总爆发。

（下转第五版）

毛主席说"当连长，当指导员还接近战士，营长以上就少了。们的官大了，我们小时后听到连长不得了，是大官了，营长是很大很的官了，现在的战士对班长很了解，很热爱，连长还知道个名字，营长就知道个姓了，团长有的就不知道了，上下级关系要密切起来。"

希望造反派也注意这个问题，学习解放军的优良传统。造反派当权，官也大了。原来是普通的工人，普通的学生，现在的官比连长大了。人民要我们掌权，我们为人民服务，但架子不能大，不要弄得车间工人不认识你了，见你怕了，同学也是这样。我们革命造反派要一开就建立一个好的作风，不然总有一天下面的战士要起来造反。主席非常关心这件事。

最后讲一下，上海整个形势好得很，毛主席视察期间，对各方面情况作了了解。这里向三军的同志表示感谢。主席视察期间，三军的同志作了不少工作，保证了毛主席的安全和好的工作条件。这也是三军和上海无产阶级革命派的光荣。

我们希望毛主席在工作安排许可的情况下，再到上海视察，你们赞成吗？（全场欢腾，高呼口号）

黄文欢同志的报告

（上接第二版）

我们就可以打下去。几十年都可以我们自己有这样的决心，特别有一点，我们有中国这样的大后方，我们就更有这样决心，更能打下去，不怕任何东西，坚决打下去，我们要是缺少粮食，有中国供给我们，我们如果缺武器，有中国供给，如果战争再扩大，到了需要的时候，两国中央都同意，到时候我们就请你们到我们那去进行战斗！（长时期热烈鼓掌）我们有决心，我们有很英明的越南劳动党领导，有十分英明的胡志明主席领导　有三千　百万人民的牺牲精神，再加上　个七亿人民的中国和我们同生死，共患难，我们就　定能取得胜利。北方就谈到这里。

现在谈　谈中越两国两党之间的关系吧。

我们从从前到现在一直这样说、中越之间的关系是唇齿相依的关系。但是我们的关系是不是任何时候都是这样的关系呢？不是只有在中国有中国共产党，有马列主义，毛泽东思想的武装，越南有工人阶级的政党、劳动党，有马列主义的武装，这样我们两党两国才存在着唇齿相依的关系，几千年中国被封建主义统治，越南在封建主义的统治下，这几千年就没有唇齿相依的关系，在中国被变成半殖民地，越南成为殖××（不清）也不存在唇齿相依的关系，如果中国资本主义复辟了，出现了修正主义，那么这种唇齿相依的关系是不是还存在呢？不存在，要是中国出了修正主义，这种关系是完蛋了。所以你们正在进行的无产阶级文化大革命，目的是在于防止资本主义复辟，防止出现修正主义，这也是　场保卫中越两国两个民族，两党之间友谊万古长青的　场革命，（热烈鼓掌）我们欢呼中国的文化大革命，我们支持中国的文化大革命。

在这里，你们学校文化大革命搞得很好，刚才王大宾同志向我们介绍情况，我们很高兴，你们在文化革命初期是从被围攻被迫害的情况下杀出来，你们现在搞大联合也搞得很好。现在毛主席指出的方向

这 点奇怪了吗？省市委瘫痪了，生产很好，说明机关可以精简，很多人呆着不干事。当然机关还是要的，不是不要领导

第四，与部队有关的问题，对部队政治思想教育问题，毛主席对这点很关心。人民解放军十八年来取得了伟大的成绩，特别是林彪同志主持军委以来。从文化大革命中情况来看，不少同志对文化大革命很不理解， 部分军区、 部分军分区，人武部，在文化大革命中犯了不少错误，甚至是严重的，怎么办？部队有 个最大的好处，就是听毛主席的话，知道错了就改，不改的只是极少数，与地方是不 样的。

但也说明必须对部队进行教育，要对军区、省军区、人武部同志开办训练班，加以训练，进行教育。对有一些犯了错误的同志必须帮助他们比较快地改正过来，当然训练班不止限于犯错误的同志，比较好的甚至很好的好同志也要去，包括地方上犯错误的同志。

毛主席还说 ”按科学对红卫兵也要办训练班。现在不少红卫兵也是当权派 工厂企业中不少不是原来的干部当权，大部分是新干部，这些同志革命干劲足，闯劲足，造反精神强是好的，但比较自符实际情况，水平还不高，还必须学习。

军队、地方干部都要学习，办各种训练班，每次时间不要长，不断总结经验。毛主席说 每次最长两个月。

对这件事毛主席很重视。毛主席最近接见湖北、湖南，河南的军事干部，也有 部分红卫兵， 些犯错误的干部觉得，犯了错误，改的太慢，毛主席的接见给」他们很大的鼓午，不少同志 夜睡不着，第二天还睡不着

这次视察，毛主席 路上 了解了不少队部的情况。现在不少地方当家的是部队，军队的责任特别大，要学习，要提高，中央要依照毛主席这个指示这个方针办。我们是否可以先办：训练班实际上将学习毛主席著作的运动提高到一个新的水平。

再 点 主席在视察中，反复讲一个问题，就是军队上下级关系问题。解放军 向官兵关系，军民关系都是很好的，这是部队的传统。部队里有三大民主，有正确处理内部关系的作风。从文化大革命中暴露出来的问题看，某些单位，某些方面受到破坏，有些领导干部比较严重地脱离了群众。

主席问：为什有些干部群众那样有气，气从那儿来的？

这里可能有两个原因，一个是有些干部执行了资产阶级反动路线，群众有气，起来反他，但犯了路线错误，改了就好了嘛！还有第二种，干部没有犯路线错误，群众也很有意见。这些干部官做大了，薪金高，房子好，出门坐小汽车，这也还可以嘛，但为什么要摆架子呢？见人就训，就骂，不跟人商量问题，不平等待人，这样就不行了。 年三百六十天，天天骂人，整人； 年、二年，人家有气，赶到文化大革命，可找到机会了，好好地整 下。

毛主席说，要教育我们的干部，好好注意这个问题，调整好上下关系。按照我们的传统办事。我们原来的三八作风，现在严肃，紧张有余，团结、活泼不足。这也是毛主席讲的。不知道你们××军有没有这样的情况。（答 样的） 样的，那我们就按照主席指示改一改，免得有 年总爆发。

（下转第五版）

毛主席说"当连长，当指导员还接近战士，营长以上就少了。你们的官大了，我们小时后听到连长不得了，是大官了，营长是很大很大的官了，现在的战士对班长很了解，很热爱，连长还知道个名字，营长就知道个姓了，团长有的就不知道了，上下级关系要密切起来。"

希望造反派也注意这个问题，学习解放军的优良传统。造反派当了权，官也大了。原来是普通的工人，普通的学生，现在的官比连长大了。人民要我们掌权，我们为人民服务，但架子不能大，不要弄得车间工人不认识你了，见你怕了，同学也是这样。我们革命造反派要一开始就建立　个好的作风，不然总有一天下面的战士要起来造反。主席非常关心这件事。

最后讲一下，上海整个形势好得很，毛主席视察期间，对各方面情况作了了解。这里向三军的同志表示感谢。主席视察期间，三军的同志作了不少工作，保证了毛主席的安全和好的工作条件。这也是三军和上海无产阶级革命派的光荣。

我们希望毛主席在工作安排许可的情况下，再到上海视察，你们赞成吗？（全场欢腾，高呼口号）

黄文欢同志的报告

（上接第二版）

我们就可以打下去。几十年都可以我们自己有这样的决心，特别有㐅，我们有中国这样的大后方，我们就更有这样决心，更能打下去，不怕任何东西，坚决打下去，我们要是缺少粮食，有中国供给我们，我们如果缺武器，有中国供给，如果战争再扩大，到了需要的时候，两国中央都同意，到时候我们就请你们到我们那去进行战斗！（长时期热烈鼓掌）我们有决心，我们有很英明的越南劳动党领导，有十分英明的胡志明主席领导　有三千　百万人民的牺牲精神，再加上　个七亿人民的中国和我们同生死，共患难，我们就　定能取得胜利。北方就谈到这里。

现在谈　谈中越两国两党之间的关系吧。

我们从从前到现在　直这样说、中越之间的关系是唇齿相依的关系。但是我们的关系是不是任何时候都是这样的关系呢？不是只有在中国有中国共产党，有马列主义，毛泽东思想的武装，越南有工人阶级的政党、劳动党，有马列主义的武装，这样我们两党两国才存在着唇齿相依的关系，几千年中国被封建主义统治，越南在封建主义的统治下，这几千年就没有唇齿相依的关系，在中国被变成半殖民地，越南成为殖（以　不清）也不存在唇齿相依的关系，如果中国资本主义复辟了，出现了修正主义，那么这种唇齿相依的关系是不是还存在呢？不存在，要是中国出了修正主义，这种关系是完蛋了。所以你们正在进行的无产阶级文化大革命，目的是在于防止资本主义复辟，防止出现修正主义，这也是　场保卫中越两国两个民族，两党之间友谊万古长青的　场革命，（热烈鼓掌）我们欢呼中国的文化大革命，我们支持中国的文化大革命。

在这里，你们学校文化大革命搞得很好，刚才王大宾同志向我们介绍情况，我们很高兴，你们在文化革命初期是从被围攻被迫害的情况下杀出来，你们现在搞大联合也搞得很好。现在毛主席指出的方向要斗私批修，一定你们也做得好。

这次我们有机会参加中国国庆，特别这次有机会也看你们，我们感到很高兴。

我们代表越劳动党，越南政府，越南南方到北方的全体人民感谢中国共产党，感谢中国人民，感谢毛主席，感谢造反派。

我们向你们保证，我们一定战胜美帝国主义！

今天跟你们谈话就谈到这里吧！

祝中越两国两党两国人民的战斗友谊万古长青！

祝毛主席万寿无疆！

祝胡主席万寿无疆！

中国文化大革命万岁！

祝同志们身体健康！学习好！战斗好！大联合好！斗私批修好！

周总理十月二日在京棉三厂的讲话摘要

周总理十月二日十八时陪同刚果（布）总理努马扎莱参观了京棉三厂并对该厂的革命群众组织代表进行了谈话，现将谈话纪要转载如下：

总理：厂内女同志多，为什么没有女代表？你看你们全是男的。

代表：（代表汇报三厂情况时说）：我厂自建厂以来年年月月完成任务。

总理：这样讲不对吧！这样讲不符合毛泽东思想，今年二、三季度不是没有完成计划吗！这是党内走资派和资产阶级反动路线把群众搞成两派对立造成的，除了以上原因外，再加上某些头头不是无产阶级的党性，而是资产阶级的派性。

代表：（汇报三厂文化大革命的情况）群众全部投入了文化大革命。

总理：全部投入了吗？一个也没有没参加的？没有逍遥派吗？打架可能有部分没有参加。

代表：（汇报现在情况）三厂坚决执行毛主席的"斗私批修"的最新最近指示。

总理：你们解释什么是"私"字？结合厂内具体情况来讲"私"字。

代表：……

总理：还没说出来，个人主义，小团体主义，风头主义……这些都是"私"字，（随后总理分别问：是哪一派的？有多少人？各多少代表？

代表：革委会八个代表，东方红七个。

总理：东方红这一点做的比较好，革委会比较小气，我就叫你们双方对等（各七个）自由战士也派一名，自由战士一定会支持革委会的。

你们的生产计划定了没有？群众讨论了没有？你们应向纺织系统挑战，不但向北京挑战，而且还要向全国挑战。

现在出勤多少？

代表：出勤率74%

总理：什么病最多？

代表：高血压。

总理：高血压主要是打架打的，睡不着觉，休息几天就行了，不要相信医生。过去我们打了廿多年仗，这也是无产阶级和资产阶级的斗争。

历史上出勤最高多少？

代表：……

总理：最好百分之九十五，能不能力争。

代表：能（当代表谈通过文化大革命，革命职工胸怀祖国、放眼世

界时）

总理：我解释一下放眼世界，过去支援亚非拉建设，特别是纺织厂，都是上海派人，为什么北京不能去，支援刚果（布）建设，建议你们京棉二厂，派 个男的，一个女的。

代表：可以多去。

总理 不需要多去，只需要二个， 个男的，一个女的，去非洲天气很热，去了不要想家，我到你们这里已经第五次了。

代表 总理来我们厂是第 次，前四次是去一厂的。

这时总理同刚果（布）总理讲 群众批评我了，说我来的少，当谈到二厂厂长宋汀是走资派时

总理：建议你们很好地学习毛主席语录223页第三段，我们敢于作自我批评，就是胜利，不作自我批评，就是失败。

（随后到车间参观，下面是总理参观时的问话）

总理：你们联合怎么样？

代表：组织上联合了，思想上还没有联合起来。

总理：这是符合实情况，今天汇报是军管写的，还是群众写的？

军代表 由于时间很紧，他们写好了，没有审查。

总理 要实事求是嘛！反映些具体情况就好了。

当走到粗纱车间时问 台车有多少纱锭？一位其他车间工人没答上来

总理 这是资产阶级和修正主义管理工厂的一套，只让工人了解一点，不了解全面，要好好学习。

工人 明天就学。

总理：今天就要学。

参观至 时许离厂。

区梦觉叛变
与广东叛徒网

中大红旗
省直站 518 联合战团编
省直革司
1968.

司令部、联络站何其多！印鑑太小，再大一些才好!!!

区梦觉叛变和广东叛徒网问题的调查报告

区梦觉是否叛徒？广东有没有潜伏着以区为首的叛徒网？这一直是悬而未决的重大问题。经一年多的调查研究，我们对此问题的初步看法是：

（一）区梦觉是自首变节者（已查实，有旁证材料）有重大叛徒嫌疑。

（二）从区本人及其同党活动可证：广东潜伏着一个以区为首的叛徒网。

现将材料综合如次：

一、从区解放前的历史看区的叛变和广东叛徒网

（一）区被捕前后简史：

据区本人交代：区梦觉（书名区汉生，又名区白霜、周爱霞）女，现年六十四岁，家庭出身地主，个人成分学生，广东省南海县人。现任广东省常委书记，中央候补委员。区自幼居住广州西关。一九二五年在广州维坤女中念书，受反帝浪潮影响，参加了"六·二三"沙基惨案的学生反帝运动。一九二六年一月，参加中国共产党，担任过广东救难会干事，一九二六年三月底至一九二七年三月在广东妇女解放协会任执委和主任。一九二七年五月曾到武汉参加"五大"，同年六月回到香港，在省委住机关做掩护工作，七月底被省委派回广州市委做秘书工作，一直到十二月底广州起义失败后，再回到香港，在省委工作到一九三〇年。一九三〇年八月到一九三二年六月七日在香港陶秀中学、岭东中学以教员身份做发动群众工作。一九三二年六月七日凌晨在港其本人宿舍内被捕。一九三七年八月出狱。同年到香港南委训练班学习，并恢复组织关系。学习结束被分配到广州 韶关等地搞抗日救亡和统战工作。一九三八年赴延安。

区的此段历史，据我们调查及审问区本人证实：区住省委机关时间不短，联系接触到的单位和人很多，而且是省委机关和各地领导同志。但区为了掩盖其叛变出卖组织和同志之罪行，有意将自己的一些主要政治历史和职务隐瞒，如一九三二年被捕前任省委秘书科长，被捕后于上海、广州自首变节等实情及一九三七年出狱后到国民党第四战区工作等历史。

（二）区的自首变节和叛变

1．区被捕经过：

区交代：一九三二年六月七日，因省委交通（区的单线联系人）方一通叛变出卖，在其宿舍（九龙油麻地）被捕，与区同时被捕的有莫琼兰。（莫当时是在市委工作的党员 曾是区的单线联系人，在港一纱厂当工人，作掩护与区一起搞宣传、发动群众工作）同年七月十五日被港英当局以共产嫌疑判解出境。区、莫乘"皇后"邮

船由港直达上海，当船到上海吴淞口岸时，被上海伪公安局及两名随船跟踪的广州市伪公安局特别侦缉队员郑发、陆标重新扣押。第二天在上海伪公安局被提审一次。一周后，押解广州市伪公安局，在该局特别侦缉队审讯时，大叛徒江慧芳（与区工作的省委负责人之一）亲自出庭作证。但区至今却说：“在广州交代的与上海交代的问题是一样的。”一九三二年七月被广州伪军法处判刑十年，一九三五年押送南石头惩教场监管。

2. 区自首变节和叛变：

（1）区在上海伪公安局受审时，承认了：“自己是区梦觉，共产党员，任过广东省妇女委员，广东省妇女解放协会付主任”供出：“入党介绍人杨善集，单线联系人方一通，广东省妇女解放协会付主席陈铁军同志及上一级妇委领导人蔡畅、邓颖超等同志”。并说：“共产主义在中国行不通，我对革命厌倦了。”表示“今后再不找党了。”等々变节言行。

区是自首变节者，此一结论业已落实。我外调人员在上海查到了区的自首书（上打有区本人的十个指模）、审讯记录等证物。就连区本人在一九六七年六月二十九日也承认：“被捕后向敌人泄露自己的身份，和出卖了自己的同志，在历史上算是政治动摇。”

（2）区有彻底叛变投敌的重大嫌疑：

㈠ 区在上海被捕的第二天，即自首变节，出卖同志，并“对共产主义失去信心”“对革命厌倦了”“不愿再找党了。”等々。动摇怕死、叛徒哲学十分严重。区在主观上彻底叛变是完全可能的。

㈡ 客观上，敌人从江慧芳、陆标、方一通（均为特缉队员）口供里掌握了区的全部地下活动材料，并有叛徒江、陆当面对证，区如不彻底叛变，是无法过关的。敌人审讯区时曾威胁说：“只要你帮助我们，讲出你的组织和领导人 还有那些同志，保证你的安全。”“否则，是活不成的。”曾经与区同狱的同志和了解区的有关地下党同志反映：“区梦觉被捕后的活命哲学是很严重的，在广州市伪公安局拘留所期间尤其突出。”区在上海被捕的第二天，并未受刑便自首变节，出卖同志，而在广州受审，既有敌人淫威相迫，又有叛徒、特缉队员江、陆等顶证，区会不彻底叛变投敌，可能吗？

㈢ 区为什么受到特别侦缉队的优待？

区被捕入狱时，正是反动派陈济棠统治广州，镇压革命最猖狂的时期，当时被捕的我地下党人，如不叛变，大部杀掉，一般的政治犯也难幸免杀戮，重要一点的人物，更没有一个能留下的。如：当时有个官僚军阀陈树仁之子陈复（共产党员）被捕，陈树仁以“辛亥革命元老”的资格，去求陈济棠免其子一死，但陈还是不给情面，将陈复枪杀了。又如陈铁儿同志，只是省委的一般党员，因其姐々陈铁军是妇女解放协会付主席，而被杀了。再如王文灿同志，也仅仅是当时省委机关炊事员，一般党员，只因审讯时表现坚决，受吊飞机，最后也被杀害。有些同志虽未被杀，但也经受酷刑，判重刑。区是省委里的重要领导人，又是出席“五大”代表，不但能存生命，连她自己也供认：“受审时连最轻的行刑也未尝过”。同狱的莫琼兰、梁维平等人谈到区受审时情况也说："每次审讯见她都是好々地回来的。"区如不彻底叛变投敌，会有这样的待遇吗？不仅如此，区在狱中与女看守长也打得火热，还给她女儿补习英文呢！何故？

㈣ 区与叛徒江慧芳（江详情见后）同关一牢。区常因一点小事便与狱中难友争吵不休，而与江却相处无间，关系密切。同狱一难友陈子卿有一百多元钱，陈不肯把钱接济难友，大家合伙偷陈的钱，陈告看守长，看守长即进狱搜查，钱由江、区两人收藏，结果没被搜出。区、江为什么合谋偷陈的钱来接济难友？为什么钱由区和大叛徒江慧芳收藏而没被搜出？是否制造假象骗取狱中难友信任？区的彻底叛变，与大叛徒、特缉队员江慧芳共同打入狱内侦缉难友是有可能的。

㈤ 区一九三二年七月被广州市伪军法处判决十年徒刑，一九三五年押送南石头。这里有一个问题：一九三二年七月至一九三五年，区在哪里？干些什么？据查：当时被捕之地下党人，都是先经特缉队审讯，叛变的即留在特缉队进行破坏共产党活动。不归顺投降的，即送南石头监狱。叛徒后参加特缉队者，特缉队认为你再没有什么使用价值了，或则杀戮，或则送南石头，或则释放。区一九三五年才到南石头惩教场，这以前会不会在特缉队活动？

(三) 区梦觉是怎么出狱的？

区交代是一九三七年八月二十四日出狱的。其因是：国共合作周总理亲自到南京和国民党交涉，释放政治犯和我家人花二十块钱买店铺图章担保。当天释放时，监狱管理员叫去核对了姓名、籍贯、年龄等后，领去开脚镣，并叫在释放纸上签字，无办其他手续。

但据我们与当时地下党的同志、区的家属和同她一起坐过牢的同志交谈调查的结果，对区的出狱时间和原因的说法不一，综合如下：

1．认为区是一九三七年"七七"事变前，地下党组织保出来的。有这种说法的人是地下党员（？）较多。经调查当时知道此事的七名地下党员和工作人员中就有五名。二名认为是亲戚保出来的。如薛尚实（当时南委的负责人，现是上海哲学研究所所长）于一九六七年六月十日说："抗战初期，国共合作，双方释放政治犯，上级派张逸（？）方同志来广州主持这一工作，我的秘书云广英同志是当时具体负责，并在广州市东山区设立专门办事处。广州前々后々释放九十人。一九三七年不超过六月份，区梦觉出狱了。并由云广英接到九龙城红磡（？）接待站，与她一同去的有十多人。"又如梁中心在一九六七年七月十五日我们找他了解时，说："一九三六年上半年香港城派叶超回穗，找我乘小汽车到南石头监狱探区，并通知她准备出狱，不久，区就出狱了。"饶彰风（现广州外语学院党委书记）说："一九三六年五月邝明到香港抗日救国会找到我（我当时是该会秘书长），要工作做，我介绍他回广州找叶超，叶即叫他设法营救区梦觉出狱，邝明即用一狗肉铺保区出来了，结果区跟邝明到其家乡中山斗门教书去了。这是一九五三年邝明亲口对我说的。"一九六七年五月二十四日我们找邝明调查，他则说："区出狱不是我营救出来的，而是她亲戚保出来的，在延安时，区对我说，她是坐满五年刑期被放出来的。”区梦觉的历史是有到中山斗门教书一段，但区说是郑继斯介绍去的。而郑继斯（当时新市委々員之一）否认这一点，并说：“区梦觉出狱是她亲戚保出来的。”

2. 认为区出狱是一九三七年“七七”事变后国共合作，双方释放政治犯被释放出来的。有这种说法的，一是区亲属，如罗次梅（区弟妇）在一九六七年七月十日说：“区出狱是一九三七年八月二十四日，国共合作释放政治犯出狱的。出狱时，我爱人和她妹々去接她回家的。”二是一部分和她同狱的同志，如莫琼兰、高天梅、梁维平等，有此种说法。如：梁维平说：“区是国共合作全国释放政治犯释放的。区同我一天出狱，她上午我下午，出狱要用图章保，我无，要我四十块钱，我也找不到，结果也放了。但他们办手续否？我不知道。但可以肯定不是云广英保出来的，因为出来找不到组织。”

关于区梦觉出狱的问题，我们从调查中除上述主要两种说法外，同时对当时广东地下党如何组织营救狱中同志，有关人員也反映了一些情况，現归纳如下：

1. 薛尚实接受刘少奇黑指示，另立新市委对抗中央。罗范群（現省委々員，付省长）一九六七年七月对我们说：“一九三六年九月香港建立南委，薛尚实为书记。在南委之下，建立广州工委、香港工委等组织，一九三七年，我们发現广州有个新市委，是薛尚实领导的地下黑组织，新市委的领导人叫叶超（饶彰风说一九三六年薛找到叶超成立新市委），委員有：吴有恒、杨康华等。它在政治上是在广州招兵买馬，招降纳叛，结党营私；组织上除对南石头惩教场的政治犯大打坏主意，鼓励他们，可以自首出狱外，还包庇叛徒，给他们恢复组织关系，安排他们到重要工作岗位上去。后来老市委派王均宇到延安向中央汇报此事。中央派张文彬同志到广东检查薛及其领导的南委的错误，作出了南委招兵买馬、招降纳叛、结党营私的结论；并解散了南委及其下属组织，撤了薛尚实的职务。”

2. 四出活动，推銷叛徒哲学。薛尚实接受刘少奇的黑指示，回到广东，便指派叶超（当时南委领导下的党員）到广州组织对南石头惩教场政治犯营救工作。叶则到处贩卖其主子黑貨，为它的招降纳叛作舆论准备。如饶彰风说：“一九三六年七月叶超还对我说：‘可能用假自首的方法，保狱中的人出来。’”罗范群说：“一九三六年九月叶超到广州活动，到医院看邝明（当时邝有肺病学院治疗）对他说：‘党员在狱中，可以假自首’。邝认为这是错误的，不信，写信问饶彰风，饶答：‘这是上级的指示，是正确的’。结果后来，邝明被捕后也是假自首叛变出狱的。”

3. 营救政治犯措施是：组织保证，具体落实。饶彰风说：“薛尚实一九三六年找到叶超（叶三六年在上海，后到广州找到薛尚实，薛尚实靠他在广州组织对南石头惩教场狱内政治犯营救工作，招降纳叛及分裂广州党的组织瓦解广州市委工作，一九三九年审干时发現叶是叛徒，被开除出党）叫叶成立广州新市委。叶成立了新市委，它的成員有：郑继斯、郑永恒、吴××等人。任务是：研究营救狱中政治犯。因为当局要店铺担保，所以成立了荔红洗衣店，该店主要负责人是叶超，叶深中心办，李仲（广播电台台长）也出了很多钱 也是负责人之一，何干成当杂工。结果，保出了几批人来。”罗范群说：荔红洗衣店是叶超有计划地建立起来，营救狱中政治犯的联络站用的。”

区梦觉的营救是当时（一九三六年九月）叶超组织了郑继斯叔郑重两人并一同到了南石头探望过区。以后郑继斯姐弟二人奉叶之命，定期到狱中看区多次。可以肯定，区梦觉出狱后，是由叶超代表南委审查区和给区恢复关系的。区出狱即被送到香港专门为出狱的人设立的短期训练班学习，从训练班出来即由省委介绍到广州市委工作。

（四）区梦觉出狱后的表现如何？

区梦觉是否已恢复党组织关系？据区称：一九三七年十月郑继斯通知我到香港南委受训，我即动身到了南委训练班，该班负责人是南委老杨（即薛尚实）训练二十多天。在此恢复了党的组织关系。受审时，交代了被捕后，承认自己是共产党员，说过对革命有厌倦情绪，今后再也不找党了，还给看守长女儿补习英语七个月等 其他的情况无交代。

经调查情况：1．区出狱后被接到香港九龙的红磡接待站（即训练班）经办填表手续，主要以其本人介绍进行审查了解，并给予恢复党组织关系，但具体审查人不明。

2．区梦觉提出办她接组织关系的有郑继斯、饶彰风、薛尚实等人，但他们都不承认有办区恢复党的组织关系。郑继斯说：“听说区是广州市委（即新市委）给恢复组织关系的。”

上述二种说法，与区交代的有很大分歧。区的组织关系是否恢复，还得进一步查清。

3．区梦觉为何到第四战区工作？区交代：一九三八年十月二十四日广州沦陷，省委迁到韶关。当时我的领导人、省委的张越霞告诉我说：“省委后撤，不能带我去，叫我想办法或回家乡。”我想回家无意思，当时我了解到，广东抗日先锋队（是属第四战区抗日动员委员会领导的）撤到四会，在动员委员会工作的有钟天心（国民党左派）见我在下面（广州）不放心（因三八年七月邓颖超同志到广州时，将我党员身份公开了）就把我叫到动委会任干事（是省委书记李大林同志批准的）。

经调查区梦觉过去一贯隐瞒此段历史。就是运动开始，我们追她被捕等政治历史问题时，还不交代。后经我们正面提出她才交代。但还不彻底。据我们向黄若天（省政协）调查，黄还说：“区有少校军衔职务，还被派到‘民众抗日自卫团十九区训练班’任小组指导员。”但这动员委员会是什么性质？是谁领导？区参加是否经党组织批准？还将进一步查清。

二、从江蕙芳案件之审理看区的叛变和广东叛徒网

江犯蕙芳，女，死年四十五岁。一九三〇年为国民党逮捕于香

港，捕前历任广东省委的妇委常委，团省委书记，省委々员，团中中委員，中共“六大”代表等职。捕后叛变，供出她所知道的一切我地下党机关所在地及机关工作人員，写出了共产党的材料（如政策、组织、宣传、妇运等情况）并带国民党特缉队破坏我地下党组织，捕捉我地下党人，造成一九三〇～一九三一年香港省市委机关的全面大破坏。江叛变后，判刑三年，坐牢期间，不断带特缉队到各处捕捉我地下党人，收买狱中政治犯叛变投敌，审讯人犯时出庭頂证等々。一九三二年冬被释出狱，为特缉队長梁子光吸收为特缉队々員，一年后，提升为一等队員，与另一女特缉队員许澄共同指挥女特缉队。审理女政治犯重大案件。江犯在特缉队任职三年多，直到一九三六年陈济棠倒台，特缉队解散，江犯始卸职。从江犯经历看来，江一九三〇年被捕叛变与一九三〇～三一年我地下党组织的大破坏，有直接关系。此时我地下党破坏情况、主要被捕人員、被捕人員叛变情况及叛徒下落，乃至敌特系统解放前夕的隐蔽潛伏，江都是知情者。江犯是追查叛徒网及潛伏特务网的关键人物。

江蕙芳，解放初混入我街道居委工作，一九五一年为我公安部门捕获归案。一九五三年八月二十九日处决。江犯女性，死年四十五岁。

(一)江蕙芳案件审理概况

江犯是由区下令处决的，并且是在江犯案情尚未追查清楚的情况下匆々处决的。公安局正、付局長黄华寿、孙乐宜一九五二年一月三十一日给梁广的信中说：“省厅在押犯江蕙芳，我们目前尚无该犯材料”，“至于对该犯的处理意見　因省厅材料不够具体，对该犯不了解，因此亦无法提出具体意見。”梁广于一九五二年一月十九日在省人民政府“《函送叛徒江蕙芳请提供处理意見由》（附对叛徒江蕙芳初审综合材料乙份）”中所提意見也是：“真实材料说得很少，这些材料是一般的。”由此足見，当时掌握江犯材料的确不多，尚未到结案的时候，但区梦觉却匆々下令处决江犯，梁广也与区互唱互和，在说过“真实材料说得很少，这些材料是一般的”之后，又说“该犯血债罪恶是很大的，该处死刑。”事隔九月，到了一九五二年九月二日，区恐有疏忽，再次亲自写信给省公安厅厅長寇庆延，讯问江犯处理情况，说：“不知你们判处了没有，我们主张杀的。”江犯就是在案情尚未彻底追查清楚的情况下，由区梦觉一伙下令匆匆处决的。

江犯在押期间，还有一个很小很小的孩子，据解放初镇反情况，象江这样的女犯，一般是少杀的。镇反时，我政法机关捕获归案的叛徒很多，有的职位比江犯还高，叛变后所造成后果也比江犯的严重，如王崇、黎治平、黄才等男犯，他们都没有处决，而江犯却在材料尚未充分的情况下，匆々破例处决，为什么？

(二)区梦觉为什么要匆々处决江犯？

据初步调查认为：江犯案件的处理，是区梦觉及其潛藏在我党政专政机关内部一小撮叛徒、特务、走资派预谋的杀江犯灭口 以图自存，求得将来一逞的反革命阴谋活动。江犯案件的审理，暴露了区的叛徒嘴脸，也暴露了广东潜藏着的叛徒网的行动。

1．江犯是区叛徒问题的知情者，江犯线索的重要性决定区要杀江灭口。

江犯是区梦觉叛徒问题的知情者。江犯在一九三〇年被捕前，就和区相熟。区一九二六年任广东省妇女解放协会主任时，江是该会的机要，后江调任省团委书记，区也调到省委秘书处任职，两人来往甚频繁。一九三〇年江被捕入狱，不久区也被捕入狱。区在广州市公安局被提审时，江当即出庭顶证。审讯后，江、区又同关一牢房，相处甚好，关系密切，并合谋偷陈子卿的钱。江犯出狱后，曾带食物进监探过区。区、江关系如此密切，那么，区在江顶证时有无叛变投敌？江、区二人为什么合谋偷陈的钱，而又由她们收藏而未被搜出？区、江此种做法是否有意制造假象骗取狱中难友的信任？江、区是否同是敌人派进监狱的"鬼头仔"？这一切，江犯是知道得一清二楚的。

江犯于一九五一年捕获归案后，对区一直存有幻想，希望区拉她一把，故对区的问题，江一直不敢直言。据当时审理江犯案件人之一金树新同志检举："江曾对我说：'她很了解区梦觉的情况'，但当我问她'区梦觉和你一样被捕，区为什么能出去呢？'江说：'这很难讲'"不敢直言。狱中，江犯"曾多次表示想见一见区梦觉"。又据当时审理江犯的执行科长刘波提供："我审理江时，她曾谈到区梦觉和江一起坐牢，互相了解，但她不敢谈出具体东西来，我当时怀疑，既然江叛变了，区会不会也叛变呢？但不敢讲。"江犯还说："我也了解区梦觉，她和我也是一样的。"江犯在一九三〇年被捕前就与区梦觉、梁广相熟。江一九三〇年被捕叛变后，肯定会供出区、梁，但解放后江犯被我捕获归案交代材料时，却丝毫没有涉及区、梁等人的问题。由此看来，江是很了解区、梁的，但江犯对区、梁等抱有幻想，故一直没有供出区等问题。江犯是打开区梦觉叛徒及以区为首的广东叛徒网问题的一把钥匙。关系重大，线索重要，虽则血债累々，罪该万死，在未彻底追查清楚江犯案件，在未彻底弄清江犯所了解的一切情况之前，是万々不能杀的。这一点，就连当时参与审理江犯案件，提出处决江犯的梁广后来也不得不承认："江慧芳该杀，但不能杀，因为她了解情况很多。"

正是因为江犯了解情况很多，区梦觉一伙才急々下令把她杀了。

2．区有重大叛变嫌疑，区本人问题决定区要杀江犯灭口。

如前所述，区是自首变节者，有着重大的叛徒嫌疑，而江犯是区叛变问题的最々知情人，故杀人质灭口，全然是出自叛徒之本能。

3．区如何杀江犯灭口。

江犯被捕归案的消息，区是从冯燊处听来的。区闻知此事后，坐卧不安，即四出活动。首先，写信向当时公安局付局长孙乐宜、局长黄华春查询江犯下落及审理情况，孙乐宜复函区："江是由省公安厅逮捕的。"区即又写信给公安厅々长寇庆延查核实江犯被捕情况，并向公安部门索取江犯照片，区看到照片后大惊，即回信说："这就是江慧芳，一点也不错"，于是又急忙索取江犯的口供材料，亲自审阅。身为当时华南分局组织部付部长的区梦觉，对公安部门大々小々案件从不关心，从不过问，为什么此次却一反常态，插手江犯案件，区对江犯的口供为什么这样感兴趣？司马昭之心，路人皆知也！江犯是完全了解区的内情的，但因江犯当时对区尚有幻想，故在口供中连一九三〇年被捕时供出区的事实也不敢承认揭发。区见江犯口供中没有区本人的材料，便先发制人，于是又急々亲自写材料，列举江犯罪状，送公安部门，并提出枪决江犯。嗣后，又多次亲自打电话和写信给省、市公安厅（局）长催促处决。事隔几月，又写信给寇庆延讯问江犯案件"不知处决否"，指示"我们是主张杀的"。直至文化大革命开始，区被军管，但还于一九六七年二月中旬偷々设法找寇庆延核对江犯案件，统一口径。区的狼子野心，昭然若揭。

为了杀江犯灭口，区一面与公安部门串通，一面又与其同伙密谋活动。梁广等人供认："区曾对他们说过：当时区的叛变问题，上级已传达过。"其实不然，区此番说话；其目的在于与梁等统一口径。"在一次省委会休息时间，区又将江慧芳被我公安机关捕获和她过去知道的情况介绍给我们，并表示要我们提出处决江慧芳。"（梁提供）区还串连曾在南石头和区、江同牢的，也是自首变节者，有重大叛徒嫌疑的罗静宜说："江慧芳被我们捕获了，现在要收集她的材料。"由于区这一番阴谋活动，区、梁、罗等人口径统一了，梁此后也便竭力插手江案，并在连他自己也认为是"真实材料很少，这些材料是一般的"的情况下，提议"应处死刑"。罗由于与区统一了口径，故当我们追问区的问题时，便拼命为区贴金。区、梁、罗等人究竟是什么货色，他们密室策划的是什么？

4．梁广为什么也提出处决江犯？

区在一九五一年九月四日给公安局付局长孙乐宜的信及十二月十日区亲笔写的材料中，两次提出梁广等人。一次是"梁付市长过去和她都很熟"。一说："冯燊、林锵云、肖桂昌、梁广诸同志均知道她的罪行。请你们征求一下他们几位的意见。"区为什么两次推出梁广来？区、梁、江三者究竟有什么奥秘的关系？据我们初步分析：有两种可能性：㈠梁在一九三〇年是香港市委组织部长，与一九三〇～三一年香港省、市委大破坏有直接关系，梁是区、江问题的知情者，区此一举动，可能是先发制人，耍此一花招镇住梁广，使梁不敢揭发区、江关系问题。㈡梁广与江、区有直接利害关系，区、梁合谋杀江犯灭口。两种可能性比较分析的结果，我们认为后一种可能性较大。其理由如次：

①梁广与区、江都是互相知情者。一九二八年梁、江同为中共"六大"代表（后因梁到苏联学习，才易人）一九三〇年梁任香港市委组织部长，江是香港省妇女解放协会执委，区是主任，三者关系密切。

江一九三〇年被捕叛变　肯定也供出梁，由于江的叛变，引起一九三〇～三一年香港省市机关大破坏，机关负责人均遭捕杀，只剩四人没被捕，即华南分局李一秋、黎畅；省委饶卫华、市委梁广。嗣后，梁等又安全转移上海。梁为什么没被捕？梁是否真的没被捕，这一点，江犯当时是完全知道的。

②在一九三一年大破坏中，省委负责人之一卢永炽（又名烂风炉、卢彪，曾作过省委书记）因江出卖而被捕，捕后叛变，出卖同志。卢的被捕叛变已经证实，确凿无疑。如一九三一年七月四日伪省会公安局々长陈庆云的呈文中称：已捕“赤匪南方局委员兼省委委员陈舜仪、林道文、卢永炽”。证为被捕。一九三一年一月二十三日“广东临时省委机关破坏后被捕同志情况给中央的信”中称：“永炽已完全招认，要解广州。”

但是，对于这样一个双手沾满革命同志鲜血的叛徒，梁广却用钱把他保了出来，送中央苏区（卢到苏区任苏维埃劳动部长兼福建省委书记，后拐带黄金逃澳门），梁为什么要保叛徒出狱？

卢被捕时身居省委书记等要职，捕后彻底叛变，且卢又与江认识，卢是敌方很有价值的一个人物，敌人是不会轻易放卢出狱的。事实上，当时被捕叛变的人，或者留在特务队，或者用完后即杀，（前者居多）没有一个离开的。而梁却轻而易举地用钱把卢保了出来。梁为什么能保卢？梁与伪公安局有什么关系？梁、卢、江又有什么关系？这些，江都是知情者。

③卢逃到澳门后，一九四七～四八年梁还去门由柯麟陪同去澳门看卢。解放后，梁卢互相通讯，卢从澳门写信给梁，要求回广东，梁即回信说：欢迎他回来。

④最近，为追查江犯案件问题，我们调查了梁广本人，梁知情不妙，矢口抵赖，说他当时在北京，没有参与江犯案件，江犯被捕归案的消息是江被杀后朋友告诉他的。又说：“江的问题很重要，他一向不主张立即杀的”，云々。江犯案件材料中，明々有梁的来往信件及梁的关于处理江犯的意见，梁为什么矢口抵赖？又，当我们追问：江犯是否一九三〇年被捕时，梁神色慌张，肯定说不是一九三〇年，而是一九二九年。梁为什么把江犯被捕时间往前推。江犯一九三〇年被捕而导致的一九三〇～三一年香港省、市机关大破坏，与一九三一年身居市委组织部长而不被捕及保叛徒卢有什么利害关系？

从以上材料看来，梁这人是大有问题的。这就是：

㈠梁一九三一年为什么会不被捕？

㈡梁为什么保大叛徒卢永炽出狱？通过什么关系保释？

㈢梁卢来往密切，两者之间有何奥妙关系？

这些，江犯都是知情者。解放后，江犯被捕归案，由于对梁等抱有幻想，江犯口供中没有涉及到梁的问题，而梁在区的阴谋策划下，合谋匆々杀江犯灭口，这是很有可能的。

5．旧公检法中有那些鬼？

当时参加审理江犯案件的人有：

华南分局组织部长：区梦觉　　　　广州市付市长：梁广

省交通厅厅长：冯燊　　　　省总工会主席：林锵云

市委付书记：肖桂昌
公安厅厅长：寇庆延　　　　公安厅处长：张杰、田星云
公安局正付局长：黄华春、孙乐宜
法院审理员：陈华豪
正付小组长：卢其标
正付庭长：古梅青
主　　席：文敏生

以上诸人，区是叛徒嫌疑，梁问题严重，冯燊、林锵云是地方主义分子，文敏生是河南头号走资派。公检法内外的鬼们是如何串通的？

又，在审理江犯案件时，公检法中部分同志不同意在江犯材料掌握不多，尚未到结案程度的情况下匆匆处决江犯。如公安厅执行科长刘波说：“一九五一年初公安厅逮捕了叛徒江蕙芳，逮捕时材料并不多，审讯时材料也不多，旁证材料也不多。当时我们执行科对这个案子还没有达到结案程度。另外，当时女犯很少，一般女的也不枪决。所以当时没有准备杀掉。这时领导张杰等人说区梦觉对这个案子很重视，这个人是叛徒，有罪，应该整理材料枪毙。后来我们就这样做了。”公安厅、局中某些“当权派”就这样强令把江犯草草结案处决，公检法中有那些鬼？

三、从五一年烧毁敌伪档案看区叛徒问题和广东叛徒网

据查：一九五一年，在陶、赵、区的支持下，党政机关及公检法内某些人相互串通，私自烧毁敌伪档案一千多份。据当时检察署第一科的工作人员何斌提供，一九五一年敌伪档案消毁情况是：一九四九年十月，检察署接收国民党存放旧卷卷房南北两个，南卷房向南，地潮湿，过去没有管好，有的蚁食虫蛀，有的潮湿霉烂，不少卷宗残缺不全。另外，当时市法院提出要腾出地方给他们，（不少卷宗在市法院内）于是，负责管案卷的书记员邹杨琳列出卷目，呈报请示焚掉。此报告经何斌审阅同意后，转送办公室主任古梅审查，再拟文报省人民政府，经办公厅秘书处长侯甸、付秘书长左洪涛审批，同意烧毁。何还说：省法院在此次烧毁以前，还私自卖过旧卷给纸厂。

此一私烧敌伪档案材料严重事件发生后，没有及时将烧毁之真实详情呈报中央，事隔几年，一九五四年或五五年，省检察院在向最高检察院的关于检查敌伪档案材料报告中才有所提及。中央监委知悉此事，即署令省监委派工作组检查烧毁敌伪档案情况，上报中央。何斌、陈山林等人供称：当时消毁的只是一般的“收发文卷、月、季、年统计报表等材料”，是“一些陈破不堪的，虫蛀了的，几十年前的一般的民事档案”等等。但工作组检查之结果，认为不仅烧毁了批准的材料，且多烧了一批重要的旧案卷。

据北京、上海等地情况看，私自烧毁、偷盗、毁坏敌伪档案资料者，绝大部分为叛徒、特务、走资派、黑手搞鬼。如上海解放初，由叛徒潘汉年指使烧掉一大批。后根据杨尚昆黑指示，消毁更多，

楊在上海被捕过，把这个档案偷掉了。黄赤波隐藏了高级干部的材料。上海第一任公安局长李自英是大叛徒，他把自己材料拿走了。第二任公安局长楊帆是内奸，他让档案受潮损坏，有些单位档案有目录而无内容。经查明第一任保卫科长有重大问题逃跑了，第二任保卫科长是特务，第三任在文化大革命中自杀。而刘少奇的实老婆更是把自己的咨文材料偷走了。北京、上海情况如此，广州解放初也消毁了大批敌伪档案材料，并且大批档案材料管理不好，蚁食虫蛀，受潮霉烂，这难道不是叛徒、特务、走资派、黑手在搞鬼？区在非法私自消毁敌伪档案期间，身任华南分局组织部长，操纵着档案资料的管辖大权，可以肯定，烧毁敌伪档案一事，区是完全知道的。难道区梦觉之流不是叛徒、特务、内奸么？康生同志指示过："解放后有许多同志很高兴，有些人很害怕，怕的是档案里有他们的东西。"区一九三二年曾被捕入狱，自首变节，并有着重大的叛徒嫌疑，敌伪档案中有区的东西。又据查，参与烧毁敌伪档案材料的左洪涛是大叛徒，文敏生现在是河南头号走资派，敌伪档案中也都会有他们的东西。因此，借此机会，密谋串通，大量烧毁敌伪档案，毁灭其叛徒等问题之物证，完全出自他们那叛徒的本性。

四、从李云——南下干部等问题看
区梦觉叛徒问题和广东叛徒网

李云：自首变节者、叛徒。一九二七年自动脱团逃港，一九二八年在广州被捕，供出：参加共青团，入团介绍人郭明生。出卖当时香港洋务罢工委员会子弟学校々长彭昌倫、教員馮仲平，承认与彭昌倫准备吸收彦容灿入团。供出自己参加过宣传队，宣传队有三〇至四〇人，并供出队中四个人（李自称此四个是假名），一九三七年在悔过书上打指模，悔过书大意是：释放回家后，安分守己遵守纪律，做一个良好国民，要信仰三民主义，效忠党国，今后誓不与共党来往，不参加共党活动，如有再干犯国法，甘受法律制裁等。（以上李自供）

对于这样一个自首变节的叛徒，一九五四年审干时，省委组织部区等做的结论是："相信本人交代""可以不给予组织的处分"非但不给予处分，而且高升为水产厅长。

又，据梁广交代：解放初期，有一南下干部（省科级的）揭发李云叛徒问题，结果，此干部被判劳改。李却逍遥法外，高官厚禄（此干部不久前曾与温成湘一起去找梁广，说是要搞清前事，梁却叫他不要乱动，乱动还不知怎么搞法，云々。温原在郊区横沙农场，听说是三反时贪污犯、劳改过，有人说没贪污，一九六二年或一九六三年从三水劳改场出来到海南渔港。）

文化革命中，区供认：一九五四年审干时包庇一批叛徒、自首变节者。其中有：

饶卫华：现手工业局々长，市政协付主席。

李　云：省水产厅々长。

王焱士：华师院长兼党委第一书记。

肖隽英：省教育局长。

×××：小学教师。

×冯杨武：广东社会主义教育学院付院长。

×潘云波：海南统战部长。

×纪锦章：广州市付市长。

（注：打×者未定）

再据查：刘志远（现省民政厅处长）有重大叛徒嫌疑，但区为刘证明狱中表现时，却竭力美化刘，说刘狱中表现坚决云。

区及其同党：包庇叛徒、自首变节者，美化有重大叛徒嫌疑者，而把揭发叛徒问题的干部判刑劳改，不足证区是一个货真价实的大叛徒么？广东叛徒网之活动何其猖獗也！

五、从一九五〇年中山县石岐的"训练班"看区的叛徒问题和广东叛徒网

曾统供称：一九五〇年由省里在中山县石岐开办了一个"训练班"，招集一九二七年大革命以来，被捕入狱、出狱后又与党失去联系的人进"训练班"训练，训练完毕按情分配工作。曾被分配到佛山专机关单位供职。

曾是大叛徒，一九三一年在省委油印科工作，被捕后即叛变。如此叛徒，不但没有受到法律制裁，反而招而训练，委以工作。省市委内某些人为什么对叛徒、自首变节者如此关怀备至？这训练班是什么性质的东西，又是谁指使开办的？广东叛徒网此作此为，不正是要把散落的叛徒、自首变节者重新纠集起来，安插到党政及其他机构中，结党营私吗？

又据查：一九二七年后被捕入狱出来的，大部分为叛徒、感化、自首变节而出狱，干干净净出来的很少。曾统就是其中一例。

黄木反映：一九五七年邓中夏夫人透露，说中央关心大革命时期在广州进过南石头监狱的同志，打算把这些同志找回来，安排他们晚年生活，于是由陈永乐、袁××（死）发起筹备了一百多人。后此事没有落实。一九六六年，省政协也想把这些人重新联系起来，也未落实。黄木说是走资派怕这些人集中起来把当时监狱情况反映出来。故多方阻挠。究竟是走资派怕呢？还是另有原因？这与区及广东叛徒网又有何关系？

六、从把叛徒、自首变节者安插在重要岗位看区的叛徒问题和广东叛徒网

解放后，区梦觉之流有步骤、有目的地把一批叛徒安插到各重要工作岗位，目的何在？

李　云——自首变节者、叛徒，安插在省水产厅任厅长。

黎柏松——广东省总工会生产部长。自首变节，叛徒嫌疑。

李健行——叛徒嫌疑，广东轻工业厅付厅长。

曾　谷——佛山地委委员，自首变节。

杜襟南——自首变节，广东物价局付局长

馮楊武 —— 叛徒嫌疑，广东社会主义教育学院付院长。
张尧玉 —— 自首变节，广州中药三厂付厂长。
方　宣 —— 自首变节，广州新洲渔输厂厂长。
陈乃石 —— 自首变节，海南行署付主任。
刘志远 —— 叛徒嫌疑，省民政厅处长。
魏中丹 —— 叛徒，海南万宁县政协主席。
等々。

七、几点意見

（一）据以上材料，我们初步结論是：

1．区是查证落实了的自首变节者。有着重大叛徒嫌疑。

2．梁广问题严重。

3．广东确实潜伏着以区为首的叛徒网。

4．江犯案件审理之性质，属杀人灭口，以图自存。

5．消毁敌伪档案，性质属毁灭叛徒证物，掩盖自己叛徒问题。

6．一九五〇年中山县石岐的“训练班”，一九五四年审干包庇叛徒，李云 —— 南下干部等问题，是区及其叛徒网招降纳叛，结党营私，疯狂颠覆无产阶级专政的反革命阴谋活动。

（二）根据前工作情况，下一步工作方案是：继续追查落实区叛徒问题和广东叛徒网问题，以期结案。

1．关于区的叛徒问题，已作大量调查。但由于有关区叛变的敌伪档案资料，已被区及其死党消毁，无法查证；区的知情者江惠芳也被区杀掉，故区的叛徒问题至今尚无法结案。但从区的历史及其解放后一系列反革命阴谋活动看，区的叛徒是完全可能的。为彻底清查荡涤以区为首的广东叛徒网，我们将以百折不挠的毅力进行追查。另，区的出狱时间、过程、出狱后党籍恢复及到第四战区等一系列重大问题尚未查实，必须追查清楚。

2．关于江犯案件问题：

㈠ 江犯案件直接关系到区、梁两人问题，关系到广东叛徒网问题，彻底追查江犯案件审理始末，将为区、梁问题和广东叛徒网问题打开一大缺口。

㈡ 据我们初步调查，掌握了江犯口供、对江犯判决意見书、区、梁及政法部门来往函件等一批材料。但我们调查仍未够充分深入。从現有资料分析，区、梁及政法机关有关人员来往函件尚未全部掌握。如区、梁之间来往函件，梁给市公安局函件等々。区一伙暗中策划江犯审理之具体详情也未全掌握。随着运动深入，敌人更其狡猾，他们以攻守同盟来对付我们。但我们认为此案件事关重大，将不遗余力追查之。

㈢ 江犯案件追查线索：

① 区、梁及政法部门有关来往函件，江犯案件全部档案，设法弄到。

② 追查江犯案件审理之内幕。

③ 重点调查人物：

区梦觉

梁广　冯燊　莆桂昌　林锵云

寇庆延　张杰、　田星云　刘波

黄华春　孙乐宜

陈华家　卢其标　古梅青　文敏生

罗静宜　梁维平

以及公检法中有关人员。

3．一九五四年审干包庇叛徒，一九五一年烧敌伪档案，解放初的李云——南下干部问题，一九五〇年中山县石岐的"训练班"等问题，已作初步调查，掌握了一批材料，但尚未充分，远未到结案程度，仍须继续调查。

(一) 一九五〇年中山县石岐"训练班"是曾统的档案材料提供的，曾已死，须设法通过其他途径寻找知情人。

调查内容：训练班性质，训练班开办之主使者，训练班中叛徒、自首变节者及其分配工作情况。

另：顺追查历年来叛徒　自首变节者安插到各重要岗位的情况。

(二) 一九五一年烧毁敌伪档案问题：

① 提审陶、赵、区，并上追中央某些走资派。追查刘——陶——区黑线对非法消毁敌伪档案黑指示及其罪恶活动。

② 何斌供：烧毁敌伪档案一事只经邹杨琳、刘斌、古梅、侯甸、左洪涛等人审批。但又据一些线索看，直接插手或暗中指使的还有寇庆延、文敏生、区梦觉等人。这条黑线究竟牵到那里，必须彻底追查，看上、下是如何串通、狼狈为奸的。

③ 何斌还供称：一九五一年烧毁一批敌伪档案以前，还由省法院私自卖过旧卷给纸厂。卖的是什么案卷？多少份？由谁主使？除这两次外，还有没有私自消毁伪敌档案的非法行为？必须进一步彻底追查清楚。

④ 鉴于解放初（一九四九年）接管敌伪档案时，对所接管的敌伪档案资料均有造册入表，存放该部。据何斌提供：一九五一年烧毁敌伪档案时，也列有目录。为弄清几次私自烧毁敌伪档案问题，须设法搞到上述有关表册、目录，进行查对，究竟烧毁了多少？烧的是什么档案材料？

⑤ 有关敌伪档案及其非法烧毁问题，还可重点调查下列人员：

甲、有关敌伪档案资料的可调查：

△陈山林、王洪（一九四九年十月军管会司法接管组的，王是小组长）

△接管时尚留在法院及检察院的两个管档案的敌伪人员，设法找到。

乙、非法消毁敌伪档案的可调查：

△上调中央监委一九五四年负责处理广东消毁敌伪档案事件的同志。

△调查一九五四年广东省监委派出的检查小组的同志，解一九五四年检查的具体情况。

△具体参与烧毁敌伪档案的人有如下一些，可作调查：

部揚琳、刘斌、古梅、侯甸、左洪涛、馬达（馬是由古指定的监烧人。着重了解多烧了多少档案的实情）

㈢ 李云——南下干部问题：

① 走访公检法有关人员。

② 调查南下干部及温戒湘两人。

③ 提审区梦觉　调查梁广。

④ 主要核实此事件是否属实，从此事件追区及其死党的反革命阴谋。

㈣ 一九五四年审干问题：

① 提审区本人。

② 追查林李明、刘庆祥等。

③ 追查区之流如何忠实执行刘修黑指示，招降纳叛，结党营私，篡党篡政。

《江蕙芳事件》

附　件：

叛徒江蕙芳案卷摘录

江蕙芳，叛徒，45岁，女，广东大埔县七村

主要犯罪事实：

①该犯于1925年参加共产主义青年团，至1930年曾任过海员妇女校长兼妇女解放协会常委及四会县委，后调任广州市兼织布支部书记，广州起义失败后，往香港任共青团广州市省常务委员，28年任中国共产党广东省常委等职，在香港任共青团常委时被英警捕获后叛党。（1930年）

②叛党后出卖组织，出卖同志，在狱中供出共产党她所知道的一切组织，并写出党员名单及政策组织等，并说服冯文晃等　叛党（该犯叛党后便参加伪特侦队工作，该叛徒非常反动）。

③叛党出狱后，与匪特侦察员梁子光来往非常密切，两人曾多次密谈案情，前后曾引特务捕杀共产党员及革命同志计五、六十人，造成严重的损失。该犯极端反动，每逢纪念日，便带女队员到观音山去活动，在公共场所捕获我同志，该犯在1936年特务头子陈济棠下野后，才离开特别侦缉队。解放后并未登记。

法院审理意见：

审理员：该判徒出卖组织，出卖同志，严重的危害革命利益，经同案犯佘秉伟、李山崇检举及该犯部分承认，罪恶材料确实，同意判处死刑。

陈华家　22/4

正付小组长：该犯叛变出卖组织，出卖同志的严重罪行，经同案犯检举，本人承认，也经区梦觉同志证明并提出意见，拟同意死刑立即执行。

卢其栋　22/5

正付庭长：同意处死刑，但执行前将其有关材料线索搞清楚。

古梅青　2/6

院长意见：同意判处死刑，执行前将其有关材料线索构清楚。

17/6

主席批示：处死。

文敏生　1/7

备考：1953年8月29日枪决

（摘自叛徒江惠芳157号案卷第1页）

区梦觉给乐宜同志的信

乐宜同志：

我有一件事告诉你，并请你查々。

我听一个朋友告诉我：前些时候公安局在恩宁路颜家巷（荔湾区）捕了一个女子，她是混到街坊小组里工作，表面上很积极的。不知这个被捕的女子用什么名字，她的口供如何，据我那朋友说，此人叫江惠芳。如果就是江惠芳的话，那就不能放松，江惠芳是个出卖了许多同志生命的叛徒，她在1930年至1931年的时候，使得广东省委遭受了多次的破坏，一批一批的同志被逮捕被屠杀，我们要为被难的同志复仇。

江惠芳，大埔人，年龄约四十岁，似乎有金牙齿（记不太清楚了）过去曾经是团省委々员团中央委员，一九二八年还出席过党的六大，很出风头。二九年被捕，不久就叛党。在上海、香港回来抓我同志，1932年我被捕时她仍在伪公安局拘留所，出堂来证实我是什么人，后与一特务结婚，作小老婆，梁广付市长过去和她都很熟，她的照片拿出来，我们都认得到，请你即查々，究竟在恩宁路颜家巷有否抓过一女犯，据说江惠芳住这里很久哩，查的结果请告诉我一声为盼。

此致

敬礼！

区梦觉　九·四

（抄者注：时间为1951年9月4日）

（摘自叛徒江惠芳137号案卷第49、50、51页）

广州市人民政府公安局荔湾分局给市局办公室负责同志一封信

市局办公室负责同志：

刚才你们打电话叫我局找去女犯江惠芳的照片，（蓬莱派出所纇家巷一号二楼）现将照片送去，请查收为荷。

此致

敬礼！

广州市人民政府公安局荔湾分局启

九·六

送区梦觉同志看一下，是否她说的叛徒。

（抄者注：时间为1951年9月6日）

（摘自叛徒江惠芳137号案卷第52页）

女犯照片

孙乐宜给区梦觉的信

区梦觉同志：江惠芳是省厅逮捕的（现押省厅一处执行科）材料转省厅。

关于女犯江惠芳，我们已找到她的照片，现送上，阅后请速退回为荷！

此致

敬礼！

孙乐宜 九·八

这就是江惠芳，一点也不错，兹将她的照片退回。

梦觉 九·八

（抄者注：①时间是1951年9月8日 ②孙乐宜是当时的广州市公安局付局长）

（摘自叛徒江惠芳137号案卷第53页。

区梦觉亲笔写的材料

江惠芳于1930年叛变后曾亲自带领国民党侦缉队到上海、香港、顺德等地破获我党领导机关，逮捕我党同志，前后约五、六十人。她在伪公安局拘留所三年（1930年底——1933年），公安特别侦缉队凡有捕我党同志，均提她出去指证，为数不少，她后来和特别侦缉队的一个队员轧上姘头，一同替国民党效忠，残害革命分子。

她后来十多年来还有些什么反革命活动，我就不太清楚了，她的丈夫还应追究一下。

以她叛变后，对革命、对党的危害是死有余辜的。但还可结合她后来的实际活动来研究处理。

冯燊、林锵云、肖桂昌、梁广诸同志均知道她的罪行，请你们征求一下他们几位的意见。

区梦觉

十二·十

（摘自叛徒江惠芳137号案卷附卷第10、11页）。

张处长：

据市局秦处长谈，叛徒江惠芳（女）已于今年元月被你们逮捕，此人是在很早前任过省一级的工作，分局组织部区付部长很了解她的情况，请有关此人材料寄分局区付部长一份，以便研究对她的处理。

特告。

敬礼！

田星云（盖章）

九、廿六

（抄者注：谈处长即张傑，现在公安厅。区付部长即区梦觉。时间：1951.9.26）

（摘自叛徒江惠芳137号案卷付卷第13页）

梁市長：

省厅在押犯江惠芳，我们目前尚无该犯的材料，请调查后再批。至于对该犯的处理意见，因省厅材料不够具体，对该犯不了解，因此亦无法提出具体意见。

此致

敬礼！

黄华青

孙乐宜　一月廿三日

（抄者注：梁市长即梁广，黄华青即公安局长，孙乐宜即公安局付局长）

（摘自叛徒江惠芳137号案卷付卷第

寇庆延给区梦觉的信

区部长：

前在省府专告要我查一下一个反革命分子是否处死？当时我记下几个名字。现到处都找不到，又忘记了名字，希你费神再告诉名字和简要罪过，以便查处，便将结果告你是荷。希见谅。

此致

布礼！

寇庆延　九月二日

她的名字叫江惠芳，四十多岁，是个叛徒，1930年被捕后就叛变，在广州、香港、上海、顺德等地到处去抓我们同志，遭她毒手的不下数十人。去年被我们扣了，不知已判处了没有，我们主张杀的。

区梦觉　九·二

（抄者注：时间为1952年9月2日）

（摘自叛徒江惠芳137号案卷付卷第15页）

事由：函送叛徒江惠芳请提供处理意见由。

附件：对叛徒江惠芳初审综合材料乙份。

时间：一九五二年一月十七日
呈文者：广东省总工会、广东省公安厅、广州市人民政府
内容：在押叛徒江惠芳，系大革命后叛党为捕杀我革命同志要犯之一。初步审讯终结为确当处理该犯起见，送上初审综合材料乙份，请审阅，并提供对该犯处理意见为祷。

广东省人民政府

拟办：归案提出判处意见交执行科。

张栋 25/1

该犯叛党、人民，严重地破坏革命，除更深入找寻最近有无破坏阴谋外，应坚决执行枪决。

林锵云 28/1

交公安局了解，提出意见见报，以便复公安厅。

梁广

真实材料说得很少，这些材料是一般的，该犯血债罪恶是很大的，应处死刑。

梁广 19/1

（此稿拟分别发给：①广东省总工会林锵云主任②中共广州市委付书记肖桂昌同志③广州市府梁广付市长④广东省交通厅厅长冯燊同志）

（摘自叛徒江惠芳157号案卷付卷第54、55、56、57页）

摘自叛徒江惠芳案卷

（立卷单位：四处　　案卷号：157号46页中一段）

她于1929年秋监押在伪省会公安局特别侦缉队认供后即叛党。

她在狱中情形：

一、曾供出共产党他们所知的一切组织，写出名单。

二、写出共产材料（政策、组织、宣传、妇运等）

三、在广州引擎曾参加广州起义的共产党员谭平等三人（男其中二人姓名不详）均已枪决。

四 在广州引擎女共产党员陈×等五人（姓名不明）均是学生。

五、曾与侦缉出发佛山引擎男共产党员二人、女共产党员一人（姓名不明）。

六、曾与侦缉出发江门引擎男共产党员二人（姓名不明）。

七、在狱中时曾指证由港递捕解回广州的共产党员前后约有四十余人（因她在港工作认识人多）。

八、游说被捕由港解回共产党员叛党，冯文尧叛党乃是她说服的效果。另有一女共产党员叛党（姓名不明，后判轻徽徒刑）亦由她说服的关系。

她叛党后仍坐三年牢，于一九三二年冬出狱，后由伪省会公安局特别侦缉队々长梁子光签委为三等特别侦缉队々员，任队员后，半年与一等特别侦缉队员尹铁同居。她在特侦队任职三年余，直至

1936年反动派陈济棠倒台后卸职。她在特侦队工作情形：

一、她出狱后即被梁子光派为特侦队队员，伪特侦队有女队员七、八人（身份不公开）由许澄、江惠芳二人指挥。

二、她在特侦队工作努力，颇得梁子光相信，她可直接到梁子光秘密公馆报告工作。她每天帮人签到和工作外，晚间并兼任梁子光家庭教师。

三、每逢有革命纪念日，她和许澄带领女队员到观音山、中央公园等公共场所布置侦查工作，一九三四年夏，她曾在观音山会同警察拏获共产党二人（男，姓名不明）并获传单二束，解回伪特别侦缉队讯审，经刑讯后，又供拏共产党五人（姓名不明）均是学生。

四、一九三五年春她被伪特别侦缉队派往东堤二马路搜查人力车夫馆（由共叛人尹铁带队，共有队员十余人）获共产党传单一批，缉捕革命工人黄x等人，再供拏廿余人（姓名不明）。

李山崇

1951年10月15日

公社司令今何在？

伪"特别侦缉队"简况

中大红旗
省直站 518联合战团编
省直革司

1968.

这個材料：很宝贵，应珍藏。

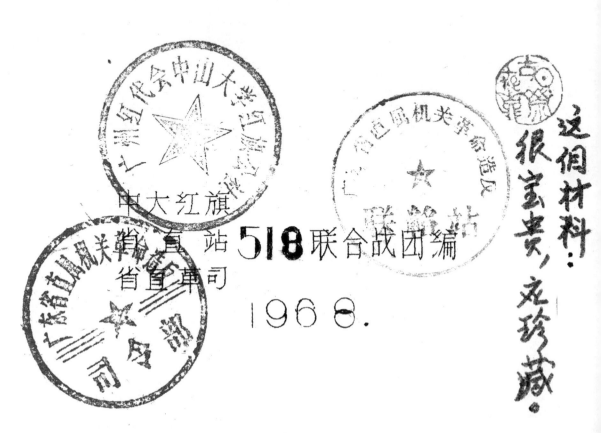

伪广州市公安局
特别侦缉队综合材料

一　特侦队成立与取消：

国民党蒋介石发动四·一二叛变（广州是四·一五）之后，在全国范围内对共产党人和革命人民实行残酷的大屠杀，大逮捕。为了达到其消灭共产党和革命之目的，国民党反动政府不仅派大量的军队残酷地镇压各地人民革命武装斗争（如南昌起义，广州起义、海陆丰三次革命暴动等），而且极力加强特务、公安部门，破坏我地下组织及进步团体。以陈济棠为首的广东国民党反动派，对于27年28年间，在伪公安局下特设特别侦缉队，专门破坏我党地下组织。

特侦队27、28年间成立，至1936年陈济棠倒台，原伪公安局局长何荦逃走，余汉谋主持广东，即李洁之任公安局局长，将公安局改名称为伪广东省警察局，李洁之任警察长，将伪公安局内的特侦队与侦缉科合併为警探处，原侦缉科科长陈植云，特侦队队长梁子光免职。

本材料主要是1927——1936年间特侦队活动及组织情况。1936年后，特侦队取消，将其与侦缉科合併为警探处，人员、编制有了不少的变动，但其骨干力量仍然保存下来，继续在伪警察局中干反革命活动。

二、特侦队组织概况

该队有队长、付队长、文牍科（即文书）、队员、一般服务人员，计共九十余人，其中正队员七十多人。队员中又分一、二、三等。主要是由共产党叛徒组成，而又用来专门对付共产党"犯人"和破坏我地下组织为其任务的，因此称"特别侦缉队"。

队长：梁子光　男　工人出身

梁原为省港罢工时的香港车衣工会负责人之一，香港罢工时任发难委员，后又任水陆侦察队队长。他同时结识一些工贼流氓，并参加香港黄色工会（工团总会，现仍存在）任交际主任。因此，香港工人代表会（工代会、我党领导）宣布扣留、查办他，当场缴了他带的手枪，因此对我党、工会恨之入骨。梁未公开叛变前已勾结了一批人，1927年4.15后，他便投敌做了特务，任特侦队队长。1936年因陈济棠倒台，梁被免职。解放前已在香港死。

付队长：1)袁均，又名袁炳荣，又称袁新，解放前又潜逃，下落不明。

2)李伟良，五华人，曾留俄国，解放前已死（在澳门被暗杀）。

文牍科员（即文书）二人：

朱达轩，又名朱达行，此人与梁子光一起，作恶极多，不知下落。

欧阳x：

事务员二人。

男工作人员二十余人，只管吃饭，并无薪水。

特侦队员七十多人，详见附表

该队并有女队员七、八人，姓名不公开，由许澄、江惠芳两人负责指挥。

该队队员成份，一部份由国民党广州党部介绍的（军统系统）一部份是梁子光私人介绍的（梁子光原在入特侦队之前，已有一班工贼流氓），另一部份（大部份）则是由共产党叛徒充任的，为潘波、江惠芳、叶胜、杨其标、黄才、陈兴国、李山崇、冯文晃、黎洽平、廖伯琉、廖一统、余贲才（余秉伟）、邓坤、曾剑、林其平、陈兆等共约四十余人；其中有的后来又加入军统特务系统。

在这些共产党叛徒队员之中，有的是27——28年间被捕叛变或自行叛变、告密而成为特缉队队员的，如邓森、曾剑、潘炳棠、邓海芬、钱凭长、区飞鸣、黄芥、叶继、邹碧云、游德仁、黎洽平、陈泽生、何国华、许澄、甘泽光、余贲才（余秉伟）、姚霄、陈行、田蓉灿、林文佳、李山崇、陈吉、陈汉生、陆标等；有的是1931年一月香港地下党大破坏前后被捕叛变的，如冯光晃、江惠芳、郑仁波等，有的是1932年12月香港地下党大破坏时被捕叛变的，如廖一统、廖伯琉、潘波等。

三、特侦队的活动情况

特别侦察队是当时公安局内部一个专门处理政治犯人案件，破坏我地下党组织的特务单位。特侦队自已设有拘留所。它平时处理政治犯人案件都是秘密的处理，释放的也不公开，由队长直接向局长报告处理。

特侦队对兰、红（即共产党）仇敌三种人，他们认为是要凭据的，通过公安局长便杀（暗杀），无凭据的自已设有拘留所（8——10间铁房子），外人不能过问，经过一段时间还是查不清楚，房子又容不下，就解往南石头监狱"惩戒场"。

该队破坏我党组织、逮捕共产党的主要活动方法：

1）利用叛徒（叛徒队员）破坏我党机关，在马路上公共场所公开引捕，抓我党负责人及党员。

2）抓到共产党员后秘密审讯，叛变的，即又迅速地秘密释放（从被捕到释放只几天或十几天时间、别人不易察觉）又打入我组织内重新"恢复组织活动"，即再进行捕捉。

3）抓到我党负责人员及机要、交通等，不承认身份的，即由特侦队中的叛徒出来对质，或杀，或押，或叫诱叛变，拉入特侦队，继续破坏。

4）收买我党内意志薄弱者叛变，破坏我党机关。如特侦队之往港人员黎洽平（叛徒）在香港收买了叶胜叛变，再由叶胜收买李通邹楚石叛变，邹楚石则又收买游德仁叛变。此三人都加入了特侦队。

5）派叛徒充"犯人"长期住在南石头中政治犯牢房（有人在狱中叛变后仍住狱中）监视政治犯人员的活动，破坏狱中斗争（如绝食等）

27年至36年间，特侦队破坏我党地下组织多次，最厉害的是一九二八年七、十月；一九三〇、一九三一、一九三三年这几年内。据叛徒、特侦队员余秉伟（解放后逮捕归案）供认单是一九二八年九月至一九三二年八月，特侦队捕获共产党人和革命人士有千余人。特侦队恶霸活动是很猖狂的，对我党的威胁最大。

据我们所知，由特侦队亲自出马，对我地下组织进行了几次大
2.破坏的情况如下：

一九二八年七月至十月，由叛徒陈衍引捕，抓广州市委黎沧平、姚棠、林文佳等，三人叛变，又引捕数十人，整个广州市委受到全面破坏，地方组织、江门市委整个市委被破坏、广宁、曲江北归、东莞等处地下组织皆尽被摧毁。此次破坏的主要凶手，除上述四人外，还有叛徒区飞涛等。

29年至30年间，由梁子光派黎沧平、郑彼（郑仁彼）二人混入中大破坏学生抵制日货运动，逮捕学生多人。

1929年，在香港破坏我党机关十余处，捕郭潜等数十人。

1930年10月——1931年4月，由特侦队会同港警探先后在港破坏我党南方局、南方军委、省委、市委等机关十七处，捕共产党人130多人。

1932年3月15日由恩一统叛变、破坏省委常委会场，致使我党组织，又受大破坏。

1932年12月潘波出卖，我党组织又受全面破坏。

（以上三次破坏情况见专页）

四、特侦队员在解放前及后的下落。

至今我们所掌握的七十多名侦缉队员名单，知其下落如下（名单详见附表）

已知死去的七人（包括解放后逮捕归案在狱中死的）。

已知逃往港澳、台湾及外国的三人。

已知可能仍潜伏国内的七人（详见下文所述）。

已知逮捕归案的四人（归案后死去者不在内）。

现在下落不明的五十九人（包括生死不能确定的）。

此特侦队作恶多端，血债累累，是国民党在广东镇压革命，屠杀共产党人的最恶毒的鹰犬。全国解放前夕，国民党溃败而逃，然此特侦队员或成员必定会有一部份被国民党反动派安排潜伏下来，以组成国民党的地下特务系统。有的则安排在香港澳门，继续作案。

五、追查特侦队的目的及作用。

根据我们所掌握的材料及线索，我们认为完全有必要把特侦队成员的下落搞清楚，尤其是现在仍在国内活动的，以及解放初逃往港澳等地，现仍继续有活动的。其理由如下：

1）南石头监狱的政治犯，在1928——1936年间，主要是经特侦队审讯、对质、处理的。被捕前后及在狱中叛变投敌的，一般都是经它处理，或由它安排为叛徒活动的。它对监狱中政治犯的情况，尤其是对于叛徒变节自首分子，是比较清楚的。因此，必须通过特侦队，才能彻底弄清楚南石头监狱中政治犯的情况，一个是设方查觅特侦队自己的设独立档案现存何方，另查看州公安局 3.

档案材料，一个是寻找现存的特侦队员（包括已被逮捕在押劳改的）通过这两方面了解南石头政治犯情况。

2)解放前夕，国民党逃跑前，必定要有计划安排，把潜伏内地的特务系统，而在广东尤其是如此。广州面临港澳，斗争历来复杂，此特侦队式人员，一定会有部份是安排潜伏下来的。况且在解放以后，美蒋还不断地从港澳派遣匪特人员，而解放初期经香港的部份特侦人员，亦可能随时潜回内地。我们现在已基本上掌握了特侦队的队员名单，并已了解一部份人的确实下落，再继续工作下去，一定会找到一些美蒋特务活动线索。

据目前我们掌握的线索，认为冯文冕、周泳、叶胜、潘洪波、陈兴国、陈可明、陈达等人很可能仍在广州或广东，并有活动，必须追查清楚。而现在中大中文系教授潘允中与特侦队及叛徒、军统特务来往甚密，怀疑他是特侦队或军统系统特务。叶胜、陈兴国、陈达、陈可明、周泳情况见附表栏内。

（冯文冕、潘洪波、潘允中三人详细材料另附）

3)从目前我们掌握的线索及材料，我们认为，广东很可能有一个以区梦觉等为首的，为陶铸包庇、支持的叛徒网，将这些叛徒安插在重要的岗位上，而有些罪大极恶，长期逍遥法外。区梦觉为什么那匆忙忙把大叛徒、特侦队骨干特务江惠芳枪毙掉？江惠芳是一个重要人物，出卖过许多同志，她知道大批的叛徒名单，而解放后她供认的只有一部份。梁广也参与了处理江惠芳案件，并签名写信，同意枪毙，而现在反而否认这些事实，并说他一向来认为江惠芳不能枪毙（不是不该枪毙）？（江惠芳问题另见专件）

尹永炳明明在1931.1已经叛变，为什么当时梁广却能把他营救出来，并派到中央苏区任职？详见专件。

必须把特侦队与南石头等监狱的问题，特别是政治犯和叛徒特务搞清楚。毛主席指示我们要整顿党的组织，加强党的建设，清除混进党内的特务、叛徒和顽固不化的走资派出党。毛主席又指出我们要加强敌情观念，坚决镇压、肃清一切美蒋、苏修、日本特务。我们目前的工作正是按照毛主席指示精神进行的。

件：

馮文晃案情

文晃叛變概況：

馮文晃，男，1930～1931年任C.Y省委書記、省委巡視員等职。
說是省委或香港市委書記，不詳。1927～1929年间，長時期在
巡視，指导惠陽党的工作，曾在惠陽党团大会上付达省委指示
見叶金冠提供材料）

1931.1香港地下党组织遭大破坏，馮文晃、周洪等在港被捕，
广州，馮、周即叛变投敌，馮文晃并加入特别侦缉队，初任助
後任为侦緝。

江惠芳交待，馮文晃被捕后，江出来对质并劝馮叛变，馮即叛
見江惠芳案卷摘录材料）

与馮文晃同時期被捕的还有黎柏松(現在省总工会生产部)，黎押
州后，馮文晃、周洪出来顶証并劝黎叛变(見黎柏松交待材料)
馮文晃入侦缉队之后的活动不详。馮叛变后，使不少组织又遭
。惠陽党组织被捕多人，叶金冠等被捕，皆馮文晃告密的结果。

文晃在解放后之下落及分析：

据材料证明，馮文晃在解放后仍潜伏广州活动，逍遥法外至

(1)江惠芳供："解放后曾一次在恩宁路遇他，他說住西关，不說
，說无事可作，我看他对我有点忌諱，匆忙而走"。(見江惠芳案
録)。

(2)叶金冠(市建工局設計院)1958年9~10月间，一天在解放北路与
路口看見一人很像馮文晃，叶金冠称"完全是馮文晃"。当即叫人
又叫人去公安局报告。经过幾個月后，公安局派两個人(当时未
名)告訴叶金冠說："此人姓名、籍贯、经历都不同馮文晃，馮文
香港活动，而該人却从未去过香港(叶金冠提供材料)

此后，便无消息，更无結果。

我们认为，必须继续追查馮文晃的下落。因他叛变前後均居要
知情很多。該犯应当知道自己罪恶重大，且不少人都认识他，
放后他不逃港澳，反而两次在广州出现，这决不是简单的事情。

今後：

(1)查公安局

(2)通过当时跟踪馮文晃的叶金冠、吳成、梁炽等了解追
查。

附馮文晃特征：

人高大，体胖，眼园小，臉色較黑 胡须旺盛(无留须)今
存当有六十多岁。

潘洪波（潘波）材料

一、潘波主要经历及罪恶

潘洪波，又名洪波，潘波；家名水长，学名運江。洪波为党内名。叛变之后，仍取洪波为名。兴宁县宁中公社人。

1926年在广州中山大学医学院唸书，曾介紹潘允中入C.Y。1930年在北江当C.P.特派员。1931年1月第一次大破坏前，他到过香港，认识序一通。第一次大破坏時，他因在北江没被捕，由于与香港联系中断，他跑回兴宁教书，被人控告，逃往江西，又跑到上海，与中央接上关系，即被派回香港联系两广组织。1931年成立两广临時工作委員会，潘自任代书记。他已知序独航与序一通已成叛徒。1932年12月12日下午从九龙过大港，在尖沙咀过渡被跟踪到中环马路被捕，当即叛变，引敌逮捕同志，破坏机关，造成香港党组织二次大破坏。

叛变后即入伪公安局特别偵緝队，往返于港、省、兴宁之间，与江惠芳、黄才、杨其标等叛徒关系很好。

36年伪特偵队被取消合併后，潘仍在伪公安局任职。后加入軍统特务系统。

1937年他又带妻房素貞到港。潘的办公地点是致城公司，内有霍保同在。

1939年又回兴宁。此年蒋介石打电报给他和霍保，叫他们到重庆参加训练班，并寄錢2000元，潘即去重庆，约半年。

1940年，蒋介石叫潘回曲江办一训练班，组织别动队——曲江县兴东湖别动軍。可能为上校别动軍教官。

曲江淪陷后，潘回梅县，在梅县第七战区工作，至日本投降后离梅赴穗。

1945年，潘在广州西关逢源路办公（即軍统局——八局）后又去香港。此時潘官銜可能是中將。

二、潘波下落线索及分析。

据潘允中、房素貞、潘炯华（潘波侄儿）等交待，潘波49年初自港回穗（为其女做满月）。1949年3—4月间，潘乘"和平輪"回港，船走到省河（沥滘）处因触日本人当下的暗雷被炸沉，潘被淹死。十天后方打捞到尸首，已不可辨认，潘香华（潘之子）从尸上取下手錶告母，素貞认出此表为潘生前所戴。所以认定潘波被淹死，故开大型追悼会，由特务头子李彦良主持，还叫捐钱给其家属，并登当時国民党报《国华报》或《越华报》，并写函很详细。

根据当時的情况及线索，我们认为，潘波很可能没有死，那次的"死亡"和追悼会是虚假的。分析如下：

①打捞尸体的特务。潘家属未親見潘尸体，只由潘香华带回一只表为证，即定潘死，不可靠。

②据当時知情者称，沉船处（汤潭）河道狭窄，水雷爆炸力不大，船又大，沉速很慢，船身露一部分在外，船离岸不远，船上的旅客都没有全死。如果潘不受伤，便不会淹死。因为潘为中将軍统特务，肯定不会坐底舱，所以受伤可能性很少，被淹死的可能性很少。

③1948年4月，大軍渡江，南京即将解放，国民党此時大張旗鼓地为潘送葬，并登报帋，是何意思？联系上面两点分析，很可能是国民党故作声势，造成潘波已死的空气，来把潘波潜伏下来，潜伏一伙特务分子。

④現宝安县某中学有一人，叫潘丛（冲），其年令、特征与潘极相似。現正追查对照。

三、潘波的特征、生理特点（略）

四、今后调查打算：

①到广西师范学院（桂林）历史系调查潘香华，了解打捞潘波尸体之情况。

②翻阅敌伪报帋及档案，了解当時登报情况，以及潘波1948年左右活动情况。

③了解当時参加潘波葬礼的人，如罗坤泉、李清之、潘炯华潘玉清等人。

④了解当時同乘"和平輪"未死的乘客。

⑤去宝安了解潘丛的问题。

附件

潘允中简單材料（另作档，现简述）

潘允中解放前历任国民党反动报刊之要员，与特务叛徒潘波、杨其标、黄才屿关系密切，颇值得注意。潘现在中山大学中文系教书，为教授。

一、潘允中之简單经历。

1906年生于兴宁县城内。

1924或1925年，去厦门大学念书，未毕业，于1926年下期回广州，考入广州"中央軍事政治分校"。

该年入团。介绍人卢福茂（已死）、潘波（時名潘远江）。

1927.4.15之后，逃至广东转江西，后随张发奎部队回广东在张部26师迫击炮营当見习付官。后因事有变又回兴宁。在梅南中学教书。

1928年下半年，梅南中学被封闭，潘即逃　南洋。曾任马来亚"南洋時报"总编輯。

1931年1月自南洋回香港。找到当時省委　已潘波。即任海员工会秘书。一个多月后，因叛徒邓昆出卖，被押回广州。入南石头监獄坐牢。

1937年春出獄，任广州市戒烟医院文牍。后调市立医院，又轉到陆軍总医院任书记。

1939年广州淪陥，即离职赴曲江屿处。

1938—1939年在曲江，由国民党反动头子朱家骅属下的国民党广东省党部新任书记長余森文（后调任浙江丽水专員，現任杭州市付市長，已入党）特派为《曲江日报》社社長。此间，余森文曾拉潘允中屿人入国民党，并发党证。

1940年离曲江前，曾在伪長官部付官处任过半年秘书。

1940年离曲江至浙江丽水专署余森文处，任《民生日报》（官办）经理兼代总编輯。

1942年下期，《民生日报》停办，1943年初回曲江，任伪紫金县府代理秘书2——3个月。

1943年冬，又去柳州，由第四战区兵站轉至高級反动軍官梁华盛的爪牙王侯翔主办的《中正日报》，任该反动报的总编輯。

1944年夏离《中正日报》至伪第四战区兵站总监部任参议，派至广西下司该部办事处。

1945年春，到重庆逃难，任軍委会辖下的工程委员会卫生处任科長。

1946年冬，离渝经宁、泸屿地回到香港。

1947年到香港，加入农工民主党，7月派回广州民盟与农工民主党的地下组织，广州市临時工作委员会工作。公开职业为文化大学新闻系付教授，广州工程局秘书。解放初，回兴宁搞土改工作，后回广州教书。

二、在獄中情况（详细另有专案）

许多同牢人都说潘在獄中表現很坏。疑为叛徒。特偵队特务罗剑关系好，出獄后仍有联系。

三、与特偵队、叛徒、特务潘波、黄才、杨其标的密切联系。

潘允中与潘波是親房关系，在潘波叛变入特偵队和軍統特务后，潘允中仍与他关系密切。潘出獄后即与潘波联系，得潘波之帮助。

1937年潘波父亲七十一寿辰，潘参加，并与特偵队之特务分子蔡若冰、李彦良、刘琛、黄才、李山崇、杨其标以及罗晓维、李资始（此人身份不详）八人合敬赠潘波父潘雨山一大镜屏，并刻八人姓名于其上。

1947年，潘回香港，仍与潘波见面。

1949年潘回广州活动，時常与潘波見面，同至茶楼喝茶吃点心，或亲往其家吃饭，有何勾当，尚待调查。

1947——1949年期间，潘在广州曾和杨其标、黄才（叛变時为伪公安局偵緝）、刘琛（伪警探处秘书）等在一块兒混，打麻将，饮茶，并给黄才写对联等。

1949年潘波回广州为其女做满月，潘允中也参加。

1949年潘波的葬礼，潘允中也参加，与伪公安局大小特务在一起。

说明：潘允中问题，已另组织专人作专案处理。

附件

特侦队队员一览表

田客灿：军委驻广州交通，1928年于广州捕，当即叛变，引捕军委陈行。

陈　季：（陈行）军委驻广州特派员，1928年于广州捕，叛变捕人。1928年7月10日后，由陈行引捕，破坏广州市委，捕市委黎沾平、姚荣、林文佳等，此三人叛变，再捕数十人，1928年5月余育才、黎沾平、李东等带特侦队破坏了市CY，被捕黎沾平。

黎沾平：又名黎平、黎伟洪、黎维雄、杨湘。团广州市委书记　1928年于广州捕，叛变捕人，破坏机关，解放后已逮捕归案。1928年5月姚荣、林文佳等破坏广州市委，广市CY，28年捕广市地下党数十人，并由江龙归一带十五人，组成特别侦组，以党员身份出现，收买叶胜、刘楚石，蒋德仁等叛变入特侦队。

林文佳：广州市委，1928年于广州捕，叛变引捕入破坏机关，自动变节，同黎沾平、陈行等。

姚　荣：广州市委、海员特支书记、省委候补委员。1928年于广州捕，同黎沾平、陈行等。

余育才：别名余秉伟、李育才、余秉文。负责工运、广州起义赤卫军第二大队长。1928年捕，自动叛变。51年逮捕归案甘泽光介绍叛变后投入特侦队与陈行破坏广州市委，并与黎沾平、姚荣、林文佳等破坏广市CY。妻黎蕃芬，住惠福东路大新街121号，大女余宛明已婚。

甘泽光：1927——1928年于广州捕，自动叛变。介绍余育才叛变入特侦队。

叶　胜：叶胜、叶成。东莞石龙人，团员，在香港被捕，自动叛变1936年仍在特侦队。解放前仍在东莞石龙天封刀铺（石龙河旁街）。由黎沾平去港诱叛入特侦队，并诱刘楚石叛变。

许　登：广州人。1927——28年于广州捕。曾住惠福东民星新街x号三楼。叶胜妻与江惠芳　五月签熟，曾嫁在港东方船员孙铁孙明。

刘楚石：团省委，在香港被捕，自动叛变（详见叶胜栏）。

蒋德仁：团省委印刷，在香港被捕，自动叛变。1931年3月在港被地下党处死。为刘楚石所带，与叶胜、刘楚石破坏四机关。

区飞鸿：欧飞鸿。1928年捕，叛变引捕。28年7月引捕江门党，又破坏机关。

黄　芬：1927年捕，叛变引捕。

陈添生：1928年捕，叛变引捕。

邓　芬：系九龙长途汽车工人。1927——1928年捕。叛变引捕。

邓海芬：广东人，汽车工人，28年入狱。

陈汉生：27——28年捕，叛变。

陆　标：27年捕，叛变。现在西门岗马路先锋直街拣菜新街一七机织布厂。

戚海添：27——28年捕，叛变。

何国华：发行科，27——28年，31年6月捕，叛变。据说已死，出卖杨甫等十多人。

冯　广：团省委书记，在香港捕，叛变。见江泰芳案，被捕后由黎治平认出。

江泰芳：大埔党坪人。"六大"代表，省委常委，团中央委员。1930年9月于香港捕，转押上海关在广州叛变。解放后已归案枪决。详见专门材料，江1931年1月在港知尹秋炽已叛变。1936年离特侦队。

尹铁史：东莞人，解放初已经在港死亡。1932年左右与江泰芳结婚，江与尹有一个儿子（50年15、16岁）二个女儿，有一个侄叫尹灵光，是警卫团的。1952年搬到石牌中大，江三充在中大做木工，江系住美茶路硕永巷1号二楼。

李山蔡：现名李云、李国光。五华人。1930年于香港捕，叛变。逮捕归案（已死）。1936年前在特侦队，36年后仍在警察局，梁子光对他，黄才、杨其标很重视。

詹宝文：28年与邓颖超在港同住机关。1928年黎治平叛变时未供他俩。不知何时入特侦队，黎家英（现在人民政府）知。

杨其标：梅县人，在港与东江地下工作。于东江被捕，叛变。51年逮捕归案，54年死于狱中。36年时仍在特侦队，抗战时随李彦良入内地，大老婆丘月容，小老婆王绮霞，解放初在江门市政府工作。后回广州，住惠吉东、西一巷，与潘考、黄才关系甚好。

丘月容：大埔丘候人。叛变。住广州杨其标妻。

黄　才：现名黄　强，梅县松口人。广州市委香港市委东江一带
（材）　1931年、1928年(?)捕，叛变，与杨其珍对质东江被捕同志。51年捕，判15年刑，54年4月10日调内蒙古公安部劳改局。此人可能叛变后又混入党内，故1930年江泰芳叛变时又供出他，解放初黄在广州对秀东氏说："潘汉死了就好，我们当下来就没问题了。"36年仍在特侦队。

胡仁波：中山县人，香港市委组织部长。1931年1月于香港捕。叛变，63——64年与其妻叶芬芳去南美洲（从香港去）捕前与梁广同在市委，梁广为市委书记。

廖仕驰：海南人，香港海委书记、南方局委交通员。1931年6
（警）　月于香港被捕，叛变。与黎治平同去驻港特侦，1932年12月与廖一统二人同潘波处取党内文件，参与332次大破坏。

冯文光：C Y省委书记，去过泰国从事秘密工作、任省委巡视员。1931年1月于港被捕，叛变。可能仍在广州，1951年江泰芳在恩宁路见过他，1959年叶金冠在维新路又见过他。任特侦队秘书、侦探、出卖叶金冠、黎伯松等，由江泰芳说服叛变。（详见专页）

周　洪：香港工代会主席，1931年1月在港被捕，叛变。与冯文光一起叛变，怀疑是特侦队员。

廖一统：廖多岳，泰州人，曾在南方局委工作，调为省委驻港市委特派员，1932年3月15日在港被捕，叛变，致使香港党组织大破坏。现说去新加坡。1932年12月与廖锐驰去潘波处取党内文件，参与1932年12月三大破坏。

陈关国：海南人，海员支部、江门市委书记、省委发行科。1932年4月于香港捕，秘密自首、策划特务。住港湾仔道64号四楼；可能在澳门；听说已死；现在北面劳改（县二万政计院郑华状）此人可能叛变后仍在党内与关防民关系密切，乾安对梁腾季廖良入内地，有一弟弟是党员（东莞）49年11月还在澳门与其联系。

刘融生：30年6月南方局委委员。1931年在香港被捕，叛变。1930年仍在特侦队，与陈关国领导，杨剑英曾供出他。

顺　娣：省市委交通、港市委发行科。1932年12月在港被捕，叛变。与潘波同时被捕叛变，出卖潘尤本、曾静宜（李芬）等，出卖不少同志。

潘洪波：现为潘溪江、潘水长，兴宁宁中人。曾任县委书记、为广东省委书记。1932年12月在港捕，叛徒。一说死，是否其未死？此人关系重大，案统会案、上校中将等（见专页）

彭素贞：兴宁宁中公社，潘波妻。

林鸿基：林如泉、林鸿基。叛徒，34年入特侦队，三等队员。52年12月判刑十年，53年4月25日北调。

林其荣：广州人，27年于广州被捕，叛徒，长住狱中。在狱中时间很长，监狱官对他很看重，常去所咨询，36年主持写委书大赦呈文，其可能是破坏32年绝食斗争者之一。平时他和广州反动报纸有联系，写文章在外面发表。

潘炳棠：海南人，27年于广州捕，叛徒、长住狱中。狱中与外面反动报纸有联系，经常在狱中绘图作画，据说是外面通过狱官给他的工作，32年绝食斗争破坏者之一，后入狱较自由。

罗　剑：27—28年(?)捕，叛徒，长住狱中，与潘允中同案，与林其荣主办呈文。

梁赞生：27—28年(?)捕，怀疑是特侦队员、叛徒。现在清远中学。刑期15年以上，与潘炳棠同舍，狱中表现甚坏，他和潘、林都可能是叛徒。

周　东：叛徒，住狱。一说狱中说，杜伟说未死，后来狱中绝食斗争。

戴德禄：叛徒，住狱。中大学生，狱中感化对是标本。

廖寿成：叛徒，解放后去香港。

梁　红　黄本庚　李一鸣　黄飞然　刘庆光　卫泽岗　张兆祺

邓X全：出卖陈永乐等人。

吴　文：原海员支部，自动投变，曾在中大当杂役，1936年仍在特侦队，来往香港。

陈　基：海员支部，自动投变。

陈　达：解放初仍在广州，出卖过100多个同志，解放初杜伟见到他的报案会，后无结果。

陈　贞　曾岳贵　廖海天　郭懒泉　廖锐毓　龙德仁　姚泽兴

李秀英　周俊英　李我强　黄　艳　甘卓明　梁　超　郑寿华

东XX：出卖十多人，叶林（新考区黑河路和堂街40号）知其下落，与潘允中、罗晓维等同伙。

刘　琛：兴宁人。

梁少侠：军统特务，解放前在广州行营当处长，与关吟民关系密切。

13何俄芳：琼崖人，军统特务，去美国。

郭汉鸣　陈　克

陈可明：琼崖人，軍统特务，现可能在海南文昌，解放后去海南文

陈可治　昌（考素贞侠）与潘波来往。

另附几个軍统特务及叛徒、现不能肯定为特侦队队员：

郑学明：琼崖人，軍统特务，现在美国

饶竞行：軍统特务，现在台湾内情报处。解放战争期间与潘波一起活动。解放前又他对考素贞讲："你北京香华毕业后到台湾找我。"

霍　侨：胡须仔大舅子。軍统特务，1937年与潘波一起在港活动。1939年潘波回兴宁，在梅县第七战区。

王铁明：先政，軍统特务，1939年蒋打电报给他和潘波去重庆。

梁伯强：广州人，軍统特务，和潘波来往甚密。

特侦队问题继续调查的初步打算：

根据以上调查特侦队的目的，拟初步打算如下：

1、追寻特侦队人员现在的下落，特别是目前可能仍在内地的，尤应积极了解追查，再通过现仍存在的特侦人员了解南石头监狱教徒情况。

2.寻查敌伪档案中有关特侦队的材料，追寻特侦队活动对属该队自己掌握的档案。须与公安部门、政治部门联系。

3.已有逮捕归案，在押劳改的，须查其案件，并亲自提审犯人。

这個資料很珍貴
值得研究。
古月齋

机密

中共广东地下党組织破坏情况

1927-1934

附：中共香港分局花名册

[redacted]

[redacted] 518联合战团编

[redacted]

1968.

一、一九二七年四月十五日，蒋介石公开叛变，对共产党人和革命群众实行疯狂的大逮捕、大屠杀。当时 分布在广州、香港各机关、单位的党组织、工会、农会等革命团体遭到全面性的大破坏，无数的共产党人、省港大罢工工人以及其他革命群众被逮捕、杀害。二七年四·一五以后，国民党反动派的数次"清党"，究竟被捕了多少革命同志，目前尚无法统计。

二、一九二七年底，广州起义失败之后 国民党、反动派又逮捕、杀害了一大批共产党人和革命群众，刚々恢复起来的广东地下党及各革命团体，又一次遭受惨重的破坏。

是年，海陆丰三次革命暴动失败，地下党及革命群众被杀多人。此材料目前尚无认真统计。

三、一九二八年一月 — 七月，中共广州市委先后多次遭到破坏，而又多次恢复。麦戚裕、周文雍、李步高、吴毅 李献先等数十同志先后被捕牺牲。

二月二十日，省委机关被破坏，邓中夏、罗登贤、王强亚、黄谦等常委四人被捕。

地方上东江暴动失败，琼州暴动失败，琼崖特委也受大破坏。被捕人员情况，尚无材料。

四、一九三〇年九月，江蕙芳被捕叛变，出卖她所知道的一切组织和人员，前后曾引特务捕杀共产党员及革命同志计有五、六十人，其中包括卢永炽、黄超、贺昌、袁岳栋、黄才、郑仁波、周秀珠、冯文晃等人。结果卢永炽、黄才、郑仁波、冯文晃等又跟着叛变，出卖了一大批同志。

江蕙芳供出如下组织、机关、人员：

①中共中央书记：向忠发

中央委员：周恩来、瞿秋白、李立三、王平

②团中央书记：吴恂庭

中央委员：袁炳辉

③出席苏联六大代表：

李立三、周恩来 瞿秋白、王华、邓中夏、张国焘、蔡畅、邓颖超、周秀珠、苏兆征、王酌、袁炳辉

④当时省委：聂荣臻、贺昌、黄超、卢永炽

⑤团省委委员：袁岳栋

⑥香港市委：黄才、郑仁波

⑦海员支部书记：陈郁　　　秘书：黄明杰　李振

五、一九三一年一月十二日，广东省委内交莫叔波被捕后即叛变，在香港的南方局，南方军区、广东省委、香港市委均遭破坏。

因江蕙芳、莫叔波叛变而被捕的一共有一百三十余人 名单见附表。

六、一九三二年三月十五日省委特派员庐亦通在马路上被捕，即行叛变。十六日上午十时恰当省委常委开常委会的时候，各人刚刚到齐，庐即带警探来围捕，计捕去中央巡视员陆更夫、黄姑娘（秘书长）、余亦梦（妇委）等人，同时旧常委开会地址亦遭破坏 计

捕去广州特支书记杨泓章、黎君湘、王国芳等人，王国芳、詹行祥等又叛变，总计这次破坏的损失不少。

七　一九三二年十二月十日，潘波因彦独航出卖而被捕叛变，又出卖一大批同志。（潘波被捕前为广东省委书记）

江、莫、彦、潘的四次破坏，已知共捕有二百二十四人，其中一九三一年一百七十二人，一九三二年四十人，三三、三四年十二人。叛变并加入伪特别侦缉队四十二人，叛徒六十人。

1927——1934

被捕人员情况

合计：324人

有下落的87人

1927～1929年被捕人员名单：

张国良——现名张竞钰。关南石头狱。现广州中药三厂付厂长，狱中写过悔过书，本人已承认。属自首变节。

李　云——又名李永钦。关南石头狱。现广东省水产厅付厅长。

△李一九二七年脱团。

△一九二八年被捕，供出参加共青团、入团介绍人郭明生，供出当时香港洋务罢工委员会工人子弟学校校长彭昌伦，教员冯仲平，并承认与彭昌伦准备吸收商容灿参加共青团。

△供认参加宣传队，供出队中有30～40人，并供出队中四人（李说是假名）

△一九三一年在悔过书上打指模；悔过书大意：
释放回家后，守己安分，遵守纪律，做一个良好的国民，兼信仰三民主义，效忠党国，今后誓不与共党来往，不参加共党活动，如有再干犯国法，甘受法律制裁等。
李本人承认以前情节属实，属自首变节。

李　梓——又名李榕梓，狱中名李镜庭，关南石头狱。
现在石牌公社立德生产大队社员。
有无自首变节不详。

葛季武——又名葛承烈，现任河南省工业厅长。

邓中夏——一九三年出狱。捕前任省委书记。捕于香港。牺牲。
组织营救出狱。

罗登贤——又名罗光先，捕前任省委常委　捕于香港。三三年死。
组织营救出狱。

王强亚——捕前任省委常委，捕于香港。

黄　谦——捕前任省委常委；解广州后牺牲　捕于香港　二八年牺牲

冯菊坡——捕前搞工运，捕于香港，死。
宋士杰——又名宋维贞、大宋，女，捕于香港，逐放上海。
现福建轻工业厅。
陈　复——捕前任省宣传部工作，捕于香港，解广州牺牲。
袁培根——捕于广州。落实叛徒，出卖何介能。
何介能——捕于广州。可能牺牲。
伍子全——捕于香港。落实为叛徒，破坏三机关。
朱致华——捕于北江。女。落实为叛徒，破坏机关。
潘庆流——又名潘少孙，捕前职务南路军事特派员。
捕于广州，可能牺牲。
梁　根——捕前任团市委，捕于香港。
周国康——捕于广宁，革命青年，后释放。
周国政——捕于广宁，革命青年，后释放。
冯恩珍——同上
杨伟健——又说是杨其益，捕情同上。
黄秀兰——捕于九龙。
潘云波——又名潘先甲。现海南统战部付部长。
郭　潜——
谢南石——潮州人，捕前职汕头海员工会主席、党支书。一九二七年出狱。
夏　锦——捕于高要，一九三三年出狱。
罗　剑——落实为叛徒，一九三七年出狱。死。
林其焯——落实为叛徒
冼巽生——南海县人，一九三三年出狱，现在清远县正新街右巷18号。叛徒嫌疑。
梁祖皓——捕前海委负责人，牺牲。
姚　常——捕于广州。落实叛徒。
宋时轮——现中央军委科学院付院长。捕入感化院。
张如屏——现武汉水利学院々长。与宋同案。
吕怀义——现武汉教育局付局长。与宋同案。
梁维平——现广东翁源县人委。（卢济妻，一九二七年七月在港被捕）
陈永乐——又名陈坤，捕后进反省院。
现在文昌北路197号后座二楼。
万冠英——又名万明，现清远。有叛徒嫌疑。
颜俊英——又名颜新发，反省出狱。现在广州市总工会。
何　源——现人民路橡胶九社。
谢　汉——捕进感化院，现在省干校。
钱凤展——又名钱三予，反省出狱。现在省人民医院门诊部。
陈礎石——陈焯，反省出狱。现在北京南路海珠街9号之三2楼。
陈桂芳——陈秉光，感化出狱。现在光塔路维新里7号二楼。
李三民——感化出狱。现在上海。
黎　洪——黎广。现在华贵西横14号，广州电线厂二车间。

謝　流——現在永汉北建工局。大新路小新街112号。
罗光华——現在中山六路12号之4。
梁　胡——現在中山路东昌里2号，房产局工人。
黄　木——現小港路144号
彭　波——現芳村鳥石墩16号
陈　彪——現在客运站工作。
肖　来——現在全国总工会旧址
梁锡恩——感化出狱。現在南宁中医学院当外科医生。
駱　华——又名駱秋华。現在石公祠街1号之4。
苏　珠——現在海南島当汽车司机。
郑嗣平——申请加入感化院。現清远县清城镇学宫街。
馮兆潮——感化出狱。現南海县九江粮站。
陈日胜——感化出狱。前几年在水电厅。
杜　伟——現在广州同福中路龙溪南前约101号。感化出狱。
謝　四——阮志忠。現中山县一农场。感化出狱。
叶　林——感化出狱。現广州荔湾区带河路都堂街43号二楼。
邓沛林——現在云浮东街。
駱　悠——駱裕中。現在四会县大旺农场水利指挥部。感化出狱。
據陈永乐反映：是鬼头仔（即叛徒）
何　平——現在英德卫生院。
梁可明——梁茵。現在开平县。
陈伯康——現在南海县西樵山。
吳　牛——吳灼生。現在光塔路馬站三巷4号二楼。
莫　绍——現在惠福东157号。
陈　樹——現在广宁南街卫中理发站。
袁鎧济——現在二十五中。反省出狱。
梁　标——
李孤山——感化出狱。現在广州。
黄　常——敌人曾请他写出字画。現如意坊尾五巷14号。
赵泽芳——現在樟木头小学任校长。
梁　虾——反省生。与陈秉光同案。
梁　才——反省生。与陈秉光同案。
邓　东——反省生。与陈秉光同案。
饒荣春——黄埔生。
刘漫之——黄埔生。
彭荣桢——黄埔生。
肖剑青——黄埔生。
陈啸樵——黄埔生。
胡　雪——黄埔生。
朱伟民——黄埔生。
郑　强——黄埔生。
尹　希——黄埔生。
馮　介——

何　威——
罗锡金——现在香港当工人。
苏三基——感化出。
刘　光——
赖　荣——在悔过书上签名。

△一九二七——二九年被捕92人。有下落：46人；
落实叛徒：8人；叛徒嫌疑：3人；
自首变节或感化出狱：16人。

1930.10—1932.4

被捕的人員情况

共　171　人
已有下落的：6人
下落不明的：118人
叛　　徒：47人

一、已有下落的：

陈　燕：邓发爱人陈慧清的妹々，一九三一年一月省委第一次大破坏时被捕。现在广州造船厂工作。
卢永炽：（卢德光，烂风炉）捕前是省委书记，一九三一年一月由叛徒江蕙芳出卖被捕。捕后叛变出卖了三十多个同志，后由梁广向李　秋（富春）取钱请律师保出到中央苏区，任苏维埃劳动部长兼福建省委书记，现在香港（据贺昌的儿子说）。
谭天度：（谭夏声）捕前在党办的保联书店工作，因到在港的印度兵站探友或联系时，给印兵搜出进步刊物而被捕，在港判刑一年，期满出狱驱逐到上海。现在是省政协付主席。
黎柏松：（黎中、黎松）捕前是钳印科工作人员。一九三一年一月中的在红旗报机关被捕，审讯时，承认是共产党员，出卖入党介绍人吴仲平。现在总工会生产部々长。
饶君强：（饶卫华）捕前是华南交通局々长，一九三一年二月在上海被捕，一九三七年出狱。此人在一九四二年五月又被捕，并叛变出卖了组织。现在广州市政协主席。
王　平：现在上海复旦大学。

二、下落不明的：
栗一枝：
罗　琼：

士　生：（張壮生）西江巡視員，一九三一年一月被叛徒莫叔保(波)出卖被捕，以后情况不详。
張家記：（張基）捕前是苏维埃准备委员会主席。香港市委书记。一九三一年一月被叛徒莫叔保（波）出卖被捕。
陈明怒：（陈九）铅印科工作人员。一九三一年一月被叛徒莫叔保（波）出卖红旗报机关被捕。
李一元：
顔邦汉：捕前在红旗报机关工作，香港西区区委书记。一九三一年一月中旬被叛徒莫叔保（波）出卖，在红旗报机关被捕，一九三一年四月十五日在广州牺牲。
张　达：捕前是省委文书科工作人员，被叛徒莫叔保（波）出卖，一九三一年一月十四日被捕。
李冠南：捕前是省委特派员。
蒋　亮：捕前是红七军参谋长。
陈一新：（陈新）入南石头监狱后，经常用煲々水卖给别人。
陈　明：
袁　时
陈瑞龙：
張启发：
吴德成：一九三一年一月中旬被叛徒莫叔保（波）出卖，在红旗报机关被捕。
黄阮青：
郑　康：
李永炽：
陈阴好：
吴进劳：
吴国材：
陈　民：
邝　孟：
梁　润：
馮庭良：
張光和：
梁慧福（初）：
岑　光（冰）：捕前在红旗报机关工作，一九三一年一月中旬被叛徒莫叔保（波）出卖被捕，解回广州伪公安局。
余和强：
王　桥：
林苏北（化）：
李　安：
方　贞：
陈善乐：
伍　池：
何　汝：

林惠如：
陈国昌：
黎　章：在南石头监狱中，流氓气很重，经常同人吵架。梁广说他在一九三九～四〇年病死。
宋　七：
王燕宾：
邝文技（枝）：
梁　昊：
罗发（法）胜：
黄五妹：
陈素英：
林　志：
符祥元：
黄淑友：
符明昌：
陈如均：
林云缚（林方传）：
裴　信：
裴　乌：
孙　珍：
温　来：
韓先翼：入南石头监狱，在狱中经常写小说，表现一般。
邹明杰：
李　桐：
黄（王）胜：
黄　生：华侨事务委员会主任，一九五七年自杀。
温南新：
张　生：
许杏仙：
叶　珍：
陈　莺：
林瑞生（可能是林瑞）
李　芳：（可能是李进，庐彖志之姐夫；也可能是罗静宜）
李　珍：
林　绍：
李冠英：捕前在省委油印科工作，一九三一年一月被捕，押解汕头时在途中跳海牺牲（李义涛提供）。
林瑞章：
吴　明：
楊如春：
冯恨旺：
陈世昌：
张忠技：

曾道姑：
陈　二：
钟　坚：一九三一年一月被叛徒莫叔保（波）出卖被捕（与曾坑一起）
曾　风：
李惠英：
钟永凤：
林　兰：
陈李民（氏）：
黄　狀：梅县人，捕前是海员组织部主任，被叛徒莫叔保（波）出卖
　　在一九三一年一月十四日于红旗报机关被捕，解至广州。
赖　悉（忠）：
李生（光）芬：
陈　树：
彭　实：一九三一年一月中旬与黎柏松在红旗报机关一起被捕。
黄　七：
程　方：
程　兴：
钟余（金）泉：
王光年：
韦崇臣（亚）：
赖　洪：一九三一年一月在惠阳与叶金冠一起被捕，解广州。
刘克廷：
刘兴发：
刘　兴：
黄其良：
杨秀靖：
黎学南：江门人，开烧腊味铺子的，梁广说他曾参加过六大。
黄　鸥：
张　英：
符福顺：
韩安丰：
陈德良：
林　妹：
张荣光：
李庆荣：
罗福平：
杨顺孚：
刘　添：
陈　生：
李　才：一九三一年被捕。

三、叛变的：
莫叔宝：（莫叔波、莫叔保）捕前是省委内交。一九三一年一月十

二日被捕。同月十四日叛变后，带特别侦缉队破坏机关十七处，并出卖了不少省委各部门的负责同志及工作人员，造成省委第一次大破坏。

林道文：海丰第一区人，捕前是南方局委员，省委宣传部长、农委书记。一九三一年一月十四日被叛徒莫叔宝出卖，被捕后彻底叛变，出卖了不少同志，并有供词。

杨剑英：（陈云清，花名肥仔）捕前是南方局、省委、南方军区秘书长。一九三一年一月十四日被叛徒莫叔宝出卖，被捕后彻底叛变，出卖了不少同志，并有供词。

陈德新：（陈德兴、陈资桥）四川人，捕前是南方军区委员、参谋。一九三一年一月十四日被叛徒莫叔宝出卖，被捕后彻底叛变，出卖了不少同志，并写有供词。

陈舜仪：（被捕后化名林德原）捕前职务是南方局及兼省委组织部部长。一九三一年一月十四日被叛徒莫叔宝出卖，被捕后彻底叛变，出卖了机关和不少同志，并写有供词。

严凤仪：（尹窝海）海南乐会人，捕前是红十一军参谋长。一九三一年一月十四日被叛徒莫叔宝出卖，被捕后彻底叛变，出卖了机关和不少同志，并写有供词。

周　洪：捕前是香港工代会主席。一九三一年被叛徒莫叔宝出卖，被捕后叛变，供出九龙仓支书梁数。

林　瑞：捕前是省委内交。一九三一年一月由于莫叔宝叛变出卖而被捕，在一九三一年一月二十三日粤委向中央的报告中说叛变。

曾　统：（曾存炽）惠阳人，捕前是南方局、省委油印科主任。一九三一年一月由于莫叔宝叛变出卖而被捕，后叛变供出惠阳党组织情况及油印科　铅印科的机关。解放后在佛山专署粮食局工作。一九六二年死。

林素一：（李梅）捕前是香港市委工作人员。一九三一年一月由于叛徒莫叔宝叛变出卖而被捕，叛变后出卖了电车支部林福。

林俊良（棵）：（林伟良）捕前是团省委秘书长。一九三一年　月由于莫叔保叛变而被捕，一九三一年一月二十三日粤委给中央的报告说已叛变。

陈应泉：捕前职务是省互济会主席。一九三一年一月十四日被叛徒莫叔保出卖，被捕叛变，出卖香港西业支部左傍狮。

冯文晃：捕前是省委巡视员。被叛徒莫叔保出卖，一九三一年一月十四日被捕叛变，供出广州第二制弹厂罗球及惠阳C.Y支部书记叶金冠、C.P负责人刘克礼等人　兼成为伪广州公安局特别侦缉队々员。

张子干：（张新兴）捕前是东江苏维埃巡视员。被叛徒莫叔保出卖，一九三一年一月十四被捕叛变。供出大埔地下党方九唐，现下落不明。

林天虎：被叛徒莫叔保出卖。一九三一年一月十四日被捕叛变，供出省委々员黄强。

譚　午：被叛徒莫叔保出賣　一九三一年一月十四日被捕叛変，供出赤卫队长吴文。
李鼎文：被叛徒莫叔保出賣，一九三一年一月十四日被捕叛変，供出王强。
李　順：被叛徒莫叔保出賣，一九三一年一月十四日被捕叛変，出賣蔡潭区委郑安。
刘　昌：被叛徒莫叔保出賣，一九三一年一月十四日被捕叛変，出賣刘滋林、海丰鸿潭支委）刘文（海丰赤石区委书记）林作楠（海丰赤石C Y书记）张进耆（赤石C.Y委員）陈光荣、陈辰生（海丰特委）许润肯（惠阳C.P书记）
郑仁波：捕前是香港市委书记，被捕后叛変。成为伪广州市公安局特别侦缉队队員，一九三二年六月曾跟踪追捕到上海逮捕区梦觉。梁广说，一九六三～六四去南美洲。其妻叶景芳（一九三○年任省委妇委书记，也随去南美洲）
梁友（有）：被捕后叛変，出賣刘溯、刘焯　姚洪。
黄（王）胜：被捕后叛変，出賣王济会彭泽。
邓　苏：大叛徒江惠芳说他是叛変了。
袁岳栋（东）：捕前是南方局、省委青年部々长，C.Y省委书记，團中央委員。大叛徒江惠芳说他已叛変。一九四○年时梁广在港见过他，并派潘汉年和他联系。并说被日本槍决。
李景芳：郑仁波老婆，捕前是香港烟业支部，江惠芳说她已叛変。
陈　正：被捕叛変后，出賣五十九师伤兵雪荣贵、王全福、史振建。
谢漫霞：（越南人）约三一年被叛徒莫叔保出賣被捕，叛変后出賣南方红旗报印务科主任陈庶（可能是陈九或是陈明超）一九三八年时梁广在香港见过，并派往新加坡，据说病死。
高　順：被捕叛変后　出賣广州手车支部书记徐辉。
譚炳勇：被捕叛変后，出賣欧汉青。
李　方（可能是李山棠）：被捕叛変后出賣南方局兼省委宣传部付部长周天濟。后成为伪广州揪特别侦缉队員。解放后被我捕死于牢中。
梁　貞：被捕叛変后出賣英德县委的陈兴。
陈国昌：被捕叛変后，出賣交通員李有光。
賀蓮道：被捕后叛変出賣东江特委书记颜汉章。
关　洪：捕后叛変，出賣順德县委赵泽元。
梁　球：捕后叛変，出賣順德县委袁波。
陈荣生：捕后叛変，出賣順德县委常委李民。
張　雄：捕后叛変，出賣党員陈桂庭。
罗　炎：捕后叛変，出賣前苗饰支部书记張輯甫。
张炳辉：捕后叛変，出賣石龙市委宣传員卢祥元。
林福祥：捕后叛変，出賣海委々員李剑彩。
李　生：捕后叛変，出賣党員周锡。
陈　英：捕后叛変　出賣钟燕林（惠阳C.P县委委員，横沥泡秀乡人）。

刘天雨：捕后叛变，出卖丘宗海（大埔县委々员）
何雁流：莫叔保老婆　被叛徒莫叔保出卖，据说何被捕后莫叔保曾动员其叛变。
江慧芳：（女）大埔人，捕前是团中央委员，省C.Y书记，省C.P委员，一九三〇年九月在香港交通机关被捕后驱逐出境，到上海，于十月又被捕。彻底叛变后出卖五〇～六〇人，供出她所知道的机关及工作人员。
張　木：捕前是省委秘书长，捕后叛变，充任伪国民县长。

四、已牺牲和已病死的：
張　人：李燕涛之妻，一九三一年在广州被捕牺牲。
李　清：一九三一年时北江特委书记之妻，一九三一年在广州被捕与張人同案，一起牺牲。
吳星崖：捕前团广州市委书记，一九二八年被捕牺牲。
邝碧清：一九三〇～三一年牺牲。
李　发：一九三一年时是香港市委宣传工作人员。梁广说在前几年于香港病死。
蔡和森：捕前是省委书记，一九三一年被捕，捕后不久即被害死。
陳鉄儿：一九三一年一月被捕，解回广州于一九三一年牺牲。

1931.5.—1932.12

被捕人員情况

共　50　人
有下落者：28　人
已　牺　牲：14　人
下落不明　8　人

一、已有下落的：
罗静宜：（小罗、李芳）捕前任香港市委书记。一九三一年十二月在香港被捕，解广州判刑十三年，入南石头惩教场，一九三四年由其家庭保释出狱。现在中央调查部。
潘允中：（潘程、潘泉、潘道程）捕前在海员工会任文书，一九三一年十二月十日由叛徒邓坤出卖在香港被捕，解广州判刑
　　年入南石头惩教场。一九三七年，由叛徒　特别侦缉队干将潘波保出，又说由其堂叔潘保寰通过伪公安局司法科长李則谋保出，与其同狱者有五人说他是鬼头仔，出狱后在国民党里任职，怀疑是历史反革命，现是中大中文系付教授。
吳舜英：潘允中妻，情况同潘允中。
区梦觉：（周觉霞，区白霜）捕前是解放妇女协会付主任，一九三

二年六月由叛徒方一通出卖被捕，驱逐出境到上海，再由伪广州公安局特别侦缉队的陆标、郑仁波跟纵追捕，审讯时承认是共产党员职务 出卖入党介绍人杨署集 妇委的蔡畅、邓颖超。对共产党表示厌倦，表示脱党，共产主义在中国行不通。一九三七年八月二十四日出狱。现是广东省委常委书记。

莫琼兰 （刘珍）与区一起同时被捕，与区同时出狱，脱党后在李宗仁部下，并嫁给国民党。现在广西桂林郊区柘木小学。

高天梅：（叶英）海丰人，是陈允才（林冲、陈木）之妻，捕前在省委机关做掩护工作，由叛徒潘波出卖，在一九三二年十二月被捕，解广州判刑五年入南石头惩教场，一九三六年底出狱。现在广西区委政协付主席。

刘志远：（刘辉，刘东）捕前是两广C.Y临委书记，由叛徒潘波出卖，在一九三二年十二月十二日被捕解广州，判刑八年入南石头惩教场，一九三七年九月释放政治犯时，由南委保释出狱。审讯时潘波曾指证。有自首叛变嫌疑。现在省民政厅救济处々长。

陈裴琴：（陈佩琴、陈云山，高佬陈）捕前是团中央特派员，因与刘志远一起住所在一九三二年十二月十二日被捕，由其父（在南雄县任伪公安局长）在港保出。有叛变嫌疑。现在北京海军总部工作。

陈 辉：（陈逊）捕前是团省委组织部长，由叛徒潘波出卖，在一九三二年十二月被捕，解广州入南石头惩教场。现在江西赣州医院。

彦 宣 （彦梦光）英德县人，一九三二年十二月在香港被捕，有自首叛变嫌疑，写悔过书，曾八次打手指模，一九三五年出狱。现在水产厅渔轮厂任厂长。

陈乃石：（陈友梅、陈钦文）海南人，捕前是两广C.Y临委秘书长，由叛徒潘波出卖，在一九三二年十二月十二日被捕，解广州判刑八年入南石头惩教场，一九三七年九月由南委保释出狱，在潘波指证下承认了是C Y。现在海南行署办公室主任。

陆更夫：（可能是章汉夫）捕前是中央巡视员，并一度代理过省委书记，一九三二年三月十六日由叛徒彦一通出卖被捕。

容敬良：捕前是省委宣传部长兼团香港市委书记 一九三二年十二月十日在香港被捕，由其父到港活动保释后出境澳门，疑有叛变行为。据刘志远说此人现在中山县人委工作。

莫和勋：莫琼兰的弟々，广西桂林人，一九三二年六月因送衣服给莫琼兰而在港被捕，解广州判刑二年，一九三四年冬期满出狱，现在广西桂林市一个工厂里工作。

赵爱华：一九三二年十二月由叛徒潘波出卖被捕，解广州判刑三年入南石头监狱，刑满出狱，现在据刘志远说在偏(?)县馮楊武：（馮鵬）原在国民党宪兵队里因受怀疑而被捕，时期是一九三二年，一九三七年九月出狱。现在是广东社会主义学院付院长。

二、属叛徒的：

庐亦通：惠阳人（阿庐，　　）捕前是省委常委，省港特派员。一九三二年三月十五日被捕，三月十六日叛变，出卖了陆更夫（中央巡视员）、区梦觉、黄姑娘（省委秘书长）、余亦梦（妇委）　杨泓章（广州特支书记）、黎君湘（宣传部工作人员）、黄国芳（住机关）　詹行祥（广西巡视员）等十多人。

詹行祥（占恩）：广西巡视员，一九三二年三月由叛徒庐亦通出卖而被捕，叛变后在马路上拉同志。

黄国芳：捕前住机关，省委交通，一九三二年三月由叛徒庐亦通出卖而被捕，一九三二年四月三十日中共广东省委书记潘洪致给中央的报告中说黄国芳已叛变。

黄锦榜：海南人，捕前在省委油印科工作，一九三二年二月在港被捕，叛变后带侦缉破坏油印机关。

陈兴国：琼崖人，捕前在省委发行科工作，一九三二年四月在港被捕，叛变后在马路上拉同志。

吴　英：广西梧州人　潘波的姘头，捕前是省委交通，随潘波叛变带人捉陈乃石，同潘波一起指证别人。

潘　波：捕前是两广临委书记　由叛徒庐亦通出卖在一九三二年十二月十二日被捕，捕后二小时叛变，供出所有省委、市委机关及工作人员，造成省委机关第二次大破坏。后成为伪广州公安局特别侦缉队干将。传说四九年去港途中死。

庐独航：琼崖人，捕前是香港海委书记，一九三一年六月被捕，叛变后破坏机关拉同志，并成为伪公安局驻港侦缉。

邓　坤：（邓坤仔）香港本地人，捕前在香港发行科工作，一九三二年一月在港被捕，叛变后在马路上拉同志，出卖潘允中等人。

莫逸民：琼崖人，南洋回来未做工作，一九三一年十一月被捕　叛变后到侦缉队破坏互济会。

何国华：海南人，省委发行科工作，一九三一年六月在香港被捕，叛变后当上伪广州公安局的侦缉队员。

王　灼：（王酌）捕前是海员特支委员，一九三二年在香港被捕。据大叛徒江惠芳交代，王灼是叛徒。

三、已牺牲及狱中病死的：

王文灿：女，又名王兰英，一九三二年在香港被捕后在广州牺牲。

宋　伍：女　捕前在省委油印科，一九三二年十二月十二日由叛徒潘波出卖而被捕，一九三三年九月九日牺牲。

陈　水：（陈允才，林冲）海丰人　捕前是两广临委组织部长　一九三二年十二月十二日被叛徒潘波出卖被捕，一九三九年九月九日下午四时牺牲在广州北较场。

叶　青：（刘文，刘山）两广临委宣传部长，被捕原因、牺牲时间地点与陈木同。

卢义山：捕因、牺牲的时间与陈木同。

陈　金：〃　〃　〃　〃

馬四智：〃　〃　〃　〃

林　财：〃　〃　〃　〃

林　容：〃　〃　〃　〃

陈　六：〃　〃　〃　〃　（宋伍的爱人）

王　振：两广临委C.Y组织部长，一九三二年十二月因探监遇叛徒潘波出卖被捕，在潘波的指证下承认了，在南石头狱中病死（判刑五年）。

王爱民：一九三二年十二月十二日由叛徒潘波出卖被捕，在南石头狱中病死。

彭　祥：一九三二年十二月十二日由叛徒潘波出卖被捕，一九三七年九月出狱后参加新四军，后牺牲。

蔡和森：省委书记，一九三一年底在香港被捕牺牲。

四、下落不明的：

黄姑娘：捕前是省委秘书长，一九三二年三月十六日由叛徒方亦通出卖被捕。

余亦梦：捕前是省委妇委，一九三二年三月十六日由叛徒方亦通出卖被捕。

杨泓章：捕前是广州特委书记，一九三二年三月十六日由叛徒方亦通出卖被捕。

黎君湘：捕前在省委宣传部工作，一九三二年三月十六日由叛徒方亦通出卖被捕。

碧　莲：（女）一九三二年十二月被捕。（此人可能是重要人物，因一九三三年二月二十八日两广临委给东江特委的信中，单独提及她，并说此人在上海已接了头）

吴书玉：一九三二年在香港被捕，与区梦觉同牢，三年刑满出狱后回四川，现情况不明。

林　蓉：（女）一九三二年十二月十二日被叛徒潘波出卖，在港被捕解广州，判刑三年，入南石头监狱，期满出狱后，嫁给一个手车夫叶黄炎，原住在長堤二馬路。刘志远说抗日战争后就没有听过消息。

1933.1—1934.12
被捕人員情况

共12人　　有下落8人　不明下落4人

一、現在有下落的
渫可明：（女）一九三三年在广州被捕，入南石头监狱，一年后出狱（一九四二年五月粤北省委破坏时被捕，叛变）現在广州十六中学。
徐佩梅：（徐英）女，一九三三年在广州被捕，入南石头监狱，現在新华社香港分社付社长。
张云裳：一九三三年在广州被捕，現在天津畜产进出口公司工作。
李健行：（李靖山）惠阳沃头人，捕前是"广州力社"（非党组织）負责人，一九三四年被捕，判刑三年，入南石头监狱，一九三五年九月由家中保释出狱。現在是广东轻工业厅付厅长（其单位说是叛徒）。
杜襟南：（陈文俊）捕前是广州力社負责人，一九三四年三月被捕，判刑三年，入南石头监狱，通过说情提前在一九三五年五月出狱。現在中央档案舘。
曾　谷：捕前是"广州力社"負责人，一九三四三月被捕，現是佛山专署专员。

二、变节的：
谢　莹：捕前是"广州力社"負责人，一九三四年三月被捕，审讯时指证别人，指出组织情况。
谢南石：（谢云）潮州人，一九三四年三月被捕，自首，供认参加共产党不好。在狱中做小贩。現是省物价局付局长。

三、下落不明：
曾玉衡：捕前是力社負责人，一九三四年三月被捕，未判刑，几个月就放了。
邱庆柏：（伍兵）捕前是力社負责人　判刑三年入南石头监狱，一九三五年二月出狱。
黄树民：捕前是广州力社負责人　未判刑就释放。
邓希白：印力社刊物的印刷店老板，判刑一年。
钟仲衡：梅县人　在一九三四年被捕。

—※—※—※—※—※—※—※—※—

附件：

被叛徒出卖不知有否被捕人员名单

方光唐：大埔丙村人，一九三一年被叛徒朱子幹（张新兴）出卖。
黄　強：省委々員，一九三一年被叛徒林天虎出卖。
关　文：赤卫队々长，一九三一年被叛徒谭牛出卖。
罗　球：惠州人，广州第二制彈厂工作　党员，一九三一年被叛徒冯文晃出卖。
王　强：被叛徒李鼎文出卖。
孟金德：党員，一九三一年被叛徒黄才出卖。

陈　洪：党员，一九三一年被叛徒黄才出卖。
黎玉田：同　　　　　　　　上。
陈炳辉：同　　　　　　　　上。
雷荣贵：党员，五十九师二三六团伙夫，一九三　年被叛徒陈天出卖。
田金贵：同　上。
史振楚：同　上。
温铁生：江门特支书记，一九三一年被叛徒杨其标出卖。
刘裕光：英德县委书记，一九三一年被叛徒林道文出卖。
孙俊雄：三〇年时北江巡视员，同　　　　　　上。
王佐才：同　上
彭小杰：林道文入党介绍人，一九三一年被叛徒林道文出卖。
王居仁：惠阳县委々员，一九三一年被叛徒林道文出卖。
戴云峰：同　上
益　标：二八年潮梅特委々员，一九三一年被叛徒林道文出卖。
方尔辉：同　上
颜汉章：同　上
林国英：同　上
杜式哲：同　上
贺莲道：二九年时东江特委々员。一九三一年被叛徒林道文出卖。
黎凤翔：同　上
黄　真：同　上
陈　庶：南方红旗报印务科主任，一九三一年被叛徒谢漫霞出卖。
徐　辉：广州手車特支书记，海丰人，一九三一年被叛徒高顺出卖
陈　英：党员，一九三一年被叛徒高顺出卖。
欧汉青：党小组长，一九三一年被叛徒谭炳炎出卖。
陈　光：英德县委々员，一九三一年被叛徒梁贞出卖。
李有光：省委交通员，一九三　年被叛徒陈国昌出卖。
赵泽元：顺德县委委员，一九三一年被叛徒吴洪出卖。
袁　波：〃　　　〃，一九三一年被叛徒梁球出卖。
李　民：〃　　　〃，一九三一年被叛徒陈荣生出卖。
陈桂庚：党员，一九三一年被叛徒张雄出卖。
刘　潮：一九三一年被叛徒梁有出卖。
姚　洪：同　上
刘　焯：同　上
张辉甫：首饰支部书记，一九三一年被叛徒罗炎出卖。
卢祥元：石龙支部宣传员，一九三一年被叛徒陈炳辉出卖。
李剑影：海委々员，一九三一年被叛徒林福祥出卖。
梁　敦：九龙党支部书记，一九三一年被叛徒周洪出卖。
彭　泽：香港互济会负责人，一九三一年被叛徒王胜出卖。
左侠狮：西虫支部组织委员，一九三一年被叛徒陈应泉出卖。
韦容元：番禺县委书记，一九三一年被叛徒陈应泉出卖。
黄镜湖：同　　　　　　　　上。

兴宁地下党组织情况

兴宁党支部是在1945年成立 属粤赣湘五华县委领导

书记：温华（又名温锦华，锦字 化号 炳日）
组委：李剑光（现名李亦山，现在江西粮院）
宣委：刘永泉（现名刘坚，在曾宁县人民银行工作）
〃〃：朱展文（改名朱文，华南师院党委委员）
〃〃：陈×（现名陈瑞云，现福建武泽县公安总队）

党员：李奇焕（现名李根 广州军区后勤部）
彭洪元（现兴宁新陂教书）
吴天（改名吴汪洋 现在北京241部队工作）
安汉基（右派 已开除 原在商业厅工作）

此人在46年后曾到中大读书 48年或49年在广州被捕叛变，释放后又与兴宁县地下党联系，并经温华介绍到九连山区活动。

省建委红旗兵团提供
68.2.15

附香港分局花名冊

机密

香港分局的組织情况

	方方	中央侨委付主席
記員：	尹林平	广东省委书记
	章汉夫	外交部長付
	许滌新	中央统战部付部长
	饶彰风	中央文化部付部长
	连贯	全国人大常委付秘书长
	龚澎 乔冠华	外交部付部长
	潘汉年	
	梁广	广东省总工会主席
书	李嘉人	中山大学党委第一书记
	周放寂	中央高級党校任教
	杨绍芬	武汉军区
	杜襟南	中央档案馆
	谭锦剑	管粤中西江一带（广州市侨务局付局长）
	李云	管粤北（粮校 水产厅付厅长）

分局下设三个委

〈一〉工委（全称：香港工作委員会）（下设15工作委員会）

书记：章汉夫

財委 许滌新

文委 夏衍

統委 连贯

負責人：

組织干事： 林鏗

外委 乔冠华

（连贯的老婆） 現在北京

报委

书记：黄汉夫

委員：饶彰风　　（广州外国语学院党委书记）

总支委員会：仅几个人，由工委下屬各委各派一人组成 负责分局的部分事务工作。

书记：苏惠　　（方方的老婆）

委員：周而复　　（文委派出）　　北京文委秘书长

肖贤法　　（外委派出）　　中央宗教局付局长

（财委派出）

（统委派出）

（报委派出）

（二）城委　（全称：城市工作委員会）下管香港、澳门、汕头、湛江。

书记：梁广

委員：陈能兴　　广东省委组织部付部長

梁桑　　广东省政协付主席

黄施民　　广东省委宣传部付部长

張振南　　广东省委组织部四处处长

香港市委

书记：陈能兴

澳门特别支部

书记：吴光　　现香港海員工会主席

广州市委

书记：钟明　　广州市付市长

（三）农村工作委員会

书记：尹林平

闽粤边区党委

书记：魏今水　　福建省长

闽粤边区纵队

司令員：刘永生　　福建軍区付司令員

政委：魏今水

粤赣湘边区党委　（1948.5成立）

记：　尹林平

粤赣湘边纵队

令员：　尹林平
政委：　〃〃〃
付司令员：　黄松坚
政委：　梁威林
谋长：　严尚民　　广东省航运厅々长
政治部主任：　左洪涛　　广州重型机器厂

（详見附表）（表在后面）

粤桂边区党委　　（1948.4月成立）

书记：　梁广

雷州特委

书记：　沈汉　　广东省委宣传部造船工程局副局长

合浦特委

书记：　李超　　广东省委宣付部

特委　　（在广西境内）

书记：　杨烈　　广西农垦办公室主任

粤桂湘边区特委

书记：　孟宪德　　湛江地委书记

高州特委

书记：　黄国强　　湛江市委书记　（地方主义分子）

粤桂边纵队

司令員 } 梁广
政委 }
付司令：　唐才松　　湛江人　　北京高级军事学院教研
北京高级軍事学院々長：
叶剑英

粤中中队

司令員：　吴有恒　　广州

滇桂边纵队

司令员： 庄田 广东省付省长 （已退休）

政　委： 林李明 广东省委书记

《华商报》 （由报委管）

总编辑： 刘思慕 外交部国际问题研究所付所长

饶彰风 也在报里工作

《群众周刊》 （全庆搬去的）

总编辑： ~~黄文俞~~ 林默涵

《正　报》 （由报委管）

总编辑： 黄文俞 南方日报总编辑

新华社香港分社 （由香港分局外委管）

社　长： 乔冠华

付社长： 肖贤法

还有南行 略流行

行　长：

学习通讯

一九七五年　1

毛主席语录

整个过渡时期存在着阶级矛盾、存在着无产阶级和资产阶级的阶级斗争、存在着社会主义和资本主义的两条道路斗争。忘记十几年来我党的这一条基本理论和基本实践，就会要走到斜路上去。

学习通讯　　一九七五年　第一期

目　录

认真看书学习　继续抓紧批林批孔

总结儒法斗争和整个阶级斗争的历史经验

加快社会主义建设步伐

党的生活

世界经济问题问答

☆　一月十二日出版　☆

认真看书学习　继续抓紧批林批孔

无产阶级专政下继续革命的强大思想武器

——学习《关于正确处理人民内部矛盾的问题》

石甘效

伟大领袖毛主席的《关于正确处理人民内部矛盾的问题》，是一部具有伟大历史意义的马克思列宁主义的光辉著作。在这部著作中，毛主席科学地总结了国际国内无产阶级专政的历史经验，全面地论述了无产阶级专政下继续革命的学说，第一次提出了在生产资料所有制的社会主义改造完成以后，社会主义社会还存在阶级、阶级矛盾和阶级斗争，以及正确区分和处理敌我矛盾和人民内部矛盾这两类不同性质矛盾的理论、方针和政策，从而奠定了党的基本路线的理论基础，解决了社会主义国家巩固无产阶级专政，防止资本主义复辟的重大理论问题。十几年来，它象光芒万丈的灯塔，照耀着我国社会主义革命和社会主义建设的航向，指引着我们胜利地进行了一次比一次更深刻的社会主义革命斗争，取得了无产阶级文化大革命的伟大胜利。当前，在批林批孔普及、深入、持久发展的大好形势下，认真学习《关于正确处理人民内部矛盾的问题》这部著作，掌握无产阶级专政下继续革命的理论，对于我们坚持党的基本路线，继续搞好批林批孔运动，进一步深入开展上层建筑各个领域的革命，增强革命大团结，巩固无产阶级专政，加快社会主义的建设步伐，发展革命大好形势，具有极其重要的意义。

一

毛主席在《关于正确处理人民内部矛盾的问题》这部著作中，运用对立统一规律，对我国社会主义社会的矛盾，作了全面的科学的分析。毛主席指出：“**在社会主义社会中，基本的矛盾仍然是生产关系和生产力之间的矛盾，上层建筑和经济基础之间的矛盾。**”毛主席的这一科学论断，阐明了社会主义社会发展的最根本的规律，揭示了社会主义社会存在着阶级和阶级斗争的深刻根源，对我们的革命和建设，具有十分重大而深远的指导意义。

马克思主义认为，生产关系和生产力之间的矛盾，上层建筑和经济基础之间的矛盾，是一切社会形态的基本矛盾，是人类社会发展的根本动力，只要人类社会存在，这个基本矛盾就存在。但是，不同的社会形态，社会的基本矛盾具有不同的特点。在一切以私有制为基础的社会里，生产力与生产关系的矛盾、经济基础与上层建筑的矛盾，发展到一定程度，都必然采取外部对抗的形式，发展为革命。例如，资本主义社会的基本矛盾——生产社会化同资本主义私人占有制之间的矛盾，在资本主义制度下是根本不可能解决的，并且必然导致资本主义的崩溃。这种矛盾只有经过社会主义革命才能够加以解决。社会主义社会中生产关系和生产力、上层建筑和经济基础的矛盾则根本不同。“**它不是对抗性的矛盾，它可以经过社会主义制度本身，不断地得到解决**”。“**社会主义生产关系已经建立起来，它是和生产力的发展相适应的；但是，它又还很不完善，这些不完善的方面和生产力的发展又是相矛盾的。除了生产关系和生产力发展的这种又相适应又相矛盾的情况以外，还有上层建筑和经济基础的又相适应又相矛盾的情况。**”毛主席的这一科学论述，阐明了社会主义社会基本矛盾的特点和规律。

毛主席首先指出，社会主义社会生产关系和生产力之间，上层建筑和经济基础之间是相适应的，这是主要的一面，这是社会主义制度较之一切私有制的社会制度优胜得多的根本原因。在我国，以社会主义公有制为基础的生产关系的建立，为生产力的高速度发展开辟了广阔的道路。以中国共产党为领导的无产阶级专政的国家制度、毛主席的无产阶级革命路线和以马列主义、毛泽东思想为理论基础的无产阶级意识形态，有力地促进了社会主义经济基础的巩固和发展。解放以来，经过短短二十几年的时间，我国已经由一个贫穷落后的旧中国变为初步繁荣昌盛的社会主义新中国。我国无产阶专政日益巩固，生产建设蒸蒸日上，市场繁荣，物价稳定，人民生活不断提高。这同当前资本主义世界生产衰退，失业增加，通货膨胀，面临深刻的经济危机形成鲜明的对比，显示了社会主义制度的无比优越性。历史充分证明："只有社会主义能够救中国。社会主义制度促进了我国生产力的突飞猛进的发展，这一点，甚至连国外的敌人也不能不承认了。"

社会主义社会的生产关系和生产力之间、上层建筑和经济基础之间，除了相适应的一面，还有相矛盾的一面。这是因为社会主义社会的生产关系和上层建筑是从旧社会脱胎而来的，旧社会经济的、政治的痕迹还存在，被打倒的剥削阶级还存在，资产阶级和其它剥削阶级的意识形态更将长期存在，新建立起来的社会主义的生产关系和上层建筑也还不完善。这些矛盾只有在正确路线指引下，通过长期的不断的革命斗争，才能逐步得到解决。解决这些矛盾，绝非一朝一夕的事情，而是整个社会主义历史阶段的根本任务。

社会主义社会生产关系与生产力、上层建筑与经济基础的矛盾，在阶级关系上，表现为无产阶级和资产阶级两个阶级的斗争、社会主义和资本主义两条道路的斗争。在无产阶级专政条件下，所有制改变了，无产阶级既是社会主义生产力的代表者，又是社会主义生产关系的代表者。用马克思主义武装起来的无产阶级，掌握了社会发展的规律，就能坚持走社会主义道路，积极创造条件，自觉地改革生产关系中不适应生产力发展的部分和上层建筑中不适应经济基础的部分，不断巩固和完善社会主义的生产关系和上层建筑。被推翻的地主资产阶级则是旧生产关系的代表者，他们不甘心自己的灭亡，还要垂死挣扎。在政治方面，他们时刻企图推翻无产阶级专政，复辟地主资产阶级专政；在经济方面，他们用各种手段破坏社会主义的国家所有制和集体所有制，发展资本主义势力；在思想和文化方面，他们用资产阶级世界观和孔孟之道对抗无产阶级世界观，反对社会主义革命，腐蚀人们的思想。总之，他们时刻梦想复辟资本主义，并且把这种梦想变成复辟的行动。党内一小撮走资本主义道路的当权派，就是这股复辟势力的代理人。这样，社会主义社会生产关系和生产力之间、上层建筑和经济基础之间的矛盾就集中表现为两个阶级、两条道路的激烈斗争。资产阶级及其在我们党内的代理人要复辟，无产阶级反复辟，就成为社会主义历史时期阶级斗争的焦点。毛主席根据对社会主义社会阶级矛盾的科学分析，明确地指出：**“在我国，虽然社会主义改造，在所有制方面说来，已经基本完成”，“但是，被推翻的地主买办阶级的残余还是存在，资产阶级还是存在，小资产阶级刚刚在改造。阶级斗争并没有结束。无产阶级和资产阶级之间的阶级斗争，各派政治力量之间的阶级斗争，无产阶级和资产阶级之间在意识形态方面的阶级斗争，还是长时期的，曲折的，有时甚至是很激烈的。”“社会主义和资本主义之间谁胜谁负的问题还没有真正解决。”**这是在国际共产主义运动的理论和实践中，第一次明确地提出了在生产资料所有制的社会主义改造基本完成以后，社会主义社会还存在阶级、阶级矛盾和阶级斗争的学说。这个学说是对马克思主义的重大发展。随着国际国内阶级斗争的深入发展，毛主席在一九六二年更加完整地提出了党在社会主义历史阶段的基本路线，使无产阶级专政下继续革命的理论更加丰富。从一九五七年反对资产阶级右派的斗争，到一九五九年庐山会议粉碎彭德怀反党集团的斗争；从党的八届十中全会，毛主席发出**“千万不**

要忘记阶级斗争”的伟大号召，到社会主义教育运动；从无产阶级文化大革命，到当前的批林批孔运动，都是在毛主席关于无产阶级专政下继续革命学说的指引下进行并且取得一个又一个胜利的。历史的和现实的阶级斗争，深刻地告诉我们，毛主席为我们党制定的基本路线，是我们的生命线，“**必须年年讲，月月讲，天天讲**”，决不能因为一、两次斗争的胜利，而松懈我们的斗志。我们必须牢记毛主席的教导：“**整个过渡时期存在着阶级矛盾、存在着无产阶级和资产阶级的阶级斗争、存在着社会主义和资本主义的两条道路斗争。忘记十几年来我党的这一条基本理论和基本实践，就会要走到斜路上去。**”

列宁在《国家与革命》中指出：“**机会主义恰巧在最主要之点不承认有阶级斗争，即不承认在资本主义向共产主义过渡的时期，在推翻资产阶级并完全消灭资产阶级的时期有阶级斗争。**”同老修正主义一样，刘少奇、林彪都极力鼓吹“阶级斗争熄灭论”，反对毛主席关于无产阶级专政下继续革命的理论。他们这样做，是妄图改变党的基本路线，以达到其颠覆无产阶级专政，复辟资本主义的目的。因此，我们在大好形势下，“**千万不要忘记阶级斗争**”，一定要坚持党的基本路线，抓紧批林批孔，坚持继续革命。

二

毛主席在《关于正确处理人民内部矛盾的问题》这部著作中指出：“**我国社会主义和资本主义之间在意识形态方面的谁胜谁负的斗争，还需要一个相当长的时间才能解决。这是因为资产阶级和从旧社会来的知识分子的影响还要在我国长期存在，作为阶级的意识形态，还要在我国长期存在。如果对于这种形势认识不足，或者根本不认识，那就要犯绝大的错误，就会忽视必要的思想斗争。**”毛主席的这一科学论断，为我们指明了：单有经济战线上的社会主义革命，无产阶级专政的社会主义制度还是不巩固的，还必须不断地进行政治战线和思想战线上的社会主义革命。也就是说，要抓意识形态，要抓上层建筑领域的社会主义革命。

马克思主义认为，作为上层建筑包括意识形态都是由经济基础决定的，反过来，它又作用于经济基础，推动或者阻碍经济基础的发展。同时，社会意识形态具有相对的独立性。一种社会意识形态在它赖以存在的社会经济基础瓦解以后，仍将长期地盘据在人们的头脑里，不经过反复的思想斗争是不可能清除它的影响的。看不到这种斗争的长期性，就遗患无穷，是很危险的。

意识形态领域里的阶级斗争之所以紧要，在于它是政治斗争和经济斗争的灵魂和前导。毛主席指出：**“凡是要推翻一个政权，总要先造成舆论，总要先做意识形态方面的工作。革命的阶级是这样，反革命的阶级也是这样。”**这是阶级斗争的一条规律。在我国社会主义时期，地主资产阶级虽然被推翻了，但是，他们在意识形态领域里还有根深蒂固的势力。他们总是企图凭借在意识形态领域这块阵地上长期形成的传统势力，为复辟资本主义制造舆论，同无产阶级进行拚死的斗争，力图恢复旧制度，夺回他们失去的“天堂”。资产阶级野心家、阴谋家、反革命两面派、叛徒、卖国贼林彪就是把唯心论的先验论和唯心史观作为他抢班夺权的理论纲领，把孔孟之道作为向无产阶级较量的“法宝”。因此，上层建筑包括意识形态各个领域的斗争，归根结底是巩固无产阶级专政还是复辟资本主义的斗争。

伟大领袖毛主席历来十分重视意识形态领域的阶级斗争，建国以来，在意识形态领域，多次领导了对地主资产阶级反动思想的批判。无产阶级文化大革命，则是无产阶级同资产阶级进行多次较量之后的一次在上层建筑领域里的政治大革命和思想大革命。这是毛主席关于无产阶级专政下继续革命理论的伟大实践。**“这次无产阶级文化大革命，对于巩固无产阶级专政，防止资本主义复辟，建设社会主义，是完全必要的，是非常及时的。”**经过这场大革命，摧毁了刘少奇、林彪两个资产阶级司令部，批判了他们的反革命修正主义路线和地主资产阶级的意识形态，使全党、全军和全国人民受到了一次深刻的思想和政治路线的教育，使上层建筑包括各个文化领域发生了深刻的变化，社会主义的新生事物蓬勃发展，有力地推动了我国社会主义经济基础的巩固和发展，加强了无产阶级专政的社会主义制度，给了帝修反以沉重打击。

当前开展的批林批孔运动，就是要用马克思主义占领上层建筑各个领域，巩固无产阶级专政，防止资本主义复辟，防止社会主义江山改变颜色的伟大斗争。我们必须充分认识这场斗争的长期性和艰巨性，任何松劲情绪都是要不得的。当前，要把主要的注意力放到学习和批判上来。对林彪、孔老二的批判，要抓住路线问题，抓住他们搞复辟、搞倒退的反动实质，从政治上、理论上批深批透，进一步用马克思主义世界观批判他们的唯心论和形而上学的反动世界观。在批判中，要刻苦学习马克思主义、列宁主义、毛泽东思想。要认真学习今年元旦社论规定的六本书，努力掌握马克思主义关于阶级斗争、关于无产阶级革命和无产阶级专政的基本理论，这样才能把批林批孔不断引向深入。随着批林批孔运动的深入发展，要不断加强马克思主义理论队伍的建设。建设一支宏大的马克思主义理论队伍，这是上层建筑领域革命的一项重大措施，是反修防修，巩固无产阶级专政的百年大计，我们必须以极大的努力，做好这件事。总之，上层建筑领域的革命是一个长期的艰巨的斗争，我们决不可以松懈自己的斗志，一定要把这个领域的社会主义革命进行到底。

三

毛主席在《关于正确处理人民内部矛盾的问题》这部著作中，根据对社会主义社会矛盾的科学分析，明确地指出：“**在我们的面前有两类社会矛盾，这就是敌我之间的矛盾和人民内部的矛盾。这是性质**

完全不同的两类矛盾。”毛主席关于两类矛盾的学说，是对马克思主义理论的一个重大发展。在社会主义社会里，正确区分和处理两类不同性质的矛盾，具有特别重要的意义。这是因为，在无产阶级夺取了政权，并且基本上完成了生产资料所有制的社会主义改造以后，地主资产阶级尽管在意识形态领域里的势力还很大,但是,总是同他们手里掌握着政权和财产时的局面大不相同,他们不再是不可一世了,他们明火执仗进行反革命活动的情况比过去是大大减少了。在这种情况下，人民内部的矛盾便相对地表现得比较易为人们注意了。同时，被打倒的剥削阶级，在新的形势下改变了他们的策略和手法，他们往往采取伪装的办法来掩盖其反动面目，往往利用人民内部矛盾来掩护他们的反动活动。这样就造成了敌我矛盾和人民内部矛盾时常混杂在一起的现象，一时不容易分清。因此，这就要求我们特别注意严格区分和正确处理两类不同性质的矛盾。既不能只看到大量的是人民内部矛盾，便放松了对一小撮阶级敌人的高度警惕；也不能把人民内部矛盾，错当成敌我矛盾。如果我们不注意或者不善于正确区分和处理两类不同性质的矛盾，那么，势必在复杂的阶级斗争中，混淆敌我，做出亲者痛，仇者快的事情来，使革命遭受损失。由此可见，能否正确区分和处理两类不同性质的矛盾，这是关系能否正确地开展阶级斗争和路线斗争的问题，是关系能否正确执行党的基本路线的问题，是关系无产阶级专政下继续革命成败的大问题。

正确区分和处理两类不同性质的矛盾，首先需要弄清什么是人民，什么是敌人。“**人民这个概念在不同的国家和各个国家的不同的历史时期，有着不同的内容。**”“**在现阶段，在建设社会主义的时期，一切赞成、拥护和参加社会主义建设事业的阶级、阶层和社会集团，都属于人民的范围；一切反抗社会主义革命和敌视、破坏社会主义建设的社会势力和社会集团，都是人民的敌人。**”这就是在社会主义历史阶段划分人民和人民的敌人的界限。

我们不但要分清两类不同性质的矛盾，而且必须采取正确的方法去解决它们。用不同的方法解决不同质的矛盾，这是马克思主义的一个原则。根据矛盾性质的不同，我们在处理敌我矛盾时，要用专政的方法，在处理人民内部矛盾时要用民主的方法。

用专政办法解决敌我矛盾，这是无产阶级专政的性质和任务决定的。无产阶级专政有两个作用：一个是镇压国内阶级敌人的反抗；一个是抵御国外阶级敌人的侵略和颠覆。我们对于阶级敌人，必须彻底揭露，坚决斗争，实行革命专政，不然的话，人民就要遭殃，国家就要受到灭亡的威胁。

用民主的方法解决人民内部矛盾，这也是无产阶级专政的性质所决定的。无产阶级专政是广大人民群众对一小撮阶级敌人的专政。这个专政是对付国内外敌人的，对人民则绝不能实行专政，而必须采取民主的方法。没有广泛的人民民主，就不能加强对敌人的专政，无产阶级政权也就不能巩固。保护人民，还是镇压人民，这是无产阶级专政同资产阶级专政的根本区别。因此，我们必须坚持用民主的方法解决人民内部矛盾问题。

在坚持用民主的方法、说服教育的方法、批评与自我批评的方法来解决人民内部矛盾这一点上，容易出现两种不正确的想法和态度。一种是害怕对人民内部矛盾处理不好，同敌我矛盾混起来，犯错误，因而，回避矛盾，“绕着走”，不敢去解决。这种想法和态度是不正确的。人民内部既然存在矛盾，就应该去解决。不解决这些矛盾，就不能克服人民内部的缺点、错误，解决人民内部的各种问题，就不利于提高我们的觉悟，改进我们的工作，增强革命队伍的团结，也不利于共同对敌，加强无产阶级专政。另一种是认为用民主的方法、说服教育的方法，去解决人民内部矛盾，费时间，费精力，“太麻烦”，因此希望用一种“简单省事”的办法去解决，甚至主张同批判林彪反革命修正主义路线和孔孟之道直接挂起钩来，搞什么“上挂下联”式的所谓“联系实际”。这种想法和态度，在认识上说来，是还没有真正懂得正确区分和处理两类不同性质矛盾的原理和原则，在处理人民内部矛盾上有急躁情绪；在实践上说来，如果真的按这种主张去办事，就会混淆两类不同性质的矛盾，犯政策上的错误，甚至会犯方向、路线上的严重错误。总之，对人民内部矛盾，不敢去解决是不对的，用错误态度和方法去解决也是不对的。

那么,对人民内部矛盾应该怎样去解决呢?根据一些单位的经验，在当前的批林批孔运动中结合解决人民内部矛盾，必须注意两点：第一，牢牢掌握斗争大方向，把斗争矛头始终对准林彪和孔老二，绝不能把斗争矛头指向人民内部。第二，围绕批林批孔这个中心，结合学习马列和毛主席著作，对干部和群众加强思想和政治路线教育，开展深入细致的思想政治工作，用“**团结——批评——团结**”的公式，解决人民内部矛盾。“**团结——批评——团结**”，是毛主席亲自规定的解决人民内部矛盾的公式。团结，是开展批评的出发点，又是批评的目的；批评和自我批评是达到团结的手段。没有团结的愿望，一斗势必把事情搞乱，不可收拾。开展批评和自我批评时，特别要强调多作自我批评。进行批评时，也要抱热情的诚恳的态度，耐心地加以帮助。“说不服就压”，是不能真正解决问题的，是不能达到既要弄清思想，又要团结同志的目的的。

总之，在当前批林批孔运动中，我们要始终注意掌握斗争大方向，把斗争锋芒对准林彪和孔老二，严格区分两类不同性质的矛盾，切实执行党的各项政策。只有这样，才能团结百分之九十五以上的干部和群众，把批林批孔斗争更加普及、深入、持久地开展下去，不断地巩固和发展大好形势，夺取社会主义革命和社会主义建设的更大胜利。

林彪的“六个战术原则”与孔孟之道

景　　思

资产阶级野心家、阴谋家林彪，在解放战争时期精心炮制的所谓“六个战术原则”，是他的资产阶级军事路线的重要组成部分，是他用以对抗毛主席十大军事原则、反对毛主席军事思想和军事路线的代表作。这“六个战术原则”根本不是什么“打胜仗的根本办法”，而是否定中国革命战争的经验，违背战争的规律，凭主观臆造的东西。它是林彪右倾机会主义路线的产物，是林彪唯心主义、形而上学世界观的大暴露，是为其“克己复礼”的反革命修正主义政治路线服务的。我们用马克思主义的立场、观点、方法来加以分析，就清楚地看出林彪所谓的“六个战术原则”条条都渗透着孔孟之道。

林彪的“六个战术原则”与孔丘的“天命论”

“天命论”是孔老二为了维护奴隶主阶级的反动统治而大肆宣扬的一种反动谬论。他吹捧奴隶主是“受于天”的，是主宰一切的，要人们“畏天命、畏大人、畏圣人之言”，妄图使广大奴隶和新兴进步势力俯首听命。这种唯心主义的“天命论”，为以后的一切反动没落阶级所继承。

林彪继承了孔老二的“天命论”，并加以改造发挥，狂热地鼓吹起“天才论”。他把自己打扮成“受于天”的“天才”、“至贵”，是“独往独来”的“天马”。在林彪看来，历史只能由他这样的“天才”人物创造，战争的胜利也只能靠他“天才”造出的“战术原则”去指导。他的所谓“六个战术原则”就是在这种反动思想指导下产生的。林彪在一九三八年三月就离开了抗日前线，跑到苏联“养病”，长期脱离了战争实践。日寇投降后，一九四五年十一月，他才去东北战场。他既不研究中国革命战争的特点，又不总结大量的实战经验，到东北战场不久，就凭着他那“特别灵”的脑瓜，臆造出“一点两面”等战术原则，并吹捧为“打胜仗的根本办法”。真不愧是头脑制造法则的典型，不愧是孔老二的先验论的忠实信奉者。

正确的作战指导原则既不是从天上掉下来的，也不是人们头脑里固有的。毛主席指出：**“军事的规律，和其他事物的规律一样，是客观实际对于我们头脑的反映，除了我们的头脑以外，一切都是客观实际的东西。”**这就告诉我们，正确的作战指导原则，只能来源于战争实践，而不是靠主观臆造的。只有通过战争的客观实践，人们才能认识和掌握战争的规律，才能根据战争的规律制定出正确的作战指导原则，再用于指导战争的实践。这样的作战原则，才能使主观和客观相一致，认识和实践相统一，争取主动，避免被动，攻无不克，战无不胜。毛主席在领导中国革命战争的实践中，应用马克思列宁主义的基本原理，科学总结了我国历次革命战争的丰富经验，为我军制定的十大军事原则，是我军作战的指导原则，是克敌制胜的法宝。我军在毛主席的正确路线指导下，运用十大军事原则，打败了国内外敌人，取得了革命战争的伟大胜利。叛徒、卖国贼林彪为对抗毛主席的军事思想和十大军事原则而炮制的“六个战术原则”，贯穿着唯心主义和形而上学，是以主观与客观相分裂，认识和实践相脱离为特征的。如果用它指导战争，必然归于失败。一九四七年一月的其塔木战斗，我军以一个师，打敌一个营，兵力本来占绝对优势，但由于林彪实行主观唯心主义的指导，搞他那“一点两面”的部署，结果伤亡一千一百多人，仅打死打伤敌军五百余人，还让二百多个残敌逃窜了，打了一个得不偿失的消耗仗。恩格斯早就说过：**“原则不是研究的出发点，而是它的最终结果；这些原则不是被应用于自然界和人类历史，而是从它们中抽象出来的；不是自然界和人类去适应原则，而是原则只有在适合于自然界和历史的情况下才是正确的。”**林彪是根本违反恩格斯的教导的。

正是由于林彪的“六个战术原则”没有实践基础和科学根据，必然经不起战争实践的检验。当部队执行不通而提出问题时，林彪就玩弄资产阶级的诡辩术，随心所欲地胡乱解释，妄图掩人耳目，骗过一时。如：他在讲“一点两面”时，在这儿讲“一点”是为了“开门”，显然这个“点”是在敌阵地的前沿；到那儿又讲“一点”是“求心运动”的中心点，显然这个“点”移到了敌阵地的纵深。又如，他在讲“四快一慢”时，在这儿讲“四快一慢”，其实是个“慢”字，“迟一点不要紧”，“一切为了慢”；到那儿又讲“慢了就不行”。为了实现“四快一慢”，在这儿讲要“严格执行命令”，“一定要执行命令”；到那儿又讲“不执行命令是对的”。这样出尔反尔，颠三倒四的诡辩，连他自己都无法自园其说。

林彪的“六个战术原则”
与董仲舒的“天不变，道亦不变”

汉代儒生董仲舒宣扬“道之大原出于天，天不变，道亦不变”的形而上学思想，把封建社会的根本秩序和道德标准，说成是从“天”而来，是永远不变的，妄图以此达到维护封建地主阶级的反动统治、反对社会进步的目的。西汉以来，儒家的“天不变，道亦不变”的形而上学思想，虽然受到广大劳动人民的猛烈抨击以及法家代表人物的一定批判，但是一切反动阶级和机会主义者为了搞复辟倒退，仍然把它做为反革命的精神支柱。林彪也毫不走样地全盘接受了儒家这一反动思想。他炮制的所谓“六个战术原则”，就是属于“道不变”之类的形而上学货色。它以静止的、片面的观点对待战争规律，把根据实际情况灵活运用的战斗部署、进攻时间、作战方法、战斗编组以及战斗队形等等全部公式化、绝对化，用“一、二、三、四”的数码硬把它们罗列起来，并断言“今后战争，这些原则是不会变的”。

毛主席教导我们：“**一切战争指导规律，依照历史的发展而发展，依照战争的发展而发展；一成不变的东西是没有的。**”从战争的具体情况看，有战争的性质和时间、地域、条件的差别，不同的历史阶段，不同的国家和民族，不同的战争性质，各有不同的具体的战争指导规律。就战役战斗本身情况而言，每次战役战斗的敌情、我情、友邻、地形、社会条件等因素都会有变化。就是同一战役战斗的各个阶段，情况也在不断发展变化，往往从一种战斗形式转变为另一种形式。总之，兵无常势，水无常形。因此，在战役战斗中必须依据情况，机动灵活地运用和变换战术，使主观指导符合不断发展着的客观实际，这样才能歼灭敌人，取得胜利。相反，如果不顾战争的实际情况，而死板地套用战术原则，往往导致战争的失败。在我国古代战争中，就有许多这样的实例。战国时的赵括，是赵国名将赵奢的儿子，自幼读了很多兵书，谈起军事，引经据典，很多人认为他很有才能。不久，秦国进攻赵国，当时赵国大将廉颇驻守长平，他根据敌我形势，采取坚守的办法抗秦。这时，赵王中了秦国的挑拨离间之计，听了谗言，认为廉颇年老体衰不能抵挡敌军，于是免去了廉颇的职务，任用赵括为将。赵括接受兵权后，就生搬硬套兵书的条文，骄横地改变了廉颇的比较正确的战略战术，因而陷于被动，不久即被秦军围困。赵括率兵突围，被秦军乱箭射死，四十多万赵军全部覆没。以后，人们便把这个“纸上谈兵”脱离实际的故事当作笑柄。林彪炮制的“六个战术原则”，就不是从客观实际出发的。他把战争的运动过程看得僵死化，把复杂的战场情况简单化，把灵活机动的战术公式化，让我军一模一样地照用。这种死搬硬套，“削足适履”的作法，毫无马列主义气味，是反马克思主义的东西。如果照此办理，必打败仗。

马克思主义唯物辩证法认为，战争中的攻守、进退、胜败，都是矛盾着的现象。失去一方，他方就不存在。矛盾的双方，斗争而又联结，并且无不在一定的条件下相互转化，组成了战争的总体，推动了战争的发展。伟大领袖毛主席运用马克思主义，总结中国革命战争的实践经验，为我军制定的战略战术原则，充满了革命的军事辩证法。毛主席一贯教导我们，要把优势与劣势，进攻与防御，前进与后退，主动与被动，机动与守备，歼灭敌人与保存自己等复杂的关系辩证地统一起来，反对战争问题上的形而上学。自称“天才军事家”的林彪根本不懂得唯物辩证法，把矛盾的双方看成是僵死不变的。在攻防问题上，他不懂攻中有守，防中有攻，攻防可以交替运用的道理。讲到攻时，不讲防，鼓吹冒险主义；讲到防时，不讲攻，宣扬军事保守主义。讲到作战时，又形而上学地认为“得”与“失”是水火不相容的，只能得，不能失，主张阵地战，反对运动战。这种僵化思想，是与马克思主义唯物辩证法背道而驰的。林彪死抱着董仲舒的“道亦不变”的反革命信条不放，反对军事上的辩证法，顽固地贩卖形而上学的黑货，是妄想以他炮制的“六个战术原则”束缚广大指战员的手脚，限制广大指战员在战争中的主观能动性，以便使我军成为他推行右倾机会主义路线，破坏中国革命战争的工具。然而，这只能是痴心妄想。

当前，批林批孔运动正在普及、深入、持久地向前发展。我们一定要刻苦攻读马列主义、毛泽东思想，认真学习毛主席的军事著作，深入批判林彪资产阶级军事路线，深入批判孔孟之道，深挖林彪资产阶级军事路线的反动思想根源，加强战备，加强部队建设，使我军永远沿着毛主席的军事路线阔步前进。

以马克思主义为武器
深入批判儒家反动小册子

中共天津铁路分局天津站委员会

批林批孔运动开展以来，我们站广大职工以马列主义、毛泽东思想为武器，批判了林彪效法孔老二“克己复礼”，妄图复辟资本主义的反动纲领，批判了林彪的资产阶级军事路线，研究了儒法斗争史、近现代尊孔与反孔斗争史、劳动人民反孔斗争史和儒法军事路线斗争史，把运动不断引向深入。同时，我们还批判了《弟子规》、《绣阁金针》、《朱柏庐治家格言》和《三字经》等儒家反动小册子。在批判儒家小册子时，我们坚持学批结合，批黑书同批林彪反革命修正主义路线结合，破立结合，抓了学、批、立三个环节。就是：认真学习马列著作和毛主席著作，掌握理论武器；联系儒家反动小册子出笼的历史背景，抓住要害，深入批判；通过学习和批判，分清是非，划清界线，肃清孔孟之道的流毒和影响，树立新思想、新道德、新风尚。

一、批判儒家反动小册子，必须掌握马克思主义理论武器

儒家反动小册子，是孔老二的徒子徒孙精心炮制的用于广泛传播孔孟之道的黑书，它们的内容比较通俗，流传十分广泛。有些没有读过“四书”“五经”的人，却背诵过《三字经》《千字文》，这就说明了它们的流毒和影响较深，危害性较大。因此，批判儒家反动小册子，是批判孔孟之道，肃清其流毒和影响的一个重要方面。

对儒家反动小册子，靠什么来批？我们深深体会到，必须靠马克思主义理论武器。南站车间安全室小组开始批判《朱柏庐治家格言》（以下简称《治家格言》）时，都认为应该批判，但对有的语句又看不出问题来。如有的同志说：“既昏便息，关门锁户”，这话哪有错

呀？我们不是每天晚上都要睡觉休息吗？睡觉时不是也要关门锁户吗？为了深入批判这本小册子的反动实质，党支部组织大家学习了《哥达纲领批判》。马克思指出：“一个除自己的劳动力外没有任何其他财产的人，……都不得不为占有劳动的物质条件的他人做奴隶。”这一学，开了窍。同志们说，抽象地空谈，好象没有可批判的，但是运用马克思主义的阶级观点和历史观点来分析，《治家格言》里的这一句话，其反动目的是显而易见的。首先，朱柏庐说这话是在封建社会。在那个社会里，谁能“既昏便息”？在那时，地主阶级占有土地，而广大农民无地或只有很少的地。千百万没有土地的贫苦农民，终年劳累，不得温饱，哪能天黑就睡呢？很多人连住处都没有，又怎么能“关门锁户”？而那些脑满肠肥、嗜血成性的反动地主阶级，躲在深宅大院，吃喝玩乐，生怕玩得太晚了，影响身体，才要“既昏便息”；生怕丢了财产，才特别提醒要“关门锁户”。这样一分析，朱柏庐鼓吹的“既昏便息，关门锁户”实际上是处处为地主阶级着想的反动本质，便被揭穿了。同志们又说：不能用我们现在的情况去套儒家反动小册子里的话。因为我们今天是在无产阶级专政的条件下，劳动人民占有了生产资料，做了国家的主人，每天早起晚睡努力工作，并且处处关心和爱护国家和集体的财产。我们不是“既昏便息”，而是要努力工作，挤时间多学习；我们也“关门锁户”，但是目的在于保护国家和人民的利益。所以朱柏庐说的那一套跟我们不能比。朱柏庐之流避开政权和生产资料归谁所有这一根本问题，空谈“既昏便息，关门锁户”，那就同拉萨尔空谈“劳动是一切财富和一切文化的源泉”一样，都是为了掩盖反动剥削阶级占有生产资料，剥削劳动人民的事实。这个小组又进一步分析，为什么在《治家格言》里，包含一些象“既昏便息，关门锁户”这类好似超阶级的庸俗说教呢？大家认识到，这是为了打掩护，是在放烟幕弹。朱柏庐之流，正是想把孔孟之道的反动说教，打扮成“天经地义”的、人人都必须遵守的东西。把这些几乎人们都懂得的生活常识同孔孟的黑话揉在一起来进行宣传，其目的，就在于欺骗人们信奉孔孟之道，对反动阶级的压迫、剥削不反抗、不斗争。这样运用马克思主义的立场、观点、方法剖析儒家反动小册子，就抓住了要害，看清了它的反动本质。南站车间安全室小组运用马克思主义观点，批判《治家格言》的经验，使我们认识到，儒家反动小册子是经过装扮的渗透孔孟之道毒素的砒霜，必须以马列主义为武器，才能揭穿它们的虚伪性、欺骗性、反动性。

在批判儒家反动小册子的过程中，我们把学习和批判结合起来，采取了三种办法：

第一种是通过认真读革命导师原著，掌握马克思主义的立场、观点、方法，抓住儒家反动小册子的主要观点批。如，东货场理论小组在学习《帝国主义是资本主义的最高阶段》一书时，联系过去帝国主义瓜分中国的历史，批判《弟子规》中“与宜多，取宜少”的反动谬论。他们运用列宁揭露金融资本“要从一条牛身上剥下两张皮”的论述，一针见血地指出：“儒家所说的‘与宜多，取宜少’，纯粹是骗人的鬼话。地主资本家同金融寡头一样，对劳动人民从来都是敲骨吸髓，只取不与，而且是取得越多越好。儒家之徒讲这套黑话，就是要我们劳动人民甘心勒紧裤带挨饿，把所有血汗都供他们吃喝。”这样一剖析，就揭露了这句黑话的欺骗性和反动性。

第二种是根据批判的专题，学习革命导师原著，从中寻找武器，加深批判。客运车间理论小组在批判《绣阁金鍼》时，有针对性地选编了马克思、恩格斯、列宁、斯大林、毛主席有关妇女解放的论述二十七段，认真学习，用来对这本反动小册子的主要观点进行分析批判。当批判“内外宜分，男女有别”这句黑话时，他们学习了恩格斯在《家庭、私有制和国家的起源》中对男女不平等产生的根源的论述，懂得了“最初的阶级压迫是同男性对女性的奴役同时发生的”。掌握了这个观点，她们再来分析“内外宜分，男女有别”和林彪一伙所说的“丈夫的命运决定妻子的命运”的反动谬论，就认清了历代反动派鼓吹“男尊女卑”的反动目的，在于利用“夫权”作为一条辅助的绳索，去维护反动统治和剥削制度。同志们说：《绣阁金鍼》这本黑书，全面继承了董仲舒“三纲五常”的封建礼教，是要从政治、思想、生活、作风等各个方面束缚妇女，使妇女世世代代受欺压和凌辱。我们一定要打破封建礼教的束缚，和男同志一样，积极参加三大革命斗争，谋求妇女的彻底解放和全人类的彻底解放。

第三种是抓住重点，深入细致地一点一点批。一本儒家反动小册子，总是包含若干主要的反动观点，只是笼统地批一次，是批不深，批不透的。这就需要经过分析，列出几个问题，一次深入批一点，经过若干次，把全书主要的反动观点一个一个地批透。如东货场理论小组在批判《弟子规》时，第一次，他们批判“事虽小，勿擅为，苟擅为，子道亏”的谬论。经过分析，他们认为，这是鼓吹孔孟的“孝道”的，是要让子女绝对服从父亲。这种“孝道”，是为巩固封建的宗法统治，维护整个封建统治秩序的重要一环。照《弟子规》的说法，在家“孝父母”，出外才能“敬君长”。所以，“苟擅为，子道亏”的反动本质，就在于鼓吹奴隶式的服从，扼煞劳动人民的反抗精神和革命意志。他们又联系学习了毛主席《湖南农民运动考察报告》和“对反动派造反有理”的指示，认识到，《弟子规》宣扬的君道、臣道、父道、子道等等，都是要劳动人民一切按照旧礼教办事，逆来顺受，对反动统治阶级的剥削压迫，不能有任何反抗的表示。我们就是要批判这些反动谬论，坚持阶级斗争，发扬“对反动派造反有理”的革命精神，决不能叫它们捆住自己手脚。第二次，他们批判“凡是人，皆须爱”时，又学习毛主席《在延安文艺座谈会上的讲话》。毛主席深刻地指出：“所谓‘人类之爱’，自从人类分化成为阶级以后，就没有过这种统一的爱。”认识到，亲不亲，阶级分。封建把头绝不会爱装卸工，装卸工也绝不会爱封建把头。孔老二鼓吹“仁者爱人”；《弟子规》鼓吹“凡是人，皆须爱”；林彪也叫喊“以仁爱之心待人”，都是一个腔调，其目的在于取消劳动人民对反动派的斗争，达到他们“兴灭国，继绝世，举逸民”的罪恶目的。我们就是要运用马克思主义的阶级论，不断批判地主资产阶级的人性论，对任何事物都要用阶级和阶级斗争的观点去分析，在任何时候都要坚持马克思主义的斗争哲学。第三次批判“人有短，切莫揭”时，他们又运用阶级斗争的观点进行分析，认识到，什么是“短”，怎样对待“短”？不同阶级有不同的看法和态度。反动统治阶级残酷剥削和压榨我们劳动人民就是最大的“短”。反动派对于这样的“短”是怕揭的，所以叫嚷“切莫揭”。而我们对于这样的“短”，就一定要揭。不揭这个“短”，就不能唤醒广大劳动群众起来同反动派斗争，推翻他们的统治。另外，人民内部的缺点错误，是人民内部的“短”。对于这样的“短”，我们并不怕揭，而是要从团结的愿望出发，经过批评和自我批评，加以克服。通过这样反复地批判，提高了大家的阶级觉悟和路线觉悟，更加看清了儒家反动小册子的反动实质。

二、批判儒家反动小册子，必须联系现实阶级斗争和路线斗争

叛徒、卖国贼林彪把孔孟之道作为他颠覆无产阶级专政，复辟资本主义的精神支柱。因此，我们批判儒家反动小册子必须同现实的阶级斗争和路线斗争紧密地联系起来。这样才能更深入地批判林彪的反革命修正主义路线，推动意识形态领域里的阶级斗争，为巩固无产阶级专政服务。

（一）联系现实的阶级斗争和路线斗争，批判儒家反动小册子，深入揭露林彪妄图复辟资本主义的反动目的。在批判儒家反动小册子的过程中，我们引导广大群众反复学习了革命导师关于如何研究历史的论述，根据列宁关于“在分析任何一个社会问题时，马克思主义理论的绝对要求，就是要把问题提到一定的历史范围之内”的教导，大家逐个查找了《三字经》、《弟子规》、《绣阁金针》、《治家格言》的出笼和再版的历史背景。发现这些黑书的

出笼和再版都是同当时阶级斗争紧密相联的。比如《绣阁金鍼》是在清朝咸丰到同治年间，由反动儒生李憩亭编写的。在一八六九年第一次出版的时候，正值轰轰烈烈的太平天国革命运动刚刚结束。这次革命运动，不仅从政治上、经济上猛烈地打击了封建地主阶级的反动统治和帝国主义的侵华势力，而且在思想上展开了一场声势浩大的反孔斗争。太平军砸了孔老二的庙宇和牌位，烧了“四书”、“五经”，批判了“三纲五常”，“男尊女卑”，提出了男女平等的口号。《绣阁金鍼》作者在序言中写的第一句话就是“时经乱后，妇道式微”，一语道破了黑书出笼的政治目的，是要通过大肆宣扬孔孟的“妇道”，来束缚人民的思想，削弱人民的革命斗志，妄图阻止农民革命运动和妇女解放运动的再度兴起，以维护封建地主阶级摇摇欲坠的统治。在批判中，大家又联系卖国贼林彪，为什么在我国社会主义革命日益深入的时候，乞灵于孔孟之道，大搞“四书集句”？其目的，显然是为篡改党的基本路线，颠覆无产阶级专政，复辟资本主义大造反革命舆论，为被打倒的地、富、反、坏、右扬幡招魂。这样一联系，更加看清了林彪鼓吹孔孟之道的反动目的。

（二）联系现实的阶级斗争和路线斗争，批判儒家反动小册子，深挖林彪反革命修正主义路线的思想根源。南站车间在批《治家格言》时，对“祖宗虽远，祭祀不可不诚”，“子孙虽愚，经书不可不读”这两句黑话进行了深入批判。他们说：林彪和一切反动阶级的代表人物一样，为了搞倒退、复辟，不仅到处兜售孔孟之道的黑货，而且教他儿子以“韦编三绝”的精神熟读经书，并号召人们都“当董仲舒”。林彪这些黑话和“经书不可不读”是一脉相承的。这样把批判儒家反动小册子同批判林彪的反动言论联系起来，就使大家更清楚地认识到，孔孟之道是林彪反革命修正主义路线的思想根源。

（三）联系现实的阶级斗争和路线斗争，批判儒家反动小册子，揭露林彪反革命修正主义路线的极右实质。东货场理论小组在批判《弟子规》中所写的“居有长，业无变”的反动谬论时，老工人以自己的亲身经历，用新旧社会对比的方法，分析这句话的反动实质。六号门老工人兰房如说：解放前地主、资本家住的是高楼大厦，我们劳动人民连鸡毛小店都住不起。我由于交不起房租，住了几十年的窝铺，不知搬了多少次家。所以，在旧社会讲什么“居有长，业无变”，根本不是对我们工人、农民讲的，而是地主、资本家教育他们子弟去保护世袭的财产、权势和地位。在共产党、毛主席的英明领导下，通过革命，我们无产阶级有了社会主义的“业”，资产阶级失去了资本主义的“业”。叛徒、卖国贼林彪散布孔孟之道，发动反革命政变，妄想复辟资本主义的“业”，想把我们重新拉到旧社会，我们装卸工人坚决不答应。老工人都说："以苦批修体会深，忆苦颂新受教育。"

（四）联系现实的阶级斗争和路线斗争，批判儒家反动小册子，认清开展意识形态领域阶级斗争的长期性、艰巨性。历史上的反动统治阶级推销孔孟之道，下了很大了功夫。象《弟子规》、《三字经》之类反动小册子，印刷次数之多、数量之大远远超过"四书"、"五经"。仅《三字经》就有注解本、图解本、拼音本等十多种。就文字来说，有汉、蒙、满文本，在国外还有英、法、拉丁文本。可见帝国主义和国内反动派互相勾结，在推销儒家反动小册子上多么卖力气。在批判中，同志们联系到苏修、美帝一再搞借尸还魂的把戏，鼓吹孔老二是决定"中国人民千百年精神文化发展过程"的人物；联系到蒋介石还要靠孔孟之道"兴灭继绝，扶颠持危"；联系到林彪和党内其他地主资产阶级代理人用孔孟之道腐蚀人心，妄图搞反革命复辟的罪恶事实，深刻地认识到，资产阶级和一切剥削阶级的经济基础，可以用革命暴力摧毁，但是，他们反动没落的意识形态，却具有相对的独立性，决不因经济基础的崩溃而随即被消灭。**"无产阶级和资产阶级之间在意识形态方面的阶级斗争，还是长时期的，曲折的，有时甚至是很激烈的。"**今天，我们摧毁了以刘少奇、林彪为头子的两个资产阶级司令部，批判了他们鼓吹孔孟之道，复辟资本主义的罪行，但是，这场斗争还没有结束，我们一定要自觉地执行党的基本路线，认识批林批孔的长期性和复杂性，把意识形态领域的社会主义革命进行到底！

三、批判儒家反动小册子必须坚持破立结合

我们在组织职工批判儒家反动小册子的实践中体会到，批判这些黑书既要联系批判林彪效法孔老二"克己复礼"，妄图复辟资本主义的罪行，又要紧密联系各条战线斗批改的实际，肃清孔孟之道的流毒和影响，扶植和发展社会主义的新生事物，推动各项工作不断前进。毛主席教导我们：**"不破不立。破，就是批判，就是革命。破，就要讲道理，讲道理就是立，破字当头，立也就在其中了。"**我们在批判儒家反动小册子的过程中，认真坚持了破字当头，破中有立，破立结合。

在群众性批判儒家反动小册子，破旧立新的活动中，我们主要抓了以下四个基本内容：破"天命论"，立人定胜天的思想；破"上智下愚"，立人民群众是历史的主人；破"中庸之道"，立马克思主义斗争哲学；破"男尊女卑"，立妇女能顶半边天的思想。同时，我们还破

了《弟子规》，写了《工人志》，破了《绣阁金鍼》，写了《妇女新篇》。我们狠抓破立，主要采取了以下几种方法：

（一）广泛深入地发动群众大破大立。往年在高温多雨的七、八月份，总会出现运输生产的被动局面。有人说，这是“老天爷”造成的“常规”，不好变。针对这种认识，我们组织广大职工批判了儒家反动小册子中鼓吹的“守分安命，顺时听天”，“听命于天，反求诸己”等“天命论”观点。广大职工气愤地说，“天命论”就是“害命论”。它胡说什么世间一切贫贱富贵，生死祸福，都是由老天爷摆布的，这纯粹是骗人的鬼话。其目的是掩盖阶级压迫和剥削，把我们整治成“饿死怨命苦，屈死不告状”的奴隶，这个滋味我们祖祖辈辈尝够了。今天林彪又鼓吹“既受于天，且受于人”，为其篡党夺权制造反革命舆论，我们再也不能上这个当，受这个骗了。我们不信“天命”，要干革命。在提高认识的基础上，站党委向广大职工提出“反天命，战高温，破常规，夺高产”的战斗口号，广大职工积极响应。八月上旬，连降暴雨，全站干部、工人决心大，干劲足，战暴雨，夺高产。南货场车间，地势低洼，受了淹。站党委和车间干部同广大职工一起战斗，一面排水一面蹚水作业。就这样，奋战了四天四夜，战胜了暴雨造成的困难，打破了所谓“常规”，全面超额完成了运输生产任务。

（二）以典型引路，带动大破大立。西货场车间很早就酝酿成立卸煤机女子作业班。党支部有的同志想，卸煤机高大，脏累，弄不好还有危险，单独交给女同志干怕不行吧！有些女同志信心也不足。在批林批孔中，理论骨干、女共产党员于淑英，同本厂女青年一道，批判了《绣阁金鍼》中“男尊女卑”的黑观点。她们表示，一定要以实际行动，落实毛主席关于“时代不同了，男女都一样。男同志能办得到的事情，女同志也能办得到”的指示。党支部批准了她们的要求，卸煤机女子作业班建立起来了。她们在老师傅们的支持下，登上了高大的卸煤机，战胜了天寒风大的困难，取得了一班卸煤六百吨的成绩，在完成自己的任务以后，还去支援兄弟班组。党委认为这是破“男尊女卑”，长妇女志气的好典型，应该鼓励，于是在去年十二月七日，召开了女子作业班命名大会。在会上批判了林彪、孔老二鼓吹的“男尊女卑”、“妇女无用”的反动谬论。这个大会的召开，大长了女职工的志气，振奋了全站职工的革命精神。一位老工人说，女子作业班干得好，这个大会开得好！我们要象女子作业班那样，破旧思想，立新思想，鼓足革命干劲，以抓革命、促生产的实际行动，给林彪、孔老二散布的反动谬论，以更加有力的回击！

（三）通过多种形式，推动大破大立。在批林批孔运动中，我们还通过文艺、广播、黑板报等多种形式，推动破旧立新。全站大唱革命样板戏，唱英雄，学英雄；赛诗歌，表雄心，抒豪情；用马克思主义观点编写历史故事、曲艺、话剧，登台表演，批判林彪和孔老二。东货场车间把自己编的《工人志》中“红旗举，笔做刀，批黑“规”，捣孔庙。立新风，展新貌，跟党走，金光道”等语句谱成曲，广泛学唱，鼓舞了广大职工批林批孔，破旧立新的斗志。客运乙班把选批《绣阁金铖》的材料编写成对口词，在班前班后向广大职工演唱。群众性的大讲、大唱、大宣传，从各个角落里冲刷着修正主义和孔孟之道的污泥浊水，使广大职工的精神面貌发生了深刻的变化，社会主义新思想、新道德、新风尚大大发扬，全站呈现一派生气勃勃的革命景象。

今后，我们决心紧紧抓住认真看书学习这个关键，认真攻读马列著作和毛主席著作，把批林批孔运动普及、深入、持久地开展下去，夺取革命和生产的新胜利。

批判几本宣扬孔孟之道的反动小册子

毅　颂

“一定的文化是一定社会的政治经济在观念形态上的反映”。在我国，从宋朝，特别是南宋王朝以后，封建社会就日益腐朽衰败，地主阶级也更加反动没落。大地主、大官僚肆意兼并土地，残酷压榨农民，激起农民的强烈反抗，农民革命此伏彼起，几乎不曾间断。在农民起义的强力冲击下，地主阶级的反动统治危机四伏，江河日下。他们为了维护自已的反动统治，除残酷镇压农民革命之外，更加乞灵于孔孟之道，以“牧师”的手段，对劳动人民制造思想羁绊，妄图磨灭广大人民的革命思想和革命行动。一些御用的反动儒生炮制的《神童诗》、《三字经》、《朱柏庐治家格言》、《弟子规》、《女儿经》、《名贤集》等宣扬孔孟之道的反动小册子，相继出笼。产生于南北朝而流行于隋代的《千字文》也大量翻印刊行。这些反动小册子一经问世，就受到历代反动统治阶级的极力推崇和广泛传播，不断地增补、注释、翻译、翻印，流毒极其深广。这些反动小册子，虽然五花八门，名目繁多，但都是以孔孟之道的四书、五经为蓝本，都是鼓吹唯心主义的“天命论”、“天才论”，灌输“三纲五常”等封建伦理道德，宣扬尊孔读经、“学而优则仕”等反动思想，都是为维护封建地主阶级的反动统治服务的。

鼓吹唯心主义的先验论

《神童诗》、《三字经》、《名贤集》、《弟子规》等反动小册子的炮制者们，根据反动地主阶级的意志，编造了种种的奇谈怪论，为封建剥削制度的生存进行辩护。他们都毫无例外地对唯心主义先验论进行了狂热的鼓吹。

从北宋末年的《神童诗》，到清代康熙年间的《弟子规》，他们所宣扬的唯心主义先验论的一个核心，就是唯心主义的“天命论”。所谓“万般全在命，半点不由人”，“人欲可断，天理可循”（《名贤集》）、“循天理，顺人情”（《女三字经》），就是这类货色。甚至父母、公婆有疾病也不许求医治疗，只准“病若危，求天地，祷神明，愿身替”。其实这些反动的说教并没有一点新鲜货色，完全是孔老二“死生有命，富贵在天”谬论的翻版，统统是骗人的鬼话。

按照这种“天命论”的观点，“天”是主宰一切的，宇宙间的一切都是按照“天意”作出的安排。人在“天”的面前无能为力，只能顺从，不能违抗。谁要是违背了“天意”，谁就要受到“天”的惩罚。因此，被压迫阶级只能“守分安命，顺时听天”（《朱柏庐治家格言》），或者“守淡薄，安本分”（《改良女儿经》），并且要承认自已的“心命都不好，穷苦直到老”（《名贤集》），而不能对压迫阶级存有半点不满，否则，那就是“行嫉妒，损了心”，那就是“逆天”，就要“身亡”。

《名贤集》等反动小册子的炮制者们鼓吹唯心主义“天命论”的骗人哲学，是企图用这种虚构的“天”“神”的威力，把劳动人民的思想禁锢起来，使人相信反动统治阶级剥削压迫劳动人民是天经地义的，不可改变的。他们的目的是要“把君主说成真正的‘神人’”，把他们的反动政权，说成是“上天赐与的力量”。从而使劳动人民“安贫乐道”，心甘情愿地忍受反动统治阶级的奴役和宰割，以维护摇摇欲坠的封建地主阶级的反动统治。

由“天命论”演变而来的“天才观”，是这些反动小册子拼命鼓吹的先验论的另一个荒谬观点。这些反动小册子的炮制者们，煞费苦心地编造出许多“自小多才学，平生志气高”（《神童诗》）的“神童”故事，说什么北魏的祖莹“天生”就会作诗，唐代的李密不学就可以作赋，甚至用“神童衫子短，袖大惹春风”之类的反动诗句，把九岁的汪洙吹捧得神乎其神。他们的用意无非是说，有的人一生下来，就具备了一种超人的“才能”，就绝顶聪明。而这种“才能”和“聪明”，则是“天赋予”的。列宁说：“生活、实践的观点，应当是认识论的首要的基本的观点”。知识和才能是人的头脑对客观事物能动地反映的结果，是人们在阶级斗争、生产斗争和科学实验的反复实践中，经过感性认识到理性认识而得来的。不经过实践，根本不会有什么认识，也得不到任何才能。正如毛主席指出的：**“在某种意义上来说，最聪明、最有才能的，是最有实践经验的战士”**。所谓“天生”绝顶聪明的人是根本不存在的。这些反动小册子死死抓住“天才论”不放，是为了鼓吹英雄创造历史的唯心史观，否定人民群众的伟大历史作用。

是英雄创造历史还是奴隶们创造历史，这是唯物史观和唯心史观斗争的根本焦点之一。马克思主义认为：“历史活动是群众的事业”，因而“人民，只有人民，才是创造世界历史的动力”。

而《三字经》、《名贤集》等反动小册子的炮制者们，却把几千年来阶级斗争的历史，劳动人民创造了物质财富和精神财富的历史，歪曲为少数帝王将相的改朝换代史。他们按照孔老二作《春秋》的卑鄙手法，站在反动地主阶级的立场上，"寓褒贬，别善恶"（《三字经》），把历代人民革命的对象，吹捧为"扭转乾坤"的"英雄"；把推动历史发展的真正动力农民起义和农民革命，却诬蔑为"寇盗""如林"。毛主席早就指出："在汉族的数千年的历史上，有过大小几百次的农民起义，反抗地主和贵族的黑暗统治。而多数朝代的更换，都是由于农民起义的力量"。《三字经》、《名贤集》等反动小册子的作者们，鼓吹帝王将相，咒骂农民起义和农民革命的反动目的，就是为反动阶级的统治特权造舆论。正如马克思和恩格斯指出，这类反动说教，无非是要"人们必须向天生的贵人和贤人屈膝"，从而"最后得出一个答案：应该由贵人、贤人和智者来统治"。

兜售反动的人性论

《三字经》、《名贤集》等反动小册子又一个共同内容是极力鼓吹反动地主阶级的"人性论"，抹煞人的阶级本质，掩盖阶级矛盾，否定阶级斗争。他们拚命兜售孔老二的超阶级的"泛爱众"，极力鼓吹孟轲的"性善论"，胡诌什么"凡是人，皆须爱，天同覆，地同载"（《弟子规》）。同时还把一些反动儒生编造的荒诞故事进行宣扬，如用"香（黄香）九龄，能温席"，鼓吹九岁的儿童就有先天的"亲亲"之心；用"融（孔融）四岁，能让梨"，标榜四岁的幼儿即有天生的"尊兄"之意；甚至还大念富不欺贫，主不压仆的骗人经，把反动的地主阶级美化成待奴婢"一般平"，"抚百姓，劝宽仁"的善人。一句话，这些反动小册子把凶恶残暴的反动地主阶级描写成"积善之家"；把一个个杀人成性的反动地主头子描写成"大慈大悲"广积"阴德"的大"善人"；把充满着剥削和被剥削，压迫和被压迫的封建社会描写成"相亲""相善"的"好好世界"。这真是弥天大谎。

马克思主义把人的本质看作是一切社会关系的总和。作为"人性"来说，只有具体的人性，没有抽象的人性。在阶级社会里只有带着阶级性的人性，没有什么超阶级的人性。"只要剥削存在，就不会有平等。地主不会与工人平等，吃饱的人不会与挨饿的人平等"。在几千年的阶级社会里，统治者和被统治者的关系，绝不是什么"平等"的关系、"泛爱"的关系，而是一个阶级压迫另一个阶级的关系。一切剥削阶级都不敢正视残酷的阶级剥削和阶级压迫的现实。日益反动没落的封建地主阶级，其阶级本性和阶级地位决定了"他们的本领不是要揭露被掩盖的东西，而是要掩盖已经被揭露的东西。”他们狂热鼓吹“人性论”的目的，就是为了掩盖阶级、阶级矛盾和阶级斗争，从而麻痹人民的革命斗志，维护他们的反动统治。

宣扬反革命的中庸之道

《三字经》、《名贤集》、《弟子规》等反动小册子在鼓吹地主阶级“人性论”的同时，对反革命的中庸之道也进行了狂热的宣扬。它们的炮制者一方面要人们凡事要折中，不偏不倚，一切循“礼”，不改旧章。要“道人善，即是善”，“人有短，切莫揭，人有私，切莫说”（《弟子规》）；一方面又要人们“处事戒多言，言多必失”（《朱柏庐治家格言》），“彼说长，此说短，不关己，莫多管”。说什么“良言一句三冬暖，恶语伤人六月寒”（《名贤集》）。总之，要少说话，少管“闲事”，否则，“扬人恶，即是恶，疾之甚，祸切作”，就会引来大祸。因此，最好是“忍为高”、“和为贵”，不要斗争。

这些反动儒生们为什么如此热衷于鼓吹中庸之道呢？马克思主义告诉我们，哪里有压迫，哪里就有反抗，压迫越深，反抗越烈。地主阶级的残酷压榨，必然激起农民的强烈反抗。农民革命的不断发展，就意味着封建地主阶级的统治连同他们赖以生存的封建宗法制度的走向覆灭。他们不甘心退出历史舞台，就必然千方百计地进行垂死挣扎。中庸之道，就成了他们调和阶级矛盾，延续其反动统治的救命草。他们所谓“道人善，即是善”、“扬人恶，即是恶”，就是只许对反动的地主阶级歌功颂德，不许对其声讨批判；他们所谓“疾之甚，祸切作”，实质是说，谁要是对反动地主阶级疾恶如仇，谁就要受到地主阶级的残酷镇压。由此不难看出，所谓中庸之道，实际并不“中庸”，而是“压迫有理”之道。

列宁指出：**“所有一切压迫阶级，为了维护自己的统治，都需要有两种社会职能：一种是刽子手的职能，另一种是牧师的职能。”**中庸之道的鼓吹者们，玩弄的就是反动地主阶级“牧师职能”的把戏。他们一面残酷压榨劳动人民，血腥镇压农民革命，一面起劲鼓吹“忍为高”“和为贵”的中庸之道，其目的，是要人们对地主阶级的残酷压榨采取所谓“忍”；对地主阶级的血腥屠杀报之以所谓“和”。这就是《三字经》、《名贤集》、《弟子规》等反动小册子宣扬中庸之道的真实用意。

“无产阶级的哲学，**是斗争的哲学。**”在阶级社会里，对立的阶级之间，始终充满着你死我活的阶级斗争。被压迫人民要翻身，被压迫阶级要解放，就必须坚持马克思主义的斗争哲学，批判《三字经》、《名贤集》、《弟子规》等反动小册子所宣扬的中庸之道。事物是在斗争中转化的，敌人是在斗争中打倒的，革命是在斗争中发展的，历史是在斗争中前进的。反动的思想只有经过长期的批判斗争，才能加以肃清。这是历史反复证明的客观真理。

灌输“三纲五常”等封建伦理道德

“三纲五常”是地主阶级维护其反动统治的精神支柱。它由西汉反动儒生董仲舒在孔老二的“礼治”基础上提出之后，就被反动统治阶级捧为体现“天理”“天心”的封建道德的绝对标准，受到历代儒家的狂热鼓吹。

《三字经》、《弟子规》、《女儿经》等反动小册子的炮制者，出于其维护反动地主阶级的宗法统治的反革命目的，不厌其烦地鼓吹“三纲者，君臣义，父子亲，夫妇顺”，“曰仁义，礼智信，此五常，不容紊”（《三字经》），而且把它说成像“天地人”“日月星”一样，自古俱有，不可变更。不仅如此，他们还把这种“三纲五常”具体化为“十义”，从而提倡“父慈子孝，夫和妇顺，兄爱弟恭，朋谊友信，君敬臣忠”之类忠孝节义的封建伦理道德。而且还要“孝当竭力，忠则尽命”（《千字文》）。更可笑的是，他们还煞费苦心地编造了许多所谓“马有垂缰之义，狗有湿草之恩”（《名贤集》）等荒诞故事，借以说明连狗马之类也是深明“义”理的。这一切，都是由奴隶制度沿袭下来那一套臣子绝对服从国君，儿子绝对服从父亲，妻子绝对服从丈夫的臭规矩。反动的封建统治阶级经过加工和发挥，妄图用这种宗法统治，防止“犯上作乱”，维护其日益衰败的反动统治。

《三字经》、《弟子规》等反动小册子，特别是《女儿经》，鼓吹“三纲五常”的一个突出罪状，是对妇女的欺压和污蔑。恩格斯说：“最初的阶级压迫是同男性对女性的奴役同时发生的”。历史上的一切反动统治阶级，总是把对妇女的奴役作为他们实行其阶级压迫的一个重要方面而抓住不放的。象《女儿经》这类专门针对妇女炮制的反动小册子，通篇宣扬的都是男尊女卑、“三纲五常”、“三从四德”之类封建伦理道德，浸透了孔孟之道毒汁。在《女儿经》这本只有二百八十八句的反动小册子中，仅“莫”、“不”、“勿”、“忌”等字样就有五十多处，象几十条毒蛇一样，把妇女禁锢起来。它要妇女顺从、忍耐，卑躬屈膝，逆来顺受，当“贤妻良母”，不许妇女起来反抗斗争，把妇女的政治、经济权利剥夺得一干二净。它是束缚妇女思想和行动的精神桎梏。

《女儿经》等反动小册子，还特别给妇女加了一条羁绊，叫做“贞操节烈”，并且还特意编造了许多所谓“贞妇”、“烈女”的“典型”大肆吹捧。诸如什么“李氏负夫骨，因牵断其臂”；什么“令女志誓孀，引刀割其鼻”，等等。这类无稽之谈，主要是为了强调“从一而终”。“从一而终”的反动思想产生于南宋。当时南宋王朝面对辽和西夏反动统治集团的入侵，束手无策，妥协投降，却对毫无地位的妇女提出“饿死事小，失节事大”，妄图用“忠孝节义”之类的伦理纲常，维护摇摇欲坠的南宋小朝廷。此后，每逢民族矛盾和阶级矛盾尖锐激化时，反动统治者们便都模仿南宋的样子，大讲“节烈”，目的是嫁祸妇女，磨灭人民群众革命意志，以维护其行将垮台的反动统治。由此不难看出，“贞操节烈”，纯粹是欺骗毒害妇女的精神鸦片。

毛主席指出，政权、族权、神权、夫权，代表了全部封建宗法的思想和制度，是束缚中国人民的四条极大的绳索。“三纲五常”、“三从四德”以及“忠孝节义”之类的封建伦理道德，正是这四种权力的理论基础。《三字经》、《弟子规》、《女儿经》等反动小册子，极力鼓吹这套封建伦理道德，归根结底，是为了使劳动人民“各依本分，凡事循礼”，服服贴贴地接受地主阶级的反动统治。因此，“三纲五常”和“忠孝节义”之类，实质是血淋淋的地主阶级专政的反革命暴力的补充。

贩卖尊孔读经和“学而优则仕”的反动思想

《三字经》、《神童诗》、《弟子规》等反动小册子的炮制者，继承了孔老二“耕也，馁在其中矣；学也，禄在其中矣”的衣钵，大肆贩卖尊孔读经、“学而优则仕”的反动思想。一本《三字经》，讲到教和学的地方就有二十处；一本《神童诗》里，只“劝学”一类，就占了十四首。他们一面唱着“天子重英豪，文章教尔曹，万般皆下品，唯有读书高”（《神童诗》）的调子，鼓吹读书至上；一面又唱着“养不教，父之过，教不严，师之惰”，“苟不学，曷为人”，“人不学，不如物”（《三字经》）的调子，宣扬“不学”孔孟之道就是一种罪过，连鸡犬都不如。他们要人们学什么？这些反动小册子作出的共同回答，就是学孔孟之道。《弟子规》里明确指出“非圣书，屏勿视，蔽聪明，坏心志”。那么，哪些书是所谓“圣书”呢？《三字经》开列了一个书单，主要是《论语》、《孟子》一类的儒家的书。明眼人一看就会清楚，这个书单子，对反动儒家的代表作几乎一本不拉，而对商鞅、韩非等人的法家著作则是一本也没有。这就充分说明，他们把鼓吹复辟倒退，法古循礼，专开历史倒车的孔孟之道捧为“圣书”，而把主张变法革新，反对复辟，坚持前进，反对倒退的法家著作诬为“邪书”。他们所倡导的“教之道，贵以专”，就是要“专”于“既读孔孟之书，必达周公之礼”（《名贤集》），就是擅长于搞复辟倒退。

为什么要读书？读书干什么？这些反动小册子直接了当地回答说，就是为了“读书做官”。他们不仅以“满朝朱紫贵，尽是读书人”、“君看为宰相，必用读书人”（《神童诗》）的反动说教，引诱青少年，向高官显宦的地位爬，而且还罗列了苏秦、朱买臣等十几个黑样板，要人们学习。在这些反动儒生们看来，只有读书做了官，才能“锦衣归故里”，光宗耀祖，成为“扬名声，显父母”的人物。显而易见，这些反动的说教，不过是贩卖孟轲“劳心者治人，劳力者治于人”的黑货。这些反动小册子所鼓吹的“学而优则仕”反动教育思想的实质，是为反动地主阶级的封建宗法统治培养四体不勤，五谷不分，专门骑在劳动人民头上作威作福的帮凶和爪牙，以维护其日趋垮台的反动统治。在阶级社会里，理想和前途向来是阶级的理想和前途。对我们无产阶级来说，为共产主义奋斗终身，就是崇高理想；为中国人民和世界人民服务一辈子，就是光明前途。“青年应该把坚定正确的政治方向放在第一位。”“知识分子如果不和工农相结合，则将一事无成。”我们要牢记毛主席的教导，坚定不移地走与工农相结合的道路，绝不要上那些儒生们反动说教的当。

× × ×

《三字经》、《神童诗》、《名贤集》、《弟子规》、《朱柏庐治家格言》、《女儿经》等反动小册子，所鼓吹的种种反动思想，是封建宗法制度的精神支柱，在中国影响很深，流毒甚广。在社会主义革命时期，对于这些腐朽反动思想是批判、唾弃，还是给它加上种种红色的标签，加以宣扬，这是搞马克思主义，还是搞修正主义的一个标志。毛主席历来教导我们，要发扬“五四”运动的革命传统，学习无产阶级文化革命的伟大旗手鲁迅的战斗精神，彻底清除地主资产阶级反动思想的垃圾，同剥削阶级的反动传统观念实行彻底的决裂。与此相反，刘少奇、林彪一类政治骗子，却对这些反动思想和腐朽观念大加鼓吹。他们不但扬言要“继承”这些“遗产”，而且还把这些反动小册子所宣扬的反动观点，写成“文章”、塞进“报告”拼命兜售，甚至写成条幅，挂在墙上，加以传诵。这就充分暴露了他们一伙是披着马克思主义外衣，贩卖地主资产阶级货色的修正主义者的真面目。因此，在普及、深入、持久地开展的批林批孔运动中，必须对《三字经》、《神童诗》等反动小册子进行彻底的批判。这将使我们进一步认清林彪反革命修正主义路线的极右实质和思想根源，增强识别真假马克思主义的能力，提高执行毛主席革命路线的自觉性，把政治、思想战线的社会主义革命进行到底，在意识形态各个领域，真正实现无产阶级对资产阶级和一切剥削阶级的全面专政。

刻苦攻读 持之以恒

中共天津第二毛纺织厂委员会

我们厂从一九五八年建立第一个工人学习毛主席哲学著作小组开始，到现在已经坚持学习十六年了。在这十六年中，职工群众在阶级斗争和路线斗争的大风大浪里，学习马列主义、毛泽东思想，运用马克思主义的立场、观点、方法去认识、观察和处理问题，提高了阶级斗争、路线斗争和继续革命的觉悟，推动了各项工作的前进，使我们尝到了甜头。回顾我厂十六年学习的过程，对毛主席关于“坚持数年，必有好处”的教导，感到特别亲切。

（一）

在这十六年中，我们战胜了刘少奇和林彪的干扰、破坏，冲破了重重阻力和困难，斗争是曲折的、复杂的。我们是怎么坚持下来的呢？主要是抓了三个环节：

一、在斗争中不断提高学习马克思主义理论的自觉性。

学习能不能坚持，根本的问题在于学习的目的性是不是明确，学习的自觉性高不高。而这些，又取决于对学习马克思主义理论的重大意义的认识是否清楚。回顾这十六年，我们大体上经历了四个阶段：

第一阶段，是一九五八年开始学习毛主席哲学著作的初期。当时，李长茂同志等十几位老工人为什么要成立工人学哲学小组？就是在一九五七年反右派斗争中，工人们听到右派向党进攻的反动言论，非常气愤，但只能用事实驳他们，从理论上批，却说不出更多的道理来。这就使工人们意识到，干革命光有朴素的无产阶级感情不行，必须掌握马克思主义理论这个强大的思想武器。就这样，工人们开始学习毛主席哲学著作。但是，刘少奇和他在哲学界的代理人杨献珍之流，拚命反对工人学哲学。杨献珍还窜到天津疯狂地进行破坏，诬蔑工人学哲学是“胡闹”，“不叫哲学”。一个要学，一个要压，斗争很尖锐。斗争的实质是：他们要利用唯心论的先验论，为复辟资本主义制造舆论；而我们要用唯物论的反映论，推动社会主义革命和社会主义建设。工人们在以毛主席为首的无产阶级司令部的亲切关怀和帮助下，不怕冷风吹，不怕刘少奇、杨献珍之流的大棒打，高举哲学解放的大旗，刻苦学习《矛盾论》、《实践论》等毛主席的光辉哲学著作。“为革命而学习理论”的口号，就是这时候提出的。

第二阶段，是文化大革命开始以后。伟大的无产阶级文化大革命，首先摧毁了刘少奇资产阶级司令部。刘少奇、杨献珍之流疯狂反对毛泽东思想，破坏学习马克思主义理论的罪行，也遭到了猛烈地彻底地批判。在这种形势下，我厂工人学哲学的运动又重新发展起来。但是，林彪这个叛徒、卖国贼，打着“红旗”反红旗，抛出所谓学习的“三十字方针”，极力干扰和破坏学习马列主义、毛泽东思想的群众运动。由于林彪的干扰和破坏，我厂的学习热潮虽然起来了，但是学习多是零碎的、片断的，深度还很不够。

第三阶段，是在九届二中全会以后。伟大领袖毛主席在党的九届二中全会上，发出了“认真看书学习，弄通马克思主义”的伟大号召，为我们的学习指明了方向。我们积极响应毛主席的号召，在批林整风运动中，深入批判了林彪在学习上散布的种种反动谬论，批判林彪把学习马列著作和毛主席著作割裂开来、对立起来的罪行，戳穿他反对和破坏学习马列主义、毛泽东思想的阴谋诡计，使我们对学习重要性的认识有了新的提高。特别是联系第九次、第十次路线斗争的经验，反复领会毛主席关于“**要搞马克思主义，不要搞修正主义；要团结，不要分裂；要光明正大，不要搞阴谋诡计**”三项基本原则，使我们进一步认识到学不学马列主义、毛泽东思想，是关系到执行什么路线的大问题，关系到搞马克思主义，还是搞修正主义的大问题。只有认真看书学习，努力掌握马克思主义的立场、观点、方法，才能不断提高识别真假马克思主义的能力，提高执行毛主席革命路线的自觉性。由于学习自觉性有了新的提高，学习也就有了新的进步。这个阶段的学习出现了两个显著特点：一是把学习马列著作和毛主席著作结合起来；二是坚持比较系统地学习原著，在弄通弄懂上用气力，在掌握立场、观点、方法上下功夫。从一九七一年起，我厂工人和干部除坚持参加全厂统一安排的学习外，部分群众还自愿组织起来，挤出更多的业余时间学习。到一九七三年底，我厂业余学习小组发展到三十五个，有四百五十八人参加了学习。全厂职工有计划地学习了毛主席的《实践论》、《矛盾论》、《人的正确思想是从那里来的？》、《关于正确处理人民内部矛盾的问题》和列宁的《马克思主义的三个来源和三个组成部分》等著作。一部分工人和干部还学习了《共产党宣言》、《唯物主义和经验批判主义》、《反杜林论》等马列著作。

第四阶段，是在今年批林批孔运动中，使我们对学习马克思主义理论的认识又有了新的提高。广大干部、职工深入学习毛主席和党中央关于批林批孔的一系列指示，不断加深了对这场斗争深远历史意义和伟大现实意义的理解。大家说：批林批孔是上层建筑领域里马克思主义战胜修正主义、无产阶级战胜资产阶级的政治斗争和思想斗争。我们工人阶级是这场斗争的主力军。只有认真看书学习，努力掌握马克思主义的立场、观点、方法，才能占领上层建筑的各个领域，才能战胜修正主义和资产阶级。这是我们工人阶级的伟大历史使命。为把上层建筑领域里的社会主义革命进行到底而学习，为战胜修正主义和资产阶级而学习，为担负起工人阶级的历史使命而学习，这就是我们经过批林批孔运动对学习马克思主义理论在认识上的又一次飞跃。为此，厂党委决定，在批林批孔运动中要做到三个坚持：坚持系统读马列原著，坚持办好培养理论辅导员的政治业余学校，坚持业余学习小组的活动。今年，全厂工人和干部系统学习了《帝国主义是资本主义的最高阶段》、《哥达纲领批判》，还重新学习了《关于正确处理人民内部矛盾的问题》的有关章节。一些业余学习小组的学习内容还要多一些。大家说："今年是我们厂学习马列著作和毛主席著作最多的一年。批林批孔确实是马克思主义大普及的运动。"

实践使我们深深体会到：学习一阵子并不难，永远学习下去才是难的；在学习高潮中跟着学一学并不难，在遇到冷风吹或业务冲的情况，仍然学习下去才是难的。学习马克思主义，运用马克思主义，对于我们工人来说是一辈子的任务，对整个无产阶级事业来说，是贯彻始终的根本任务。所以，学习贵在坚持。要坚持，就要有一个恒心，有一种毅力，有一股子百折不挠的劲头。这种恒心、毅力、劲头，都只能是建立在觉悟的基础上。没有为革命而学的觉悟，凭个人喜好，凭一时兴趣，或为应付一时之需，学上几段用上几下就满足起来，那是根本不可能坚持下去的。

二、要使学习运动持久发展，就得下功夫培养一支马克思主义理论队伍。

我们厂的理论队伍是在两个阶级和两条路线斗争中发展壮大的。对于建设一支马克思主义理论队伍的现实意义和深远意义的认识，也是在斗争中提高的。

我们原来对于培养马克思主义理论队伍的重要性，是从开展学习运动的实际需要认识的。学习运动也同其他群众运动一样，只有广大群众的积极性还不行，还必须有领导骨干的积极性，并且把这两种积极性结合起来。从实践中我们深深体会到：没有理论骨干，学习运动不容易普及，不容易持久，不容易提高。有了理论骨干，他们可以起三种作用：（1）普及的作用。工人学马克思主义理论，有十分有利的条件。首先，马克思主义是工人阶级的革命理论，工人学习起来，不但没有阶级局限性的障碍，而且特别亲切，特别爱学；其次，工人有三大革命斗争的实践经验，同马克思主义理论联系起来，更容易学懂弄通。但是，工人学马克思主义理论，也有一些困难，其中主要的是受文化水平的限制，读书吃力。因此，在开展工人学习运动时，就需要有人做些辅导。由谁来作辅导好呢？当然，领导干部、专业理论工作人员可以做辅导。但是，领导干部不可能经常同每个工人小组一起学；专业理论工作人员对厂里的情况缺乏了解。所以，培养工人自己的理论骨干就很重要，他们做辅导工作，有方便条件，还能在理论联系实际和通俗化方面，起到专业理论工作人员起不到的作用。（2）坚持的作用。广大群众都来学习，就要有组织有领导地进行。没有一支工人理论队伍，就不容易把学习组织好、领导好。特别是学习遇到困难，有人吹冷风，有人泄了气的时候，就更需要有那么一把子人作中流砥柱，硬是顶住冷风，硬是迎着困难上，这样，才能战胜困难，把学习运动坚持下去。我厂有些业余学习小组，之所以能几经波折，坚持多年，一步一步发展壮大，是同骨干的坚持作用分不开的。（3）提高的作用。学习中，总会不断提出一些问题需要解决，也会创造出新的经验需要总结。这就需要有一些人学得更多一些，理解得更深一些，对学习经验研究得更细一些，这样才能帮助大家不断提高。这种帮助提高的工作，也要依靠理论骨干来做。总之，要使群众的学习运动普及、深入、持久地发展，就必须有一支理论骨干队伍。

批林批孔运动中，我们经过反复学习毛主席有关建设理论队伍的教导，对这个问题的重大意义，又有了新的认识。我们认识到，建设一支宏大的马克思主义理论队伍，不仅是为了搞好学习运动，而且是坚持马克思主义、反对修正主义的百年大计，是在上层建筑领域里无产阶级战胜资产阶级的战略措施，这就使我们党委更加提高了抓好理论队伍建设的认识和自觉性。

这几年，我们采取举办短期培训班、读书班，派人到纺织局学习班和市委党校学习等多种办法，培训班组的理论骨干，收到了一定的效果。从一九七一年七月起，我们又下决心办起了政治业余学校，为班组培养学习辅导员。一般的作法是全厂将要学那一本书，班组骨干就到业校先学一步。业校的教员，我们坚持从工人理论骨干中选拔。今年业校在学习《帝国主义是资本主义的最高阶段》时，先后有十五名工人理论骨干登台讲课。他们按分工集体备课，弄通所讲章节的基本观点，研究讲解、辅导的重点和方法，然后组织试讲，集体把关。大部分工人教员的讲课有观点鲜明、通俗易懂、紧密联系实际的特点，很受欢迎。五十六岁的老工人杜久清同志担任第八章“资本主义的寄生性和腐朽”的辅导，这是他生平第一次上台讲课。他联系天津在旧社会时的八国租界，用亲身经历的受帝国主义侵略者压迫和凌辱的事实，帮助大家加深对资本主义寄生性和腐朽的认识，使大家印象很深刻。青年工人刘文玉同志在讲第九章“对帝国主义的批评”时，根据列宁对考茨基“超帝国主义”论批判的论述，联系批判林彪效法孔老二“克己复礼”的反动纲领，使大家更深刻地认识到：搞倒退，搞复辟，是一切反动派和机会主义路线头子共同的特点，这是阶级斗争、路线斗争的一条规律，从而加深了大家对于林彪反革命修正主义路线极右实质的认识。我们在最近三年中，通过政治业校为全厂一百二十个班组培养了一百八十多名理论学习辅导员。他们在业校里刻苦学习，回到班组为群众作辅导，起到了很好的作用。补呢工段的女工多，很多人文化程度不高，刚一开始学习《帝国主义是资本主义的最高阶段》的时候，有些人认为是“远水解不了近渴”，同批林批孔“联系不上”。经过工段理论辅导员的辅导，大家明白了认识帝国主义经济特征同认清帝国主义本质的关系、认清帝国主义本质同反对修正主义的关系、反对修正主义同批林批孔的关系、批林批孔同巩固无产阶级专政的关系。这样一来，大家感到不是联不上，而是联系得很紧密，调动了大家的学习积极性。很多工人把考茨基、林彪、孔老二串在一起，归纳他们有三个一样：反动的本性一样，都是开历史的倒车；反动的世界观一样，都是唯心论的先验论；反革命的手法一样，都是两面派。并且，进而认识到当前时代没有变是指三个没有变：帝国主义的本性没有变，时代的基本矛盾没有变，无产阶级的历史使命没有变。大家从当前时代是帝国主义和无产阶级革命的时代，看到中国工人阶级的历史使命，不但要搞好我国的社会主义革命和社会主义建设，发展国内的大好形势，还要有解放全人类的胸怀，努力支援世界革命。

今年六月，我们在研究儒法斗争和整个阶级斗争历史的时候，在原有理论队伍的基础上，很快组成了厂和车间两级的理论研究小组，共二十个，参加的有二百一十一人，对推动批林批孔普及、深入、持久地发展，起了很好的作用。

三、长期坚持，要有典型引路。

“榜样的力量是无穷的”。我们所以能够坚持学习十六年，是和抓典型、培养典型、发挥典型的引路作用分不开的。在抓典型的工作中，我们体会比较深的有三点：

第一，在三大革命斗争中培养典型。先进的典型，是在群众斗争中涌现出来的，也必须在群众斗争中培养提高。我们体会到，典型的发现和培养，都要靠党委下力量去抓。党委工作不深入，就发现不了好的典型、好的苗子；发现以后，不下力量培养，就会自生自灭。因此，发现了好典型，必须满腔热情地支持，下力量帮助他们成长。我们的办法是把他们推到三大革命斗争的第一线上去锻炼，让他们在斗争中学习，在斗争中锻炼，并且不断地向他们提出新的要求，帮助他们进步。在三大革命斗争中，工人理论骨干的政治理论水平不断提高，在群众中的影响越来越大。

第二，给先进典型人物多创造一些学习和提高的条件。这些年来，我们除了严格要求他们自己认真刻苦学习以外，还送他们到读书班、党校去系统地攻读马列著作和毛主席著作。一九七二年，我们派一位先进典型人物到市委党校学习《唯物主义和经验批判主义》。他回厂后就大讲思想路线问题，使大家认识到，人们在认识问题的时候，总有个唯物论和唯心论之分，这就是两条思想路线的斗争。要端正我们的思想路线，树立辩证唯物主义和历史唯物主义的思想路线，就得认真地学习马克思主义哲学。他的宣传和讲解，对全厂的学习起了很大的促进作用。

我厂的学习典型人物和一部分比较突出的学习积极分子，除在班组学习外，我们还把他们组织成一个学习小组，要求他们比职工学得多些，学得深些。这个小组长期以来在全厂职工中起着引路的作用。

第三，不断总结和推广先进典型的经验，把他们的收获变成全厂的共同精神财富。我们既固定每年都要召开学习经验交流会，同时，又注意平时的总结交流。比如，刘景瑛同志在研究儒法斗争史的时候，用马克思主义哲学观点解释和回答问题，很有体会。我们就帮助她总结了这方面的体会，在全厂理论骨干队伍中推广。这样随时总结推广典型经验，对推动学习运动的发展很起作用。

（二）

毛主席说：“坚持数年，必有好处”。我们坚持学习十六年，尝到的甜头很多。最重要的好处是以下三个方面：

一、提高了干部和群众阶级斗争、路线斗争和继续革命的觉悟，增强了识别真假马克思主义的能力，提高了执行毛主席革命路线的自觉性。

经过多年的学习，我们深深体会到：马列主义、毛泽东思想是毛主席革命路线的理论基础，懂得还是不懂得马克思主义理论，对毛主席革命路线理解的深浅程度就大不一样，识别正确路线和错误路线的能力也大不相同。近几年来，我们对于用国产羊毛代替进口羊毛的认识问题，就可以证明这一点。过去，我们厂一向使用的是进口毛，开始换国产毛时，有很多实际困难，我们的设备条件和工艺都不适应。当时，我们从经济上、技术上看待这个问题，没有运用马克思主义的立场、观点来分析，没有看到这里有个路线问题，因而换用国产毛进行生产的自觉性不高，进展相当缓慢。经过批林批孔，我们党委意识到这里有路线问题，便运用马克思主义的立场、观点、方法来重新分析。原来换用国产毛进展慢的一个原因，是有些同志嫌国产毛质量差、价格高，影响到我厂产品的产值、成本和利润。这种想法是一种什么思想呢？经过分析，我们认为实质上是只算经济帐不算政治帐。产值、成本、利润，都是经济问题，而单靠从外国进口原料，不去积极走独立自主，自力更生的道路，则是一个政治问题、路线问题。只看经济合算不合算，不去考虑执行什么路线，这就把政治与经济的关系弄颠倒了。再挖得深一点，实质上这里有“产值第一”，“利润挂帅”的思想，是一种资本主义的倾向，是修正主义办企业路线的流毒。认识提高以后，我们党委下定决心，一定要走自力更生的道路，自觉地大“吃”国产毛。不但现在“吃”，今后也要继续“吃“，社会主义道路，我们是走定了。提高了认识，我们又运用辩证唯物主义和历史唯物主义的观点，重新分析“吃”国产毛的实际困难。根据辩证法的观点，一切事物都是可以转化的。困难可以转化为顺利，不利条件可以转化为有利条件。这种转化又是通过斗争实现的。困难只有经过斗争才能克服，有利条件只有通过斗争才能创造出来，等是等不来的。根据唯物论的实践第一的观点，从必然王国到自由王国的飞跃，只有通过实践才能完成。对于“吃”国产毛不适应，这说明我们还没有掌握“吃”国产毛的规律性，“吃”国产毛对我们说来还是处于“必然王国”的状态。要转化到自由王国去，得心应手地“吃”国产毛，没有别的办法，只有勇于实践。通过实践，积累经验，摸出规律，就一定能够用国产毛生产出好的产品来。根据历史唯物主义的观点，**“群众是真正的英雄”**。因此，要克服困难，就必须发动群众，走群众路线。经过这样分析和认识，大家的信心和劲头足了，于是党委决定，组成有工人、领导干部和技术人员参加的“三结合”小组，从国产毛的选择、精纺、织呢到染整，道道工序都精心搞试验，制定新工艺，使得我们厂在“吃”国产毛中取得了越来越大的自由。今年“吃”国产毛的比重已经从去年的百分之三十五点三一增加到百分之八十五点三七。用国产毛生产出了毛涤纶、中厚花呢、啥味呢、华达呢、哔叽、派力司、混纺花呢等产品，还用国产毛初步试制成了具有色泽鲜艳、花色多样的女装品种，其中有十个品种出口到国外，受到国际市场的欢迎。

二、提高了广大干部和群众应用马克思主义解决实际问题的能力，指导了革命、生产和各项工作。

经过十六年来坚持学习马克思主义哲学，唯物主义和辩证法的一些基本观点，在我厂已经深入人心。干部和工人经常用这些观点分析问题、处理问题，对于指导和推动革命、生产以及各项工作越来越发挥了重大作用。

批林批孔开始以来，工人们运用过去学习马列著作和毛主席著作的成果，以对立统一规律为武器进行批判，对林彪反革命修正主义路线的极右实质，和反动没落阶级意识形态——孔孟之道，认识得就比较深刻。譬如，工人们用唯物辩证法的发展观点来分析"克己复礼"的本质，就清楚地看到，它是反动的、倒退的，是违背事物发展的客观规律的，其罪恶目的在于妄图改变党的基本路线，颠覆无产阶级专政，复辟资本主义，把社会主义的新中国拉回到半殖民地半封建的万恶的旧社会去。工人们用新陈代谢的规律来分析林彪攻击、污蔑社会主义新生事物的谬论和罪行，就更加清楚地看到，林彪是站在一切反动势力的立场上，妄想扼煞一切新生事物，极力维护反动腐朽没落的东西，对抗社会发展的规律。总之，掌握了马克思主义的基本观点，批判就不断深入，水平就能不断提高。

我们还体会到，学习和应用，两者是互相促进的。学得越好，运用得就越好；运用得越好，学习的自觉性也就越高。我们很多同志的学习积极性之所以不断提高，就是因为在应用中尝到了甜头，真正感到不学革命理论不行，马马虎虎地学也不行，而必须认真刻苦地学。学习和运用两者必须密切结合，而且都要经过反复。多次的反复，才能从感性认识上升到理性认识，不但知道马克思主义观点是正确的，还知道为什么是正确的，并且学会了如何运用这些基本观点。达到这种程度，才是真正具有了从理论和实践的结合上解决问题的能力。在批判孔老二反动思想核心"仁"的时候，染整车间一位老工人运用去年学过的列宁的《马克思主义的三个来源和三个组成部分》著作中的剩余价值学说，联系我厂前身"仁立"的名字，进行了深入的批判。她说，地主资产阶级也是孔老二的忠实信徒，不但鼓吹孔孟之道的"仁"，而且工厂起名叫"仁立"。难道厂子真是靠"仁""立"起来的吗？不是，是靠残酷剥削我们工人创造的剩余价值"立"起来的。从建厂到公私合营前的二十三年中，资本猛增了三十倍，都是工人的血汗。这就说明孔老二、林彪和地主资产阶级鼓吹的"仁"，原来就是"吃人"。这样一批，戳穿了"仁"的画皮，使大家进一步认清了林彪鼓吹孔老二"仁"

的反动本质。

三、为革命培养和造就了一批人才。

毛主席历来十分重视培养和造就无产阶级革命事业接班人的问题，而且亲自规定了五条标准，其中第一条就是："他们必须是真正的马克思列宁主义者"。接班人用什么来培养？靠什么才能真正接班？我们体会，必须用马克思主义来培养，必须靠掌握马克思主义来接班。因此，我们特别注意从坚持学习马克思主义理论中培养和造就人才。这十六年，既是我们厂坚持学习的十六年，也是人才倍出的十六年。粗略统计，在十六年中我们从理论骨干里就发展了一百六十七名党员，有一百零一人被提拔到车间主任、支部书记、科长和厂级等各级领导岗位，还向上级机关输送了五十八名干部。

现在担任精纺车间总支书记的尚丽琴同志，原来是档车工。她几年如一日地坚持刻苦学习马克思主义理论，思想政治水平不断提高。一九七一年底，厂党委决定调她担任条染车间支部书记。这个车间是新组建的，人员都是从各车间新抽调来的，操作技术不熟练，思想问题比较多，生产也非常被动，甚至影响了全厂计划的完成。在这种情况下，尚丽琴同志联系已经学过的《共产党宣言》和《矛盾论》的基本观点，认识到，要把生产搞好，必须抓路线，抓政策，抓意识形态领域里的阶级斗争。把这个主要矛盾抓住了，就可以改变车间的后进面貌。于是她组织全车间职工认真学习《矛盾论》，用毛主席的光辉哲学思想武装大家的头脑，提高了大家的路线斗争觉悟，调动了大家的积极性。她还认真贯彻党的知识分子政策，给两名技术员安排了适当的工作，使他们发挥了技术专长。她又抓住一个在文化大革命中疯狂进行反革命阶级报复的坏家伙的现实反动言论，组织群众针锋相对地对其进行了揭发和批判，使群众受到活生生的阶级斗争教育。经过这样一系列的工作，全车间的政治空气变了，人的精神面貌变了，促进了生产的发展。从此这个车间月月提前超额完成生产任务，成为全厂的先进车间。我们体会到，在斗争中学习马克思主义理论，是培养造就无产阶级革命人才的根本途径，只要坚持这样做，一批一批的人才就会不断涌现出来。

我们的学习虽然取得了一些成绩，但是缺点还很多。我们要虚心地学习兄弟单位的先进经验，在全厂掀起学习马列著作和毛主席著作的新高潮，使批林批孔运动沿着普及、深入、持久的方向发展，推动生产和各项工作，在新的一年里，夺取更大的胜利。

总结儒法斗争和整个阶级斗争的历史经验

试论韩非关于在意识形态领域里实行专政的思想

靳　南

韩非是战国时期新兴地主阶级杰出的思想家和政治家。在我国封建制代替奴隶制那个社会大变革的历史时代里，他研究了长期而剧烈的复辟和反复辟斗争的历史经验，从中深刻地总结出新兴地主阶级要巩固自己的政权，就必须在意识形态领域里对奴隶主复辟势力实行革命的专政。研究这个经验，对我们今天深入进行意识形态领域的革命斗争仍有借鉴的价值。

列宁说过：**“社会民主主义运动的伟大斗争并不是有两种形式（政治的和经济的），……而是有三种形式：与这两种斗争并列的还有理论的斗争。”**理论的斗争，意识形态领域里的斗争，从来都是阶级斗争的一种主要形式。我国战国时期的阶级斗争事实，说明新兴地主阶级在推翻奴隶主阶级的统治，取得政权以后，要巩固自己的政权，防止奴隶主阶级的复辟，除了在政治、经济战线上抓紧反复辟斗争外，还必须用地主阶级的思想去占领意识形态领域，否则，奴隶主阶级就有可能从意识形态这个领域里发动进攻，从而使新兴地主阶级的政权得而复失。

韩非提出：地主阶级在夺得政权以后，“国事务先而民心专”。也就是说，统一民心是巩固政权的最急之务。用什么来统一人们的思想？韩非明确指出：“一民之轨，莫如法。”“境内之民，其言谈者必轨于法。”这就是说，必须用地主阶级的法制、法令来统一思想、统一舆论。为此，他认为必须广泛深入地宣传地主阶级的法制、法令，使一切思想文化活动都“以法为本”。对人们要“以法教心”，做到“明主言法，则境内卑贱莫不闻知也”，也就是使地主阶级的法深入人心，达到家喻户晓，人人皆知。韩非认为，如果不能做到思想舆论的高度统一，不能用地主阶级的思想占领意识形态领域，新兴地主阶级的国家就可能覆亡。韩非分析了战国时期有些地主阶级政权不能巩固的原因之一，就是国内思想舆论不能用地主阶级的思想来统一，“士民纵恣于内，言谈者为势于外”，或者是“圣智成群，造言作辞，以非法措于上”，而“上不禁塞，又从而尊之”。韩非明确地得出结论：“言无二贵”，“法不两适”，“杂反之学，不两立而治”，即两个对立阶级的意识形态绝无调合的余地。在这个结论的基础上，韩非提出了“言行而不轨于法令者必禁”的主张，要求在意识形态领域里建立起地主阶级的绝对统治。

在意识形态领域里，彻底打倒奴隶主复辟势力，要比废除奴隶制的经济基础，推翻奴隶主的政治统治，复杂得多，困难得多。这是战国时期阶级斗争经验所一再证明了的。被打倒的奴隶主阶级不甘心于退出历史舞台，在奴隶制的经济基础被废除，奴隶主的政治统治被推翻以后，奴隶主阶级还要凭借他们在意识形态领域里的传统势力，进行垂死的挣扎，妄想恢复他们失去了的“天堂”。当时秦国奴隶主贵族吕不韦的活动就是一个突出的例证。秦国在当时是变法比较彻底的一个诸侯国。但是，吕不韦窃取了秦国的丞相要职以后，大造复辟舆论。他招集一批儒生编纂了《吕氏春秋》，打着折中主义的招牌，贩卖儒家的黑货。《吕氏春秋》成书后，吕不韦把它公布于秦国都城咸阳市门，悬千金于其上，下令说：“延诸侯游士宾客，有能增损一字者予千金。”奴隶主阶级就是这样猖狂地在意识形态领域里对新兴地主阶级提出了公开的挑战。因此，地主阶级在取得政权以后，在意识形态领域里对奴隶主贵族实行革命的专政，是巩固地主阶级政权，防止奴隶主复辟的关键问题之一。

要在意识形态领域里对奴隶主阶级实行革命的专政，首先就要批判奴隶主阶级的意识形态——反动的孔孟之道。韩非指出："禁奸之法，太上禁其心，其次禁其言，其次禁其事。"这就是说，禁止奴隶主阶级翻天的办法，第一位的是禁止他们的反动思想，其次是禁止他们的反动言论，再其次是禁止他们的反动行为。如果不禁止他们的反动思想，不批判和肃清他们在意识形态领域的流毒，也就不可能防止他们散布反动言论，进行反动活动。正是基于这种看法，韩非以极大的精力投身于批判孔孟儒学的斗争。他对孔孟之道的批判是相当广泛而又相当深刻的，从政治观、历史观、认识论、文艺观和道德观上广泛而尖锐地批判了反动的儒学。在政治观上，韩非批判了儒家的"礼治"思想，揭穿了儒家鼓吹的"礼"的极端虚伪性。指出孔孟之徒讲究那么繁缛的"礼"，只是他们本质上虚弱的表现，即"礼繁者实心衰也"。韩非明确宣布："礼者，……乱之首乎"（礼是危害新兴地主阶级国家的万恶之首）。并且指出，必须用"法治"代替"礼治"，才是治理新兴地主阶级国家的根本之计。在历史观上，韩非批判了孔孟鼓吹复辟、倒退的复古主义的历史观，而以大量生动的事实阐明了"古今异俗"，历史发展了，治理国家的办法也要随着改变等道理。韩非揭露了儒家学派一味地"诵先古之书"、"称先王之道"的反动目的，就是要"乱当世之治"，即要动摇和推翻新兴地主阶级的统治。为了加强和巩固新兴地主阶级的统治，韩非针锋相对地提出了一系列厚今薄古的主张，如"世异则事异，事异则备变"等等。在认识论上，韩非批判了孔孟所鼓吹的唯心论的先验论。韩非指出："先物行先理动之谓前识，前识者无缘而妄意度也"，"前识者道之华也，而愚之首也"。这就是说，那种所谓"先验"的认识，不过是一种没有依据的胡乱猜想；鼓吹先验的认识的人，实际上是华而不实的、最愚蠢的人。与此同时，韩非提出了“参验”的理论，阐明了要“因参验而审言辞”的道理，即强调一切言论都要经过实效的检验，只有经过实效检验，才能判断认识的正确与否。在文艺观上，韩非批判了孔孟之流虚饰文采、内容反动的文艺倾向。指出：“文为质饰者也……须饰而论质者，其质衰也”，即文采只是为表达内容服务的，一味地虚饰文采，只能说明文章内容的反动、空虚。韩非又指出孔孟的那种“以博文为辩”“滥于文丽”的文学倾向，正是“乱世之言”的一种象征。他提倡写文章要“好质而恶饰”，即要注重内容、注重思想，不要“以文害用”“以辞害义”。在道德观上，韩非针对孔孟之流所鼓吹的奴隶主阶级的虚伪的道德，如仁义、德厚、孝悌、忠顺等等，进行了广泛的抨击，指出儒者宣传这些腐朽的道德观念，是“诈而诬也”（即虚伪而荒唐的），它只能“卑主危国”，有害于封建中央集权的威信，危害新兴地主阶级的国家，因此，那是“天下之乱术”，新兴地主阶级的君主是应该摈弃这些道德的。

韩非这样广泛而猛烈地抨击了奴隶主阶级的种种意识形态，就是为了给新兴地主阶级思想理论的传播廓清道路。韩非还把批判儒家思想与宣传法家思想结合起来，在批判儒家思想、文化的过程中，阐述了法家的革命理论，为新兴地主阶级巩固政权提供理论根据。也正是在这种斗争中，新兴地主阶级的思想、文化才繁荣起来的。这就生动地表明，在意识形态领域里“**不破不立，不塞不流，不止不行**”。新兴阶级不批判反动的敌对阶级的旧思想、旧文化，任何新思想、新文化都是建立不起来的。历史上一切革命阶级的思想、文化正是在批判反动阶级的思想、文化的过程中建立和发展起来的。即使是一个剥削阶级战胜另一个剥削阶级的思想、文化革命，也不例外。

韩非还认为，新兴地主阶级要在意识形态领域里实现对奴隶主阶级的专政，除要批判奴隶主阶级的意识形态外，还必须采取必要的暴力手段去取缔那些宣传奴隶主阶级意识形态的儒家典册；取缔那些传播儒家典册的反动据点——“私学”；镇压那些“以文乱法”（用儒家学说破坏法治）的奴隶主复辟势力。

奴隶主反动势力为了实现他们复辟的美梦，拚命传播鼓吹奴隶主阶级意识形态的儒家诗书典册，到处开办宣扬孔孟之道的私学，并借以结党营私，抵制和破坏地主阶级的法治、法令。韩非指出，对这些宣扬奴隶主阶级意识形态的诗书典册和反动私学必须强行取缔。韩非十分称赞商鞅“燔诗书而明法令”（烧掉诗书，严明法令），主张“以法为教”。他猛烈抨击奴隶主复辟势力开办的私学，揭露他们借私学“朋党比周以弊主”，以私学为阵地结党营私，进行阴谋活动。韩非认为，对宣扬孔孟之道的私学，如果不加以取缔，就会使“国家危削”，破坏新兴地主阶级的统治。他主张必须采取专政的措施，废弃私学，使“法令行而私道废”。

韩非认为，对那些“以文乱法”的反动儒生要坚决镇压。他目睹韩国内外纷繁复杂的阶级斗争，看到正是有那些反动的儒生，凭借着所占有的思想、文化的世袭领地，“乱上反世”，为奴隶主阶级的复辟活动大造反革命舆论，甚至直接参与谋害法家人士的罪恶活动。从血的历史教训中，韩非总结出必须“息文学而明法度”，即要取缔这些反动的儒生，以彰明国家的法令，维护新兴地主阶级的统治秩序。怎样取缔这些反动的儒生呢？韩非认为必须用新兴地主阶级的法去制裁他们：“主施其法，大虎将怯”（君主用法律去制裁，连老虎也会害怕），而对于那些“赏之誉之不劝，罚之毁之不畏，四者加焉不变”（即奖赏、表扬、惩罚、批判都不能使之改变）的顽固派，要“审验法式，擅为者诛”，也就是要依据法律来审查、衡量，凡是胡作非为的，予以严刑镇压，并“散其党，收其余，闭其门，夺其辅”（解散他的同党，逮捕他的余孽，封了他的门，把辅佐他的都铲除掉），只有这样，才能“循绳墨，诛奸人”，达到“上治”即巩固新兴地主阶级统治的目的。如果对这些反动的敌对阶级的顽固分子不予以严刑镇压，就会造成“惠盗贼者伤良民”，“利奸邪而害善人”的后果，对新兴地主阶级的革命专政极为有害。但是“愚人不知，顾以为暴”，只有愚蠢的庸人，才认为那是残暴的行为，对它进行非议。

上述韩非的这些论述，大大丰富了新兴地主阶级的革命理论，为秦始皇统一中国，在各个领域里对奴隶主阶级进行专政，提供了理论武器。秦始皇统一中国以后，打击奴隶主阶级的“私学”，并采取了“焚书坑儒”的果断措施，镇压了反动儒生的反动言论和复辟活动，这是新兴地主阶级运用暴力实现对反动阶级革命专政的措施，是韩非在意识形态领域里实行专政思想的大规模的实践。

毛主席说，一切剥削阶级，**“他们没有必要也没有可能去作彻底镇压反革命的事情。”**在一个剥削阶级战胜另一个剥削阶级的社会变革中，没有必要也没有可能彻底清除旧的意识形态。在我国封建制取代奴隶制的那次社会大变革中，也是这样。先秦法家，包括杰出的韩非，在批判儒家时，都有其不彻底的一面。在我国进入封建社会以后，地主阶级不但没有彻底清除孔孟之道，而且，在它随着历史的推进而走向反动以后，又把孔孟之道承接过来，并不断加以补充、发挥。两千多年来，我国社会一直在私有制的形态内运动着，因而旧的意识形态的沉渣就越积越厚。今天，无产阶级的社会主义革命，是彻底消灭一切剥削阶级和剥削制度的革命，**“毫不奇怪，它在自己的发展进程中要同传统的观念实行最彻底的决裂”**。因而，在意识形态领域里彻底批判和清除一切剥削阶级的旧思想、旧文化、旧风俗、旧习惯的任务必将更加艰巨，斗争也必定更加激烈。批判孔孟之道、批判资产阶级、批判修正主义，是整个社会主义历史阶段的长期任务。能不能抓好这个领域里的斗争，是关系到能不能巩固无产阶级专政的大事。我们研究韩非关于在意识形态领域里专政的思想，就要汲取对无产阶级有益的历史经验，更加重视抓意识形态，把这个领域里的反复辟斗争进行到底！

秦始皇统一六国的军事路线

田 景

秦始皇是我国古代新兴地主阶级的政治家。在战国末期，他发动和领导了一场大规模的统一六国的战争，结束了诸侯割据、长期混战的局面，创建了我国历史上最早的多民族统一的中央集权制封建国家。秦始皇之所以能够用武力统一六国，从根本上说是因为他所进行的战争是正义的进步的战争，他所实行的路线是一条顺应历史潮流的变法革新，实现统一，建立封建中央集权制国家的比较正确的政治路线和与之相适应的军事路线。在深入批林批孔的大好形势下，在研究秦始皇的政治路线的同时，用马克思主义的立场、观点、方法，认真研究秦始皇统一六国的军事路线，总结这一历史经验，这对于我们更好地贯彻执行毛主席无产阶级军事路线，批判林彪的资产阶级军事路线，反帝反修，巩固无产阶级专政，是有现实意义的。

战国时期，各诸侯国经过长期的战争兼并，最后并为秦、齐、燕、楚、韩、赵、魏七个大国，即所谓“战国七雄”。随着各国社会经济的进一步发展，战争也发展到一个新阶段。当时军队已广泛使用铁制兵器，由单一的车阵冲击战发展为步、骑兵的野战和包围战，战争规模越来越大，持续时间越来越长。据记载，两国交战，双方兵力动辄几十万，时间有的长达二、三年之久。这种诸侯割据、长期混战局面，阻碍了生产力的发展。当时，除部分顽固的奴隶主贵族势力外，广大农奴、平民以及新兴地主阶级都在不同程度上要求改变旧的生产关系，渴望结束诸侯混战的局面，尽快实现国家统一。秦始皇是新兴地主阶级的政治代表，是一个厚今薄古的专家。他继承了先秦法家的路线，在政治上支持变法革新，反对复辟倒退，主张实现封建统一，反对诸侯割据。这条路线顺应了历史发展的趋势，反映了时代的要求，符合了人民群众要求统一的愿望。而东方六国，由于社会改革不彻底，没落奴隶主贵族势力还相当强大，政权则大都掌握在由奴隶主贵族转化而来的封建割据势力手中。奴隶主贵族和封建割据势力勾结起来，反对实现封建统一，拚命维护分裂割据。他们实行的是一条违背时代要求和人民群众愿望的倒退路线。秦始皇之所以能夠借助人民群众的力量在历史上第一次完成统一中国的事业，就是由于他执行了一条顺应历史发展和符合人民群众要求的比较正确的政治路线。“**人民，只有人民，才是创造世界历史的动力。**”任何违反人民群众愿望的倒行逆施行为，都将遭到失败。这是不以人的意志为转移的客观规律。

马克思主义告诉我们，作为一个先进的阶级，要取得革命的胜利，不但需要一条正确的政治路线，而且还需要一条正确的军事路线。一个阶级的政治路线，集中反映了本阶级的根本利益和要求，军事路线则是为其政治路线服务的。秦始皇实行一条进步的法家政治路线，在军事上就必然实行一条进步的军事路线。

坚持“耕战”政策，主张“以法制军”，这是秦始皇军事路线的重要内容。春秋战国，是我国历史上诸侯割据，常年混战的时代。当时，代表新兴地主阶级利益的法家认为，要消除诸侯常年混战的局面，实现国家统一，新兴地主阶级必须掌握强大的军队，坚持以进步战争消灭反动战争。而要保持一支强大的武装力量，就必须有强大的经济实力为基础。“耕战”，就是一种通过发展农业生产来加强武装力量的富国强兵政策。秦始皇为了打败东方六个诸侯国，实现国家统一，继承了法家“奖军功”，“教耕战”，“重农抑商”，“劝民耕农利土”的政策，发展了封建制的经济基础。他即位后，在具有战略意义的关中地区修筑了著名的郑国渠，溉田达二百八十万亩，使“关中为沃野，无凶年”，被称为“富饶甲天下”。再加上昭王时期经营的蜀郡地区这个产粮基地，使秦国农业生产发生了巨大变化，全国“积粟如丘”，“家给人足”。正因为秦国政治制度优越和经济力量强大，因此，不仅“秦民大悦”，而且东方六国的人们也十分向往。当时，邻国的韩、赵、魏就有许多农民成群结队地跑到秦国从事生产；东方一些新兴地主阶级的政治家思想家也纷纷投奔到秦国做“客卿”。这就为秦国大量扩充兵员奠定了坚实基础。农业生产的迅速发展，又推动了冶铁等其它行业的发展。到了战国末期，秦的铁制兵器已很精良。这样强大的经济实力、雄厚的兵员和精良的兵器，是秦始皇统一六国的重要物质条件。秦始皇为了富国强兵，统一六国，还继承了法家的“以法制军”的思想。他用法治的思想教育将士为实现统一六国的政治路线而“习战陈（阵）之事”，英勇杀敌；他选择将领注重实战经验，坚持“猛将必发于卒伍”的原则，主张“官爵之迁，与斩首功相称”。由于秦始皇的路线正确，继承了以前法家变法革新的成果，“续六世之余烈，振长策而御宇内”，才使秦由原来的一个僻处边隅，政治、经济、军事实力最为落后的弱国，一跃而成为“兵革大强，诸侯畏惧”的最大强国。而东方六国在政治上社会改革实行得很不彻底，经济、军事方面也较为落后，因此，“为秦人积威之所劫，日削月割”，最后导致了灭亡。

伟大领袖毛主席指出：**“战争的胜负，固然决定于双方军事、政治、经济、地理、战争性质、国际援助诸条件，然而不仅仅决定于这些；仅有这些，还只是有了胜负的可能性，它本身没有分胜负。要分胜负，还须加上主观的努力，这就是指导战争和实行战争”**。秦始皇之所以能够从公元前二三〇年到公元前二二一年用十年时间先后灭韩、魏、楚、燕、赵、齐，把统一六国的可能性转化为现实性，这与他很注重政治攻势，并在正确的军事路线指导下，实行正确的战略战术，进行正确的战争指导是分不开的。秦始皇在统一六国的战争中所制定的战略战术，综合起来主要有以下几点：

第一，“远交近攻”，粉碎“合纵”。所谓“合纵”就是东方六国联合起来共同抗秦。这一政策曾为苏秦所极力倡导。但由于六国之间只顾私利，尔虞我诈，合纵的协约极不稳固，因此，不可能有真正的联合。后来，张仪针对苏秦的“合纵”提出了“连横”政策。“连横”的目的是使秦与东方六国中任何一国联合起来攻击其它各国。在秦昭王以前，虽然实行了“外连横而斗诸侯”的政策，但是，在战略上贯彻的是魏冉的近交韩、魏，远攻齐、楚的方针。这种“近交远攻”，对秦极为不利。如秦攻齐，一则相距很远，劳师远征，战线太长，补给困难，难以取胜；即使取得胜利，也不能得其土地，巩固统治。二则，秦出兵远离国土，容易遭到近邻的韩、魏等国的乘虚攻击。再则，穿过别的国家孤军深入，对方可以以逸待劳，避其之长，攻其之短。因此，魏冉的“近交远攻”的方针，是一大失策。秦昭王亲政后，任用范睢为相。范睢批判了魏冉“近交远攻”的错误方针，提出了“远交近攻”的战略方针。他认为，只有实行这种积极而又审慎的战略进攻，才能“得寸有寸”、“得尺有尺”，不断取得胜利，发展胜利。秦始皇继承了“远交近攻”的战略方针，制定了统一六国的战略部署，并在战争中进行了卓有成效的实践。他采纳法家李斯、尉缭“离其君臣之计”，首先派姚贾等人出使六国，争取各国新兴地主阶级的支持，扩大东方六国之间的矛盾，粉碎了六国诸侯的“合纵”政策；尔后，“乃使其良将随其后”，集中优势兵力，一个一个地攻打六国。比如，秦在先后攻打“三晋”和燕楚的时候，就派了使臣入齐，收买了齐国相国后胜。使后胜“劝（齐）王朝秦，不修攻战之备”，也“不助五国攻秦”。从而稳住了齐国，保证秦得以集中兵力，先近后远，各个歼灭了五国。

第二，离间敌营，瓦解敌人。秦始皇在统一六国的战争中使用的一项重要策略，就是当他与每一个国家进行决战的过程中，都非常重用离间之计，使诸侯各国，内部互相排斥，自相残杀，从而分化瓦解敌人。例如，公元前二二九年，秦派大将王翦攻打赵国国都邯郸。赵王迁派大将李牧和司马尚出兵抵抗，两军相持一年之久。秦始皇见秦军久攻不下，便分析利用了敌方的矛盾，用重金收买了赵王的宠臣郭开，郭开在赵王面前制造谣言，说李牧、司马尚在前方图谋造反，赵王信以为真，立即免去李牧和司马尚的职务，并派赵葱和颜聚去接替。李牧知道这是赵王受了秦的欺骗，拒绝接受命令，赵王便派人秘密将李牧杀掉，这时王翦乘机突然袭击，攻破了邯郸，灭了赵国。

第三，削弱强国，解除后顾之忧。战国中后期，除秦齐之外，楚、赵两国比较强盛，而且位于秦的两翼，对秦威胁较大。秦欲东进兼并韩、魏等国，必然遭到楚、赵两国的南北夹击。因此，削弱楚、赵两国的力量，解除后顾之忧，则成为秦统一六国的当务之急。早在公元前三一二年秦楚就进行了丹阳（今河南丹水北岸）之战，结果秦消灭楚军八万，楚王不甘心失败，又倾全国之兵力攻秦，结果又败于兰田（今陕西省兰田县）。从此，楚国丧地破军，国力衰落，对秦只有防守之功，而无进攻之力。秦始皇为了削弱赵国，于公元前二三六年，用计策挑起了燕、赵之间的战争。秦以救燕为名，派大将王翦和桓齮、杨端和率两路大军攻赵，很快占领了赵的漳水流域和河间地区。公元前二三四年，秦始皇又派桓齮大举进攻赵国，攻取了赵国的平阳（今河北磁县东）、武城（今山东夏津县西北），打败了赵军，斩首十万，杀死了赵将扈辄。公元前二三三年，秦始皇又派桓齮率兵从上党越过太行山，进攻赵的赤丽、宜安（都在今河北藁城西南）。这时赵王派大将李牧迎战，结果虽然打败了秦军，但是，由于连年的战争，赵国损兵折将严重，并且丧失了大片的土地，因而也被大大地削弱了。

第四，中间突破，先打弱敌。为了实现统一六国的政治目的，秦始皇从战争的全局出发，比较正确地分析了当时六国的军事、地理情况，确定先打韩国。因为，东方六国，韩国最弱，地不过“九百余里”，兵不过三十万，而且政治、经济落后，先打韩国最有胜利的把握；其次，韩国位居“天下之枢”，西与秦接壤，所处的战略地位很重要，它堵塞着秦国的东进要道，而遮蔽着华山以东的其它几个诸侯国（“塞秦之冲，而蔽山东之诸侯”），是秦的“心腹之病”。秦先灭韩，不仅使魏、赵、楚等国增加其防御方向，分散其兵力，而且打开秦通向东方各国的大门，可以由此南北出击，攻赵燕，灭魏楚，东扫齐国。鉴于这种情况，秦始皇采纳了尉缭的建议，毅然定下决心，实行中间战略突破，首取韩国的战法。于公元前二三〇年，派内史腾率兵进攻韩国，俘虏了韩王安，将韩地设为颍川郡。这一初战胜利，使秦军人心振奋，士气高涨，愈战愈强，而使诸侯各国十分恐慌，人心不振。这对于秦始皇发展统一战争的大好形势，有着重要的意义。

第五，集中兵力，各个击破。秦统一六国之前，兵力虽然已经超过了六国中的任何一国，但是，当时东方各国的总兵力却比秦要大几倍。在这种情况下，如果秦始皇同时出兵几国，必将分散自己的兵力，而迫使六国联合抗秦，这样“则胜负之数，存亡之理，当与秦相较，或未易量”。因此，秦始皇并没有采取分兵出击的愚蠢战法，而是充分发挥秦国的有利因素，采取集中兵力，造成绝对优势，各个击破的作战方针。由于秦始皇采取了这一正确的作战方针，就保证了秦军以强大的进攻力量，以高屋建瓴之势，摧枯拉朽之力，一个一个地消灭了六国。公元前二三〇年首先灭韩；次年破赵以后，秦始皇又因势利导乘胜挥师东进，兵临易水，完成了攻燕准备。燕奴隶主头子太子丹为了挽救其垂死的命运，导演了一幕荆轲刺秦王的丑剧，但阴谋未逞。公元前二二七年，秦始皇令王翦、辛胜率兵大举攻燕，第二年就攻下了燕都蓟（今北京市）。公元前二二五年，秦始皇派大将王贲率兵攻魏，三个月后攻破魏都大梁。从公元前二二四年到公元前二二三年间，秦始皇先派李信、蒙武攻楚受挫，又派王翦率兵六十万以绝对优势的兵力与楚进行决战，结果楚军大败，楚都失守，楚王负刍被俘。接着，秦军又平定了楚的江南地区，降服了越君，设置会稽郡

（今江苏东南部和浙江东部），楚于第二年灭亡。就在灭楚的同一年，秦始皇派王贲先后消灭燕国和赵国盘踞在辽东和代郡的残余势力，俘虏了燕王喜和代王嘉，燕、赵两国最后被灭。当秦兼并东方五国的时候，齐国既不与各国合纵抗秦，也毫无戒备。秦国消灭了五国以后，齐王建才感到了威胁，与秦断绝了来往，开始在西部边境设防，并收编了韩、赵、魏、燕、楚等国的流亡军队，以加强抗秦的力量。公元前二二一年，秦始皇避开了齐的主要防御方向，派王贲从北部突入齐境，直捣齐都临淄，俘虏了齐王建，灭掉齐国。就这样，秦始皇指挥秦军连续作战，仅用十年时间，胜利完成了统一六国的事业，建立了“海内为郡县，法令由一统”的封建中央集权的国家。

通过研究秦始皇统一六国的军事路线，使我们进一步认识到，历史上任何一个进步阶级，要夺取政权，取得革命的胜利，首先必须有一条比较正确的政治路线，同时，还必须有一条比较正确的军事路线。如果没有正确的军事路线，正确的政治路线就不能得以贯彻和实现。无产阶级是人类历史上最革命的阶级，要完成推翻资产阶级和一切剥削阶级，用无产阶级专政代替资产阶级专政，用社会主义战胜资本主义的伟大历史使命，就必须有一条马克思主义的政治路线和军事路线。中国革命的胜利，就是毛主席的无产阶级思想、政治和军事路线的胜利。叛徒、卖国贼林彪推行了一条反革命修正主义的思想、政治路线和与之相适应的资产阶级军事路线。他反对党指挥枪，鼓吹要枪指挥党；反对毛主席人民战争思想，极力破坏部队、民兵建设；反对用正确路线教育部队，大肆宣扬孔孟之道；反对毛主席为我军制定的灵活机动的战略战术，拚命推行他的所谓“六个战术原则”。其罪恶目的，就是妄图从根本上改变我军性质，分裂我党、我军和我们的伟大祖国，颠覆无产阶级专政，复辟资本主义。但是，历史的规律不可抗拒，林彪和六国旧贵族一样，被前进的历史车轮轧得粉碎。

我们是怎样运用马克思主义研究儒法经济思想斗争史的？

河北区东六经路副食品基层商店理论小组

在批林批孔运动中，我们河北区东六经路副食品商店职工，在党支部领导下，成立了一个老职工、青年职工和干部三结合的理论小组。从今年七月份开始，理论小组和职工群众相结合，认真学习马列和毛主席著作，研究了儒法经济思想斗争史，总结历史经验，为现实斗争服务，推动了批林批孔运动深入发展。我们在市财经学院的帮助下，大家团结一心，共同奋斗，已经编写出《春秋到宋朝的儒法经济思想斗争史初稿》。职工们深有体会地说："学马列，眼睛明，路线是非分得清，千秋功罪我们评，批林批孔干革命。"

一、研究儒法经济思想斗争史必须破除迷信，敢想敢干

研究儒法经济思想斗争史，对我们商店职工来说，是一个有不少困难的课题。我们商店理论小组的同志，年龄最小的二十岁，最大的五十八岁。文化程度低，少数念过初中，一般是小学水平，有的还没上过学。没有人专门学过历史，有些同志甚至不懂什么叫经济思想，更不知道儒法斗争是怎么回事。在这种情况下，有些同志产生了畏难情绪。有的说："让我们卖菜的研究历史，简直是没门！"针对这种情况，我们从提高认识入手，组织大家反复学习毛主席关于要了解历史的教导，围绕"为什么要研究儒法经济思想斗争史"展开讨论。通过学习和讨论，大家逐步认识到：儒法经济思想斗争，是历史上整个阶级斗争的一个侧面。研究儒法经济思想斗争史，就是要研究两千多年来儒法两家在经济领域中进行的两种思想和两条路线斗争的历史经验，从中找出规律性的东西，用来为现实的阶级斗争和路线斗争服务，进一步认清林彪反革命修正主义路线的极右实质和思想根源，把批林批孔运动普及、深入、持久地开展下去，巩固和发展社会主义的经济基础，巩固无产阶级专政，防止资本主义复

辟。因此，这是具有重大现实意义的政治任务。

在明确研究儒法经济思想斗争史的目的和意义的基础上，我们进一步组织职工学习了毛主席关于在战略上藐视困难，在战术上重视困难的教导，学习了中央领导同志关于研究儒法斗争史的重要指示和天津站工人研究儒法斗争史的经验，使大家受到极大鼓舞和启发，进一步增强了战胜困难的决心。同志们说：毛主席号召我们研究历史，批林批孔需要我们研究历史，天津站工人同志已经为我们作出了榜样，我们一定要研究历史。历史是我们劳动人民创造的，我们也一定能够研究历史。要迎着困难上，再硬的仗也要打。大寨人能制服虎头山，我们也一定能攀登“历史山”！

在研究儒法经济思想斗争史的过程中，遇到了不少困难和问题，同志们以破除迷信，敢想敢干的革命精神和实事求是的科学态度，一个一个地战胜了困难。我们先后翻阅了四十多种书籍和报刊，抄录了二百多张分类卡片。在大家共同努力下，终于冲破了难关，编写出了儒法经济思想斗争史初稿。

二、研究儒法经济思想斗争史，必须坚持马克思主义的基本观点

我们在研究儒法经济思想斗争史的过程中，明确地认识到：以儒评史不行，以法评史也不行，只有以马克思主义为指导进行研究，才能揭示儒法经济思想斗争的阶级内容和实质，做出符合历史发展情况的结论。因此，在研究中，我们始终注重看书学习，认真阅读了马克思的《〈政治经济学批判〉序言》、《哥达纲领批判》和《资本论》的有关部分，恩格斯的《家庭、私有制和国家的起源》，列宁的《土地问题和“马克思的批评家”》，毛主席的《实践论》、《矛盾论》和《关于正确处理人民内部矛盾的问题》等著作。通过学习，力求把握马克思主义关于研究历史，尤其是研究经济思想史的基本观点，用以指导研究工作。

（一）学习和运用马克思主义关于社会生产方式决定社会面貌和生产关系一定要适合生产力发展要求的历史唯物主义观点，初步弄清了儒法经济思想斗争的阵线和焦点。

开始时，大家对于两千多年的儒法经济思想斗争，到底应当从那里着手研究，什么问题才是关键，心里没有底。但是，通过学习马克思主义经典著作，使大家的思想开了窍，认识到：社会生产方式决定着整个社会的经济、政治、思想、文化面貌。正如恩格斯所说的：**“一切社会变迁和政治变革的终极原因，不应当在人们的头脑中，在人们对永恒的真理和正义的日益增进的认识中去寻找，而应当在生产方式和交换方式的变更中去寻找”**。社会生产

方式的内在矛盾，也就是生产关系与生产力的矛盾，是人类社会的基本矛盾。生产关系一定要适合生产力发展要求的规律，是人类社会普遍的共同的基本规律。凡是为先进的生产关系服务，从而促进生产力发展的思想，在历史上就是起进步作用的；凡是为腐朽的生产关系服务，从而阻碍生产力发展的思想，在历史上都是起反动作用。儒法两家在经济领域里的路线斗争，归根结底就是对生产的发展，是阻碍呢，还是促进，是主张倒退呢，还是主张前进？因此，研究儒法两家的经济思想，就要紧紧把握儒法两家对生产关系变革的态度这个根本问题。马克思主义告诉我们：在生产关系中，生产资料归谁占有起着决定性的作用。所以，我们决定拿儒法两家在各个时期对土地占有和使用方式上的不同主张和看法，作为研究儒法经济思想斗争史的第一位的问题。

认识提高以后，我们运用马克思主义基本观点，对历史资料进行了分析，初步弄清了儒法经济思想在各个时期斗争的焦点。我们得出的看法是：在从奴隶制向封建制的转变时期和封建社会初期，儒法两家在土地所有制问题上斗争的焦点是“废井田”还是“复井田”。井田制是我国奴隶社会的土地制度，集中体现了奴隶制的生产关系。到春秋战国时期，随着生产力的发展，奴隶制的生产关系已经不再适应，必然要被新的生产关系所代替。当时新兴地主阶级废除井田制，建立封建的土地所有制，顺应了生产关系一定要适合生产力发展要求的规律。代表新兴地主阶级的思想家——商鞅等人都是坚持废井田的，在经济发展中起着促进的作用。而以孔孟为代表的维护没落奴隶主贵族利益的儒家，则逆社会潮流而动，竭力维护旧的生产关系，主张“复井田”，妄图复辟奴隶制经济，在经济发展中起着倒退的作用。所以，儒法两家在“复井田”，还是“废井田”上展开了激烈的斗争，这是当时儒法两家在经济路线上最根本的分歧。

在封建社会中后期，儒法斗争已经成为地主阶级内部不同阶层和政治集团之间的斗争。因为他们都是地主阶级的思想家，所以尽管是属于革新派的法家，也仍是维护封建土地所有制的。但是，儒法两家在土地占有问题上，并不是没有重大分歧的。这时的分歧，集中表现在主张土地兼并，还是限制土地兼并。儒家代表的是豪强地主、大地主，他们是主张土地兼并的。而法家是代表地主阶级中比较低的阶层，所以他们是反对大地主兼并土地的。在他们掌权的时候，往往都实行限制土地兼并的经济政策。如曹操采取了“重（禁）豪强兼并之法”；王安石推行了打击大地主大官僚的“青苗法”和“均输法”等等，都说明，法家在一定程度上起了限制大地主兼并土地的作用。这些措施虽然是为了维护中小地主阶级的利益，但在客观上对发展社会生产，从而对劳动人民，也有一定的好处。豪强大地主的代表袁绍、孔融和司马光等人极力反对曹操和王安石推行的限制大地主兼并的政策，这就表明他们实行的是儒家的反动的经济路线和政策。

总之，在各个时期儒法两家经济思想斗争的阶级内容和焦点虽然不同，但实质上都是前进与后退，革新与保守的路线斗争。儒家的经济思想和路线，是极力维护已经腐朽的生产关系，反对任何变革或调整，起着阻碍社会生产力发展的反动作用。法家的经济思想和路线是主张变革旧的生产关系或作某些调整，起着促进社会生产力向前发展的进步作用。在我国，儒法经济思想斗争有两千多年的历史，人物很多，内容庞杂。但是只要我们把握马克思主义关于社会生产方式决定社会面貌和生产关系一定要适合生产力发展要求的历史唯物主义观点，并运用这个基本观点进行具体的分析，就不难看清儒法两家经济思想斗争的焦点。

（二）只有坚持马克思主义阶级观点和阶级分析的方法，才能透过历史现象，抓住儒法经济思想斗争的阶级本质。

我们在研究儒法经济思想斗争史的过程中，常常碰到一些复杂的历史现象。对于这些问题，必须运用马克思主义的阶级观点，进行阶级分析，才能找出正确答案。比如：文化大革命前，有个经济思想史教授在《中国经济思想史》这本书里，讲到盐铁会议时，把桑弘羊说成是“政治上的法家，经济上的儒家”。他的根据是，先秦的法家都重农抑商，而桑弘羊在盐铁会议上却主要讲商业，维护盐铁官营。所以他说桑弘羊是“经济上的儒家”。今天应当怎样看待这个问题呢？开始时，在我们理论小组内部也是有分歧的。有的同意这位教授的看法，多数同志不同意这种看法。针对这个问题，我们学习了列宁和毛主席的有关教导。列宁说：“马克思主义给我们指出了一条指导性的线索，使我们能在这种看来迷离混沌的状态中发现规律性。这条线索就是阶级斗争的理论。”毛主席指出：“我们看事情必须要看它的实质，而把它的现象只看作入门的向导，一进了门就要抓住它的实质，这才是可靠的科学的分析方法。”大家遵照列宁和毛主席的教导，首先分析了先秦法家和桑弘羊所处的不同时代的特点。春秋战国时期，儒法在经济领域里的斗争，集中在土地所有制问题上。当时封建制正在代替奴隶制，或者刚刚代替奴隶制，封建土地所有制还不巩固，所以新兴地主阶级极力维护封建农业经济，而限制工商奴隶主的活动。所以，先秦法家一般都是重农抑商的。但是到了西汉武帝、昭帝时，封建土地所有制已经巩固了，这时西汉王朝面临的主要问题，是维护中央集权制，防止工商奴隶主同封建地方割据势力搞分裂和复辟。在这种情况下，汉武帝和桑弘羊实行盐铁官营政策，实际上就是新兴地主阶级的中央政权从工商奴隶主贵族和地方割据势力手里夺取经营工商业的权力。这正是法家路线在新的历史条件下的新发展，并不是轻视农业，更不是实行了一条与先秦法家路线相对立的儒家路线，而是有利于农业发展的。当时文学、贤良等儒生，口口声声讲发展农业，其实并不是真要发展农业，而只是反对西汉王朝的中央政府经营工商业，主张让工商奴隶主和地方割据势力任意发展他们自已的工商业。大家还分析了盐铁官营经济政策的政治意义。认为这项经济政策的目的是：对内打击工商奴隶主和地方割据势力，巩固地主阶级中央集权；同时，增加国库收入，壮大军事力量，对外抵抗匈奴奴隶主贵族的侵犯。在盐铁会议上，贤良、文学们打着“为民请命”的旗号，攻击桑弘羊，攻击盐铁官营是“与民争利”，实际上是为工商奴隶主和地方割据势力讲话。他们的政治目的，就是要改变汉武帝巩固国家统一，加强中央集权，抗击匈奴奴隶主贵族侵犯的政治路线，推行投降、复辟的反动路线。

经过阶级分析，职工们对桑弘羊的评价取得了一致看法，认为桑弘羊在政治上是法家，在经济上也是法家。那个教授给桑弘羊作的结论，是把政治路线和经济政策割裂、对立起来，是只看表面现象不看事情本质的形而上学的观点。

（三）坚持马克思主义关于“奴隶们创造历史”的基本观点，正确认识和处理儒法经济思想斗争和整个阶级斗争的关系。

儒法经济思想斗争是整个社会阶级斗争的一个侧面。因此，如何认识和处理儒法经济思想斗争和整个阶级斗争的关系，是一个十分重要的问题。在这个问题上，我们是走过弯路，有过教训的。开始时，我们只注意研究儒法经济思想斗争，忽视了劳动人民的经济思想；只看到法家的历史作用，忽略了人民群众在历史上的决定作用。结果，在编写的儒法经济思想斗争史初稿里，有不少地方只讲法家的经济思想和路线，以及他们对社会变革的促进作用，却不提劳动人民在社会变革中的决定作用。

究竟应当怎样认识和处理法家和儒家经济思想斗争与整个阶级斗争的关系呢？斯大林指出：“**历史科学要想成为真正的科学，就不能再把社会发展史归结为帝王将相的行动，……而首先应当研究物质资料生产者的历史，劳动群众的历史**”。毛主席教导我们：“**人民，只有人民，才是创造世界历史的动力。**”我们根据马克思主义的这个基本观点，来研究儒法经济思想斗争和整个阶级斗争的关系，就清楚地看到，在先秦时期，正是由于奴隶起来造反，动摇了奴隶制的经济基础，促进了封建经济的产生和发展，才使新兴的地主阶级及其政治代表法家登上了政治舞台。没有奴隶造反对井田制的破坏，也就不可能有李悝的"尽地力"和商鞅的"废井田,开阡陌封疆"的经济思想和政策。在封建社会里,正是由于一次又一次的大规模的农民起义和农民战争,促使地主阶级内部的分化,推动了儒法斗争。同时,由于农民起义和农民战争严重地打击了保守的反动的势力，在客观上也为法家经济政策的贯彻扫清了道路。

还有一个问题：在旧的经济思想史书中，根本不承认奴隶和农民有单独的经济思想。我们驳斥了这种剥削阶级的偏见。春秋末期奴隶起义领袖柳下跖提出的"耕而食，织而衣"的主张，就是奴隶们的经济思想。在封建社会里，农民起义和农民战争中提出来的"均贫富，等贵贱"等口号，就是农民的经济思想。通过这种研究，职工们进一步认识到，归根到底，人民群众是社会发展的真正动力。法家代表人物只能在人民群众创造历史的过程中起一定的进步作用。

（四）坚持马克思主义的辩证法，对法家的经济思想和路线进行一分为二的评价。

列宁指出："判断历史的功绩，不是根据历史活动家没有提供现代所要求的东西，而是根据他们比他们的前辈提供了新的东西。"根据马克思主义的这个观点，我们对商鞅、秦始皇、刘邦、桑弘羊、曹操、武则天、柳宗元、王安石等法家代表人物的经济思想和政策进行了分析和评价，既充分肯定了他们在历史上的进步作用，又指出了他们的阶级和历史的局限性。

开始时，对有些法家代表人物的评价，在职工中有争论，经过讨论，最后才取得了一致的认识。例如，评价曹操时，大家都感到他一生的政治活动是很复杂的，一开始对如何评价，都拿不定主意。经过和职工一起讨论，大家认为，曹操虽然镇压过黄巾起义，但是长期推行法家路线，统一中国北方，在经济上主张限制土地兼并，实行"以农治国"、"兵农合一"的屯田政策，对恢复和发展生产起了促进作用，是三国时期一个杰出的法家人物。在肯定曹操在历史上的进步作用的同时，我们还看到他限制兼并和推行屯田制，并不是为了农民的利益，也不是不要剥削。他搞屯田时，规定使用官方耕牛的，应上缴收获的六成，使用私人耕牛的，应上缴收获的五成，剥削量虽比当时的豪门地主有所减轻，但对农民来说负担仍然是很重的。对于其他的法家人物，我们也都力求作出比较全面的评价。

三、研究儒法经济思想斗争史，必须为现实斗争服务

我们研究儒法经济思想斗争史，从一开始就注意了总结历史经验为现实斗争服务的问题。但是，对于怎样运用历史经验为现实斗争服务，部分同志在思想上是不太明确的。在研

究中，有些同志整天忙于翻资料，写讲稿，对联系实际想得少。针对这种情况，我们组织职工再次学习了毛主席关于“古为今用”的原则，使大家进一步统一了思想，在研究过程中，注意研究儒法经济思想斗争和现实斗争的关系。在这方面，我们体会较深的有以下两点：

（一）通过研究儒法经济思想斗争史，进一步认识到，要巩固社会主义经济基础，必须狠抓上层建筑领域的革命。

毛主席说：“经济是基础，政治则是经济的集中的表现。”通过研究儒法经济思想斗争史，一方面使大家更清楚地看到，历史上任何阶级的产生、发展和灭亡，都是由于经济上的原因；社会的发展变化，其根源都深藏在经济的事实之中。另一方面也看到，上层建筑对经济基础又起着巨大的反作用。历史上的各阶级都利用本阶级的意识形态，为形成、发展和巩固自己的经济基础服务。孔孟之道是一切反动没落阶级的意识形态。孔孟之道一出世就是为维护腐朽的奴隶制服务的，后来被历代反动阶级继承和发展成为完备的维护反动阶级统治之道。由于历代反动阶级的大力提倡和强制灌输，孔孟之道成为旧中国的统治思想。到了社会主义革命时期，它又成了被推翻的地主资产阶级和党内修正主义路线头子妄图复辟资本主义的反动思想武器。因此，彻底批判孔孟之道，实现无产阶级在上层建筑其中包括各个文化领域中对资产阶级的全面专政，就成了我们在无产阶级专政下继续革命的一项战略任务。无产阶级的意识形态——马克思主义不占领整个上层建筑，社会主义的经济基础就不能巩固和发展，无产阶级专政就不能巩固和加强。

我们商店在批林批孔运动中，结合研究儒法经济思想斗争史，狠抓了意识形态领域的阶级斗争，发动群众，搜集了地主资产阶级生意经三十多条，对浸透孔孟之道毒汁的反动谚语如“和气生财”、“买卖不成仁义在”、“见什么客人下什么菜”等等，进行了深入的揭发和批判，深挖了资本主义经营思想的老根子，进一步划清了社会主义商业与资本主义商业的界限。同时，我们还抓住业务活动中正反两方面的典型事例，开展了路线教育活动，提高了职工、干部的阶级觉悟和路线觉悟，端正了商店的政治方向，推动业务工作沿着社会主义道路阔步前进。

（二）通过研究儒法经济思想斗争史，加深对“以农业为基础、工业为主导”发展国民经济总方针和“发展经济，保障供给”财经工作总方针的理解，进一步树立了为工农业生产服务，为工农兵服务的思想。

马克思说：“……如果我们把外国贸易丢开不说……就很明白，能够投于工商业上面而

无须从事农业的劳动者人数，……是取决于农业者在他们自身的消费额以上，能够生产多少的农产物。”通过研究两千多年的儒法经济思想斗争史，我们同时也了解到，历史上每个时期商业的发展，贸易的扩大，都是以生产发展为基础的。社会生产的发展必然带来商业上的繁荣，相反，社会生产遭到破坏，商业就会出现衰退。在封建社会前期，法家重农抑商的思想，在一定程度上反映了生产和流通的正确关系。儒家在“重义轻利”的幌子下，反对发展生产，就必然使商业衰退。职工们总结了这方面的历史经验，进一步加深了对毛主席关于**“以农业为基础、以工业为主导”**发展国民经济的总方针和**“发展经济，保障供给”**的财经工作总方针的理解，认识到这两个方针都正确地反映了社会主义时期工业和农业，生产和流通的辩证关系。只有以农业为基础，才能为工业大发展提供前提，而工业的发展反过来又支援农业，加速农业现代化的步伐。只有发展工农业生产，才能保障供给，保障供给反过来又促进工农业生产的发展。同时，通过研究儒法经济思想斗争史，我们也进一步批判了刘少奇、林彪在商业上鼓吹的“流通决定生产”和商业的任务是“吃穿加赚钱”的谬论。刘少奇、林彪这两个修正主义路线头子，颠倒生产和流通的关系，其罪恶目的在于瓦解社会主义的经济基础，颠覆无产阶级专政，复辟资本主义。大家说：我们社会主义商业职工要自觉地贯彻执行**“以农业为基础、工业为主导”**和**“发展经济，保障供给”**的两个总方针，牢固树立为无产阶级政治服务，为工农业生产服务和为工农兵服务的思想，充分发挥社会主义商业的作用，更好地支持生产，促进工农业的发展。职工、干部认真贯彻这两个总方针，本着对人民、对党负责的精神，努力改善服务态度，提高服务质量，受到工农群众的欢迎，起到了支持了工农群众搞好生产的作用。

我们学习马克思主义，研究儒法经济思想斗争史，还仅是开始。我们的研究工作还存在着不少缺点和问题。但是，通过前一段的实践，我们深深地体会到，历史这门学问并不神秘，经济思想史也不是高不可攀，只要认真学习马克思列宁主义、毛泽东思想，工农兵完全能够占领经济史学的阵地。

加快社会主义建设步伐

深入批林批孔　掀起工业生产新高潮

市革委生产指挥部理论小组

在毛主席革命路线指引下，我市工交战线在革命步步深入、生产日新月异的大好形势下渡过了团结战斗的一九七四年。在这一年里，伟大的批林批孔运动不断向着普及、深入、持久的方向发展，无产阶级文化大革命的成果进一步巩固和发展，工业学大庆的群众运动更加广泛、深入，技术革新、技术改造蓬蓬勃勃，工业生产创造了历史最好水平。当前工交战线广大职工正满怀革命豪情，学先进，争上游，以战斗的步伐，沿着毛主席的无产阶级革命路线，为夺取一九七五年新的胜利奋勇前进。

“路线是个纲，纲举目张。”一年来的实践，使我们深深体会到：大好形势是在斗争中得来的，是批林批孔的结果。要进一步发展大好形势，掀起工业生产新高潮，就要坚持党的基本路线，坚定不移地把批林批孔放在首位继续抓紧抓好。毛主席教导我们：**“整个过渡时期存在着阶级矛盾、存在着无产阶级和资产阶级的阶级斗争、存在着社会主义和资本主义的两条道路斗争。忘记十几年来我党的这一条基本理论和基本实践，就会要走到斜路上去。”**在当前的大好形势下，我们要深刻领会、牢牢记住毛主席的这一教导，不断提高坚持党的基本路线的自觉性。毛主席提出的党在整个社会主义历史阶段的基本路线，是我们党的生命线，是一切工作的总纲，是办好社会主义企业的根本。工厂企业中存在着各种矛盾，但其中主要的、起决定作用的是两个阶级、两条道路的矛盾。在生产资料所有制社会主义改造基本完成以后，工厂企业里的阶级斗争并没有结束，被推翻的资产阶级和一切剥削阶级总是妄图把复辟希望变成复辟行动；他们在我们党内的代理人总是极力推行修正主义路线，妄图改变企业的社会主义性质；维护旧制度的封资修的意识形态，还在侵蚀人们的头脑，不愿意轻易退走。因此，社会主义和资本主义之间谁胜谁负的问题还没有真正解决，只有坚持党的基本路线，抓好两个阶级、两条道路、两条路线的斗争，把巩固无产阶级专政的任务落实到基层，使企业沿着社会主义道路不断前进，工业生产才能有正确的方向，才会有强大的动力，工业生产新高潮的出现并健康地发展，才会有根本保证。

坚持党的基本路线，当前就要继续抓好批林批孔。批林批孔是上层建筑领域里马克思主义战胜修正主义，无产阶级战胜资产阶级的政治斗争和思想斗争。它的目的，就是要用马克思主义占领上层建筑各个领域，用社会主义正气战胜资本主义邪气，巩固无产阶级专政，加强社会主义经济基础，防止资本主义复辟，使社会主义的江山永不变色。这是反修防修的百年大计，是一项长期的艰巨的战斗任务。那种看到运动取得很大胜利，生产任务一紧，就认为批林批孔已经“差不多了”的思想，是十分错误的。要清醒地看到，对林彪的修正主义路线及其反革命罪行，还需要更深入地批判；要肃清孔孟之道的影响，更需要经过长期的斗争；学习毛主席的军事思想，批判林彪资产阶级军事路线，还必须坚持下去；用马克思主义的立场、观点、方法研究法家著作，研究儒法斗争和整个阶级斗争的历史经验，做到古为今用，还需要继续努力；认真搞好工交战线的斗批改，还有大量的工作要做。我们必须深入学习党的基本路线，不断加深对批林批孔运动的性质、目的和意义的理解，提高继续搞好批林批孔的自觉性，克服任何自满松劲情绪，永远保持旺盛的战斗意志，戒骄戒躁，乘胜前进，把这场反修防修的伟大斗争进行到底。

继续搞好批林批孔，要把主要注意力放到学习和批判上来。学习和批判要紧密联系实际。只有把批林批孔同工交战线现实的阶级斗争和路线斗争紧密地结合起来，才能把运动引向深入，也才能发挥批林批孔的强大动力作用。实践表明，凡是认真看书学习，抓好批林批孔，并且很好地联系了本单位实际的，革命就步步深入，生产也蒸蒸日上；反之，革命就深入不下去，生产也搞不上去。工交战线批林批孔联系实际，主要是解决方向、路线方面的问题。在我们工交企业里，包括一些先进企业在内，坚持社会主义道路，反对资本主义倾向的斗争，按照毛主席革命路线办好社会主义企业，反对修正主义办企业路线的斗争，是长期的、复杂的。那种“浅尝辄止”的作法，“一劳永逸”的想法，都不符合基本路线的精神，是十分有害的。在批林批孔中，我们必须紧密联系本单位的实际，发动群众抓住方向、路线方面的问题，结合贯彻“鞍钢宪法”和开展工业学大庆运动，搞好学习和批判，推动企业的斗批改。在联系实际中，要坚持把斗争的矛头对准林彪、孔老二，牢牢掌握大方向，切实执行党的各项政策，严格区别两类不同性质的矛盾，特别是正确处理人民内部矛盾，团结百分之九十五以上的干部和群众，准确地打击一小撮反革命分子的破坏活动。只有这样，才能搞好学习与批判，使企业的斗批改沿着社会主义方向大步前进。

马克思指出："最强大的一种生产力是革命阶级本身"。经过无产阶级文化大革命和批林批孔运动，广大工人群众发挥了主力军作用，以势如破竹的英雄气概，深入批判反革命修正主义路线，横扫几千年遗留下来的反动没落阶级的意识形态孔孟之道，学习提高到了新水平，阶级斗争、路线斗争和继续革命的觉悟大大提高，主人翁责任感显著增强，大干社会主义的积极性空前高涨。他们坚持前进，反对倒退，坚持革命，反对复辟，坚持社会主义，反对资本主义，以党的基本路线观察问题，讲大局，讲团结，讲纪律，不仅搞好生产，还要把好路线关，自觉地做企业的主人、国家的主人、时代的主人。他们走大庆道路，学"铁人"精神，大干苦干，发扬了高度的积极性和创造性，许多过去没有想到的事想到了，过去办不到的事办到了，不断取得抓革命、促生产的新胜利，为社会主义建设作出更大贡献。天津站、天津重型机器厂、天津动力机厂、冷轧带钢厂、天津自行车厂、第一石油化工厂等许多先进单位，坚持党的基本路线，狠抓批林批孔，全面贯彻"抓革命，促生产"的方针，职工思想面貌发生深刻变化，生产大幅度增长，为我们工交战线掀起工业生产新高潮提供了有益的经验。

毛主席在《中国农村的社会主义高潮》一书中教导我们："现在全国农村中已经出现了社会主义改造的高潮，群众欢欣鼓舞。这件事给了一切共产党人一个深刻的教训：群众中蕴藏了这样大的社会主义的积极性，为什么在许多领导机关，在几个月以前，居然没有感觉到，或者感觉的那样少呢？领导者们所想的同广大群众所想的，为什么那样不一致呢？以此为教训，那末，今后对于有相似情况的事件和问题，应当怎样处理才好呢？回答只有一句话，就是不要脱离群众，要善于从本质上发现群众的积极性。"今天重温毛主席这一伟大教导，有着非常重要的现实意义。只要我们真正从本质上看到经过无产阶级文化大革命和批林批孔，在群众中焕发出来的极大的社会主义积极性，全心全意地依靠工人阶级，调动一切积极因素，团结一切可以团结的人，我们就能够信心百倍，跟上飞跃发展的新形势，战胜前进中的困难，站在运动前头，带领广大群众迅速掀起工业生产新高潮！

毛主席教导我们："我们不能走世界各国技术发展的老路，跟在别人后面一步一步地爬行。我们必须打破常规，尽量采用先进技术，在一个不太长的历史时期内，把我国建设成为一个社会主义的现代化的强国。我们所说的大跃进，就是这个意思。"我们要把批林批孔焕发出来的广大职工的社会主义积极性，组织起来，大搞技术革新、技术改造。开展技术革新、技术改造是充分挖掘现有企业内部潜力、多快好省地发展生产的可靠途径，也是坚持独立自主、自力更生方针，走自己工业发展的道路，赶上和超过世界先进水平的有效途径。搞不搞技术革新和技术改造，是在生产技术领域里，革新与守旧、前进和倒退的两条路线、两种思想的斗争。要破除迷信，解放思想，广泛发动群众，充分发挥群众的干劲、智慧和创造性，大搞技术革新、技术改造。要把发展生产的立足点放在改造现有企业和推广新技术上，树雄心，立壮志，尽量采用先进技术，赶超国内外先进技术水平。要用组织大会战的办法搞出具有现代水平的新材料、新工艺、新技术、新产品，努力提高我市工业原材料的自给水平、配套水平、技术水平和生产水平，向技术革新要产量、要质量、要设备、要劳力，充分发挥现有企业的潜力，大力支援农业，加强基础工业，搞好国防工业，努力增产节约，提高产品质量，增加产品品种，增加急需的短线产品，多快好省地全面完成和超额完成国家计划。

路线是根本，力量在群众，关键在领导。要继续搞好批林批孔，掀起工业生产新高潮，必须进一步加强党的一元化领导，坚持按照“三要三不要”的原则，把各级党委建设成为一个执行毛主席革命路线和政策的战斗指挥部。经验证明：那里领导班子坚持马列主义原则，搞好党委“一班人”团结，带头大干社会主义，那里革命和生产就搞得好；那里领导班子没有清除修正主义路线的影响，闹不团结，缺乏革命干劲，那里革命和生产就搞不好。因此，我们必须坚持认真看书学习，刻苦攻读马列和毛主席著作，努力掌握马克思主义的立场、观点、方法，并切实抓好马克思主义理论队伍的建设；必须坚持贯彻民主集中制，加强党委“一班人”的革命团结，加强工人队伍的革命团结，加强党和群众的密切联系；必须不断改进作风，深入基层，坚持干部参加集体生产劳动，做好政治思想工作，关心群众生活，加强安全生产，同时搞好调查研究，抓好典型，以点带面，推动全盘。只有这样，坚持大学马克思主义，大批修正主义，大干社会主义，掀起学习马列和毛主席著作的新高潮、批林批孔的新高潮，推动抓革命、促生产的新高潮，才能不断发展革命和生产的大好形势。

今年是第四个五年计划的最后一年，是完成和超额完成第四个五年计划关键的一年。我们一定要以党的基本路线为纲，认真贯彻毛主席“备战、备荒、为人民”和“深挖洞、广积粮、不称霸”的伟大战略方针，坚持执行“鼓足干劲，力争上游，多快好省地建设社会主义”的总路线和“以农业为基础、工业为主导”的发展国民经济总方针，发扬独立自主、自力更生的革命精神，深入开展工业学大庆群众运动，狠抓革命，猛促生产，全面超额完成第一季度生产计划，为新的一年创造良好开端，打下胜利的基础。让我们在毛主席革命路线指引下，团结战斗，夺取革命和生产新的更大的胜利！

抓紧批林批孔
掀起农田基本建设新高潮

市革委农村工作委员会理论小组

在批林批孔运动普及、深入、持久发展的大好形势下，在市农业学大寨经验交流会精神的鼓舞下，一个千军万马大搞农田基本建设的新高潮，已在我市广大农村蓬勃兴起。这次农田基本建设新高潮，具有动手早、规模大、进度快、质量好的特点，对于夺取今年农业的新丰收，对于进一步改变我市农业生产条件，将起重要作用。

大搞农田基本建设，是落实毛主席关于"备战、备荒、为人民"和"深挖洞、广积粮、不称霸"伟大战略方针，建设社会主义现代农业的一项重要措施。搞农业，不坚定地走社会主义道路，不下苦功夫大搞农田基本建设是不行的。土是农业的基础，水是农业的命脉，搞农业不抓土和水，是不能稳产高产的。我市农村许多社队，以党的基本路线为纲，深入批林批孔，开展农业学大寨运动，大搞农田基本建设，把高洼不平、产量很低的贫瘠土地改造成沟渠相通、渠路配套、排灌畅通的条田，使"碱窝"变成了良田，缺水的"望天田"变成了水浇田，跑水、跑土、跑肥的"三跑"田变成了"三保"田，从而使粮食产量大幅度上升。他们的经验证明了"有土有水才能有粮"这样一条客观规律，使人们更加看清了改变生产条件和提高产量之间的因果关系。一九七四年，我市农业生产获得丰收，粮食亩产超过"纲要"，最根本的原因是深入开展了批林批孔运动，同时，一九七三年冬到一九七四年春狠抓了农田基本建设，也是一个重要条件。

我们的社会主义制度较之一切剥削制度具有极大的优越性。社会主义制度为大搞农田基本建设提供了条件，同时，也提出了要求。**"社会主义不仅从旧社会解放了劳动者和生产资料，也解放了旧社会所无法利用的广大的自然界。"**农田基本建设，就是在社会主义制度下由解放了的劳动者进行的一场解放自然界潜力的斗争。经过无产阶级文化大革命，特别是批林批孔运动，广大的农村干部和贫下中农，提高了社会主义觉悟，焕发了极大的革命积极性。他们满怀马列主义的雄心壮志说：“干社会主义，就一定要把地种成社会主义农田的样子！”大家深刻地认识到，我们现在的农村经济，是社会主义的农业经济，农业是整个国民经济的基础，如果不搞农田基本建设，不改变生产条件，凑凑合合种“应付田”，依然在旧有的土地上维持简单的再生产，好年成顶多弄个够吃有余，一遇自然灾害就吃“供应粮”，这不但妨害农村社会主义集体经济的巩固和发展，而且还会拖国家整个社会主义建设的后腿；而当我们大搞了农田基本建设，改变了生产条件，使农业大上快上，就会加快社会主义建设的步伐，为不断巩固无产阶级专政的社会主义制度提供坚实的物质基础。西郊区小孙庄、武清县小营等大队的干部和群众，正是基于这样的认识，把大搞农田基本建设，看作是搞不搞社会主义，是不是真正具有继续革命觉悟的大问题，所以才不光说在嘴上，写在纸上，而是真正体现在行动上，从而作出了比较大的成绩。

近年来我市农业学大寨运动的实践告诉我们，抓路线是学大寨的根本，同时，大搞农田基本建设，也是学大寨的一个重要方面。大寨的干部和群众，坚持党的基本路线，坚持社会主义方向，自力更生，艰苦奋斗，用双手改造了七沟、八梁、一面坡，在荒山秃岭上建造“大寨田”，使太行山顶变“江南”。学大寨，就要坚定不移地走社会主义道路，努力创社会主义大业，以重新安排山河的革命气概，积极改变生产条件，做到人变、地变、产量变，把农村建设成为发展社会主义经济，巩固无产阶级专政的坚强阵地。

中央“两报一刊”今年元旦社论《新年献词》中指出：“随着批林批孔运动的深入，必将出现一个社会主义建设的新高潮。我们对这一点要有足够的估计。”处在农业战线上的各级领导同志，对于广大贫下中农和社员群众在批林批孔中焕发出来的极大的社会主义积极性，必须有充分的认识。当前，要不失时机地把群众的这种积极性引导到大搞农田基本建设上来。这样，就能丰富批林批孔的成果，发展农村的大好形势。

市委提出，今年我市粮食亩产要在去年超“纲要”的基础上过“黄河”。这个任务是光荣而又艰巨的。从全市农村来看，目前还有一半左右的土地是大平小不平，有近一百万亩的盐碱地没有改造好；水的问题还没有从根本上解决。在这种情况下，如果迂到大旱大涝，不少社队的农业生产就可能下降。因此，要夺取今年更大的丰收，就必须振奋革命精神，鼓足革命干劲，大搞农田基本建设，进一步改变农业生产条件，逐步作到象大寨那样能够经得起大旱大涝的考验。去冬今春我们需要完成二百多万亩的改土任务，在汛前要完成二万多个流量的扬水站建设和配套工程，并且要充分利用坑塘洼淀蓄水，合理开发地下水，全年打井五千眼，为夺取今年的更大丰收积极创造可靠的条件。

要完成今年农田基本建设的任务，进一步改变农业生产条件，就必须遵照毛主席关于“路线是个纲，纲举目张”的教导，坚持“抓革命，促生产”的伟大方针，把批林批孔放在首位，继续抓紧抓好。必须看到，当前在我市广大农村中大搞农田基本建设的新高潮之所以能够形成，正是普及、深入、持久地开展批林批孔斗争的结果；要推动农田基本建设新高潮的发展，还必须靠继续抓紧抓好批林批孔。小靳庄大队，以大寨为榜样，坚持政治挂帅，实行“五到”农田基本建设工地，即政治夜校办到工地，批林批孔开展到工地，大批判专栏建到工地，革命样板戏唱到工地，革命诗歌赛到工地，大大提高了群众的政治觉悟，激发了大家的劳动热情，使农田基本建设搞得又多又快又好又省。许多地方，在批林批孔中联系实际，发动群众批判了“丢下农业抓现钱”的资本主义倾向，坚持了以农为主创大业的社会主义方向，从而组织起了浩浩荡荡的革命大军，出现了大搞农田基本建设的大好局面。无数事实说明，不抓紧抓好批林批孔，不解决好路线、方向、道路和干劲问题，农田基本建设是不能搞好的。因此，必须克服批林批孔“差不多了”的自满松劲情绪，坚持继续搞好批林批孔，用批林批孔统帅和推动农田基本建设和各项农业生产。在批林批孔中，要把主要的注意力放到学习和批判上，紧密联系农村两个阶级、两条道路、两条路线斗争的实际，有的放矢地进行党的基本路线教育，使广大干部和群众更加自觉地坚持前进，反对倒退，坚持革命，反对复辟，坚持社会主义道路，反对资本主义倾向，继续落实党在农村的各项政策，调动一切积极因素，加快农田基本建设和农村社会主义建设的步伐。

要完成今年农田基本建设的任务，进一步改变农业生产条件，在解决好路线问题的前提下，“关键在于一个很大的干劲”。舒舒服服学不了大寨，轻轻松松改变不了面貌。一定要树搞马列主义的雄心，立干社会主义的壮志，敢走前人没走过的新路，敢干前人没干过的大事业，自立更生，艰苦奋斗，大干、苦干、巧干，重新安排山河。有的同志说得好，社会主义不是从天上掉下来的，也不是伸手要来的，是斗出来的，是靠自已的双手干出来的。“早干早变，大干大变，大干了还要大干”。许多社队发扬了“一颗红心两只手，自力更生样样有”的革命精神，使农田基本建设办得又多又快又好又省。静海县独流公社北刘村大队就是在“大寨能治山，我们为什么不能治服旱、涝、碱！不跨‘长江’非好汉”的战斗口号鼓舞下，依靠群众自己的力量，经过一个冬春顶风雪冒严寒，战天斗地，出大力流大汗，改变了生产条件，去年粮食亩产由以往的四百多斤一跃而为八百多斤，跨过了“长江”。事实证明，“越靠志越短，越靠人越懒”。不错，国家是大力支援社队搞农田基本建设的。但是，社队决不能单纯依赖国家支援。如果存在单纯依赖国家支援的思想，即使国家给了东西，也不能很好地发挥作用。

要完成今年农田基本建设的任务，进一步改变农业生产条件，还必须把革命精神和科学态度结合起来。不但要“越干越想干，越干越敢干”，而且要“越干越会干”。想干不想干是想不想搞社会主义的问题，敢干不敢干是树立还是没有树立马列主义雄心壮志的问题，而会干不会干，则是革命精神有没有和科学态度相结合的问题。只有在解决好前两个问题的前提下同时解决好后一个问题，农田基本建设才会沿着健康的道路发展。各级领导一定要依靠群众进行认真的调查研究，并且在群众路线的基础上作出全面规划。要从我市农村的实际出发，针对地势低洼、盐碱易涝、水源不足的特点，采取综合治理，灌、排、蓄、滞相结合的办法，建设旱涝保收、稳产高产田。要远近结合，立足当前，放眼长远，因地制宜地确定主攻方向，集中兵力打歼灭战，力争当年生效，并为长远建设打好基础。改土任务的重点要放在改造低洼盐碱地和“拉腿田”上，作到：地面平整，保水、保土、保肥；深耕细翻，改良土壤；遇旱能灌，遇涝能排；田、渠、林、路纵横相间，整齐配套。在这场大搞农田基本建设的紧张战斗中，领导者还要关心群众生活，注意工作方法，以便使群众的革命积极性得到保持和发扬。

“农业要上去，干部要下去”，农业要大上，领导班子就要革命化。在热火朝天的农田基本建设新高潮中，农村各级党组织要增强“一班人”的团结，充分发挥战斗堡垒作用，教育党员发挥先锋模范作用。“只要干部带了头，群众就会有劲头”。各级干部要带头学马列，带头讲路线，带头搞批判，带头拚命干，带领群众大干社会主义，为实现我市今年粮食亩产过“黄河”，为建设现代化农业而努力奋斗！

党　的　生　活

共产党员要作学习马克思主义批判修正主义的模范

中共天津市河北区委　朱轩文

学习马克思主义的问题，是全局性的问题，是同党的路线，同党的建设，同革命的成败联系在一起的。对于每个共产党员来说，学习问题也是一个带根本性的问题，是搞马克思主义，还是搞修正主义的原则问题。十大党章把“认真学习马克思主义、列宁主义、毛泽东思想，批判修正主义”，列为党员五个“必须做到”的第一条。因此，学不学马列著作和毛主席的著作，批不批修正主义，是个党性问题。

经过一年来的批林批孔运动，全市广大党员刻苦攻读马列著作和毛主席著作的自觉性大大提高，在学习和批判中，在抓革命促生产以及其它方面，起了积极的模范带头作用，并且在实践斗争中，更加体会到：马克思列宁主义、毛泽东思想是无产阶级认识世界、改造世界的锐利武器，是批判修正主义和反动没落阶级的意识形态的强大思想武器，只有学懂弄通马克思主义，才能把路线搞对头，提高洞察事物的能力，在尖锐复杂的阶级斗争和路线斗争中，辨明是非，识别真假，坚持坚定正确的政治方向，永葆共产主义先锋战士的本色。

战斗的一九七五年已经到来。为了继续搞好批林批孔，进一步发展革命和生产的大好形势，每个党员都需要加倍努力学习，力争多学一点，学好一点，百尺竿头，更进一步。在这种情况下，特别需要警惕学习上的敌人，这个敌人就是自满情绪。必须看到：批林批孔不是搞得“差不多”了，而是需要更加普及、深入、持久地发展；我们不是学得“够用了”，而是“学无止境”；生产任务重，不是就可以不学习了，而是更需要努力学习，在一切工作中坚持马列主义、毛泽东思想挂帅。

党的基本路线告诉我们：在社会主义整个历史阶段中，始终存在着阶级、阶级矛盾和阶级斗争，存在着社会主义同资本主义两条道路的斗争，存在着资本主义复辟的危险性。在无产阶级夺取了政权，剥夺了地主资产阶级手中的生产资料以后，被打倒的剥削阶级赖以进行复辟的“资本”，主要是靠他们在政治思想领域里的影响，靠他们在意识形态方面的力量。全国解放二十多年来的历次阶级斗争和路线斗争的经验证实，阶级敌人总是首先把极大的注意力倾注于意识形态领域，从这里向无产阶级发动猖狂进攻。忘记我党的基本路线，忘记二十多年来阶级斗争和路线斗争的基本经验，就会要走到邪路上去。

批林批孔运动，是上层建筑领域里马克思主义战胜修正主义、无产阶级战胜资产阶级的政治斗争和思想斗争。在过去的一年里，这场斗争虽然已经取得了伟大胜利，但是今后的任务还很艰巨。正如党中央所指出的，对于林彪的修正主义路线及其反革命罪行“还需要更深入地批”；而“批孔比批林更困难些”，“还要经过长期的斗争”。因此，每个共产党员必须树立长期作战思想，一定要把学习和批判抓得更紧，搞得更自觉，决不可松懈自己的斗志。

中央两报一刊一九七五年元旦社论指出：“批林批孔还要抓紧。要把主要的注意力放到学习和批判上来。对林彪、孔老二的批判，要抓住路线问题，抓住他们搞复辟、搞倒退的反动实质，从政治上、理论上批深批透，进一步用马克思主义世界观批判他们的唯心论和形而上学的反动世界观。”我们能不能完成党中央、毛主席提出的新的战斗任务，重要的一条，是看我们能不能进一步提高马克思主义的理论水平。我们一定要按照中央的规定，在新的一年里，认真学习《哥达纲领批判》、《帝国主义是资本主义的最高阶段》、《国家与革命》、《关于正确处理人民内部矛盾的问题》、《实践论》和《矛盾论》这六本书。要在领会精神实质、努力掌握马克思主义的立场、观点、方法上下苦功夫，很好地用到批林批孔斗争中去，用到三大革命斗争中去。

“这六本书，我们都学过了，有的书学了不止一遍，再学用不着下功夫了”。这种看法是片面的，不正确的。不错，这六本书，在我们大多数同志中间确实都学过，有的还不止学了一遍。但是我们是不是真正学懂弄通了呢？是不是领会得很好、运用得很好了呢？不是的。对这六本书的精神实质，我们领会得还很不够，在掌握和运用其中的立场、观点、方法方面就差得更远。至今不是还有的同志认为读《哥达纲领批判》等书同批林批孔联不上吗？不是还有的同志在分析资本主义经济危机时不善于运用《帝国主义是资本主义的最高阶段》一书的基本观点吗？不是还有的同志在研究儒法斗争和整个阶级斗争史的时候，不善于运用辩证唯物主义和历史唯物主义观点，从中总结对现实有借鉴价值的正反两方面经验吗？因此，这六本书不是读得“差不多”了，而是还要进一步刻苦钻研。

“生产任务重，顾不上学习”；“生产上不去，学习得再好也不能说服人”。这种说法，在理论上是错误的，在实践中是有害的。其错误在于把政治和生产对立起来，并且把两者之间的关系弄颠倒了。其危害性在于会导致脱离无产阶级政治挂帅，离开党的基本路线，滑到邪路上去。

共产党员应该在生产中发挥模范带头作用，带领革命群众多快好省地完成和超额完成党和国家交给的生产任务及各项工作任务。但是，应该看到，在怎样才能把生产搞上去的问题上，从来就存在着两条路线的激烈斗争。**“思想上政治上的路线正确与否是决定一切的。”**马克思主义认为，必须坚持无产阶级政治挂帅，以革命统帅生产、推动生产。路线对了头，生产才能更上一层楼。而一切机会主义头子则极力反对无产阶级政治挂帅，拼命推行一条“指标第一”、“奖金挂帅”的修正主义路线，妄图使我们只埋头生产，不问国家政治生活的大事，忘掉党的路线，忘掉阶级斗争，从而使他们有机可乘，实现其复辟资本主义的阴谋。我们广大共产党员和革命群众，切不要上他们的当。

列宁指出：**“只有以先进理论为指南的党，才能实现先进战士的作用。”**毛主席也教导我们：政治是统帅，是灵魂，是**“一切经济工作的生命线”**。马克思列宁主义、毛泽东思想，是指导无产阶级干革命并夺取胜利的先进思想理论，是我们党的指导思想的理论基础。因此，在生产上，在一切业务工作上，都必须坚持以马列主义、毛泽东思想作统帅。实践已经证明，在无产阶级文化大革命和批林批孔运动中涌现出来的成千上万大庆式的工厂企业、大寨式的队社和县，都是从学习马列和毛主席著作入手，用马列主义、毛泽东思想武装人们的头脑，坚持用马列主义、毛泽东思想统帅生产，才推动生产发生翻天覆地变化的。相反，那些不重视学习马克思主义，不抓意识形态领域的阶级斗争的部门或单位，生产总是上不去的。

也有的同志感到：随着批林批孔运动的深入发展，学习和批判的要求越来越高了，自己水平低，跟不上，有困难。不错，实际困难是有的，但是我们不能被困难吓倒。许多学习好的同志的经验证明，学习上的困难也是“纸老虎”。你越怕它，它就越把你难住了。反之，如果能从战略上藐视困难，在战术上重视困难，积极想办法去克服，困难就会转化成顺利。时间不够，要靠发扬“钉子”精神，去挤时间；文化不高，靠自己钻，还可以请人帮。这里，关键问题在于要有学习自觉性，要有恒心，有毅力。我们要胸中装着共产主义大目标，树立为革命而学的思想，发扬迎着困难上的革命精神。有了这种学习精神和劲头，就会在学习方面下苦功夫，就能学好用好，把林彪反革命的修正主义路线和孔孟之道批深批透。

“重要的问题在善于学习”。我们要按照毛主席关于**“认真看书学习，弄通马克思主义”**的教导办事，把学习和批判提到**“要搞马克思主义，不要搞修正主义”**的高度，提到党性的高度来认识，在批林批孔运动中，在学习和批判上继续发挥共产党员的模范作用。

干部参加集体生产劳动是反修防修的一件大事

天津市建筑工程局理论小组

伟大领袖毛主席指出：**“必须坚持干部参加集体生产劳动的制度。我们党和国家的干部是普通劳动者，而不是骑在人民头上的老爷。干部通过参加集体生产劳动，同劳动人民保持最广泛的、经常的、密切的联系。这是社会主义制度下一件带根本性的大事，它有助于克服官僚主义，防止修正主义和教条主义。”**毛主席的教导，深刻地阐明了干部参加集体生产劳动的重要性。认真执行毛主席的这一指示，对于保证我们的党和国家永不变颜色，巩固无产阶级专政，防止资本主义复辟，具有十分重要的意义。

我们党和国家的干部，不是要做官，而是为了革命，才走上自已的工作岗位。我们除了为解放全人类而进行工作和斗争外，并不要求任何特权。干部以普通劳动者的姿态参加集体生产劳动，是为了同广大群众保持最密切的联系，不忘劳动者的本色；为了接受工农群众的再教育，彻底改造世界观；为了在三大革命斗争第一线，锻炼出一身为人民服务的本领。

干部经常参加生产劳动，和群众紧密地结合在一起，也是我们党的光荣传统。从井冈山斗争到南泥湾大生产运动，从抗日战争时期的劳武结合，到解放后的干部下放劳动锻炼，这个光荣传统一直继承和发展下来。大批的干部在毛主席和我们党的关怀和教育下，通过参加生产劳动，和工农群众相结合，锻炼成能文能武，既能打仗又能生产、又能做群众工作的又红又专的干部，为保证党的事业从胜利走向胜利作出了应有的贡献。

坚持干部参加集体生产劳动的制度，密切地联系群众，是我们党的社会主义和共产主义革命事业的性质决定的。我们的革命事业，是彻底推翻资产阶级和一切剥削阶级，用无产阶级专政代替资产阶级专政，用社会主义战胜资本主义，最终目的是要实现共产主义。这个事业从来就不是少数人的事业，而必须动员亿万人民群众自已起来进行长期的、曲折的、复杂的斗争，才能够达到目的。因此，用马克思列宁主义、毛泽东思想，去宣传群众、发动群众、组织群众、武装群众，把党的纲领、路线、方针、政策，变为广大工农群众的自觉行动，就是一件极关重要的工作。干部参加集体生产劳动，与工农打成一片，最了解工农的思想感情，能够把宣传工作和组织工作做得更深更细，能够把群众团结得更紧，这样，就能保证在党的统一领导下，充分发挥群众中蕴藏着的社会主义积极性，加快社会主义革命和社会主义建设的步伐，为将来向共产主义过渡创造有利条件。

坚持干部参加集体生产劳动的制度，是更好地执行党的基本路线，更有力地推动三大革命斗争的需要。毛主席为我们党制定的基本路线告诉我们：社会主义是一个相当长的历史阶段，在这个历史阶段中，始终存在着阶级、阶级矛盾和阶级斗争，存在着社会主义和资本主义两条道路的斗争，存在着资本主义复辟的危险性。而阶级斗争的动向，关起门来坐在办公室里是很难看清楚的，更不可能抓好。这就要求我们的干部经常深入到基层去，到阶级斗争的第一线去，发动和依靠广大革命群众，绷紧阶级斗争这根弦，积极开展阶级斗争和路线斗争。这样，才能把巩固无产阶级专政的任务真正落实到基层。同样道理，要想加强对生产斗争和科学实验的领导，干部也必须到生产斗争和科学实验的第一线去，向实际调查，向群众学习，这样才有发言权，才能对实际工作真正起到指导作用。

干部参加集体生产劳动，也是加强世界观的改造，建设一支坚强的无产阶级干部队伍的需要。广大干部经常参加生产劳动，把自己置于广大群众的监督之下，能够从工农群众那里学到取之不尽、用之不竭的好思想、好作风，有助于克服和防止官气、暮气和自我高明论等坏思想坏作风，从而使我们的干部永葆革命青春。

总之，坚持干部参加集体生产劳动的制度，是坚持无产阶级专政下继续革命，加强党的建设，反修防修，巩固无产阶级专政，防止资本主义复辟的一件大事。这是毛主席总结了我们党和国际共运史上的经验教训，向全党提出的一条把无产阶级革命进行到底的战略措施。我们必须认真执行，并且把这一制度坚持得更好。

世界经济问题问答

什么是资本主义经济危机？

资本主义经济危机，就是资本主义生产相对过剩的危机，**“在危机期间，发生一种在过去一切时代看来都好象是荒唐现象的社会瘟疫，即生产过剩的瘟疫。”**（马克思、恩格斯：《共产党宣言》）这种生产“过剩”，并不是个别部门、个别行业的生产“过剩”，而是各行各业全面的“过剩”。危机的通常表现是商品“过剩”，销售困难，库存增加，出现商业危机。商业危机，迫使生产急剧缩小，整个社会生产总衰退，大批企业破产倒闭，工人职员大批失业，出现产业危机。商品销售困难，企业破产，又使得支付手段奇缺，价格下跌，股票行市下降，债务不能如期还清，整个社会的信用制度发生混乱，出现信用危机。在危机期间，整个社会的生产力遭到很大破坏。资本主义这种生产“过剩”，并不是社会上生产出来的东西太多了，超过了社会的需要，而是因为广大劳动人民购买能力低下，买不起。所以它不是绝对过剩，而是与人民购买力相对而言的相对过剩。在危机期间，一方面是生产“过剩”，资本家掌握的大量商品卖不出去，堆积在仓库里发霉、腐烂，甚至被资本家毁掉；另一方面，大批工人失业，广大劳动人民实际收入急剧下降，更感到生活必需品的缺乏。正如恩格斯所指出的：**“这里是生产资料和产品过剩，那里是没有工作和没有生活资料的工人过剩。”**（《社会主义从空想到科学的发展》）这就是资本主义社会残酷的现实。

经济危机往往同政治危机同时发生和互相交织，特别是在资本主义进入总危机以后，经济危机更是同政治危机紧密结合在一起。斯大林说：**“世界资本主义体系的总危机，是既包括经济、也包括政治的全面危机”**（《苏联社会主义经济问题》）。资本主义经济危机暴露出资本主义制度的腐朽性，它表明资本主义生产关系已经成了生产力发展的桎梏，要求由新的生产关系即社会主义生产关系来代替。

资本主义经济危机产生的根源是什么？

资本主义经济危机的出现，决不是偶然的。它是资本主义制度的必然产物，是由资本主义的基本矛盾，即生产的社会性和占有制的私人性之间的矛盾所决定的。正如斯大林所指出的：**“生产过剩的经济危机的根源和原因在于资本主义经济制度本身。危机的根源在于生产的社会性和生产成果的资本主义占有形式之间的矛盾。资本主义的这个基本矛盾的表现，是资本主义生产能力的巨大增长和千百万劳动群众的有支付能力的需求相对缩小之间的矛盾”**（《联共（布）中央委员会向第十六次代表大会的政治报告》）。

资本主义生产的社会性，是指：生产资料使用的社会化，生产过程的社会化，产品的社会化。所谓生产资料使用的社会化，就是资本主义大生产的工具和机器等生产资料，需要众多的工人聚在一起共同操作才能使用。所谓生产过程的社会化，就是大规模的生产使社会分工越来越细，因此，要求生产过程的各个部分、各个部门都要有机地联系起来。所谓产品的社会化，就是生产出来的产品，不是为资本家个人消费，而是要拿到市场上去向整个社会推销，并且变为社会消费的商品。这样，资本主义的整个生产，就结合成为一个互相依存、互相联系的整体。这种生产的社会性，只有生产资料的公有制才能与之相适应。但是，在资本主义制度下，生产资料是为一小撮资本家所占有的，这就形成了资本主义生产的社会性同占有制的私人性之间的对抗性矛盾。

资本主义生产的社会性同生产资料占有的私人性之间的矛盾，首先表现在社会生产与社会购买力之间的矛盾上，也就是表现在生产与流通、生产与消费的矛盾上。在资本主义条件下，资本家们为了追求利润，不断加重对工人及其他劳动人民的剥削，不断扩大生产，增加生产。但是，资本主义企业生产的东西总是要卖的。而社会上的购买力．归根结底，主要是由广大劳动人民的购买力构成的。资本家们在扩大生产时加重剥削，就使得劳动人民的购买力十分低。这样就产生了一个问题：资本家们扩大生产而增加的商品，遇到了低下的社会购买力，于是许多东西就卖不出去，这就必然导致生产“过剩”的危机。

资本主义生产的社会性同生产资料占有的私人性之间的矛盾，还表现在个别企业生产的有组织性与整个社会生产的无政府状态的矛盾。在资本主义条件下，生产资料的私人占有，使整个社会生产割裂为千千万万个各自为政的企业。每个企业在一定时期内生产什么，生产多少，完全是资本家根据利润的大小来决定的。资本家为了追逐利润，提高竞争能力，总是加重对工人的剥削，加强经营管理，并且采用新的生产技术，使企业的生产具有严密的组织性。可是资本家并不了解也不可能了解整个社会的生产状况和社会需要的情况，因此，整个社会生产是处于无政府状态的。资本主义企业内部的组织性越强，它在社会上的竞争能力也越强。而竞争越激烈，整个社会生产的无政府状态就越严重。整个社会生产的无政府状态越严重，在市场上出现供应与购买力相脱节的情况也越严重，终于要导致一场生产"过剩"的经济危机。

生产的社会性同生产资料占有制的私人性之间矛盾的阶级表现则是无产阶级同资产阶级的对抗性矛盾。资本主义经济危机，本来就是建立在资产阶级占有生产资料，而工人一无所有的基础上，建立在资产阶级对无产阶级及其他劳动人民残酷剥削的基础上。随着资本主义生产的发展，一方面是资本主义生产无限增长的趋势，资产阶级越来越富，越吃越肥；另一方面，是无产阶级和广大人民群众生活日益贫困化，购买能力相对地、甚至绝对地缩小。这一矛盾尖锐到一定程度，必然爆发生产"过剩"的经济危机，并且导致资本主义的政治危机。特别是资本主义发展到垄断阶段，即帝国主义阶段，垄断资本的统治就更使危机日益加深。

经过一次危机，资本主义生产降下来，使生产和消费的矛盾得到暂时的缓和，但是矛盾并没有解决。过些时候，矛盾又重新尖锐起来，又要爆发一次经济危机。因此，资本主义经济危机是资本主义制度的"不治之症"，要消灭经济危机，就必须消灭资本主义制度。

什么是资本主义经济危机的周期性？

在资本主义制度下，经济危机总是在资本主义经济恶性循环中周期发生的，每隔一个时期就要出现一次。从一次危机开始到下一次危机开始称为一个周期。资本主义经济的每个周期，大体包括危机、萧条、复苏和高涨四个阶段。危机是周期性的决定性阶段。危机持续一个阶段之后，由于社会生产力遭到很大破坏，供过于求的矛盾逐渐缓和，这样就从危机阶段进入萧条阶段。在萧条阶段，生产处于停滞状态，物价低落，劳动人民的购买力仍然很低。资本家为了摆脱困境，在价格低落的情况下获得较高的利润，就必须努力提高劳动生产率，降低生产成本。他们一方面加强对工人的剥削，提高劳动强度，降低工资；另一方面，改进技术，更新设备，提高劳动生产率。经过这样作，使生产有利可图，便逐渐使生产恢复起来，随之商业和信贷也开始活跃，这时就由萧条阶段进入复苏阶段。在复苏阶段，投资继续增加，就业人数日益增多，社会购买力逐步有所提高，价格上涨，利润增加，整个社会的生产逐渐恢复到危机以前的水平。当整个社会生产超过危机前的最高点时，就由复苏阶段进入了高涨阶段。在高涨阶段，利润丰厚，生产迅速扩大，新企业不断建立，商业部门大量增加订货，银行也乐于贷款给资本家，整个资本主义经济呈现出"繁荣"景象。然而好景不长，迅速增长的生产力与相对缩小的人民群众的购买力这一矛盾又重新激化起来，从而生产"过剩"的经济危机就象恶魔一样地再度出现。恩格斯曾形象地指出："运动逐渐加快，慢步转成快步，工业快步转成跑步，跑步又转成工业、商业、信用和投机事业的真正障碍赛马中的狂奔，最后，经过几次拚命的跳跃重新陷入崩溃的深渊。如此反复不已。"（《反杜林论》）

资本主义经济危机的周期性，决不是简单的重复，而是一次比一次更加严重、更加深刻。在自由竞争阶段，从一八二五年英国第一次资本主义经济危机之后，一直到十九世纪末，资本主义世界先后爆发了一八六六年、一八七三年、一八八二年、一八九〇年等几次世界性的经济危机。危机的周期，大约每隔十年左右发生一次，危机和萧条阶段比较短，复苏和高涨阶段比较长。到了垄断阶段，即帝国主义阶段，危机的周期性缩短了。到第二次世界大战前的几十年间，资本主义世界先后爆发了一九〇〇年、一九〇七年、一九二〇年、一九二九年、一九三七年的五次危机。危机的周期从上个世纪平均十年左右一次，变为七、八年一次。第二次世界大战以后，在短短的二十几年间，直到这次危机之前，美国已发生过一九四八至一九四九年、一九五三至一九五四年、一九五七至一九五八年、一九六〇至一九六一年和一九六九至一九七〇年五次经济危机，危机的周期缩短到三、四年。英国和日本也各爆发了五次危机；西德和意大利各爆发了四次；法国最少，也爆发了三次。同时，危机和萧条阶段延长了，高涨阶段缩短了，甚至没有真正的高涨。危机造成的破坏性也越来越大。因此，资本主义国家摆脱危机越来越困难了。正如毛主席所指出的："帝国主义者业已陷人不可解脱的危机之中"。重重危机，加速了资本主义制度的全面崩溃。

当前资本主义世界经济危机的主要表现是什么？

从一九七三年秋天以来，各主要资本主义国家几乎是同时陷入了一场新的危机之中。这次经济危机的特点是：周期性生产"过剩"危机同通货膨胀、金融货币危机交织在一起，多种病症同时并发。这是战后以来少见的严重危机。这次危机的主要表现是：

(一)工业生产下降，固定资本投资减少，开工不足。

各主要资本主义国家自一九七三年经过短暂的"繁荣"之后，从当年秋季以来工业生产普遍下降。工业生产指数和危机前的最高点相比，美国到一九七四年十一月，已下降了百分之四点三；日本到一九七四年十一月下降了百分之十三点四；西德到一九七四年十月下降了百分之三点九；英国到一九七四年十月下降了百分之三点一。

资本家的固定资本投资大大减少。美国的固定资本投资按不变价格计算，从一九七三年第四季起，已连续下降四个季度，下降了百分之四点八。一九七四年以来，日本下降了百分之十点四，西德下降了百分之八，英国下降了百分之七点三。固定资本投资下降说明周期性的经济危机正在发展。

现在，各主要资本主义国家的企业开工率普遍下降。美国制造业开工率一九七三年第四季度为百分之八十二点六，一九七四年第一季度下降到百分之八十点五，到第二季度又减到百分之八十点一；西德制造业一九七三年四月是百分之八十七点五，到一九七四年四月下降到百分之八十三；日本制造业设备利用率一九七四年六月比一九七三年同期下降约百分之十。

(二)市场萎缩，商品积压。

在垄断资本的残酷压榨下，劳动人民生活状况日益恶化，购买力低下，使大量商品找不到销路。一九七四年以来，各主要资本主义国家的国内市场都呈现萎缩。美国国内零售贸易额一九七四年上半年比一九七三年同期约减少百分之四；西德一九七四年上半年零售贸易额比一九七三年同期下降百分之三。随着市场萎缩、销售困难，就使大批商品堆积在仓库里。美国的存货额到一九七四年八月比一九七三年同期增加了百分之二十一；日本工矿业制成品库存率，到一九七四年七月份比一七九三年同期增加约百分之三十；英国的制造业库存，一九七四年第二季度比第一季度增加了九千八百万英镑。

现在几个主要资本主义国家生产的小汽车堆满仓库，大量新建住宅无人租用或购买。还有，纺织品、服装、电视机、计算机等也存货如山，卖不出去。

(三)企业纷纷倒闭，失业工人迅速增加。

在经济危机的袭击下，大批企业纷纷破产。一九七四年头九个月，美国倒闭的企业有七千三百多家。日本一九七四年前十个月倒闭的企业九千多家，这是日本战后以来倒闭率的最高纪录。西德一九七四年上半年倒闭三千五百多家，也开创了战后的最高纪录。和西德同期，英国宣布破产的企业多达四千二百多家。随着生产下降，企业倒闭，各主要资本主义国家失业人数迅速增加。一九七四年十一月份，美国的失业人数已从一九七三年底的四百三十万人，到一九七四年下半年增加到六百万人，失业率达百分之六点五，是一九六一年十月以来的最高纪录。日本到一九七四年十月，失业人数为七十五万人，比去年同期增长百分之四十点二，这是日本战后以来的最高纪录。西德失业人数到一九七四年十一月份已有八十万人，失业率为百分之三点五，是一九五九年以来的最高峰。英国截至一九七四年十月，失业人数达六十二万六千人，比一九七三年同期增加百分之十七点九。法国到一九七四年十月底失业的达六十三万人，是三十年来的最高峰。除全失业者外，还有大批工人由于工厂部分时间停工或“减薪休假”而处于半失业状态。

(四)股票价格普遍下跌。

股票市场价格是反映资本主义社会政治经济情况的晴雨表。随着生产下降，存货增加，企业倒闭，引起了各主要资本主义国家的股票价格的暴跌。以一九七四年八月二十八日的行情为例，与一年前相比，股票价格下跌的幅度为：纽约百分之二十四点五；东京百分之二十三点一；伦敦百分之四十九点二；巴黎百分之三十一点七。西德一九七四年六月二十六日的股票价格与一九七三年最高点相比，下跌百分之三十五点一。英国下跌的更凶，一九七四年九月二十日比年初下跌百分之四十二，跌到了十六年来的最低点。

(五)通货膨胀，物价飞涨。

在目前资本主义世界经济危机中，通货恶性膨胀，速度之快，范围之广，情况之严重，都是战后所未有的。一九七四年以来，各主要资本主义国家的物价猛烈上涨，到九月份，消费物价上涨的年率是：美国百分之十七点一；日本百分之二十三点八；英国百分之十七点一；意大利百分之二十四点六。通货胀膨引起物价飞涨，使劳动人民的购买力进一步下降，造成资本主义金融市场一片混乱。

(六)外贸急剧恶化，国际收支赤字累累。

当前，各主要资本主义国家国际收支赤字相当严重，据“经济合作和发展组织”估计，二十四个成员国一九七四年总共将出现四百亿美元的外贸逆差。美国一九七四年上半年国际收支赤字高达七十二亿美元，几乎等于一九七三年全年赤字的总和。美国、西德等一些大银行相继破产。随着以美元为中心的资本主义世界货币体系的崩溃，西欧金融中心大量抛售美元，抢购黄金的风暴愈演愈烈。西方资本主义国家的货币金融市场患了严重的“贫血症”，资金短缺，周转不灵，信用不稳，投机成风。总之，目前，主要资本主义国家在生产“过剩”危机和通货膨胀、金融货币危机的夹击下，进退维谷，顾此失彼，日子很不好过。

资本主义经济危机产生的后果是什么？

经济危机是资本主义基本矛盾激化的表现，而每次危机的爆发又促使资本主义的一切矛盾尖锐化，从而加重了战争的危险，促进了人民的革命化。

在经济危机期间，资本家之间的竞争进一步加剧，中小企业大量破产倒闭，大资本家则乘机吞并和掠夺。为了提高竞争能力，大企业也实行合并。因此，每一次危机都加速了资本的集中，使大量资本集中在少数大资本家手中。这样，就必然使得生产的社会性和生产资料私人占有之间的矛盾进一步尖锐化。

在经济危机期间，资本家力图用解雇工人、压低工资、提高劳动强度等办法摆脱危机，使工人和其他劳动者的生活更加恶化，因而也就必然使无产阶级同资产阶级之间的矛盾进一步尖锐化，迫使工人起来进行罢工斗争和各种政治斗争。

近来，各主要资本主义国家的罢工斗争蓬勃发展，罢工人数越来越多，罢工的时间越来越长，罢工的规模也越来越大，这就是当前资本主义世界经济危机的直接后果之一。美国在一九七四年，仅上半年工人罢工就有三千多起，　百六十万人参加，是一九六六年以来最高的罢工次数。日本的罢工斗争，其规模是整个战后时期最大的。除工人罢工斗争外，农民抗议收入下降的斗争浪潮也进一步掀起。

在经济危机期间，资本主义国家总是力图把危机转嫁给殖民地和半殖民地。它们以“援助”为名，向殖民地、半殖民地国家大力推销过剩商品，压低价格购买原料，这就造成这些国家经济状况恶化，人民生活更加困苦，从而加剧了帝国主义和殖民地、半殖民地国家人民的矛盾，激起这些国家的民族解放斗争日益高涨。

当前，随着资本主义世界经济危机的爆发，垄断资本一方面减少原料进口，压低原料价格，另一方面，极力增加对第三世界国家高价粮食和过剩工业产品的出口，以此来转嫁危机的损失。一九七四年以来，国际市场上原料性商品普遍大幅度回跌。如铜的价格下跌了百分之五十三，锌下跌了百分之五十，橡胶下跌了百分之五十三。由于原料价格下跌，给原料生产国带来了巨大的损失。最近，苏修社会帝国主义极力向第三世界各国倾销大量陈旧设备，从第三世界掠夺大量石油、天燃气、棉花、橡胶、锡等原料，然后到欧洲市场上去做投机生意，贱买贵卖，牟取暴利。帝国主义，特别是苏美两霸，对第三世界国家转嫁危机的罪恶行徑，激起了广大第三世界国家和人民的强烈反抗。

在经济危机期间，各资本主义国家之间为了转嫁各自的危机，必然要扩大出口，互相争夺，进行狗咬狗的斗争，甚至引起帝国主义战争。这次资本主义世界经济危机以来，不少国家相继采取了“奖出限入”、货币变相贬值的政策，相互之间展开了激烈的贸易战和货币战。随着当前资本主义世界经济危机的深化，苏美两霸之间的争夺更为激烈。在欧洲，苏美两霸互挖墙脚的贸易战十分激烈。苏修拚命要打进西欧市场，大量出卖原材料和半成品。而美国，除了加强对西欧各国的控制和掠夺以外，也拚命加紧对东欧市场的争夺。在中东，美国为了摆脱“石油危机”的重负，正在采取种种手段动摇和威胁阿拉伯石油生产国，以达到其降低石油价格的目的。苏修则采取假支持、真出卖、捞实惠的手法，以达到其在中东扩张势力的野心。欧洲是苏美争夺的重点。随着危机的发展，斗争一定会更加尖锐。

总之，目前资本主义世界经济危机的发展将使苏美两个超级大国争夺世界霸权的斗争更为激烈，使当代世界的各种基本矛盾更加激化。被经济危机激化起来的各种基本矛盾，必然促成全世界人民革命化。“危机是政治变革的最强有力的杠杆之一”（《恩格斯致爱德华·伯恩施坦》）。“新的革命，只有在新的危机之后才有可能。但是新的革命的来临，象新的危机的来临一样，是不可避免的。”（马克思：《一八四八至一八五〇年的法兰西阶级斗争》）当前，随着资本主义世界经济危机后果的日益严重，世界各国人民反殖、反帝、反霸斗争不段高涨，广大第三世界国家，已经成为反对苏美两霸的主力军。资本主义国家内部工人阶级和其他劳动人民反对本国垄断资本的斗争也不断高涨。资本主义国家社会矛盾激化，政局普遍不稳，统治集团不断更迭，统治者就象坐在火山上一样，惶惶不可终日。当前国际形势的特点根本不是什么“缓和”，而是“天下大乱”。苏美两个超级大国互相争夺的结果，总有一天不是他们相互之间打起来，就是人民起来革命；不是战争引起革命，就是革命制止战争。资本主义世界经济危机的频繁爆发，进一步证明，资本主义制度彻底崩溃，社会主义革命在全世界的胜利是不可避免的。

学习通讯

一九七五年　5

毛主席语录

列宁为什么说对资产阶级专政，这个问题要搞清楚。这个问题不搞清楚，就会变修正主义。要使全国知道。

中国的革命是伟大的，但革命以后的路程更长，工作更伟大，更艰苦。这一点现在就必须向党内讲明白，务必使同志们继续地保持谦虚、谨慎、不骄、不躁的作风，务必使同志们继续地保持艰苦奋斗的作风。

学习通讯　　一九七五年　第五期

目　　录

学习无产阶级专政理论　发扬无产阶级革命精神

☆ 五月十日出版 ☆

学习无产阶级专政理论　发扬无产阶级革命精神

务必继续地保持艰苦奋斗的作风

——学习《在中国共产党第七届中央委员会第二次全体会议上的报告》的一点体会

天津市工交建五·七干校理论组

毛主席的《在中国共产党第七届中央委员会第二次全体会议上的报告》，是一篇马列主义的纲领性文献。在这篇光辉著作中，毛主席全面分析了新民主主义革命胜利以后，国内外阶级斗争的新形势和社会各阶级相互关系的变化情况，指出了国内的主要矛盾是**“工人阶级和资产阶级的矛盾”**，无产阶级必须在政治、经济、思想、文化等各个领域学会同资产阶级进行斗争。毛主席科学地预见到，全国解放以后，无产阶级及其政党将不断受到资产阶级糖衣炮弹的袭击，及时地指出：**“务必使同志们继续地保持谦虚、谨慎、不骄、不躁的作风，务必使同志们继续地保持艰苦奋斗的作风。”**当前，在我们认真学习毛主席关于理论问题的重要指示，学习马克思主义无产阶级专政理论的运动中，重温毛主席的这篇著作，重温毛主席关于两个**“务必”**的谆谆教导，感到非常亲切。这对于我们从理论和实践的结合上弄清无产阶级对资产阶级全面专政的问题，坚持党的基本路线，保持艰苦奋斗的作风，反修防修，巩固无产阶级专政，防止资本主义复辟，具有十分重要的意义。

毛主席指出：**“我们要提倡艰苦奋斗，艰苦奋斗是我们的政治本色。”**无产阶级由于与最先进的经济形式相联系，由于在资本主义制度下遭受最严重、最残酷的压迫和剥削，因此，它在革命斗争中，表现得最坚决、最彻底，具有大公无私、勤劳勇敢、一不怕苦、二不怕死的艰苦奋斗的优良作风。当无产阶级还处在“自在阶级”时，这种作风是朴素的；马克思主义一旦武装了无产阶级，使之成为“自为阶级”以后，艰苦奋斗便成为自觉的，成为与实现共产主义大目标紧密结合在一起的巨大的精神力量。在我国长期的革命斗争中，伟大领袖毛主席正是用这种革命的思想作风培育了我们党，成为我们克敌制胜的一个法宝。

一定的作风，是由一定的政治路线所决定并为其服务的。无产阶级革命事业的一切成就，都是靠艰苦奋斗得来的，党的马克思主义路线的贯彻是靠艰苦奋斗的作风来保证的。共产主义事业是人类历史上最伟大最艰巨的革命事业，不经过长期的艰苦奋斗，就不可能取得共产主义的胜利。在过去战争年代里，战斗那样频繁，环境那样艰苦，物质生活又是那样菲薄，而献身于无产阶级革命事业的战士，硬是靠艰苦奋斗，保证了党在新民主主义革命时期总路线的贯彻执行，取得了新民主主义革命的伟大胜利。但是，无产阶级革命与过去任何阶级的革命有着根本的不同。无产阶级夺取政权只是革命的开始，**“只是万里长征走完了第一步”，“只是一出长剧的一个短小的序幕”，“革命以后的路程更长，工作更伟大，更艰苦”**。所以，在社会主义革命和社会主义建设中，仍然必须始终保持艰苦奋斗的作风。只有保持这种作风，保持无产阶级的政治本色，才能坚持无产阶级专政下的继续革命，才能保证党的基本路线的贯彻执行，把社会主义革命进行到底。

实践使我们深刻地体会到，在社会主义时期，在和平环境里，保持艰苦奋斗的作风，要比战争年代困难得多。二十多年来，我们广大党员，我们工人阶级，在毛主席革命路线的指引下，在尖锐、复杂的阶级斗争中保持和发扬了艰苦奋斗的作风，这是我们党和无产阶级革命事业兴旺发达的原因之一。但是，也正如毛主席所预见到的那样，有那么一些意志薄弱者，他们**“经不起人们用糖衣裹着的炮弹的攻击”**，他们在糖弹面前打了败仗。毛主席最近在关于理论问题重要指示中又指出：**“无产阶级中，机关工作人员中，都有发生资产阶级生活作风的。”**认真学习毛主席的指示，总结二十五年来我们在发扬艰苦奋斗作风，抵制“资产”风的侵袭方面的经验和教训，从中找出一些规律性的东西，对于我们继续地保持艰苦奋斗的作风，坚持党的基本路线，是很有意义的。

新民主主义革命胜利以后，无产阶级及其政党的地位变了，掌握了政权，这本来是件大好事。无产阶级只有夺取政权，在其政党的领导下，通过对资产阶级的全面专政，才能逐步过渡到共产主义。但是，也必须看到，由于无产阶级及其政党掌握了政权，阶级斗争出现了新的形势和特点。资产阶级腐蚀和无产阶级反腐蚀的斗争突出起来了，资产阶级千方百计地企图从思想和生活上打开缺口，使无产阶级政党丢掉艰苦奋斗的作风，蜕化变质成修正主义的党，从而达到他们篡权复辟的目的。这就向我们提出了一个十分尖锐的问题：在无产阶级专政条件下，能不能胜利地进行反腐蚀的斗争，继续地保持艰苦奋斗的作风，这绝不是个一般问题，而是要不要坚持继续革命，坚持党的基本路线的问题，是把无产阶级革命事业进行到底还是半途而废的重大原则问题。

在无产阶级专政条件下，资产阶级对无产阶级及其政党的腐蚀，是他们进行复辟活动的重要手段。在地主资产阶级被推翻以前，他们掌握着政权，虽然也常用腐蚀和收买工贼的办法来瓦解和破坏无产阶级的革命斗争，但是，主要的还是依靠反革命的国家机器镇压无产阶级。当他们失去政权以后，虽然也不放弃赤膊上阵，明火执仗地搞复辟，但是，大量地主要地却是采取"和平演变"的办法继续同无产阶级较量。资产阶级腐蚀无产阶级及其政党，往往把物质引诱和思想毒化作为重要的手段。叛徒、卖国贼林彪的"诱：以官，禄，德"，正是他们企图从物质和精神两个方面来腐蚀革命队伍，以扩大他们的反革命队伍。社会主义社会还不可避免地存在着资产阶级法权，我国现在还实行着商品制度、货币交换、按劳分配。在这种情况下，资产阶级仍然可以利用手中的货币，用贿赂、收买等手法拖人下水，利用强化和扩大资产阶级法权来腐蚀我们的党员、干部和工人。资产阶级还竭力利用他们腐朽没落的意识形态，特别是用资产阶级法权思想，来毒化人们的思想。资产阶级的这种腐蚀，不仅来自老的资产阶级一代，尤其应该警惕的是新的资产阶级分子的腐蚀作用。这是因为，新的资产阶级分子不仅具有更加贪婪的特点，而且，在被我们彻底揭露以前，他们两面派的罪恶活动是在"共产党员"、"国家干部"、"工人"等漂亮外衣的掩盖下进行的，这就具有更大的欺骗性。我们的一些同志，正是在这种腐蚀下，丢掉了艰苦奋斗的作风，沾染了"资产"风，把党和人民交给自己为人民服务的职权，当作谋取私利的特权，以致走上危险的道路。这就告诉我们，继续坚持经济领域和政治思想领域的社会主义革命，是非常必要的。

我们还必须看到，在社会主义时期，大量存在的小生产的自发的资本主义势力，**“从各方面来包围无产阶级，浸染无产阶级，腐蚀无产阶级”**。随着社会主义革命的不断深入，无产阶级及其政党抵制这种腐化活动，也就越来越显得重要了。在现实斗争中，由于顶不住这种腐化活动，而丢掉艰苦奋斗的作风，以致于向资产阶级泥坑滑去，这样的情况是常常可以见到的。这就告诉我们，与这种小资产阶级对无产阶级及其政党的腐化活动作斗争，是社会主义时期人民内部阶级斗争的一个重要内容，必须抓好这一斗争。

我们更应该看到，新老资产阶级对我们的腐蚀，党政机关干部是个重点。这是因为，资产阶级企图颠覆无产阶级专政，复辟资本主义，就必然把进攻的矛头首先对准无产阶级专政机构和它的领导核心。所以，加强党的干部队伍的建设，在干部中深入持久地进行党的基本路线和艰苦奋斗传统的教育，是十分必要的。

唯物辩证法认为，外因是条件，内因是根据，外因通过内因而起作用。毛主席指出：**“因为胜利，党内的骄傲情绪，以功臣自居的情绪，停顿起来不求进步的情绪，贪图享乐不愿再过艰苦生活的情绪，可能生长。”**事实证明，某些资产阶级的腐蚀活动所以能够得逞，与一些人存在这四种“情绪”是分不开的。因此，我们必须从反对资产阶级腐蚀的高度，从巩固无产阶级专政的高度，充分认识改造世界观的极端重要性。

毛主席最近指出：**“列宁为什么说对资产阶级专政，这个问题要搞清楚。这个问题不搞清楚，就会变修正主义。要使全国知道。”**为了搞清楚对资产阶级全面专政的问题，毛主席还教导我们**“要多看点马列主义的书”**。没有坚定正确的政治方向，就不能自觉地保持和发扬艰苦奋斗的作风。要在无产阶级专政条件下继续地保持艰苦奋斗的作风，就必须学懂弄通马克思主义无产阶级专政的理论，明确无产阶级专政下继续革命的方向，搞清楚无产阶级专政的任务以及怎样实现对资产阶级的全面专政。只有这样，才能坚定不移地为实现共产主义的大目标而奋斗到底。

物质刺激究竟管的是什么"用"？

天津动力机厂动力车间工人理论组

在无产阶级文化大革命中，广大群众和干部起来，对刘少奇鼓吹的物质刺激等修正主义黑货进行了深刻批判，提高了贯彻执行党的基本路线的自觉性，无产阶级的革命精神和共产主义的劳动态度得到了进一步发扬。但是，时隔不久，有一些同志，又把修正主义的物质刺激拿来使用。甚至经过批林批孔运动，有的同志对物质刺激仍然舍不得抛弃，只不过改变了使用方法。不是批判了奖金挂帅么，好，他不发奖金了，却用处理所谓"残次品"、发所谓"工作服"、乱发加班费等名目，慷国家之慨。实际上仍然是对职工实行物质刺激。

为什么这些同志这样喜好物质刺激那一套呢？他们说："对群众既不能靠惩，又不能靠罚，再没有一点物质刺激，怎么调动积极性？"有的同志甚至干脆说："还是物质刺激管用！"

这就需要我们认真加以分析，物质刺激究竟对谁"管用"？管的又是什么"用"？

在资本主义制度下，"**当作资本家，他只是人格化的资本。他的灵魂，便是资本的灵魂。**"资产阶级把剥削阶级的利己主义发展到登峰造极的地步，他们象苍蝇逐臭一样拚命攫取金钱，哪里有利可图，有钱可赚，就往哪里钻。为了赚钱，他们象吸血鬼一样，对广大被压迫、被剥削的劳动人民，"**只要还有一块肉、一根筋、一滴血可供榨取**"，"**就决不罢休**"。唯利是图，贪得无厌，损人利己，尔虞我诈等等，是资产阶级的本性。"人不为己，天诛地灭"是他们的信条，"为我"是他们做人的"诀窍"。

作为资产阶级的对立面和掘墓人的无产阶级，是人类历史上最伟大的阶级。他们从事着社会化的大生产，是人类社会最先进的生产力的代表。在资本主义制度下，他们不占有任何生产资料，除了劳动的双手就一无所有，因而受尽了资产阶级的压迫和剥削。无产阶级的这种经济、政治地位，决定了他们"**最有远见，大公无私，最富于革命的彻底性**"。在社会主义的新中国，工人阶级从受压迫、受剥削的地位中解放出来，成了国家的主人。经过党的多年教育和马列主义、毛泽东思想的武装，许多同志树立了社会主义的劳动态度，认识到劳动的目的是为实现无产阶级的伟大历史使命添砖加瓦。特别是经过无产阶级文化大革命和批林批孔，我们工人阶级更是以大庆工人为榜样，把"大干社会主义有理，大干社会主义有功，大干社会主义光荣，大干了还要大干"的口号变成了自己的实际行动。许多同志干革命不计时间，不计报酬，正象有的同志说的："我们工人阶级大干社会主义的冲天干劲，不是靠金钱'刺激'出来的，是马列主义、毛泽东思想哺育，共产主义的远大理想鼓舞而来的。金钱只能买到商品，它决买不到我们工人阶级大干社会主义的革命精神。"

当然，社会主义社会，是刚刚从资本主义社会中脱胎出来的，它在经济、道德和精神方面都还带着旧社会的痕迹。阶级斗争的规律决定着，"无产阶级中，机关工作人员中，都有发生资产阶级生活作风的"。对于工人阶级中那些受资产阶级法权思想影响较深的人，物质刺激是有"刺激"性的，它可以把一些人的无产阶级政治本色"刺激"掉。事实证明，物质刺激"刺激"起来的根本不是社会主义革命和建设的积极性，而是也只能是争名夺利、唯利是图、发财致富的积极性。这种积极性"刺激"起来以后，就会在工人阶级中、党员中，泛滥资产阶级思想，产生新的资产阶级分子，就会使企业走上资本主义道路，就会由于领导权的改变而实际上改变社会主义所有制的性质。这种"刺激"性越大，对革命事业的危害性就越大。正是由于物质刺激具有这样的"刺激"作用，所以刘少奇、林彪一类狂热地鼓吹物质刺激。叛徒、卖国贼林彪甚至在他的黑笔记里还大书特书"唯物主义　物质刺激"，"利己多欲乃规律"等等，拆穿了说，就是在刘少奇、林彪一类新老资产阶级的代表人物看来，"唯物主义"等于"物质刺激"，等于"唯利主义"，一句话，等于资产阶级的极端利己主义和花天酒地的享乐主义。这确实是资产阶级拜物教、拜金主义认为天经地义的"规律"，那里有半点唯物主义的气味？这是对唯物主义的无耻歪曲和彻底背叛。他们大肆兜售修正主义物质刺激的黑货，其目的，就是妄图用物质利益作诱饵，来腐蚀我们工人阶级的灵魂，瓦解我们工人阶级的革命斗志，利用一些人的资产阶级法权思想来分化工人阶级队伍，从而在工人阶级中收买某些意志薄弱者背叛无产阶级专政，作为他们复辟资本主义的社会基础。他们的用心是十分险恶的，我们必须彻底揭穿和批判。

但是，我们的一些同志，不能识破刘少奇、林彪一类的罪恶阴谋，反而对物质刺激这类散发着臭气的修正主义货色还加以欣赏和使用。这是因为他们没有认真看书学习，没有学懂弄通无产阶级专政的理论，因而不能正确对待社会主义时期还不可避免地存在着的那一部分资产阶级法权，不懂得对它要加以限制，这样，他们就看不到物质刺激是扩大资产阶级法权的，是和共产主义大方向背道而驰的。这些同志之所以错误地认为物质刺激"管用"，还因为他们的唯心主义和形而上学世界观在作怪，头脑里还有林彪一类所散布的"上智下愚"的流毒，因而不能正确地对待群众，不能从本质上发现群众的社会主义积极性，他们用以调动所谓"积极性"的办法，就只能是靠惩罚和物质刺激了。

究竟靠什么去调动群众的积极性？这不仅是个方法问题，首先是个执行什么路线的问题。毛主席指出："政治工作是一切经济工作的生命线。"群众中蕴藏着极大的社会主义积极性，我们就是要靠党的正确的路线和政策，靠政治思想工作去调动这种积极性。先进的思想一旦被群众所掌握，就会变成改造世界的巨大的物质力量，这是马克思主义的一条基本原理。"物质刺激，百害无益"，"奖金挂帅，越挂越坏"，这就是群众对物质刺激和奖金挂帅的深刻批判和所持的态度。

人民给的权力绝不能用来谋私利

——北闸口公社老左营大队党支部拒腐蚀防演变的情况调查

北闸口公社老左营大队党支部，是经过无产阶级文化大革命，在一九七一年“一打三反”运动中新改选的。为了充分发挥基层党组织的战斗保垒作用，巩固和发展无产阶级文化大革命的成果，党支部改选以后，认真总结了过去历届党支部委员会中部分同志发生资产阶级生活作风的教训。其中比较深刻的一条就是，一些同志在掌权以后往往经不起阶级敌人糖衣炮弹的袭击，抵制不住资产阶级生活作风和传统的习惯势力的侵蚀，而被地主资产阶级潜移默化，从而背离了毛主席的革命路线。这是地主资产阶级以及想走资本主义道路的人妄图夺取生产大队领导权，变无产阶级专政为地主资产阶级专政的一条重要的途径。因此，党支部领导成员能不能经常坚持开展反腐蚀斗争，永远保持无产阶级的革命本色，这是关系到农村党的基层组织能不能坚持毛主席的革命路线，带领广大贫下中农和社员群众走社会主义道路，加强对资产阶级全面专政，防止资本主义复辟的极端重要的大事。他们认真汲取历史的经验教训，决心努力学习马列著作和毛主席著作，加强世界观的改造，提高拒腐蚀、防演变的自觉性。几年来，这个党支部在两个阶级、两条路线斗争中，坚持立党为公，不谋私利，不断地同阶级敌人的拉扰腐蚀，同资产阶级生活作风和传统的习惯势力的侵袭作斗争，无产阶级革命精神大发扬，在三大革命斗争中发挥了党支部的战斗保垒作用。

老左营大队党支部改选不久，阶级敌人凭着他们过去拉扰腐蚀干部的反革命经验，又向新的党支部射出了一颗颗糖弹。有的地主、富农利用办喜事的机会大搞请客、送礼，拉扰干部；有的则想方设法地跟干部结亲、认亲等等。这些都被老左营大队党支部委员会一一识破了，并利用这些活生生的阶级斗争事实，向党员、干部、贫下中农和社员群众进行党的基本路线教育，从而使阶级敌人更加孤立，党内和群众之间更加团结。

老左营大队党支部在反腐蚀斗争中体会到，在农村，只要阶级阵线分明，对于明显的阶级敌人要的鬼花招，是不难识破和揭穿的。而比较难于战胜的是资产阶级生活作风、小资产阶级的腐化活动和传统的习惯势力的进攻。正如列宁所指出的：**“千百万人的习惯势力是最可怕的势力。”**这种可怕的势力通过日常的、琐碎的生活小事腐化着人们，制造着为资产阶级所需要的、使资产阶级得以复辟的恶果。这个大队党支部，为了同传统的习惯势力作斗争，始终坚持立党为公，不谋私利。

“为人民办事，不能徇私情。”这是老左营大队党支部一贯坚持的一条原则。他们认为，如果在工作中存有私心，想着讨人情，谋私利，那就在思想深处给地主资产阶级的进攻留下一个缺口，在资产阶级的庸俗捧场面前，就要晕头转向。为了刹住村上的吃请风，抵制传统的习惯势力的影响，党支部立了“约法三章”：第一，干部一律不得接受社员的吃请；第二，有来队办公、联系业务的，干部一律不准请客或者受礼；第三，干部一律不许挪用公款。并通过大队有线广播，把这个“约法三章”公布于众，自觉接受群众的监督，防止特权思想的滋长。一九七三年冬天，一户贫农社员盖房，大队根据这户社员的实际困难，派人帮助了他。这个社员非常感激，就特意办了一桌酒菜请干部。支部书记于金兰对他说：“你盖房缺人，大队帮助你解决点困难，这是党和社员群众对你的关怀。你不应该记到干部帐上，请干部吃喝。”结果大队干部谁也没有去。今年春天，这个社员又借弟弟订婚的机会，再三请干部去喝酒，结果一桌酒菜留了四天，干部们又是谁也没有去。事后，干部们到他家耐心解释说：“我们当干部，是为人民服务的。如果给群众办一点事就喝一回酒、吃一回饭，那还叫什么共产党员，那不成了‘刮民’党了吗？！那还怎么带领群众大干社会主义呢？”在党支部的帮助下，那个社员深受教育，决心在抓革命、促生产当中多做贡献。

这个大队党支部的七名领导成员从建立新支部以来，处处严以律己，不贪半点便宜，没有一个人因私事占用过集体一分钱。外出办事回队后，都及时如数把帐报上。有人说：“有时为私事占点公款，记下帐，等秋后分红再扣下，这又不是贪污，不算什么问题。”他们却认为：公私必须分清，为私事占点公款，即使秋后归还，也等于带头破坏集体财务制度，影响发展集体生产，当干部的这样干，就是利用职权享受特权。党支部成员还经常教育家属不要因为自己是干部家属就产生优越感，搞特殊。几年来，队上无论是分粮食、柴禾，还是猪饲料，干部家属都是按次序去领，或者最后领。社员们看见干部忙，就建议生产队长照顾照顾大队干部。对这些事，党支部都严肃对待。他们认为，当干部只有为人民服务的义务，没有让群众照顾的权利。党支部书记于金兰家里人口多，劳力少，生活负担较重；副书记张瑞森老伴常年有病。可是他们从来不喊困难，不讲条件，经常工作到很晚。干部们为个人的事从不向集体伸手，而对群众生活却很关心。他们时常想着军属、五保户和生活困难的社员，并一一给以照料。大队给知识青年办起了集体食堂；干部们还到知识青年家里进行访问，征求家长的意见，对他们家庭的困难和合理要求，努力帮助解决，使知识青年更好地扎根农村干革命。

在农村，由于千百年来封建势力的统治和剥削阶级传统观念的影响，封建宗法思想还严重地存在着。有人说什么“是灰比土热，是亲三分向”。如果这种封建宗法思想侵入政治生活，革命干部为人民服务的权力，就会变成谋取一家一族、私人亲戚朋友的特权。对于这一问题，老左营大队党支部通过学习《哥达纲领批判》、《共产党宣言》和毛主席著作，有比较清醒的认识。党支部副书记张瑞森说：“我们是共产党的干部，是为无产阶级掌权，给大多数人谋利益的。那种不讲原则，不看路线，不分阶级的‘亲’和‘热’是旧社会的传统观念，我们必须同它彻底决裂。不然，就分不清敌我，辨不清是非，那也就不是真正的共产党员了。”去年秋天，张瑞森在城里工作的舅舅，想通过张瑞森把准备支边的孩子留在老左营，张瑞森拒绝了，并且说服了舅舅，叫孩子高兴地到边疆去了。这件事张瑞森的母亲知道后，埋怨张瑞森是“当了干部，心里没亲没友”。张瑞森解释说：“为亲友丧失原则，是修正主义的东西，俺是共产党的干部，处处都应该按革命章程办事。”今年开春，公社成立妇女打井队，有个同志建议叫党支部书记于金兰的侄女参加打井队。于金兰没同意。过后，于金兰的嫂子来找他，说：“你当书记连办这点事的权力还没有吗？”于金兰坦然地说：“我们的权力是为无产阶级和贫下中农服务的，可不是给一户一族办事方便准备的，咱可不能搞特殊。”于金兰自从担任了大队党支部书记，一些亲戚便纷纷来拜访。有的想通过他托私人关系买国家的苇子、砖修盖房屋；有的想托他搞票证买“热门货”；也有的想托他弄点木料打家具，他都一一拒绝了。并且总是向这些亲戚讲道理，讲政策，使亲戚们很受教育。在党支部坚强领导下，这个大队在接受知识青年插队落户、招工选调等方面，同“走后门”之类不正之风作了积极斗争。

在对待兄弟单位的关系上，他们努力做到树社会主义协作新风，不搞陈腐的“礼尚往来”那一套。坚持公事公办，一不请客送礼，二不吃请受贿。一次，外县一个生产大队派人到老左营大队求援一部分铁丝下脚料，于金兰和支委们研究之后，决定支援他们二百七十斤。事后，外县来的这个人为了继续办点铁丝下脚料，托他在老左营的一个亲戚给于金兰送来十二斤烟叶，并转告说：“感谢于书记，这点烟叶您看着给干部们分分吧！”于金兰耐心地对送来烟叶的社员说：“我们支援他们一点铁丝下脚料，是为了帮助他们把副业生产搞起来，更好地发展农业，这是我们应尽的责任，是公对公，不能以公带私。这烟叶我们不能收。社会主义的协作新风要发扬，不正之风我们不能兴。”在于金兰的耐心帮助下，那个社员把烟叶拿了回去。又有一次，一个外地搞业务的人，带着三斤香油，找上于金兰的家门，想拉关系买电动机。笑着说：“于书记，这香油是俺队收的芝麻自己磨的，你就留着吃吧。”于金兰严肃地回答说：“这香油我不能收，电动机是国家统一分配的物资，我们不能违背党的政策啊。……”说得那个同志连连点头。为了教育党支部全体成员，于金兰把这两件事向党支部作了汇报。他说：“为什么有人偏给我们当干部的送礼呢？因为我们手中有党和人民交给的权力。我们绝不能拿人民给的权力去做交易，去谋私利，更不能用我们共产党员的手去挖社会主义的墙角。”通过这两件事，党支部领导成员受到一次深刻的路线教育，更加注意改造自己的世界观，警惕资产阶级思想的侵蚀。贫下中农看在眼里，喜在心上，说：“有这样的干部当家，我们放心。”

最近，老左营大队党支部，通过学习毛主席关于理论问题的重要指示，学习马克思、恩格斯、列宁关于无产阶级专政的部分论述，以及张春桥同志和姚文元同志的重要文章，更深刻地认识到，在社会主义社会，资产阶级的腐蚀和无产阶级的反腐蚀，这是两个阶级、两条路线斗争的一个重要方面，这个斗争是长期的、复杂的，必须进一步提高反腐蚀斗争的自觉性，坚持长期作战。他们决心，联系实际学好无产阶级专政的理论，在精通和应用上下苦功，把反修防修的斗争进行到底！

中共天津市南郊区委调查组

把农村代购代销店办成巩固无产阶级专政的坚强阵地

——拾棉庄供销社郭庄子代购代销店的调查报告

*拾棉庄供销社郭庄子代购代销店，只有两个人。一个是张友文同志，已经五十七岁，是*老党员，虽然腿脚不便，却是勤勤恳恳，兢兢业业地在代购代销店里为人民服务；另一个是张凤枝同志，女共青团员，是财贸战线上的新兵。这个店，担负着全村三个生产队、二百六十户、一千三百口人的生产、生活资料供应和废旧物资及鲜蛋的收购工作。在大队党支部和上级供销社的领导与教育下，他们坚持党的基本路线，时刻注意农村中的阶级斗争，在限制资产阶级法权，巩固无产阶级专政上做得比较出色。

一、分清两条路线

农村代购代销是财贸战线上的一个重要环节，其中也存在着执行什么路线、走什么道路的问题。起初，他们对这个问题没有什么认识，片面地认为代购代销店就是做买卖，有买的就卖，有卖的就收，没什么新鲜的。为了提高他们的认识，大队党支部让他们参加村里政治夜校学习，和社员们一起学习马列著作和毛主席著作，参加批林批孔斗争。还不断地以会议、座谈和组织参观等形式，引导他们分清财贸工作中的两条路线。随着觉悟的提高，有三件小事引起了他们深思：一是本村有两个小孩，每人拿着十元钱，到商店来买糖；二是另一个小孩，用几双旧鞋与城市下乡的小贩换了一个价值一分钱的小泥人；三是来了一个自称是公社北边黄河沟子水利工程的民工管理员，要买去他们代销店库存的一百斤苏打。如果照他们原来的想法，小孩买糖可以卖给；换泥人的可以不管；苏打一下子卖完，减少很多麻烦，省得“一秤进百秤出”。但是经过学习，他们想，如果照原来的想法去做，那就是不抓路线，放弃两条路线的斗争。于是，他们没有那样做，而是扣留了小孩的钱，交还给家长；为了打击投机倒把活动，扩大了废品收购业务，开展了串户宣传、串户收购的活动，增添了儿童玩具；他们还与邻村兄弟商店联系，查明了那个买苏打的人正是冒名顶替的投机倒把分子。

事实使他们认识到，在财贸工作中，时时刻刻注意并且抓紧两条路线的斗争是十分重要的。村里有个四十多年前开过小铺的人说什么“种真庄稼，做假买卖”，“生意是大伙给想来的，利钱是大伙给凑来的”。针对这种说法，他们两个人按照毛主席的教导进行了分析，认识到，这些言论都是鼓吹资本主义经营思想和作风的，必须抵制和批判。社会主义的商业，必须坚持为工农兵服务，为巩固无产阶级专政和发展社会主义经济服务，对国家负责，对人民群众负责。特别是学习了毛主席最近的教导：**“列宁为什么说对资产阶级专政，这个问题要搞清楚。这个问题不搞清楚，就会变修正主义。要使全国知道。”**使他们的思想又提高了一步，对农村代购代销店的性质、任务和服务方向，有了更加清楚的认识。农村代购代销店虽小，但它是社会主义经济的一个组成部分，它必须坚定地为巩固无产阶级专政服务，积极地为工农业生产服务，热情地为人民生活服务。

二、抵制一股歪风

列宁说：**“千百万人的习惯势力是最可怕的势力。”**在农村，要办好代购代销店，就必须自觉地抵制由传统观念影响而刮起的一股歪风。旧中国农村中，不但封建宗法思想十分严重，资产阶级思想也有影响，这些旧社会的痕迹现在还存在。比如，村里有的人觉得自己有点权力和名声，慢慢滋长了一种等级观念，觉得自己高人一等，就想不受商业政策的约束；也有的人觉得自己是同姓长辈，街里街坊的，买点东西应该有个特殊照顾。就在这种思想支配下，柜台上不断刮来一股歪风。有一次，一个干部家属，拿着购货本，想打两份酒，店里的同志坚持原则不卖给他，这个家属大发雷霆，在柜台前连酒带瓶摔了个粉碎，店里的同志仍然沉着地顶住。还有一位大娘，以长辈自居，一个人要买定量供应的两份商品，他们只卖给她一份，她不但当场说了许多不三不四的话，还到小张家门口，指桑骂槐地说“海常篇”。小张的妈妈怕闺女得罪人，想把自己家买的那份定量商品送给这位大娘，小张也不同意。这时村里有人说他们：“做买卖太死板”，“多买一份又不是你们家的”。面对这种情况，他们坚持原则，就是不开这个“例”，不论乡亲熟人，不论大事小事，都按党的方针政策办。他们感到对优亲厚友这种歪风，要坚决顶住，这是同传统观念实行决裂，同旧的习惯势力作斗争的原则问题。顶不住这种歪风，就守不住代销店这个社会主义阵地。

但是，斗争绝不会止息，矛盾总是不断产生的。有一次小张的奶奶拿着一个装色酒的空瓶，来店打一斤白酒，因为瓶小装不下，剩下了几滴酒，小张就倒在酒坛里，跟奶奶说：“您就少给一分钱吧！”奶奶不满意地走了。下班回家，奶奶跟小张生气发火，责备孙女什么事都不向着她，骂小张是个“死丫头”。当时，小张心想，别人摔瓶子、骂街还可说，您是我的奶奶，也不支持我的工作，这业务员还怎么当啊！她一时想不通了。后来，学习毛主席的教导，她开了窍。她想：奶奶是旧社会过来的人，让孙女特殊照顾自己，正是旧社会传统观念的反映。社会主义商业是无产阶级革命事业的组成部分，不能搞旧社会那一套，既要**“同传统的所有制关系实行最彻底的决裂”**，又要**“同传统的观念实行最彻底的决裂”**。于是小张耐心地劝说奶奶要正确地对待社会主义商业工作。奶奶的思想弯子转过来以后，称赞孙女做得对，说："俺孙女办的是公家事，办公办公，越公越好呀！"

原来有些人，因为受资产阶级思想的影响，对他们的作法不支持，反而讽刺、嘲笑、刁难。可是一旦人们思想通了以后，大家就都热情支持代销店的活动。从此，他们更坚定了抵制歪风的信心。几年来他们没有向一个社员赊过一分钱的东西，没有多卖过一份定量供应的商品。同时，他们自己也主动做到：不争买数量不多的商品，不多买按人供应的商品，不向家庭透露新到商品的消息。他们深有体会地说：只有清除自己头脑里的旧观念，才能抵制住社会上的那股"资产"风。

三、堵住一条邪路

我国农业方面的所有制的社会主义改造基本完成以后，农村中的社会主义同资本主义两条道路的斗争仍然是十分复杂、十分尖锐、十分激烈的。列宁说：**"小生产是经常地、每日每时地、自发地和大批地产生着资本主义和资产阶级的。"**我国农民走上了集体化的道路，他们作为小生产者的经济地位变了，但是农民、主要是富裕农民的私有者心理和习惯，并没有彻底改变过来。在这种情况下，用社会主义占领农村经济阵地，堵塞资本主义道路，就成了农村代购代销店面临的重要任务。事实表明，农村商店在占领农村经济阵地上，不是无所作为，而是大有作为。只要执行毛主席的革命路线，就能起到逐步削弱滋生资本主义的土壤的作用；否则，就会培添滋生资本主义的土壤。因此，农村商店必须千方百计地堵死资本主义邪道，走好社会主正路。

这个村里有个会刨笤帚的人，春节前后，一天就刨笤帚三十多把，私人收加工费三、四元钱。还有个爆玉米花的，进村半天，私人就收加工费好几元钱。其它修筐箩、修簸箕、修鞋、焊白铁等小艺匠，也都是小修收大价。多数社员看到这种情况很有意见。但也有的却非常羡慕，说什么"这种行业真来采，半天就闹十来块。"有的向队干部请假，说到外地串亲，实际是到外面做木匠活去了。这种来自小生产者的资本主义自发倾向，如果不加批判，让它发展下去，社员们团结一致干社会主义的心气就会被搅散，队伍就会被腐蚀，社会主义的集体经济就会遭到破坏。

为了制止这种资本主义倾向，这个代销店就积极开展为社队和社员粘破缸、修筐箩、修簸箕、修日用家具，刨笤帚、扎炊帚等多种服务项目。刨几把笤帚看来是小事，但是它与占领农村阵地，抵制资本主义有直接关系。正如毛主席教导的那样：**"对于农村的阵地，社会主义如果不去占领，资本主义就必然会去占领。"**因此，代购代销店必须坚决捍卫社会主义阵地，抵制资本主义倾向。这个店给社员加工一把笤帚只收铅丝费二分钱，相当于私人收费的五分之 。自从这个代销店开展多项服务以后，深受贫下中农的欢迎。当然，也必然遭到那些热衷于搞手工业单干的人的不满。有一次，崔黄口公社有个串村修簸箕的小艺匠来到村里，半天没开张，他挺纳闷。后来听社员说，"代销店里修筐箩、簸箕，这村没有你的买卖。"听了这话，他不服气，就拿出刀子、钳子、锥子到代销店去比手艺。店里的同志严肃地驳斥了他，指出："我们修出的东西不比你的次，价钱却比你的便宜，你换一个簸箕舌头要五角，我们只收一角。你发展的是资本主义，我们维护的是社会主义。我们和你是两股道上跑的车！"小艺匠没趣地走了，从此再也不上这村里来了。有的社员风趣地说："商店虽小志气大，资本主义倾向被打垮，小商小贩不再来，社员的箬帚苗也开出了红花。"

四、打一场主动仗

商店接触群众最广泛，社会上各种各样的思想，都经常反映到店里来。过去，他们不大留心，经过批林批孔，提高了认识，感到这里边也有斗争，对一些怪现象引起了注意。例如：有的地主分子说旧书、讲旧戏，毒害青年；也有的人虽然成份还好，脑袋里才子佳人一类旧古董不少，工前饭后，总有些青年围着这样的人转。事实使他们进一步认识到：农村意识形态领域里的阶级斗争是很尖锐的。占领农村文化阵地，同样是巩固无产阶级专政的一项重要任务。于是他们就想方设法利用代销店这个阵地，来开展意识形态领域里的革命斗争。他们积极开展了租阅新图书的活动。仅四个多月时间，借书的就有六百四十九人次，租出书刊一千六百五十七本次。门市上一天到晚不断有人租赁图书或议论看书收获。活跃的租书活动，更增添了他们占领文化阵地的信心。

上述的一些实践使他们体会到，认真学好无产阶级专政的理论，弄清为什么要对资产阶级实行全面专政的问题，就会使财贸工作有明确的方向，使自己保持清醒的头脑，把巩固无产阶级专政的任务真正落实到代购代销店。

在毛主席革命路线指引下，他们坚持抓革命，促生产。几年来，在大力支援农业生产，促进农业大干快上方面，得到贫下中农的好评。购销业务，各项指标都完成较好。一九七四年鲜蛋收购一千一百零五斤，按时完成了国家计划。全年销售总值二万七千多元，平均每二十四天资金周转一次。由于勤进快销，商品损耗小，集体积累多。店里从未发生短款、赊销问题。群众赞扬这个店是：人少办大事，店小方向明。

中共天津市武清县委调查组

同资产阶级生活作风作斗争要打进攻战

天津市自来水工程公司管道队副队长　林寿鹏

最近，我通过学习毛主席关于理论问题的重要指示和马克思、恩格斯、列宁论无产阶级专政的语录，认识到，社会主义是从资本主义到共产主义的过渡时期。在这个历史时期，在经济、精神和道德方面还存在着许多旧社会的痕迹。这些旧社会的痕迹是很顽固的，它从各方面包围、浸染无产阶级。因此，对每个革命者来说，要坚持无产阶级专政下的继续革命，都有个拒腐蚀，同资产阶级生活作风作斗争的任务。怎样才能拒腐蚀、永不沾呢？在这次学理论过程中，我联系个人在批林批孔运动中的一些事儿，悟出了一点道理。

我是个从旧社会过来的老工人。我常想，解放前，我们是资本家的奴隶，现在，是社会主义企业的主人。干工作，就要拿出主人翁的责任心来。党把革命的担子交给咱挑，咱就得钉是钉，铆是铆，丝毫含糊不得。决不能把国家的点滴财产揣进自己的腰包。所以，我给自己订了个规矩：公私界限要分清。实践告诉我：要同资产阶级生活作风作斗争，就要破私念，在防微杜渐上下功夫。我家住的房子，去年雨季漏了，一下雨，屋里就得用脸盆接雨水。有的同志到我家去，看到这种情况，出于对我的关心，几次要把施工中用过的油毡头给我送到家里去，都被我拒绝了。我想，国家的一砂一石，都不能拿来用在私事上。化公为私，就是挖社会主义的墙角。想小家多了，就会忘了国家。俗话说："针鼻儿大的窟窿，能透过斗大的风"。私心就象滚雪球一样，越沾越大。咱可不能给"私"字开这个方便之门。我把想到的这些和小组的同志们念叨了，引起了一场争论。有的同志说我做的对，也有的同志说我有点"小题大做"。通过学习和讨论，我们论出点道理。一块油毡头从经济价值上看，是个"小题目"，往往不会引起重视，可是从政治观点上看，就是个"大题目"。孔孟之道正是从所谓"小事"上宣扬"人不为己，天诛地灭"等谬论，来腐蚀人们的思想，打开大的缺口。于是，我们进一步批判了"近水楼台先得月"这条反动谚语，向干嘛吃嘛的资产阶级生活作风展开了进攻。

要同资产阶级生活作风作斗争，就要做到有了职权，不谋私利。我是个班组长，施工作业，我有指挥权。不能小看这点权，如何对待它，这里可有个立场问题、世界观问题。有一次，我们班组在张庄兴建井水厂，有很多贫下中农配合我们施工。当时我为了搞好工农联盟，把他们的吃、住等生活问题安排好，就努力为他们创造了比较好的条件。有一天，一位民工负责人找到我，对我说："林师傅，你们对我们贫下中农很关怀，我们很感激，我们给你弄了两瓶酒，表表我们的心意。"听了民工队长的话，我的思想斗争很激烈。我想：吃人家的嘴短，拿人家的手软，作为一个班组带头人，就要以身作则，不能接受礼物。于是，对他说："对组织的关怀要感谢，只能感谢党，感谢毛主席。这两瓶酒我不能要。"这件事过后，有人对我说："送上门来的东西都不要，真是个傻瓜。"这引起了我的深思。民工支援工业建设，我们按规定安排好他们的工作和生活，为什么要送给我两瓶酒，为什么单单送给我？我觉得，就因为我是班长，在给工派活方面我有权。在旧社会，掌权的是地主资产阶级，他们利用权势欺压人民，图谋私利。今天，我们无产阶级掌权，不论职权大小，都是为人民服务的，不能用职权来谋私利。如果利用职权谋私利，就会走上演变的邪门歪道。现在民工给我送礼，这是一种旧的习惯势力在作怪，就是为了换取我对他们的特殊照顾。这使我认识到，掌权的人，路线可不能偏，路线一偏，路就要走错了。我要接受了礼物，不但自己思想受腐蚀，而且也是助长了旧的习惯势力，这是绝不能干的。认识提高了，我的眼界也开阔了，拒腐蚀、永不沾的自觉性也更强了。

要向资产阶级生活作风作斗争，最根本的是要在学习和批判上下苦功。意识形态这个阵地，无产阶级不去占领，资产阶级就要占领。孔孟之道腐蚀人们的思想，我们就要用马列主义、毛泽东思想来个反腐蚀。为了使自己不断提高反腐蚀的自觉性，我坚持在学习和批判上用气力。有些马列主义的基本观点记不牢，我就在实践中反复学习，反复理解。通过学习和批判，我的识别能力有了提高，认识到要占领阵地，就要打进攻战。不仅要狠批孔孟之道，还要在人民内部展开积极的思想斗争，大力宣扬无产阶级的新思想，在破旧习中树新风。在天然气工程施工中，有一天晚上加班，我走进一个饭馆吃饭，刚坐下，就看见两个民工负责人走进来，对我说："林师傅，今天正巧碰在一起，咱们吃一顿。"一边说，一边就买菜买饭。这时我想到，前些日子他们几次请我吃饭都被拒绝了，这次又要请我，我不但不能吃，也不应该消极地躲避，而应该抓住这件事，帮助他们共同战胜旧思想、旧习惯势力。于是，我就对他们说："无论如何今天这个饭我不能吃。咱们一起吃顿饭是件平常事，但是，这种请吃的旧习气要不得。工农是阶级兄弟关系，不是酒肉关系。干革命，搞社会主义建设，不能搞拉拉扯扯的那一套。"他们听了我的一番话，就不再坚持请我了。

思想斗争不是一劳永逸的。同资产阶级生活作风作斗争是要反复进行的。有的民工负责人看到我坚持拒绝吃请，以为我在工地上怕别人看见，不好意思，就想方设法打听我家的住址。有一次，在源江道工地，有个民工负责人要把一袋富强面送到我家去，被我知道了，我就直截了当地对他提出批评。我说："你们是支援天然气工程建设的，为什么要给我送东西？请客送礼是资产阶级的坏作风，我们工农要共同抵制这种坏作风对我们的侵蚀，决不能给资本主义开绿灯！”经过批评，那个负责人认识到这种作法是不对的，他说：“林师傅，你说的对，今后，咱们一定要搞好工农联盟，一块批判资产阶级生活作风。”接着我们又共同批判了“人为财死，鸟为食亡”等孔孟之道，把火力集中到林彪、孔老二身上，进一步促进了工农之间的革命团结。

通过批林批孔运动，以及经常坚持同资产阶级生活作风作斗争，使我的阶级斗争和路线斗争觉悟有了进一步提高，对反腐蚀斗争的重要性又加深了一层认识。去年，党组织批准了我的申请，我成了一名光荣的中国共产党党员。接着又担任了管道队的副队长。地位变了，担子重了，拒腐蚀、防演变的问题更显得重要了。我一定要努力学好无产阶级专政的理论，做无产阶级专政下继续革命的先锋战士。

正确认识和对待社会主义制度下的商品制度

天津财经学院商业经济系理论组

毛主席在关于理论问题的重要指示中指出："**中国属于社会主义国家。解放前跟资本主义差不多。现在还实行八级工资制，按劳分配，货币交换，这些跟旧社会没有多少差别。所不同的是所有制变更了。**"毛主席还指出："**我国现在实行的是商品制度，工资制度也不平等，有八级工资制，等等。这只能在无产阶级专政下加以限制。所以，林彪一类如上台，搞资本主义制度很容易。**"认真学习毛主席的重要指示，正确认识和对待社会主义制度下的商品制度，对于维护和发展我国社会主义的经济基础，加强对资产阶级的全面专政，防止资本主义复辟，具有十分重要的意义。

商品制度，是指人们把生产品当作商品在市场上进行交换来实现他们之间的经济联系的一种制度。它是一个历史范畴，是同生产发展的一定历史阶段相联系，并随着社会经济条件的变化而变化，又将在一定的历史条件下趋于消失的。商品是用于交换的劳动产品。由劳动产品向商品的转化，是在具备了一定的历史条件才发生的。在原始社会的一个很长时期内，因为生产力低下，没有社会分工，没有剩余的劳动产品可以拿来交换，所以不存在商品生产和交换。到了原始社会末期，随着生产力的发展，社会分工特别是手工业与农业的分离和私人占有的出现，"**便出现了直接以交换为目的的生产，即商品生产，随之而来的是贸易，不仅有部落内部和部落边界的贸易，而且还有海外贸易。**"（恩格斯：《家庭、私有制和国家的起源》）商品生产的出现，加速了原始社会的解体，促进了私有制的建立和发展。在人类社会进入奴隶制社会以后，虽然商品生产在不断发展着，但是，商品经济还不是社会经济的主要形式，直到封建社会，占统治地位的仍然是自给自足的自然经济。到了封建社会末期，由于社会生产力的发展，商品生产和商品交换有了较大的发展。在商品生产的基本规律——价值规律的作用下，小商品生产不断发生两极分化。少数小生产者，赚了钱，富了起来，使生产规模逐渐扩大，雇用了越来越多的工人，上升为资本家；而大多数小生产者在"大鱼吃小鱼"的竞争中，破了产，沦为雇佣劳动者。正是小商品生产所产生的这种两极分化，导致了资本主义生产关系的产生。资本主义是高度发展的商品经济，这时候劳动力也成了商品。大批的所谓"自由"的劳动者，被迫在"公平交易"的幌子下，遭受资本主义雇佣奴隶制的压榨。在这种剥削关系的基础上，资本主义的一切社会关系都商品化了，**“除了冷酷无情的‘现金交易’，就再也没有任何别的联系了”**（马克思、恩格斯：《共产党宣言》）。

历史证明，商品经济在其价值规律的作用下，自发发展的结果，必然造成两极分化，导致资本主义。正如列宁所指出的：**“资产阶级是产生于商品生产的”**。

我国经过社会主义革命和社会主义改造，所有制已经变更了，形成了两种社会主义的公有制。劳动者成了生产资料的主人，劳动力已经不再是商品了，商品经济的范围及价值规律的作用，都受到了限制。但是，商品制度还没有取消，并且在今后一个很长的时期内也还不能取消。这是因为，在现阶段还存在着两种社会主义的公有制，在全民所有制与集体所有制之间，在集体所有制各单位相互之间，不能无偿地调拨对方的产品，要进行经济联系，只能通过商品交换来实现。再者，由于社会生产力水平还不够高，由于两种社会主义公有制的并存，由于工农、城乡、脑力劳动和体力劳动三大差别的存在，由于社会产品还没有极大的丰富，由于人们的共产主义觉悟还不够高等原因，在整个社会主义历史阶段还不可能实行按需分配。在这种条件下，对劳动者个人的分配，也还需要采取商品和货币的形式。正如张春桥同志在《论对资产阶级的全面专政》中所指出的：“只要公社还没有多少东西可以拿出来同生产大队、生产队‘共产’，全民所有制也拿不出极为丰富的产品来对八亿人口实行按需分配，就只能继续搞商品生产、货币交换、按劳分配。”因此，在社会主义时期里，商品生产和商品交换，还将存在着，并且发挥着一定的历史作用。否定商品制度、货币交换的这种作用，对社会主义建设是不利的，是错误的。刘少奇、陈伯达一类，在一九五八年鼓吹假“共产主义”，叫嚷立即取消商品生产和商品交换，否定价值规律的作用，这完全是别有用心的。他们刮的那种“共产”风，绝不是什么限制资产阶级法权，破除资产阶级法权思想，而是为了搞垮社会主义经济，复辟资本主义。所以，正如张春桥同志在《论对资产阶级的全面专政》中指出的：“刘少奇、陈伯达刮的那种‘共产’风，决不允许再刮”。

承认商品制度、货币交换在社会主义时期具有一定的作用，绝不意味着允许它们自由泛滥。恰恰相反，对于社会主义时期仍然实行着的商品制度、货币交换，必须在无产阶级专政下加以限制。在社会主义制度下，由于所有制变更了，经营商品生产和交换的不再是资本家，资本主义剥削和生产无政府状态等被消灭了，商品生产和交换是在国民经济计划指导下进行的。但是，社会主义商品生产仍然是一种商品生产，它**“跟旧社会没有多少差别”**。如：社会主义制度下的商品仍然具有使用价值和价值的矛盾；价值规律仍然在起作用，等价交换仍然是商品交换中通行的原则；货币仍然是商品交换的媒介，它在一定范围内，仍然是**“有权领取社会财富的凭证”**，由于商品货币关系的存在，也就仍然不可避免地存在着商品拜物教和货币拜物教的观念，等等。正是由于社会主义制度下的商品制度同旧社会没有多少差别，所以，它仍然是产生资本主义和新的资产阶级分子的土壤。只要商品经济还存在，城乡资本主义因素就还可能发展，新资产阶级分子就还会不断地产生。正如列宁所指出的，商品经济**“还活着，起着作用，发展着，产生着资产阶级”**。**“如果对于产品的生产和分配不实行全面的国家计算和监督，那末劳动者的政权，劳动者的自由，就不能维持下去，资本主义压迫制度的复辟，就不可避免。”**事实正是这样。只要我们放弃对商品制度、货币交换方面的资产阶级法权的限制，城乡资本主义和资产阶级就会很快地发展起来。在社会主义全民所有制的企业里，如果对商品制度、货币交换方面的资产阶级法权，对价值规律的作用不加以限制，那么就会出现不服从国家计划，不顾国家和人民的需要，片面追求产值、销售额和利润，“大利大干，小利小干，无利不干”，推行“利润挂帅”，大搞资本主义经营等现象。这样发展下去，社会主义的国营企业就会变质。在集体所有制的单位中，如果对商品制度、货币交换方面的资产阶级法权，对价值规律的作用不加以限制，那么资本主义倾向就会发展起来，“重副轻农”，“以钱为纲”，“弃农经商”，“自由种植”等等都会泛滥，从而削弱以至瓦解集体经济。少数人还会利用商品货币关系，利用商品供求之间存在的“缺口”，大搞损公肥私，化公为私，贪污盗窃，投机倒把，勒索受贿等等，来破坏社会主义经济。有一些人，还会把商品交换的原则引入到政治生活中来，搞什么“礼尚往来”，你给我一点“甜头”，我给你一点“好处”，大搞政治交易，把社会主义人与人之间的同志关系，变成了资本主义的赤裸裸的利害关系。照此办理，不要很多时间，就会造成两极分化，少数人就会占有越来越多的商品和货币，并将其转化为资本，变成新的资产阶级分子，而广大劳动人民则变成被剥削的雇佣奴隶，社会主义就会蜕变为资本主义，无产阶级专政就会变为资产阶级专政。苏联由社会主义国家蜕变成社会帝国主义，就深刻地说明了这一点。苏修叛徒集团一上台，取消了原来对商品制度、货币交换和价值规律的一定限制，极力鼓吹“无限制地扩大商品关系”，大搞自由贸易。在国营企业、集体农庄，大搞利润挂帅，物质刺激，鼓吹“为争取提高利润而斗争”，宣扬“卢布是衡量劳动荣誉的尺度”等等。他们把劳动力变成了商品，企业领导人可以自行“招收和解雇工作者”，国营企业变成了挂着社会主义招牌的资本主义企业，新的资产阶级分子蜂拥而起，特权阶层弹冠相庆。他们同工人、农民的关系早已变成了剥削与被剥削、压迫与被压迫的关系。苏修叛徒集团，在不改变党的名称、国家的名称的情况下，由于改变了党的马克思主义路线，取消了对商品制度中的资产阶级法权的限制，而导致资本主义复辟的教训，是很值得我们引为借鉴的。

正因为社会主义制度下的商品生产和货币交换，同旧社会没有多少差别，它是重新产生资本主义的一种重要的经济基础，所以，长期以来，在如何对待商品制度、货币交换的问题上，一直存在着两条路线的斗争。刘少奇、林彪一类机会主义路线的头子，极力反对我们对于商品制度、货币交换和价值规律作用的限制，拚命推行“三自一包”、“四大自由”、“利润挂帅”、“物质刺激”等修正主义黑货，其目的，就是为了巩固、扩大、强化资产阶级法权，培添资本主义土壤，破坏社会主义经济基础，颠覆无产阶级专政，复辟资本主义。我们党在毛主席革命路线指引下，不断排除刘少奇、林彪一类的干扰，对商品制度、货币交换方面的资产阶级法权进行了限制。我们坚持党的基本路线，反复地不断地批判刘少奇、林彪一类的反革命修正主义路线，坚持社会主义道路，批判资本主义倾向，坚持无产阶级政治挂帅，批判物质刺激、利润挂帅、三自一包、四大自由等黑货。同时，也采取了一系列的有力措施，如：坚持国民经济有计划按比例地发展，在国家的统一计划的指导下进行商品生产和商品交换，并由国家实行统一的财政经济管理和监督；搞好商品的计划供应和正常流通；国家对一些重要物资实行统购统销；加强对农村集市贸易的领导和管理；国家银行对现金实行严格的管理，等等。这些措施，对限制价值规律的盲目的自发的作用，堵塞商品经济中产生资本主义的漏洞，发展社会主义经济，巩固无产阶级专政，起了积极作用。今后，我们还将继续对商品制度中的资产阶级法权加以限制。

限制商品制度、货币交换方面的资产阶级法权，绝不是限制生产的发展。我们从来认为，我们国家的商品不是多了，而是不够丰富。新老资产阶级分子和少数想利用资产阶级法权发展资本主义的人，往往是利用我们商品生产中的某些“缺口”而乘机大搞非法交易、投机倒把等破坏活动的。因此，在限制商品制度、货币交换方面存在的资产阶级法权的同时，我们还必须按照党的路线和政策，在国家统一计划下，大力发展商品生产，做好商品供应工作。这样做，对于创造物质条件，逐步削弱资产阶级法权来说，也是必需的。

社会主义是“**衰亡着的资本主义与生长着的共产主义彼此斗争的时期**”。在这个时期里，围绕着商品制度、货币交换而展开的限制与反限制的斗争，是关系到不断前进，逐步创造向共产主义过渡的条件，还是倒退回去，复辟资本主义的一个十分重要的问题。我们必须认真学习毛主席关于理论问题的重要指示，学懂、弄通无产阶级专政的理论，正确认识社会主义制度下的商品制度、货币交换，认真研究从那些方面来限制商品制度、货币交换中的资产阶级法权以及怎样限制，以提高我们执行党的基本路线的自觉性，发展生产，繁荣社会主义经济，为造成使资产阶级既不能存在也不能再产生的条件而斗争。

从苏联的资本主义复辟看限制资产阶级法权的必要性

天津市二建二工区工人理论组
南开大学哲学系73级工农兵学员

伟大领袖毛主席指出："**革命的政党，革命的人民，总是要反复地经受正反两个方面的教育，经过比较和对照，才能够锻炼得成熟起来，才能赢得胜利的保证。轻视反面教员的作用，就不是一个彻底的辩证唯物主义者。**"在全国人民认真学习和贯彻毛主席关于理论问题的指示，掀起学习马克思主义关于无产阶级专政理论热潮的形势下，研究苏修叛徒集团复辟资本主义的教训，对于我们进一步加深理解毛主席关于理论问题重要指示的精神实质，搞清楚无产阶级专政的理论问题，夺取反修防修斗争的新胜利，把无产阶级专政下的继续革命进行到底，是十分必要的。

（一）

马克思指出：社会主义社会"**是刚刚从资本主义社会中产生出来的，因此它在各方面，在经济、道德和精神方面都还带着它脱胎出来的那个旧社会的痕迹。**"社会主义阶段是衰亡着的资本主义同生长着的共产主义激烈斗争的时期。在这个时期里，始终存在着资本主义复辟的危险。这种危险，不仅来自国际上帝国主义、社会帝国主义的侵略和颠覆的威胁，也不仅来自老一代的地主资产阶级的复辟活动，而且来自新的资产阶级。在社会主义社会里，还不可避免地存在着资产阶级法权，存在着资产阶级思想和旧的习惯势力的影响，因此也就必然会不断地产生新的资产阶级。正如姚文元同志在《论林彪反党集团的社会基础》中指出的："资产阶级影响的存在，国际帝国主义、修正主义影响的存在，是产生新的资产阶级分子的政治思想根源。而资产阶级法权的存在，则是产生新的资产阶级分子的重要的经济基础。"

姚文元同志的上述分析，是总结了国际共产主义运动的历史经验和我国建国以来的反修防修斗争经验提出来的，其中一个十分重要的根据，就是苏联蜕变为社会帝国主义的深刻教训。在十月革命胜利已经四十多年以后，苏联出现了赫鲁晓夫——勃列日涅夫叛徒集团；而且他们上台以后，很容易地便在苏联全面复辟了资本主义。这个问题很值得每个共产党人深思。

赫鲁晓夫——勃列日涅夫叛徒集团的产生，绝不是偶然的。其国际方面的原因，在于屈服于帝国主义的压力和接受帝国主义的影响。其国内方面的原因，在于资产阶级法权的存在和资产阶级思想影响的泛滥。正如《关于赫鲁晓夫的假共产主义及其在世界历史上的教训》一文中所指出的："不可否认，斯大林逝世以前，在苏联，已经对一部分人实行高薪制度，已经有一些人蜕变成资产阶级分子"。赫鲁晓夫——勃列日涅夫叛徒集团，就是在资产阶级法权这个基础上产生出来的新的资产阶级分子。他们代表着被打倒的老的资产阶级分子妄图夺回他们失去的"天堂"的复辟愿望，更代表着社会主义社会中新产生的资产阶级分子篡夺党和国家的权力，全面复辟资本主义的愿望。

列宁说："什么叫做复辟？复辟就是国家政权落到旧制度的政治代表手里。"赫鲁晓夫、勃列日涅夫之流，就是旧制度的代表。斯大林逝世不久，他们认为时机已到，迫不及待地跳了出来，用突然袭击的方式，抛出恶毒攻击斯大林的"秘密报告"，施展种种阴险狡诈的手段，篡夺了苏联的党政大权。这伙列宁主义叛徒一上台，立即推行了一条反革命修正主义路线。他们以攻击斯大林为名，行全盘否定无产阶级专政和社会主义制度之实，代之以资产阶级法西斯专政。他们利用窃取的党政大权，拚命扩大和强化资产阶级法权，从经济基础到上层建筑全面地复辟了资本主义，从而把第一个社会主义国家蜕变成社会帝国主义国家。总之，苏修叛徒集团不但是在资产阶级法权这个基础上产生的，而且也是利用资产阶级法权全面复辟资本主义的。

（二）

苏修叛徒集团上台后，是怎样扩大和强化资产阶级法权，破坏社会主义经济基础，复辟资本主义制度的呢？

一、利用窃取的权力，大搞"物质刺激"，从分配方式入手破坏社会主义经济。

在生产资料公有制代替了生产资料私有制的社会主义社会，实行的是"不劳动者不得食"、"各尽所能，按劳分配"的原则，废除了"劳者不获，获者不劳"的人剥削人的制度。但是，"按劳分配"所体现的"平等的权利按照原则仍然是资产阶级的法权"。在实行按劳分配原则的情况下，由于每个人的具体情况不同，把同一尺度——劳动用在不同情况的人身上，就必然存在着事实上的不平等和富裕程度的差别。因此，对于这种形式上的平等而事实上不平等的资产阶级法权，必须加以限制，不然的话，就会出现贫富悬殊，产生高薪金、高收入的特权阶层，导致资本主义复辟。苏修叛徒集团本身就是一伙高薪特权阶层分子。他们上台以后，完全抛弃了列宁制定的限制资产阶级法权的政策和措施，大搞物质刺激。赫鲁晓夫、勃列日涅夫之流，极力鼓吹“必须彻底实行使工作人员从个人物质利益关心生产的原则”，并把物质刺激定为“共产主义建设的原则”。他们一方面极力扩大工资等级差别，一方面大搞各种名目的“奖金”、“津贴”等等，以腐蚀人们的思想，收买一部分人，培养和发展高薪特权阶层。一小撮把持了企业领导大权的新资产阶级分子，根据苏修中央关于“扩大厂长权限的决议”，巧立名目，自行规定各种“奖金”、“津贴”，而这些“奖金”、“津贴”，又是按照级别和职务分配的，因此，那些经理、厂长、总工程师、总会计师之类的人物，捞到越来越多的实惠，占有越来越多的货币和商品，巧取豪夺地成了富翁，而广大的工农劳动者却遭受着日益加重的剥削。目前，苏联高薪阶层中有的人每月收入达六千五百卢布，而普通工人每月收入只有六十卢布，相差竟达一百多倍。恩格斯曾指出：“随着分配上的差别的出现，也出现了阶级差别。”今日的苏联正是如此。在那里已经出现并发展着“劳者不获，获者不劳”的剥削制度。物质刺激，五花八门；等级差别，悬殊惊人；按劳分配，只剩躯壳；新的资产阶级分子大显身手，而广大工人群众又沦为雇佣劳动者。

二、利用窃取的权力，大搞“利润挂帅”，肆意扩大商品交换和货币的作用，改变社会主义生产的目的和方向，破坏社会主义的计划经济。

在社会主义阶段中，还长期存在着全民所有制和集体所有制这两种社会主义公有制，这就决定了还需要长期实行商品制度和货币交换。但是，由于商品、货币的存在，价值规律就必然还起作用。对于商品交换和货币的作用，对于价值规律的自发作用，如果不加限制，就必然出现一味追求价值和利润的现象，背离社会主义生产的目的和方向；资本主义发财致富、争名夺利的思想就会泛滥起来，化公为私、投机倒把、贪污腐化、盗窃行贿等现象就会发展起来，资本主义的商品交换原则就会侵入政治生活以至党内生活，瓦解社会主义计划经济，复辟资本主义经济。从苏修叛徒集团上台之日起，就大肆鼓吹利润挂帅。赫鲁晓夫叫嚷什么“以盈利作为企业的主要指标”。在他的指使下，苏修《真理报》抛出了以“利润原则”为核心的“利别尔曼建议”。勃列日涅夫代替赫鲁晓夫上台以后，把“利别尔曼建议”付诸实施，进行了所谓“全面的经济改革”，实行所谓“新经济体制”。这个体制的核心就是用利润来推动生产。他们鼓吹“卢布是衡量劳动荣誉的尺度”，“利润是对担任经营管理工作的共产党员最好的鉴定”，号召所有企业“为争取提高利润而斗争”，使工厂企业的一切活动，都围绕着利润打转转，追逐最高利润成了生产的唯一目的。现在的苏联，工厂企业只要能赚钱，按时向政府上交利润，怎么干都行，而且还可以得到“奖励”。这就使企业之间、企业与国家之间，都变成了赤裸裸的商品、货币关系。

由于苏修叛徒集团大力推行利润挂帅，资本主义的经济规律又重新统治着苏联的社会生产。社会主义的计划经济被他们破坏了，贪污盗窃、投机倒把、行贿受贿等等到处风行。列宁指出："如果对于产品的生产和分配不实行全面的国家计算和监督，那末劳动者的政权，劳动者的自由，就不能维持下去，资本主义压迫制度的复辟，就不可避免。"今日的苏联正是列宁所指出的那种状况。

三、利用窃取的权力，变公有制为私有制，并且大力发展和扶植个体经济，复辟资本主义。

张春桥同志在《论对资产阶级的全面专政》中指出："所有制问题，如同其他问题一样，不能只看它的形式，还要看它的实际内容。""思想上政治上的路线是否正确，领导权掌握在哪个阶级手里，决定了这些工厂实际上归哪个阶级所有。"现在的苏联，工厂企业也好，集体农庄也好，领导权是掌握在享有特权的高薪阶层和富裕农民手里，他们实行的是一条大搞利润挂帅、物质刺激的修正主义路线。这就说明，苏联的工厂企业和集体农庄，虽然挂着公有制的招牌，而实际上已改变了性质。问题还不止于此。苏修叛徒集团，通过一次一次的所谓"改革"，公布了一道道的条例和法令，把全民所有制和集体所有制的企业，变成了实际上是私有制的企业。根据苏修颁布的条例，工厂企业的头头可以自行出卖"多余"的机器设备，可以出租"暂时不用"的厂房，可以利用本单位的材料生产计划外的产品自行销售，等等。这就使工厂企业生产资料属于全民所有，变成名存而实亡。苏修的条例还规定，工厂企业和集体农庄的领导人，有权随意奖惩工作人员，直到"自行招收和解雇工作人员"。这就从法律上确立了工厂企业和集体农庄的头头同工农劳动者的关系，是雇佣关系，一小撮特权分子变成了工厂企业和农庄的真正的主人，而工农劳动者却变成了被压迫、受剥削的奴隶。恩格斯说："个人管理工业的必然后果就是私有制。"这个论断已经被今日苏联的实际情况所证实。

苏修叛徒集团为了复辟资本主义，还极力扩大自留地，大力扶植自由市场，发展私有经济。一九六八年苏修通过的"土地立法原则"中规定，国有土地允许农庄"自由转让"和"出租"，各级地方政府可以拨出公有土地来扩大宅旁园地（即自留地）。一九六九年，苏修叛徒集团又炮制了一个"集体农庄示范章程"，其中规定，农庄的头头有权自行规划产量和播种面积，有权自由出售农副产品，把一九五三年通过的"农业劳动组合章程"中有关"遵守国家计划"，"履行对国家的义务"等条款全部砍掉。他们又规定，"允许农庄庄员在市场上出售自己的农副产品，价格不受任何限制"，"禁止在市场上向交易者索取自产证"。这样，农业经济便完全离开了社会主义的轨道，资本主义在农村大肆泛滥起来。

上述三个方面的情况证明，苏修叛徒集团上台以后，正是利用所有制、人与人的关系、交换和分配等方面的资产阶级法权，在苏联全面复辟资本主义经济的。

（三）

历史的经验值得注意。苏修叛徒集团在资产阶级法权这块土壤上产生，又利用资产阶级法权全面复辟资本主义的教训，是十分深刻的。我们必须认真记取，决不容许这种历史悲剧在我国重演。

苏联复辟资本主义的教训告诉我们，要巩固无产阶级专政，防止党变修，国家变色，根本在于要有一条马克思主义路线。**思想上政治上的路线正确与否是决定一切的。**有了正确的路线，就能保证无产阶级在夺取政权后，始终坚持无产阶级专政下的继续革命，把社会主义革命进行到底。伟大领袖毛主席，总结苏联变修的教训和我们党内两条路线斗争的经验，为我们党制定了整个社会主义历史阶段的基本路线，并且谆谆告诫我们：**“千万不要忘记阶级斗争。”**教导我们必须在一切领域、在革命发展的一切阶段始终坚持对资产阶级的全面专政。历史和现实的阶级斗争都表明，这条基本路线是我们党和国家的生命线。坚持这条基本路线，坚持对资产阶级的全面专政，坚持无产阶级专政下的继续革命，就能防止苏联和平演变的悲剧在我国重演。

苏联复辟资本主义的教训还告诉我们，要巩固无产阶级专政，防止资本主义复辟，就必须批判资产阶级法权思想，限制在社会主义社会还存在着的那一部分资产阶级法权。毛主席指出：**“中国属于社会主义国家。解放前跟资本主义差不多。”“我国现在实行的是商品制度，工资制度也不平等，有八级工资制，等等。这只能在无产阶级专政下加以限制。”**对于资产阶级法权，是限制它，还是扩大它，这是两个阶级、两条路线斗争的重要内容。这种限制与反限制斗争的实质，就是反复辟与复辟的斗争。我们一定要深刻领会、坚决执行毛主席的指示，加强对资产阶级法权的限制，反对资本主义复辟。刘少奇、林彪一类都是拚命反对我们限制资产阶级法权的。林彪鼓吹“利己多欲乃规律”等谬论，兜售“诱：以官，禄，德”之类的黑货，就是要扩大资产阶级法权，用资产阶级法权思想来腐蚀我们革命队伍。其罪恶目的就是妄图象苏修叛徒集团那样，利用资产阶级法权，培添资本主义土壤，颠覆无产阶级专政，复辟资本主义。这是我们工人阶级决不答应的。我们工人阶级重大无比的任务，就是在毛主席革命路线指引下，坚持无产阶级专政下的继续革命，逐步削弱产生修正主义和新资产阶级的土壤，造成使资产阶级既不能存在也不能再产生的条件。

苏联复辟资本主义的教训还告诉我们，要保证我们无产阶级专政的国家千秋万代永不变色，就要坚持刻苦攻读马列和毛主席著作，搞清楚马克思主义关于无产阶级专政的理论，以提高我们识别真假马克思主义的能力。列宁指出：**“马克思主义在理论上的胜利，逼得它的敌人装扮成马克思主义者，历史的辩证法就是如此。”**赫鲁晓夫——勃列日涅夫叛徒集团就是一伙假马克思主义真修正主义分子。他们一不改变苏维埃的名子，二不改变列宁党的名子，三不改变社会主义共和国的名子，干的却是反列宁党、反苏维埃的罪恶勾当。林彪一类也是马克思主义的可耻叛徒。他们炮制的《“571工程”纪要》，明明供认他们的目的是颠覆无产阶级专政，却美其名曰“建设真正的社会主义”；他们反对干部、知识青年走五七道路，明明是在扩大三大差别，培植特权阶层和精神贵族，却扮起一副“关心”干部和青年的面孔；他们也象苏修头子一样，把物质刺激、利润挂帅之类的修正主义黑货，说成是发展社会主义生产的“决定力量”。为了增强我们的识别能力，更有效地与修正主义作针锋相对的斗争，就必须“**认真看书学习，弄通马克思主义。**”工人同志说得好：“要想不变修，马列不能丢；要想不上当，就得眼睛亮；要想认得清，学习下苦功。”毛主席最近指出：“**列宁为什么说对资产阶级专政，这个问题要搞清楚。这个问题不搞清楚，就会变修正主义。要使全国知道。**”毛主席这一重要指示，为我们指明了学习无产阶级专政理论的极端重要性。只有认真地刻苦地学习马列主义、毛泽东思想，搞清楚为什么要对资产阶级专政的理论问题，才能分清什么是马克思主义，什么是修正主义；什么是社会主义，什么是资本主义。只有这样，才能提高我们执行党的基本路线的自觉性，提高在无产阶级专政下继续革命的自觉性，做限制资产阶级法权的促进派，做批判资产阶级法权思想的模范，夺取反修防修斗争的新胜利。

社会主义制度终究要代替资本主义制度，这是不以人们的意志为转移的客观规律。苏联由于修正主义上台而导致资本主义复辟，只不过是国际共产主义运动中的一小股逆流。我们坚决相信，“**苏联广大的人民、广大的党员和干部，是好的，是要革命的，修正主义的统治是不会长久的。**”列宁缔造的苏联党和培育的苏联人民是伟大的，是有光荣的革命斗争传统的，他们决不会长期容忍一小撮列宁主义的叛徒骑在他们头上作威作福。十月社会主义革命的成果虽然暂时被断送了，但是其精神原则则是永存的。苏联人民革命的激流，终将冲破修正主义统治的冰层，社会主义的春天一定会回到苏联大地。一百多年来国际共产主义运动的历史证明，一个国家、一个党也好，整个国际共产主义运动也好，道路是曲折的，前途是光明的。我们坚信共产主义必然要在全世界取得胜利，让我们为中国革命和世界革命努力做出更多的贡献吧！

批林批孔　巩固无产阶级专政

董仲舒与“四条绳索”

天津动力机厂热锻车间工人理论组
天津市历史研究所　谷　力

毛主席在《湖南农民运动考察报告》中指出：**“政权、族权、神权、夫权，代表了全部封建宗法的思想和制度，是束缚中国人民特别是农民的四条极大的绳索。”**这四条罪恶绳索的一个大吹鼓手，就是被儒家捧为“群儒之首”的董仲舒。他把维护奴隶主阶级利益的孔孟之道，经过加工改造，成为维护封建统治的正统思想。以后，在我国长达二千年的封建社会和半殖民地半封建社会中，反动统治者一直把董仲舒的一套反动说教，作为欺骗、束缚、镇压人民群众、特别是农民的重要武器。直到今天，林彪一类还继续吹捧董仲舒，叫嚷“大家都当董仲舒”，用董仲舒加工改造过的孔孟之道作为他复辟资本主义的工具。因此，我们一定要把董仲舒及其宣扬的孔孟之道彻底批倒批臭。

（一）

董仲舒是西汉时期人，出身于地主家庭，从小就崇拜孔孟之道，死啃《论语》、《春秋》等儒家的经典，青年时期又深钻公羊学派的《公羊春秋》。公羊学派因公羊高而得名。公羊高是孔丘门徒子夏的学生，而董仲舒的师傅则是公羊高的四代徒孙公羊寿。因此，董仲舒的思想可谓孔门的嫡传。西汉时，公羊学派是宣扬阴阳灾异的大本营。董仲舒由于全力钻研《公羊春秋》而成为当时公羊学派的“大师”，成了对阴阳灾异神学论最臭名昭著的人物。

公元前一四〇年，董仲舒三十九岁的时候，汉武帝下了一道“求贤诏”，要各地的所谓“贤良方正”到京应考。董仲舒觉得这是升官发财的好时机，就兴致勃勃地赴长安应试。在这次应考中，他尽所学的孔孟之道和善于编笆造模的本能，写了三道策章，这就是后来被儒家吹嘘得神乎其神的《举贤良对策》，亦称“天人三策”。在《举贤良对策》中，董仲舒把孔孟之道进一步系统化、理论化和神秘化。董仲舒提出“诸不在六艺之科、孔孟之术者，皆绝其道，勿使并进”的建议，要汉武帝采纳。这就是臭名昭著的“罢黜百家，独尊儒术”。

董仲舒“独尊儒术”，是有深刻历史根源的。从春秋末年到秦汉之际，经过长期的复辟与反复辟的斗争，奴隶主阶级的复辟势力日益削弱。到汉武帝时，封建制度已经巩固，奴隶制复辟的危险已经过去。随着奴隶主复辟势力的败亡，奴隶主阶级借以复辟的思想武器——孔孟之道，其地位也已经一落千丈。但是，随着封建统治的巩固，地主阶级也向反动方面转化，它对农民的剥削和压迫也就越发加重起来。到了汉武帝时，地主阶级和农民阶级两个阶级的矛盾激化了，农民起义此起彼伏地兴起来了。在这种情况下，封建王朝需要建立一种为巩固其专制统治服务的哲学体系，用以欺骗和愚弄农民，维护其统治地位。董仲舒的“独尊儒术”和“神学目的论”一套唯心主义先验论的哲学，就是在这样的条件下产生的。

汉武帝是一个法家，他虽然表面上采纳了董仲舒的建议，可是用以治国的仍是法家路线。事实上当时儒家并没有得到“独尊”，董仲舒也没有在西汉朝廷内捞到什么高官，他被汉武帝打发到江都王那里当相。公元前一三五年，宫廷连续两次发生火灾，董仲舒想趁此机会显示一下被他神化了的孔孟之道，就用他那一套“天人感应”封建迷信来附会这两次火灾，胡诌失火是由于汉承秦制，为“天”所不满造成的。不想他的那个奏章草稿被一个名叫主父偃的偷去交给了汉武帝，汉武帝看到其中有诽谤朝政的话，就召集臣子来讨论，其中就有董仲舒的高徒吕步舒。这帮官僚看到汉武帝震怒的样子，都纷纷上言说这个玩弄阴阳鬼神，诽谤朝廷的人该杀。于是汉武帝下令把董仲舒关进了监狱。这件事，对董仲舒那套“天人感应”的神学是一个绝妙的讽刺，正是搬起石头打了自己的脚。后来，经吕步舒向汉武帝求情，才把他从监狱里放出来。这件事证明，历代儒家把汉武帝说成是“独尊儒术”的，并且把汉武帝的历史功绩都说成是由于他执行“儒术”的结果，纯粹是歪曲历史。

因为上述的事件，董仲舒坐了十年冷板凳，直到公元前一二五年，才重新当上胶西王的相。胶西王刘瑞是汉武帝的哥哥，以蛮横凶残闻名。董仲舒尝了一次坐牢房的滋味，害怕再得罪刘瑞而送掉老命，于公元前一二一年辞退回家。

告老回乡以后，董仲舒就埋头整理撰写他那套阴阳五行的谬论，最后共写出一百二十三篇反动文章，其中八十二篇编成《春秋繁露》一书，以示继承和发挥孔老二《春秋》的意思。

公元前一〇四年，董仲舒病死。后来的反动封建统治者为了“表彰”他继承和发展孔孟之道的“功绩”，封他为孔门第七十三贤，把他的亡灵请进了孔庙。

（二）

董仲舒加工改造孔孟之道主要在两个方面：即“天人感应”论和“三纲五常”说，也就是思想和政治两个方面，具体地说就是维持政、族、神、夫四权。

董仲舒在孔孟"天命论"的基础上，加上荒谬的迷信说教，搞了一套"天人感应"的神学体系，并把这个体系作为他整个理论的思想基础，贯彻到一切方面。

董仲舒在继承殷周时代的宗教迷信观念的同时，把孔丘"死生有命，富贵在天"的那一套唯心主义先验论全盘接受下来，并且大加发挥。他首先把天偶象化、神秘化，说："天者，百神之大君也"，把天说成是至高无上的上帝。然后，他通过歪曲自然现象，以春夏秋冬的自然变化规律，来论证他所说的天是有意志的主宰宇宙的"神"。他说："天者，万物之祖，万物非天不生。"他认为天有阴阳两性的作用。天的目的，一方面是生养万物，这是"阳"的作用；一方面是制裁万物，这是"阴"的作用。他说："天道之大者在阴阳。阳为德，阴为刑；刑主杀而德主生"。这就给天加上了具有封建专制主义的道德属性。他为了给这套谬论找注脚，还把我国古代带有朴素唯物主义的木、火、土、金、水阴阳五行学说，篡改成具有封建道德属性的神秘主义的阴阳五行说。他认为，万物统一于五行，五行统一于阴阳，阴阳统一于天；五行就是天的五种行为，"五行者，五行也"；阴是天的刑罚的表现，阳是天的恩德的表现；天通过阴阳五行的变化而产生和指导万物和人类。

董仲舒在完成对"天"的神化的基础上，编造了一套"天人感应"的神学体系。他认为天生人类，是为了实现天的意志，人是天的缩影，就是所谓"人副天数"。他胡说什么人的身体骨骼是"天"按照自己的模样创造出来的。例如天有四季，人有四肢，天有五行，人有五脏，天有十二节气，人有十二根大骨节，天有春夏秋冬，人有喜怒哀乐，等等。他鼓吹人的品质好坏、才能高低都是由天赋予的。他说："今善善恶恶，好荣憎辱，非人能自生，此天施之在人者也。""人受命于天，有善善恶恶之性，可养而不可改，可豫而不可去，若形体之肥臞，而不可得革也。"据此，董仲舒说天赋予人有三种不同的品性，即圣人之性（封建帝王）；中民之性（封建统治阶级的中下层）；斗筲之性（劳动人民）。根据这个反动的"性三品"说，只有"圣人"即封建帝王是生来性善的，具有"先知先觉"的本性，因此是天生的统治者；中民之性可善可恶，只要接受孔孟之道的教化就会变善，所以实际上也是"善"的；只有"斗筲之性"的劳动人民，生来就是性恶的，只配接受"圣人"的统治。

十分明显，董仲舒这一套荒谬绝伦的说教，是发展了孔丘的"惟上智与下愚不移"的天命论和人性论，完全是为封建地主阶级统治制造的理论根据。它的最后的落脚点就是"君权神授"。他说："天生民性，有善质而未能善，于是为之立王以善之，此天意也。"又说："王者上谨于承天意，以顺命也；下务明教化民，以成性也；正法度之宜，别上下之序，以防欲也，修此三者而大本举矣。"就是说，封建帝王的根本大事是：第一，对上接受天意；第二，对下教化老百姓；第三，整顿好法律制度，分清高低、贵贱、统治与被统治的等级，防止人们产生违反封建秩序和道德规范的欲望。他的这种反动说教，把天上的神权与地上的君权，联在一块了，封建帝王成了天在人间的代表，是奉“天意”来统治人民的，是人世间的“神”，所以也具有至高无上的权力。

那么封建帝王与“天”是怎样互相“感应”的呢？董仲舒认为，一方面因为“人副天数”，人与天具有相同的气质和感情；另一方面封建帝王是天派到人间的代表，具有“先知先觉”的本性，所以它们之间可以互相感应。封建帝王统治得好，天就高兴，以降祥瑞；统治得不好，天就震怒，以水旱等灾害和怪异来进行“谴告”。他说：“国家将有失道之败，而天乃先出灾害以谴告之；不自知省，又出怪异以警惧之；尚不知变，而伤败乃至。”这样，“君权神授”、“天人感应”就形成了一整套反动理论。董仲舒为了使封建统治永世长存，还把这套反动理论说成是永远不变的，就是所谓“道之大原出于天，天不变，道亦不变。”

（三）

董仲舒为了维护封建地主阶级的专政，并使之永久地保持下去，在“天人感应”的神学基础上，把孔孟的“君君臣臣父父子子”和“仁义礼智”、“忠信孝悌”等拼凑为一个“君为臣纲，父为子纲，夫为妻纲”和“仁义礼智信”的“三纲五常”说，把封建社会的等级关系固定了下来，成为维护封建反动统治的政治纲领。

与“天人感应”的神学体系一样，董仲舒又以孔丘的“畏天命，畏大人，畏圣人之言”为根据，用他编造的“阳尊阴卑”那一套拿来解释君臣、父子、夫妇之间的封建等级关系。他说：“君臣、父子、夫妇之义，皆取诸阴阳之道。君为阳，臣为阴；父为阳，子为阴；夫为阳，妻为阴”。又说：“天为君而覆露之，地为臣而持载之；阳为夫而生之，阴为妇而助之。”这就是说，君臣、父子、夫妇之间的主从尊卑关系来源于“阳尊阴卑”。因而君、父、夫永远处于主导地位，臣、子、妇永远处于附从地位。

在提出“三纲”的同时，董仲舒还把孔孟的“仁义礼智”和“忠信孝悌”等道德说教归纳为“仁义礼智信”所谓“五常”，使“三纲五常”成为一整套封建伦理道德。董仲舒还从各个方面来论证“三纲五常”是神圣不可侵犯的绝对东西。

首先，他把“三纲”与“天”挂上钩，说“王道之三纲，可求于天”，“天子受命于天，诸侯受命于天子，子受命于父，臣妾受命于君，妻受命于夫，诸所受命者，其尊于天也。”这就是说，尊卑主从的等级关系都是由天决定的，把封建等级关系涂上了一层神秘的光彩，成为神圣不可侵犯的东西。这样就把封建社会四条束缚人民的绳索抬高到神的法则的绝对地位。他还发挥孔丘的“正名”说，用它来证明“三纲五常”的尊卑主从等级关系是名正言顺的。他象测字先生一样，唯心地捏造出君臣父子等等名词的含意。例如他说，“天子”是“天”的儿子，是天在人世间的代表，因此天子的统治是“天经地义”的。“大夫”是“大于匹夫”的意思，是从事教化老百姓的。“士”就是“事”，是专门为“天子”作具体工作的人。“民”呢？他说“民之号，取之瞑也”。把劳动人民污蔑为一群昏暗的“群氓”，只能永远被别人驱使。他说这些“名分”都是“发于天意”的，因此各个等级的人必须按其“名分”所规定的内容来行事，绝不许可作出超越“名分”所规定的事来。否则，就要受到天的惩罚。老百姓“犯上作乱”，那就是违反“名分”，就是大逆不道，就要受到法律和舆论的严厉制裁和谴责。这种封建名教在以后的两千多年的历史中，成为狠毒无比的吃人的猛兽。

在封建社会中，农民阶级和地主阶级的矛盾是主要矛盾。董仲舒宣扬“三纲五常”，就是要农民以地主阶级为纲，服服贴贴地听从地主阶级的统治。在政、族、神、夫这四权中“**地主政权，是一切权力的基干**”。皇帝被描绘成神权的化身，是地主政权的象征，是地主阶级的总头目，享有至高无上的权力。他任命一大批地主分子组成中央和地方各级官僚机构，“**依靠地主绅士作为全部封建统治的基础**”，对农民进行统治。族权（以父权为主干）和夫权则是地主阶级政权的补充，它们从不同的方面来加强对农民的统治和压迫。政权、族权、神权、夫权代表了全部封建宗法的思想和制度，它维护着像金字塔一样的封建等级制度，使之不受侵犯，得以长久的生存。而董仲舒的“三纲五常”就是维护这一封建等级制度的精神支柱。

（四）

董仲舒把孔孟之道加工改造为神秘的“天人感应”论和“三纲五常”说，完成了孔孟之道由为奴隶主阶级服务的意识形态到为封建地主阶级服务的意识形态的转变。从此以后，它就成了封建统治者一刻也不能放松的东西。几乎所有的封建帝王，都以董仲舒的“天人感应”为自己涂脂抹粉，自封为“真命天子”，去吓唬广大劳动人民。同时还把“三纲五常”作为维护封建等级制度的根本大纲，把劳动人民束缚得紧紧的，妄图使他们的统治永世久存。我国的封建社会，存在了两千多年。一八四〇年鸦片战争以后，我国逐步沦为半殖民地半封建社会。半殖民地半封建的旧中国，“**跟资本主义差不多**”。资本主义社会也是一种等级制社会，不同的是，资产阶级用资本主义的金钱的特权为中心的等级制，代替了以封建主义的政治特权和垄断权为中心的等级制，从而为等级制披上了一层簿纱。恩格斯说：资产阶级“**把历代的一切封建特权和政治垄断权合成一个金钱的大垄断权。资产阶级的政治统治之所以具有自由主义的外貌，原因就在于此。**”资产阶级的所谓“自由”、“平等”等等，统统是以不平等为前提的。资产阶级法权就是以形式上的平等来掩盖事实上的不平等为其重要特征的。

党内历次机会主义路线的头子，是地主资产阶级在党内的代理人。他们要颠覆无产阶级专政，都是为了恢复地主资产阶级专政，复辟资本主义。当他们向无产阶级进攻的时候，无不搬出孔孟之道作为复辟的工具。叛徒、卖国贼林彪狂热地吹捧孔孟之道和董仲舒，其目的就是为了使已被打倒的剥削制度死灰复燃，让腐朽不堪的封建伦理纲常继续危害人民。他那个反革命政变纲领《“571 工程”纪要》，就是梦想建立以他们林家父子为“纲”的法西斯王朝的自供状。他宣扬的“天才论”，就是董仲舒“天人感应”的翻版。他拚命鼓吹孔孟之道，扩大资产阶级法权，都是为了表示他这个“天才”、“至贵”应该是中国劳动人民的统治者，应该“名正言顺”地骑在人民头上作威作福。因此，我们必须彻底批判董仲舒的“天人感应”和“三纲五常”，彻底批判剥削阶级的等级观念，把无产阶级专政下的继续革命进行到底。

理论学习
参考材料

《国家与革命》的介绍(四)

中共天津市委党校教研室

第五章

国家消亡的经济基础

这一章，列宁论述了国家消亡与共产主义发展之间的关系。着重阐明了在社会主义历史阶段，必须坚持无产阶级专政，只有阶级消灭了，到了共产主义，国家才能自行消亡。

1. 马克思如何提出问题

这一节，列宁阐明了马克思主义国家消亡学说的科学根据，指出，马克思根据辩证唯物主义和历史唯物主义的基本原理，把国家消亡的过程同社会经济基础的发展联系起来加以考察，得出了科学的结论。这样就同形形色色的唯心主义的国家观划清了界限。

（1）列宁指出，马克思和恩格斯对国家消亡问题的看法是完全一致的。他们之间在提法上所以有表面上的差别，是因为他们研究的问题和重点不同。恩格斯曾经提出，在无产阶级夺取政权之后，应抛弃“国家”一词而用“公团”来代替。这是为了说明无产阶级革命必须用暴力打碎资产阶级的国家机器，强调无产阶级国家与资产阶级国家的本质区别，批判拉萨尔之流在国家问题上的右倾机会主义观点。而马克思谈“未来共产主义社会的国家制度”，是为了研究和阐明从资本主义向共产主义的发展问题，并回击无政府主义者关于立即废除国家的反动叫嚣。可见，马克思、恩格斯的思想是完全一致的，任何人想从字面上钻空子，都是徒劳的。

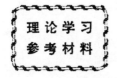

（2）马克思研究国家消亡问题 是以辩证唯物主义和历史唯物主义这一科学的世界观和方法论为基础的。马克思根据资本主义社会内部的矛盾运动，科学地预见了未来的共产主义发展问题；论述了国家政权同它的经济基础之间的关系，指出，随着经济基础的变更，国

家也必然随之而变更，批判了那种离开社会的经济发展侈谈“人民国家”的机会主义谬论。资本主义一定要被共产主义所代替，共产主义的发展一定要达到国家的自行消亡，这个历史总趋势是完全可以肯定的，是有科学根据的。

最后，列宁根据马克思的科学分析，指出在历史上必然有一个从资本主义到共产主义的过渡时期，而这个历史时期的国家，只能是无产阶级专政。这样就提出了本章所要论述的中心问题。

2． 从资本主义向共产主义的过渡

这一节，列宁根据马克思的论述，着重从政治上阐明了从资本主义社会到共产主义社会之间必然有一个政治上的过渡时期。这个时期，只有坚持无产阶级专政，才能为国家自行消亡创造条件。

（1）从资本主义向共产主义过渡时期的国家只能是无产阶级专政。列宁摘引了马克思在《哥达纲领批判》中的一段著名论断：**“在资本主义社会和共产主义社会之间，有一个从前者变为后者的革命转变时期。同这个时期相适应的也有一个政治上的过渡时期，这个时期的国家只能是无产阶级的革命专政。”**列宁指出，这是马克思根据社会发展的规律，运用阶级斗争的观点，分析了资本主义社会的矛盾的发展演变得出的科学结论。列宁认为，这个著名论断是马克思主义学说的一个重大的发展。列宁指出，从前，问题的提法是这样的：**无产阶级为了求得自身的解放，应当推翻资产阶级，夺取政权，建立自己的革命专政。**到这时——一八七五年，关于无产阶级专政的思想有了进一步发展，明确指出，无产阶级夺取政权，并不是革命的终止，还不能立即实现共产主义，必须经过一个**政治上的过渡时期**，即社会主义时期，而**这个时期的国家只能是无产阶级的革命专政**。

（2）从专政和民主的关系，说明要用无产阶级民主代替资产阶级民主就必须实行无产阶级专政。列宁指出，资产阶级民主的实质是少数富人享有民主，对广大劳动人民实行专政；无产阶级民主的实质是**“绝大多数人享受民主，对那些剥削和压迫人民的分子实行强力镇压，即把他们排斥于民主之外”**。所以，由资产阶级民主到无产阶级民主，由资本主义到共产主义，绝不能象机会主义鼓吹的那样，可以“简单地”“平稳地”达到。必须经过无产阶级专政，用强力镇压剥削阶级的反抗。到了共产主义的高级阶段，彻底消灭了阶级，阶级斗争已经不存在的时候，国家就会自行消亡，真正完全的民主才能实现。这时，作为一定阶级的民主也就成为不需要的东西而自行消亡了。

（3）社会主义时期的国家必须加强。列宁指出：**“在资本主义向共产主义过渡的时候镇压还是必要的，但这已经是被剥削者多数对剥削者少数的镇压。”**在社会主义整个历史时

期，阶级和阶级斗争始终存在。所以，必须把无产阶级专政进行到底。只有到了共产主义高级阶段，阶级彻底消灭了，国家才会消失，民主才会消亡。只要这一天还没到来，就必须坚持无产阶级专政。

3. 共产主义社会的第一阶段

这一节，列宁论述了社会主义社会还存在着旧社会的痕迹，着重从经济上阐明了在分配方面还存在资产阶级法权，因此，必须把无产阶级专政坚持到底。

（1）社会主义社会还存在着旧社会的痕迹。列宁引证马克思在《哥达纲领批判》中的一段话指出，社会主义社会**“是刚刚从资本主义社会中产生出来的共产主义社会，因此它在各方面，在经济、道德和精神方面都还带着它脱胎出来的那个旧社会的痕迹”**。这些旧社会的痕迹，就是产生资本主义和新资产阶级的土壤。我们一定要坚持无产阶级专政下的继续革命，经过长期的革命过程，逐步减少直到消灭这些旧痕迹。

（2）“按劳分配”的原则还没有消除资产阶级法权。“各尽所能，按劳分配”是社会主义的分配原则，这个原则，从根本上否定了人剥削人的劳而不获、获而不劳的分配制度。按每个人给社会提供的劳动量，领取等量的消费品，从这一点讲是平等的。但是，任何平等权利都**“是以不平等为前提的”**，因为**“任何权利都是把同一标准应用在不同的人身上，应用在事实上各不相同、各不同等的人身上，因而‘平等权利’就是不平等，就是不公平”**。就是说，劳动者的情况各不相同，有的体力强些，有的弱些,有的技术高些,有的低些；有的子女多些，有的少些。这样，实行按劳分配的结果，必然出现富裕程度不同，出现实事上的不平等。由于按劳分配通行的是商品等价交换的原则，所以它是一种形式上平等、实事上不平等的权利，是一种资产阶级法权。这种不平等是“按劳分配”的“弊病”。

（3）社会主义社会在分配方面存在资产阶级法权是不可避免的。列宁引了马克思一段话指出：**“这些缺点，在共产主义社会第一阶段，在它经过长久的阵痛刚刚从资本主义社会里产生出来的形态中，是不可避免的。权利永远不能超出社会的经济结构以及由经济结构所制约的社会的文化发展。”**这就是说，在社会主义阶段，即使在实现了全部生产资料都归整个社会所有以后，由于阶级、阶级矛盾、阶级斗争的存在，工农之间、城乡之间、脑力劳动和体力劳动之间差别的存在，生产力还没有高度发展，消费品还不是极大的丰富，人们的思想觉悟水平还不可能普遍达到劳动不计报酬的程度，还不可能完全打破资产阶级法权的狭隘眼界，劳动还没有普遍地成为人们生活的第一需要，因此，实行“按劳分配”的原则在社会主义社会还是不可避免的。

（4）资产阶级法权必须在无产阶级专政下加以限制。资产阶级法权毕竟体现着事实上的不平等。对共产主义者来说，“按劳分配”绝不是最高理想或最终目的，相反，资产阶级法权是最终必须消灭的东西。我们知道，列宁在十月革命后，一再提倡共产主义的劳动态度，热情赞扬“星期六义务劳动”，充分肯定了缩小资产阶级法权，发扬共产主义精神的重要意义。

4. 共产主义社会的高级阶段

这一节，列宁根据马克思的论述，科学地分析了共产主义社会高级阶段的基本特征，着重阐明了国家完全消亡的经济基础就是共产主义的高度发展，同时指出在社会主义历史时期必须坚持和巩固无产阶级专政，为实现共产主义创造条件。

（1）国家完全消亡的经济基础是共产主义高度发展。马克思在《哥达纲领批判》中阐明了共产主义社会的基本特征。这就是：彻底消灭阶级和阶级差别，使工农、城乡、脑力劳动和体力劳动的差别消失；人们的共产主义觉悟极大提高，劳动成为生活的第一需要；生产力高度发展，产品极大丰富；完全打破资产阶级法权的狭隘眼界。只有具备了这些条件，才能实行“各尽所能，按需分配”的原则。列宁指出，无产阶级夺取了政权，建立了无产阶级专政，就一定会使社会生产力蓬勃发展。而只有不断发展社会生产力，逐步缩小和消灭三大差别，直到人们把劳动变为“生活的第一需要”，才能完全超出资产阶级法权的狭隘眼界，实现“各尽所能，按需分配”。这时，国家才会自行消亡。共产主义的实现和国家的消亡是必然的。列宁在说明实现共产主义的必然性的同时，还着重指出了这个过程的长期性。

（2）列宁批判资产阶级对共产主义的歪曲和攻击。资产阶级学者们，把共产主义歪曲为每人要什么东西就可以拿什么东西，劳动也不要任何监督等等。列宁痛斥了这种谬论，指出：**“这样做只是暴露他们愚昧无知和替资本主义进行自私的辩护”**。

（3）社会主义和共产主义在科学上的差别。列宁强调，马克思主义承认共产主义两个阶段的差别。在资本主义条件下，首要任务是无产阶级夺取政权，建立无产阶级专政，而不是要把国家消亡的问题提到日程上来。无政府主义者不管是资产阶级国家还是无产阶级国家，主张在一天之内都予废除，完全抹杀了无产阶级国家和资产阶级国家的本质区别，其罪恶目的在于反对无产阶级专政。

社会主义和共产主义是经济上成熟程度不同的两个阶段，它的差别是：社会主义在经济上还不完全成熟，带有资本主义的传统和痕迹，还保留着资产阶级法权，因而还需要有国家。所以列宁讲，这是**“保留没有资产阶级的资产阶级国家”**。而共产主义社会，由于它是在社会主义社会的基础上高度发展起来的，因而也就不再有资本主义的痕迹。它在经济上已为国家的消亡创造了成熟的条件，到那时国家也就自行消亡了。

（4）为实现共产主义创造条件。列宁指出：社会主义作为一个过渡阶段，可以和必须不断地向共产主义发展。如果把社会主义看成是僵死的、凝固的、一成不变的，不去逐步铲除资本主义的种种痕迹，积极发展共产主义因素，那就不仅不能实现共产主义，而且有倒退到资本主义的可能。因此，在社会主义历史阶段必须坚持无产阶级专政下继续革命。十月革命后，列宁对无产阶级专政问题作了更多的重要论述，反复地强调了对资产阶级实行全面专政，**造成使资产阶级既不能存在，也不能再产生的条件**。学习列宁的这些教导，具有十分重要的现实意义和深远的历史意义。

为了向共产主义过渡，列宁还强调了发扬社会主义民主的重要意义。指出要由工人和广大人民“**监督生产和分配，统计劳动和产品**”，以保护社会主义的公共财产，保证社会主义经济基础的巩固和发展；要“**对寄生虫、老爷、骗子手等等‘资本主义传统的保护者’实行监督**”，并在全社会推行“工厂”纪律，严肃社会主义法纪，加强组织性纪律性，为“**彻底肃清社会上资本主义剥削制造成的丑恶现象**”而斗争。只有充分发扬社会主义民主，才能巩固和加强无产阶阶专政，为实现“各尽所能，按需分配”的原则创造条件，才能为国家消亡创造条件。

当然，国家的消亡，共产主义的实现，还必须具备国际条件。关于这一点，列宁在十月革命后的著作里曾作过多次论述，在这里就不介绍了。

无产阶级专政的原理，是马克思主义国家学说的实质。列宁在第五章里，深刻论述了社会主义历史时期阶级斗争的客观性和无产阶级专政的必然性。只有坚持阶级斗争，才能巩固无产阶级专政，只有坚持无产阶级专政，才能完成无产阶级的历史使命，实现共产主义的远大理想。

× × × ×

毛主席在长期的革命斗争中，总结了无产阶级专政正反两方面的经验，继承、捍卫和发展了马克思主义关于无产阶级革命和无产阶级专政的理论，提出了无产阶级专政下继续革命的伟大学说，为我党制定了整个社会主义历史阶段的基本路线。

毛主席进一步发展了马克思列宁主义关于过渡时期的理论，指出“**社会主义社会是一个相当长的历史阶段**”。毛主席深刻阐明了社会主义历史时期阶级斗争的理论，指出：“**在社会主义这个历史阶段中，还存在着阶级、阶级矛盾和阶级斗争，存在着社会主义同资本主义两条道路的斗争，存在着资本主义复辟的危险性。**”

毛主席还指出：“**无产阶级和资产阶级之间的阶级斗争，各派政治力量之间的阶级斗争，无产阶级和资产阶级之间在意识形态方面的阶级斗争，还是长时期的，曲折的，有时甚至是很激烈的。**”

最近，毛主席又进一步指出：“**中国属于社会主义国家。解放前跟资本主义差不多。现在还实行八级工资制，按劳分配，货币交换，这些跟旧社会没有多少差别。所不同的是**

所有制变更了。”毛主席还说：“**我国现在实行的是商品制度，工资制度也不平等，有八级工资制，等等。这只能在无产阶级专政下加以限制。所以，林彪一类如上台，搞资本主义制度很容易。因此，要多看点马列主义的书。**”毛主席还指出：“**列宁说，‘小生产是经常地、每日每时地、自发地和大批地产生着资本主义和资产阶级的。’工人阶级一部分，党员一部分，也有这种情况。无产阶级中，机关工作人员中，都有发生资产阶级生活作风的。**”这就告诉我们，在我国的社会主义社会里，在所有制、分配和交换方面还存在着资产阶级法权，存在着资产阶级的影响，存在着滋生资本主义和资产阶级的土壤，因此，无产阶级必须对资产阶级实行全面专政，把经济基础和上层建筑方面的继续革命进行到底。

在社会主义社会，必须在一切领域内，在革命发展的一切阶段，始终坚持对资产阶级的全面专政。毛主席指出：“**在社会主义这个历史阶段中，必须坚持无产阶级专政，把社会主义革命进行到底，才能防止资本主义复辟，进行社会主义建设，为过渡到共产主义准备条件。**”

所以，我们一定要按照毛主席的教导，认真学习马列和毛主席的著作，搞清楚无产阶级专政的问题，深入批林批孔，坚持党的基本路线，坚持无产阶级专政下的继续革命，经过长期的革命斗争，一步一步地铲除滋生资本主义和资产阶级的土壤，造成使资产阶级既不能存在，也不能再产生的条件。

对无产阶级专政的态度，是区分真假马克思主义的试金石。一切修正主义者都攻击和取消无产阶级专政。苏修叛徒集团就是宣扬“社会对抗”在苏联永远消失了，无产阶级专政的国家成了“全民国家”，以“土豆烧牛肉”的假共产主义欺骗群众，在苏联全面复辟资本主义的。刘少奇、林彪一类骗子，极力叫喊“中庸之道合理”，否认阶级斗争，恶毒咒骂无产阶级专政是什么“暴政”、“绞肉机”，叫嚷“恃德者昌，恃力者亡”，胡说什么“共产主义是大家发财”，妄图改变党的基本路线，颠覆无产阶级专政，复辟资本主义。这清楚地说明，苏修叛徒集团，刘少奇、林彪一类，他们都是马克思主义的叛徒，是无产阶级专政的死敌。

第 六 章

马克思主义被机会主义者庸俗化了

这一章，列宁彻底批判了第二国际机会主义者考茨基、普列汉诺夫对马克思主义国家学说的背叛，揭露了他们堕落成无产阶级叛徒的过程。

1． 普列汉诺夫与无政府主义者的论战

这一节，列宁揭露和批判了普列汉诺夫在国家问题上彻底背叛了马克思主义。

（1）普列汉诺夫在同无政府主义论战中完全回避了无产阶级专政问题。十九世纪八十年代到九十年代，马克思主义者和以克鲁泡特金为代表的无政府主义者，开展了一场激烈的论战。怎样对待国家问题，承认不承认无产阶级专政，是这次论战中最根本的问题。普列汉诺夫写了一本名为《无政府主义与社会主义》的小册子，在这里，他完全避而不谈无产阶级专政这个实质问题，这充分暴露了他的修正主义立场。

（2）国家问题是马克思主义同无政府主义斗争的焦点。巴黎公社失败后，以巴枯宁为首的无政府主义者，配合各国反动派，向马克思主义发动了猖狂进攻，叫嚷反对一切形式的国家，反对无产阶级专政。他们主张在一天之内废除国家。马克思和恩格斯彻底粉碎了巴枯宁的无政府主义。列宁指出，无政府主义的要害就是反对一切政权，反对无产阶级打碎资产阶级国家机器，建立无产阶级专政，并用它去镇压资产阶级的反抗。所以，一个真正的马克思主义者在同无政府主义论战时，必须把国家问题作为斗争的中心，坚持无产阶级专政，来彻底揭露和批判无政府主义的反动本质。列宁强调指出，马克思和恩格斯在同无政府主义者巴枯宁作斗争时，正是采取了这种正确的立场，为一切共产党人树立了光辉典范。而普列汉诺夫完全回避通过暴力革命打碎旧的国家机器建立无产阶级专政这个中心问题，完全站到机会主义一边去了。

2． 考茨基与机会主义者的论战

这一节，列宁集中地揭露了考茨基一贯站在机会主义立场，采取隐蔽手段，反对打碎旧的国家机器，以无产阶级专政代替资产阶级专政。

（1）考茨基从来不是一个真正的马克思主义者。列宁指出，考茨基是一个窃踞第二国际领导地位的头面人物，但他从来就不是一个真正的马克思主义者，而是一个披着马克思主义外衣的地地道道的机会主义分子。第一次世界大战爆发时，他支持帝国主义战争，堕落成社会沙文主义者，暴露了他的叛徒面目。在国家问题上，他一贯倾向机会主义，反对马克思主义的国家学说。

（2）考茨基在国家问题上是一贯倾向机会主义的。列宁详细地剖析了考茨基所谓反对机会主义的三本小册子，说明考茨基**“在国家问题上恰恰是一贯倾向于机会主义的”**。

第一本小册子《伯恩施坦与社会民主党的纲领》。在恩格斯逝世后，伯恩施坦向马克思主义发动了全面进攻，公开声称他反对马克思主义学说的主要见解。以后又抛出了《社会主

义的前提》的小册子，系统地提出了“和平过渡”的机会主义路线，反对无产阶级革命和无产阶级专政。他歪曲马克思关于**“工人阶级不能简单地掌握现成的国家机器，并运用它来达到自己的目的”**这个科学论断，胡说所谓“不能简单地”就是夺取政权时不能用暴力革命手段。列宁痛斥了这种无耻的歪曲，指出**“不能想象对马克思思想的歪曲还有比这更粗暴更不象样的了”**。而考茨基是怎样批判伯恩施坦的呢？他是打着批判机会主义幌子鼓吹机会主义的谬论。他在所谓批判中，也引了马克思关于**“工人阶级不能简单地掌握现成的国家机器”**的科学论断，却胡说什么马克思的话只是讲不能简单地掌握，不是讲不能掌握，一般地说工人阶级还是能够掌握的。考茨基的“能够掌握”就是不必打碎旧的国家机器而可以现成地利用它。这和伯恩施坦的“和平长入”完全是一路货色。伯恩施坦的“和平过渡”，要害就是反对建立无产阶级专政。考茨基也声称“关于无产阶级专政问题，我们可以十分放心地留待将来解决”，妄图取消实现无产阶级专政的革命任务。所以列宁指出：**“这不是反驳伯恩施坦，同他进行论战，实际上是向他让步，是把阵地让给机会主义”**。

对考茨基的第二本小册子《社会革命》，列宁批判了其中的两个主要错误。第一，考茨基只谈“夺取政权”，却回避了打碎资产阶级国家机器。实际上是在这个重要问题上向伯恩施坦让步，以极隐蔽的方式赞同伯恩施坦“和平过渡”的机会主义路线。第二，考茨基叫嚷，社会主义社会也“非有官僚组织不可”，“民主组织”必然采取议会制的形式。列宁尖锐指出，这完全抹杀了资产阶级民主同无产阶级民主、资产阶级专政同无产阶级专政的本质区别，妄图维护资产阶级的官僚制和议会制。

第三本小册子《取得政权的道路》。考茨基写这本书时，正当第一次世界大战日益迫近，他不得不承认“革命时代已经开始”，但考茨基完全回避了国家问题。大战爆发后，他公开叛变了革命，为帝国主义侵略战争摇旗呐喊。

列宁在分析了这三本小册子以后指出，在同伯恩施坦机会主义论战中，考茨基已经背叛了马克思主义的国家学说，他的**“所有这些回避问题、保持缄默、躲躲闪闪的做法结合起来，就必然使他完全滚到机会主义那边去”**。

3. 考茨基与潘涅库克的论战

这节，列宁进一步揭露了考茨基对资产阶级官僚制国家的崇拜和迷信，批判了考茨基反对打碎资产阶级国家机器建立无产阶级专政的反动观点。

（1）马克思主义同无政府主义有着原则的区别。当时，潘涅库克是荷兰社会民主党的左派。考茨基在与潘涅库克的论战中，暴露了他的机会主义立场。考茨基认为，谁主张打碎资产阶级国家机器，谁就是无政府主义。列宁痛斥了考茨基的谬论，阐明了马克思主义同无政府主义的根本区别，尖锐指出：在是否需要打碎资产阶级国家机器“这个根本的原则性的问题上，他完全离开了马克思主义立场，完全滚到机会主义那边去了”。

（2）批判考茨基对资产阶级官僚制的迷信。考茨基胡说什么“在社会主义下”也“非有官吏不可”。列宁批判了这种谬论，指出，问题的实质是保留资产阶级国家机器呢，“还是把它破坏并用新的来代替它”。这充分揭露了考茨基对资产阶级官僚制度的迷信和崇拜。

（3）考茨基是一个彻头彻尾的修正主义者。他从崇拜资产阶级官僚制国家出发，提出：“我们政治的目的，和从前一样，仍然是以取得议会中多数的办法来夺取国家政权。”这彻底暴露了考茨基把议会斗争当成唯一的斗争形式的叛徒面目。列宁尖锐指出：“这就是最纯粹最卑鄙的机会主义，口头上承认革命，实际上背弃革命”。

× × × ×

要不要用暴力革命打碎资产阶级国家机器建立无产阶级专政的问题，始终是马克思主义同修正主义斗争的根本问题。一切修正主义者都是首先把矛头指向这个根本问题。林彪的“恃德者昌，恃力者亡”，就是攻击和咒骂马克思主义关于无产阶级暴力革命和无产阶级专政的学说的，他的罪恶目的是妄图篡改党的基本路线，颠覆无产阶级专政，复辟资本主义。

伟大领袖毛主席，以敢于反潮流的大无畏的无产阶级革命精神，与国内外修正主义进行了不调和的斗争，推动了我国革命的不断发展。我们必须遵照毛主席的教导，学好无产阶级专政的理论，深入批判修正主义，深入批林批孔，提高执行毛主席革命路线的自觉性，把无产阶级专政下的继续革命进行到底。

党的生活

共产党员要自觉地抵制资产阶级生活作风的腐蚀

冬　竹

伟大领袖毛主席最近指出："列宁说，'小生产是经常地、每日每时地、自发地和大批地产生着资本主义和资产阶级的。'工人阶级一部分，党员一部分，也有这种情况。无产阶级中，机关工作人员中，都有发生资产阶级生活作风的。"认真学习、深刻理解毛主席的这一重要指示，警惕资产阶级生活作风的腐蚀，使广大党员永远保持无产阶级先进分子的政治本色，这对于加强党的建设具有十分重要的意义。

马克思主义无产阶级专政的理论告诉我们，从资本主义到共产主义的过渡时期，是衰亡着的资本主义与生长着的共产主义彼此尖锐斗争的时期。对于无产阶级专政下阶级斗争的新特点，我们必须有足够的认识。被推翻的地主资产阶级为了夺回他们失去的天堂，新产生的资产阶级分子为了实现他们篡权复辟的愿望，不仅明火执仗地向无产阶级进攻，而且更大量地采取隐蔽的手法，千方百计地利用腐朽的资产阶级生活作风来腐蚀我们党的肌体。他们或者是用甜言蜜语，或者是用金钱美女、物质引诱等等，妄图用这些无声的糖衣炮弹腐蚀拉拢我们党内一些意志薄弱者，使他们变成新的资产阶级分子。因此，腐蚀与反腐蚀的斗争是很尖锐的。这种斗争的实质是复辟与反复辟的斗争。

我们党的性质和任务决定了共产党员必须为中国和世界的绝大多数人谋利益。共产党员的奋斗目标，不是为了升官发财，而是为了消灭私有制，解放全人类，实现共产主义。在我们党的历史上，无论是在革命战争年代，还是在社会主义革命和建设时期，全党在毛主席的英明领导下，在毛主席革命路线的指引下，进行了艰苦卓绝的斗争。党的许多优秀儿女，为了党的革命事业，为了人民的利益，英勇战斗，甚至流血牺牲，他们从来没有想到要为个人捞点什么。他们只有一个想法，就是要完全彻底地为人民服务，为把人类社会推进到理想的共产主义社会而奋斗。在解放战争的辽西战役中，我们的战士为了维护人民的利益，宁肯忍着渴，也没有一个人去拿群众的苹果。毛主席高度评价这种精神说：**“在这个问题上，战士们自觉地认为：不吃是很高尚的，而吃了是很卑鄙的，因为这是人民的苹果。”**这是一种多么崇高的革命精神啊！在社会主义革命时期，我们广大党员遵照毛主席关于**“务必使同志们继续地保持谦虚、谨慎、不骄、不躁的作风，务必使同志们继续地保持艰苦奋斗的作风”**的教导，自觉地抵制资产阶级生活作风的腐蚀，打退了资产阶级糖衣炮弹的一阵阵攻击。许多跟随毛主席南征北战的老党员始终保持革命战争时期那么一种艰苦朴素的作风，身居闹市，一尘不染；许多新入党的同志在城乡资本主义势力侵袭面前，敢于斗争，坚持原则，不徇私情，在糖弹面前拒腐蚀，永不沾，不给阶级敌人以可乘之机。战斗在整天与吃穿用打交道的财贸战线上的广大党员，做到了常在河边站，就是不湿鞋。一些新提上来的青年干部，他们地位变了，劳动人民的本色不变，职务变了，密切联系群众的作风不变，环境变了，向革命前辈学习艰苦奋斗的革命传统不变，坚持革命，不断前进。这些都是我们党兴旺发达的标志，是使我们党能永不变色的保证。

但是，也应看到，在我们党员中也有一些人，象毛主席指出的那样：**“他们是不曾被拿枪的敌人征服过的，他们在这些敌人面前不愧英雄的称号；但是经不起人们用糖衣裹着的炮弹的攻击，他们在糖弹面前要打败仗。”**有些共产党员，特别是某些党员干部，对新形势下阶级斗争的特点缺乏清醒的认识。他们对资产阶级生活作风的腐蚀缺乏警惕，甚至被资产阶级糖衣炮弹所打中，头脑昏昏然，忘记了革命大目标，争名于朝，争利于市。有的向党伸手要官做，把自己当作商品向党要高价，不以为耻，反以为荣；有的做官当老爷，把党和人民交给他们的权力变成谋取私利的手段，徇私情，搞特殊，拿原则作交易，把商品交换的原则用到政治生活和党的生活中来；有的化公为私，吃请受贿，甚至发展到贪污盗窃，投机倒把，蜕变成为新的资产阶级分子。对于这些情况，我们必须高度地警惕。毛主席教导我们：**“我们的权力是谁给的？是工人阶级给的，是贫下中农给的，是占人口百分之九十以上的广大劳动群众给的。”**我们应当把人民给予的权力，用于完全彻底地为人民服务，为中国和全世界大多数人谋利益。对于资产阶级生活作风如果不加抵制，在社会主义社会尚存在的那一部分资产阶级法权就会无限制地扩大起来，有的党员就可能被资产阶级所俘虏，堕落为新的资产阶级分子。**“那就不要很多时间，少则几年、十几年，多则几十年，就不可避免地要出现全国性的反革命复辟，马列主义的党就一定会变成修正主义的党，变成法西斯党，整个中国就要改变颜色了。”**而这不正是林彪一类梦寐以求的目标吗？因此每个共产党员都要擦亮眼睛，提高阶级斗争和路线斗争觉悟，坚决抵制资产阶级生活作风的腐蚀，把这种反腐蚀斗争，当作反修防修的战斗任务长期地坚持下去。

要抵制资产阶级生活作风的腐蚀，就必须认真学习马克思主义、列宁主义、毛泽东思想，尤其要学好无产阶级专政的理论。只有学好无产阶级专政的理论，才能正确认识和对待社会主义社会尚存在的那部分资产阶级法权，自觉地限制资产阶级法权；才能从理论和实践上分清什么是无产阶级思想作风，什么是资产阶级思想作风，对资产阶级的香风臭气，察觉快，顶得住，打得退，坚定地执行党的基本路线和政策。在学习无产阶级专政理论的过程中，要联系自己的思想，自觉地改造世界观。**“世界观的转变是一个根本的转变。”**抵制资产阶级生活作风的腐蚀，关键在于世界观的改造。共产党员特别是领导干部，要运用马克思主义、列宁主义、毛泽东思想的立场、观点和方法，努力改造世界观，自觉地破除资产阶级法权观念，时刻用共产党员五个“必须做到”严格要求自己，努力争取从思想上完全入党。

要抵制资产阶级生活作风的腐蚀，就必须批判修正主义路线。毛主席教导我们：**“我们现在思想战线上的一个重要任务，就是要开展对于修正主义的批判。”**我们应当看到，林彪反党集团虽然垮台了，但他们的反革命修正主义路线的流毒，还没有彻底肃清；林彪一类赖以复辟的反动思想武器——孔孟之道，虽然已经受到了一定的批判，但是它还在毒害着人们。无产阶级要造成使资产阶级既不能存在也不能再产生的条件，就必须拿起马克思主义这一锐利的批判武器，深入持久地开展革命大批判。批判林彪的修正主义路线，批判孔孟之道，批判资产阶级法权思想，批判一切剥削阶级腐朽的意识形态，积极地向旧思想、旧意识、旧习惯进攻，在上层建筑包括各个文化领域里对资产阶级实行全面专政。

要抵制资产阶级生活作风的腐蚀，就必须保持和发扬党的艰苦奋斗的作风。艰苦奋斗是我党的光荣传统，是无产阶级的政治本色。毛主席为我们培育的无产阶级艰苦奋斗的精神，是我们抵制资产阶级生活作风腐蚀的战斗武器。有了艰苦奋斗的精神，才能防止沾染上骄傲自满，养尊处优，贪图安逸等坏作风；有了艰苦奋斗的精神，才能坚持参加集体生产劳动，做到身不离劳动，心不离群众，用汗水冲掉身上的官气、暮气、骄气和娇气，增强无产阶级和劳动人民的思想感情；有了艰苦奋斗的精神，才能**“保持过去革命战争时期的那么一股劲，那么一股革命热情，那么一种拚命精神，把革命工作做到底”**。因此，每个共产党员都要发扬艰苦奋斗的革命精神，都要做到从大处着眼，从点滴做起，拒腐蚀，永不沾，做一名无产阶级专政下继续革命的先锋战士。

在党内应称同志而不要称职务

按：李志和张赞同志的这个建议很好。关于在党内称同志而不称职务的问题，毛主席和党中央曾三令五申地提出过。希望同志们通过学习马克思主义无产阶级专政的理论，提高对毛主席和党中央这一指示的重要意义的认识，在党内都自觉地称同志而不要称职务。

编辑同志：

在党委机关或者党的会议上，经常遇到这种情况：见到担任领导工作的同志，许多同志常常习惯地称呼职务，而不是称呼同志。我们感到这种称呼，总是不那么亲切，它无形中在领导和一般同志中造成一种隔阂。

“同志”，是一个崇高的称呼，它表明了我们有为实现共产主义伟大目标而奋斗的共同志向，反映了在这种斗争中平等的战友关系。我们党长期以来就有在党内称同志而不称职务的光荣传统。但是，为什么至今有的人在党内仍然不称同志而称职务呢？我们认为，这不能不说是旧的传统观念作怪。人们之间的相互称呼，是属于社会意识形态方面的东西，它是由一定的社会经济、政治制度所决定，并在一定程度上反映着人们之间的相互关系。比如，从奴隶社会直到资本主义社会，就有“君子”与“小人”、“主子”与“奴才”、“绅士”与“苦力”等不同的称呼，还有什么“老爷”、“公子”、“小姐”之类。尽管名称有别，但是它们都是反映了统治与被统治、剥削与被剥削的关系，表现了剥削制度下的森严的等级关系。因此，在阶级社会里，每一称呼都带着深刻的阶级烙印。在我们革命队伍里，特别是在我们党内，人与人的关系是革命战友的关系，只有分工不同，而没有高低贵贱之分。彼此称呼同志，正是反映了革命队伍内部人与人的平等关系，它充满着深厚的无产阶级情谊。所以，在我们党和革命队伍内部长期以来就沿用了“同志”这个称呼。但是，有的同志由于受旧习惯势力和资产阶级法权思想的影响，似乎对担任领导职务的同志不称什么“长”，就感到过意不去；有的领导同志也觉得人家不称他职务，似乎就是对他不尊敬。其实这正是那种“低人一头”或“高人一等”的剥削阶级等级观念的反映，是旧社会遗留下来的一个“痕迹”。我们认为，在当前学习马克思主义无产阶级专政理论的运动中，应该自觉地破除这种旧思想的束缚，珍惜“同志”这一崇高称呼，通过批判资产阶级法权思想，让我们革命队伍内部的同志关系更加密切起来。

致革命敬礼！

共产党员 李志 张赞

《文革史料叢刊》第一輯 六冊

李正中輯編 古月齋叢書3-5

第一輯共六冊，圓背精裝
ISBN：978-986-5633-03-5

第二輯共五冊，圓背精裝
ISBN：978-986-5633-30-1

第三輯共五冊，圓背精裝
ISBN：978-986-5633-48-6

文革史料叢刊　內容簡介

《文革史料叢刊第一輯》共六冊。文革事件在歷史長河裡，是不會被抹滅的，文革資料是重要的第一手歷史資料。其中主要的兩大類，一是黨的內部文宣品，另一是非黨的文宣品，本套叢書搜集了各種手寫稿，油印品，鉛印文字、照片或繪畫，或傳單、小報等等文革遺物，甚至造反隊的隊旗、臂標也多有收錄，相關整理經過多年努力，台灣蘭臺出版社，目前已出版至第三輯，還在陸續出版中。

蘭臺出版社書訊

第一輯－第三輯（三輯）目錄

前言：忘記歷史意味著背叛　李正中

序言：中國歷史界的大幸，也是國家、民族之大幸　張培鋒

第一冊：最高指示及中央首長關於文化大革命講話

第二冊：批判劉少奇與鄧小平罪行大字報選編

第三冊：劉少奇與鄧小平反動言論彙編

第四冊：反黨篡軍野心家罪惡史選編

第五冊：文藝戰線上兩條路線鬥爭大事紀

第六冊：文革紅衛兵報紙選編

前言：忘記歷史意味著背叛　李正中

序言：中國歷史界的大幸，也是國家、民族之大幸　張培鋒

第一冊：文件類

（一）中共中央文件 11

（二）地方文件 69

第二冊：文論類（一）

第二冊：文論類（二）

第二冊：文論類（三）

第三冊：講話類

前言：忘記歷史意味著背叛　李正中

序言：中國歷史界的大幸，也是國家、民族之大幸　張培鋒

第一冊：大事記類

第二冊：會議材料類

第三冊：通訊類

第四冊（一）：雜誌、簡報類

第四冊（二）：雜誌、簡報類

文革史料叢刊第一輯

第一冊	頁數：758
第二冊	頁數：514
第三冊	頁數：474
第四冊	頁數：542
第五冊	頁數：434
第六冊	頁數：566

9 789865 633035　30000

古月齋叢書 3 定價 30000元(再版)

文革史料叢刊第二輯

第一冊	頁數：188
第二冊(一)	頁數：416
第二冊(二)	頁數：414
第二冊(三)	頁數：434
第三冊	頁數：470

9 789865 633301　20000

古月齋叢書 4　定價　20000元

文革史料叢刊第三輯

第一冊	頁數：239
第二冊	頁數：284
第三冊	頁數：372
第四冊(一)	頁數：368
第四冊(二)	頁數：336

9 789865 633486　25000

古月齋叢書 5　定價　25000元

100 台北市中正區重慶南路1段121號8樓之14
TEL：（8862）2331-1675 FAX：（8862）2382-6225
E-mail：books5w@gmail.com
網址：http://bookstv.com.tw/